W0316493

pauker.

# Abschluss2023
## Realschulprüfung Hessen

Name: Hr. Schreiber (SER)

Schule: CvW Ffm

Klasse: 10c

hutt lernhilfen

Bergmoser + Höller Verlag AG
Karl-Friedrich-Straße 76
52072 Aachen

T 0241-93888-123
F 0241-93888-188
kontakt@buhv.de

Umsatzsteuer-Id.Nr.: DE 123600266
Verkehrsnummer: 10508
Handelsregister Aachen HRB 8580

Vorstand:
Andreas Bergmoser
Peter Tiarks

Aufsichtsratsvorsitz:
Holger Knapp

Autorinnen/Autoren:
Isolde Beste, Jasmin Johner (Deutsch)
Günther Wirth, Werner Wirth (Mathematik)
Gabriele Flockton-Lambert, Annika Leal Mayer (Englisch)

Lektorat:
Isolde Beste, Gabriele Flockton-Lambert, Jasmin Johner,
Claus Keller, Annika Leal Mayer, Bärbel Otto

Gestaltung: Hanne Hutt

Umschlag:
Konzeption + Gestaltung:
Hanne Hutt
Fotografie:
Anna Leippe

Audioproduktion:
Paul Harriman, dropD GmbH, Waiblingen
Sprecher/-innen: Fraser Cameron, Robert Emmerson, Paul Harriman,
Mark Hay, Lucy Hickey, Josee Hurlock, Harry Neusser, Ann Noisternig,
Sara Pohl, Siân Williams-Hahn



Ausgabe 2022/2023

ISBN: 978-3-88997-875-2

# Über diese Lernhilfe

Liebe Schülerin, lieber Schüler,

der *pauker* hilft dir bei der Vorbereitung auf die Realschulprüfung. Dieser Band enthält die Originalprüfungen der Jahre 2018 bis 2022, davon zwei zum Download. Klare Gliederung und das großzügige Seitenformat verschaffen dir einen guten Überblick. Die farbliche Trennung der einzelnen Fächer erleichtert das gezielte Üben für die Abschlussprüfung.

**Farbleitsystem**

| | | |
|---|---|---|
| Deutsch-Training | Mathematik-Training | Englisch-Training |
| Deutsch-Prüfung | Mathematik-Prüfung | Englisch-Prüfung |

**Text- und Themenverzeichnis**
Diese Verzeichnisse (Seite 7 – 13) dienen dir zum schnellen und gezielten Auffinden von Prüfungstexten in Deutsch, themenbezogenen Aufgaben in Mathematik (quadratische Gleichungen, Berechnungen an Körpern etc.) oder bestimmten Englischinhalten (Lesen, Vokabeln etc.). Zudem sind auf einen Blick alle Audiotracks zu den LCT-Texten aufgeführt.

**Prüfungsinfos**
Ab Seite 14 sind alle wichtigen Prüfungsinfos für dich zusammengestellt. Was passiert wie, wann und mit welchen Hilfsmitteln? Zudem gibt es eine Übersicht über Prüfungsfächer, Notengewichtung und -berechnung sowie den jeweils gültigen Notenschlüssel.

- ▶ Sollten sich nach Drucklegung noch Änderungen ergeben, findest du aktuelle Informationen unter www.pauker.de/info-aktuell

**Training**
Der Trainingsteil ist in jedem Fach gleich aufgebaut:

- ▶ Aufteilung in einzelne Themengebiete
- ▶ Erklärungen
- ▶ Typische Aufgabenstellungen mit Musterlösungen
- ▶ Übungsaufgaben

**Prüfungen**

- ▶ Originalprüfungen der letzten fünf Jahre
- ▶ Formelsammlung sowie Bearbeitungstipps für jede Aufgabe in Mathematik

**Englisch**

- ▶ Alle LCT-Texte als Download oder per QR-Code abrufbar

**Extra „Schule – und dann?“**
Das Zusatzkapitel gibt nützliche Tipps und Informationen zum Start in den Beruf, von den wichtigsten Bewerbungsunterlagen bis zu Einstellungstests.

**Lösungen**
Diese sind alle im separaten Lösungsband zu finden.
Bestellnummer: 84-02-2-23

# Inhaltsverzeichnis

## Textverzeichnis Deutsch

Dieses Verzeichnis dient zum schnellen Auffinden von Prüfungstexten.

## Themenverzeichnis Mathematik

In diesem Verzeichnis sind die Aufgaben sortiert nach Themen zu finden.

P steht jeweils für Pflichtaufgaben und W für Wahlaufgaben, ab 2022 steht WA für Wahlteil A und WB für Wahlteil B. Weitere Unterteilungen wie zum Beispiel 2c oder 5b kennzeichnen den jeweiligen Aufgabenteil.

**Lineare Gleichungen und Ungleichungen**

| 2020 | | 2021 | | 2022 | |
|---|---|---|---|---|---|
| Seite | Nr. | Seite | Nr. | Seite | Nr. |
| 157 | P5 | 166 | P2a | 176 | P3a |
| | | 166 | P2b | | |

**Quadratische Gleichungen**

| 2020 | | 2021 | | 2022 | |
|---|---|---|---|---|---|
| Seite | Nr. | Seite | Nr. | Seite | Nr. |
| 160 | W2a | 170 | W2 | 180 | W2 |
| 160 | W2b | | | | |

**Lineare Gleichungssysteme**

| 2020 | | 2021 | | 2022 | |
|---|---|---|---|---|---|
| Seite | Nr. | Seite | Nr. | Seite | Nr. |
| 158 | P6 | 166 | P2c | 176 | P3 |

**Umstellen von Formeln**

| 2020 | | 2021 | | 2022 | |
|---|---|---|---|---|---|
| Seite | Nr. | Seite | Nr. | Seite | Nr. |
| 158 | P8b | 166 | P2 | 176 | P3 |
| | | 169 | W1 | 184 | WB/5 |

**Zeichnen von Dreiecken, Vierecken, Parabeln und Schrägbildern**

| 2020 | | 2021 | | 2022 | |
|---|---|---|---|---|---|
| Seite | Nr. | Seite | Nr. | Seite | Nr. |
| | | 167 | P6 | 177 | P6 |
| | | | | 180 | W2 |

**Interpretation von Graphen, Schaubildern, Tabellen und Funktionsgleichungen**

| 2020 | | 2021 | | 2022 | |
|---|---|---|---|---|---|
| Seite | Nr. | Seite | Nr. | Seite | Nr. |
| | | | | 181 | WA/4 |

P = Pflichtaufgaben  W = Wahlaufgaben

WA = Wahlteil A  WB = Wahlteil B

## Proportionalität, Dreisatz, Schlussrechnung

| 2020 | | 2021 | | 2022 | |
|---|---|---|---|---|---|
| Seite | Nr. | Seite | Nr. | Seite | Nr. |
| 156 | P2b | 166 | P3 | 176 | P2 |
| 156 | P2c | | | 181 | WA/4 |
| 156 | P3 | | | | |

## Prozent-, Promille- und Zinsrechnung

| 2020 | | 2021 | | 2022 | |
|---|---|---|---|---|---|
| Seite | Nr. | Seite | Nr. | Seite | Nr. |
| 156 | P2c | 166 | P3 | 176 | P2 |
| 156 | P3 | | | | |

## Wertetabellen

| 2020 | | 2021 | | 2022 | |
|---|---|---|---|---|---|
| Seite | Nr. | Seite | Nr. | Seite | Nr. |
| | | | | 181 | WA/4 |

## Aufstellen von Geradengleichungen, Lineare Funktionen

| 2020 | | 2021 | | 2022 | |
|---|---|---|---|---|---|
| Seite | Nr. | Seite | Nr. | Seite | Nr. |
| 157 | P5 | | | 177 | P5c |

## Quadratische Funktionen

| 2020 | | 2021 | | 2022 | |
|---|---|---|---|---|---|
| Seite | Nr. | Seite | Nr. | Seite | Nr. |
| 160 | W2b | 170 | W2 | 180 | W2 |

## Berechnung von Nullstellen

| 2020 | | 2021 | | 2022 | |
|---|---|---|---|---|---|
| Seite | Nr. | Seite | Nr. | Seite | Nr. |
| 157 | P5a | 167 | P5 | 182 | P5a |
| | | 170 | W2a | | |

## Berechnung von Scheitelkoordinaten

| 2020 | | 2021 | | 2022 | |
|---|---|---|---|---|---|
| Seite | Nr. | Seite | Nr. | Seite | Nr. |
| | | 170 | W2a | 180 | W2 |

## Exponentialfunktion / Wachstum und Zerfall

| 2020 | | 2021 | | 2022 | |
|---|---|---|---|---|---|
| Seite | Nr. | Seite | Nr. | Seite | Nr. |
| | | 171 | W3 | 181 | WA/4 |

## Rechnen mit Potenzen und Wurzeln

| 2020 | | 2021 | | 2022 | |
|---|---|---|---|---|---|
| Seite | Nr. | Seite | Nr. | Seite | Nr. |
| | | 171 | W3a | 183 | WB/4 |

## Pythagoras

| 2020 | | 2021 | | 2022 | |
|---|---|---|---|---|---|
| Seite | Nr. | Seite | Nr. | Seite | Nr. |
| 158 | P7b | 168 | P7c | 178 | P7 |
| | | | | 182 | WA/5 |

## Berechnungen an Drei-, Vierecken und Kreisen

| 2020 | | 2021 | | 2022 | |
|---|---|---|---|---|---|
| Seite | Nr. | Seite | Nr. | Seite | Nr. |
| 158 | P7 | 168 | P7b | 177 | P6 |
| 160 | W2 | | | 178 | P7 |
| 162 | W4 | | | 179 | W1 |
| | | | | 182 | WA/5 |

## Berechnungen an Körpern

| 2020 | | 2021 | | 2022 | |
|---|---|---|---|---|---|
| Seite | Nr. | Seite | Nr. | Seite | Nr. |
| 158 | P8 | 168 | P8 | 178 | P8 |
| | | 172 | W4 | 182 | WA/5 |
| | | | | 184 | WB/5 |

## Berechnungen an zusammengesetzten Körpern

| 2020 | | 2021 | | 2022 | |
|---|---|---|---|---|---|
| Seite | Nr. | Seite | Nr. | Seite | Nr. |
| | | 168 | P8 | | |

P = Pflichtaufgaben W = Wahlaufgaben

WA = Wahlteil A WB = Wahlteil B

## Trigonometrische Berechnungen

| 2020 | | 2021 | | 2022 | |
|---|---|---|---|---|---|
| **Seite** | **Nr.** | **Seite** | **Nr.** | **Seite** | **Nr.** |
| 159 | W1 | 168 | P7a | 179 | W1 |
| | | 169 | W1 | | |

## Sachaufgaben

| 2020 | | 2021 | | 2022 | |
|---|---|---|---|---|---|
| **Seite** | **Nr.** | **Seite** | **Nr.** | **Seite** | **Nr.** |
| 156 | P2 | 166 | P3 | 176 | P2 |
| 156 | P3 | 168 | P8 | 180 | W3 |
| 157 | P4 | 171 | W3 | 181 | WA/4 |
| 158 | P8 | 172 | W4 | 184 | WB/5 |
| 160 | W2 | 173 | W5 | | |
| 161 | W3 | | | | |
| 162 | W4 | | | | |
| 163 | W5 | | | | |

## Mathematisches Verständnis / Grundkenntnisse

| 2020 | | 2021 | | 2022 | |
|---|---|---|---|---|---|
| **Seite** | **Nr.** | **Seite** | **Nr.** | **Seite** | **Nr.** |
| 156 | P1 | | | 176 | P1 |
| 156 | P2 | | | 176 | P3b+d |
| | | | | 178 | P6b |
| | | | | 178 | P8 |
| | | | | 179 | W1b+d |
| | | | | 180 | WA/3e |
| | | | | 181 | WA/4c |
| | | | | 182 | WA/5c |
| | | | | 183 | WB/4 |

## Beschreibende Statistik, Wahrscheinlichkeitsrechnung

| 2020 | | 2021 | | 2022 | |
|---|---|---|---|---|---|
| **Seite** | **Nr.** | **Seite** | **Nr.** | **Seite** | **Nr.** |
| 157 | P4 | 167 | P4 | 177 | P4 |
| 161 | W3 | 173 | W5 | 180 | W3 |
| 163 | W5 | | | | |

## Schätzen von Größen

| 2020 | | 2021 | | 2022 | |
|---|---|---|---|---|---|
| **Seite** | **Nr.** | **Seite** | **Nr.** | **Seite** | **Nr.** |
| 162 | W4b | 172 | W4 | 184 | WB/5 |

## Themenverzeichnis Englisch

Anhand des Themenverzeichnisses lassen sich einzelne Aufgabentypen schnell und einfach finden. Der Buchstabe B kennzeichnet den Bereich Reading Comprehension, C Use of Language und D Text Production. Die Zahl hinter dem Buchstaben steht für den jeweiligen Aufgabenteil.

### Vocabulary

| Vocabulary | | | | | |
|---|---|---|---|---|---|
| 2020 | | 2021 | | 2022 | |
| Seite | Nr. | Seite | Nr. | Seite | Nr. |
| 225 | C2 | 235 | C2 | 245 | C |

### Writing

| Text Production | | | | | |
|---|---|---|---|---|---|
| 2020 | | 2021 | | 2022 | |
| Seite | Nr. | Seite | Nr. | Seite | Nr. |
| 226 | D | 236 | D | 246 | D |

| Mediation | | | | | |
|---|---|---|---|---|---|
| 2020 | | 2021 | | 2022 | |
| Seite | Nr. | Seite | Nr. | Seite | Nr. |
| 224 | C1 | 234 | C1 | 244 | C1 |

### Reading

| Finding information in the text | | | | | |
|---|---|---|---|---|---|
| 2020 | | 2021 | | 2022 | |
| Seite | Nr. | Seite | Nr. | Seite | Nr. |
| 220 | B1 | 229 | B1 | 239 | B1 |
| 221 | B2 | 230 | B2 | 240 | B2 |

| Answering questions on the text | | | | | |
|---|---|---|---|---|---|
| 2020 | | 2021 | | 2022 | |
| Seite | Nr. | Seite | Nr. | Seite | Nr. |
| 222 | B3 | 232 | B3 | 242 | B3 |

### Listening Comprehension Tests

| Titel | Jahrgang | Text | Aufgaben | QR-Code |
|---|---|---|---|---|
| Part One: News Items | 2020 | Seite 248 | Seite 218 | |
| Part Two: Survey | 2020 | Seite 248 | Seite 219 | |
| Part Three: Interview | 2020 | Seite 249 | Seite 219 | |
| Part One: News Items | 2021 | Seite 250 | Seite 227 | |
| Part Two: Survey | 2021 | Seite 250 | Seite 228 | |
| Part Three: Interview | 2021 | Seite 251 | Seite 228 | |
| Part One: News Items | 2022 | Seite 252 | Seite 237 | |
| Part Two: Survey | 2022 | Seite 252 | Seite 238 | |
| Part Three: Interview | 2022 | Seite 253 | Seite 239 | |

Alle Hördateien auch zum Download unter: www.buhv.de/Schule/hutt.lernhilfen/Pauker/rs-he/audiotracks/

## Prüfungsinfos allgemein

| Fächer | Gewichtung Noten |
|---|---|
| **Deutsch**<br>Zentrale schriftliche Prüfung | 2-fach |
| **Mathematik**<br>Zentrale schriftliche Prüfung | 2-fach |
| **Englisch**<br>Zentrale schriftliche Prüfung | 2-fach |

### Berechnung der Gesamtnote

**Beispiel**

| Fächer des Pflicht- und Wahlpflichtbereichs | Fachnoten 2. Halbjahr | Prüfungsnoten | Endnoten | Faktor | Gewichtete Noten zur Berechnung der Gesamtleistung | Zeugnisnoten |
|---|---|---|---|---|---|---|
| Deutsch | 3 | 3 | 3,0 | 2 | 6,0 | 3 |
| Englisch (1. Fremdsprache) | 3 | 3 | 3,0 | 2 | 6,0 | 3 |
| Mathematik | 3 | 4 | 3,3 | 2 | 6,6 | 3 |
| Religion/Ethik | 3 | | 3,0 | 1 | 3,0 | 3 |
| Erdkunde | 4 | | 4,0 | 1 | 4,0 | 4 |
| Geschichte | 4 | | 4,0 | 1 | 4,0 | 4 |
| Politik und Wirtschaft | 3 | | 3,0 | 1 | 3,0 | 3 |
| Sport | 3 | | 3,0 | 1 | 3,0 | 3 |
| Biologie | gut* | | gut* | | - | 2 |
| Chemie | 3 | | 3,0 | 1 | 3,0 | 3 |
| Physik | 2 | 2 | 2,0 | 2 | 4,0 | 2 |
| Arbeitslehre | befriedigend* | | befriedi-gend* | | - | 3 |
| Kunst | gut* | | gut | | - | 2 |
| Musik | 3 | | 3,0 | 1 | 3,0 | 3 |
| WPU 1: | 3 | | 3,0 | 1 | 3,0 | 3 |
| WPU 2: | - | | - | | - | - |
| WPU 3: | - | | - | | - | - |
| Französisch (2. Fremdsprache) | 3 | | 3,0 | 1 | 3,0 | 3 |
| | | | | | 51,6 | |
| | | | | | 17 | |

* Ausgeschriebene Noten: zuletzt erteilte Zeugnisnoten der Fächer, die in der Abschlussklasse nicht unterrichtet werden.

| | |
|---|---|
| Berechnung auf zwei Dezimalstellen: | 3,04 |
| **Gesamtleistung:**<br>(Kürzung auf eine Dezimalstelle ohne Rundung) | **3,0** |

# Prüfungsinfos – Deutsch

**Bearbeitungszeit**

Für die Bearbeitung der beiden Prüfungsteile stehen insgesamt 180 Minuten zur Verfügung. Davor hast du 15 Minuten Zeit, um dich mit der Abschlussarbeit vertraut zu machen. Anschließend kannst du bis zu 15 Minuten allgemeine Fragen stellen. Für die Auswahl des zu bearbeitenden Aufgabensatzes stehen innerhalb der Bearbeitungszeit maximal 30 Minuten zur Verfügung. Der nicht gewählte Text ist dann abzugeben.

Der Gebrauch eines Wörterbuchs zur deutschen Rechtschreibung ist gestattet.

## Inhalt

| | | | | Punkte |
|---|---|---|---|---|
| **Teil I** | **Lesen** | | | 40 Punkte |
| **Teil II** | **Schreiben** | **A. Textproduktion (Wahlaufgabe)** | Aufbau/Inhalt/formale Aspekte<br>Sprachangemessenheit<br>Sprachrichtigkeit | 24 Punkte<br>12 Punkte<br>4 Punkte |
| | | **B. Sprachliche Richtigkeit** | | 20 Punkte |

Die schriftliche Prüfung besteht aus zwei Teilen. Du hast **zwei getrennte Aufgabensätze** zur Auswahl. Jeder Aufgabensatz beinhaltet jeweils einen **unterschiedlichen Text** mit den dazugehörigen Aufgaben und den Aufgabenteil „Sprachliche Richtigkeit". Der Teil „Sprachliche Richtigkeit" ist in beiden Aufgabensätzen identisch. **Einen** dieser Aufgabensätze musst du bearbeiten, den anderen gibst du ab. Bei deiner Wahl solltest du nicht nur die Texte, sondern auch die Aufgabenstellungen berücksichtigen. Dabei hast du die Wahlmöglichkeit zwischen zwei Texten aus den Gattungen Prosa oder Sachtext.

## Teil I: Lesen

In diesem Teil wird überprüft, ob du den Inhalt eines Textes richtig verstanden hast. Du bekommst ein Aufgabenblatt, auf dem du alle Fragen bearbeiten musst. Da es sich um Pflichtaufgaben handelt, sind alle zu lösen. Mögliche Aufgabenformate sind:

- ▶ geschlossene Formate (z. B. Multiple-Choice-Aufgaben, Umordnungen, Zuordnungen)
- ▶ halboffene Formate (z. B. Kurzantworten, Lückentexte)

## Teil II: Schreiben

### A. Textproduktion (Wahlaufgabe)

Du hast die Möglichkeit, aus **drei** Vorschlägen **einen** auszusuchen und diesen dann zu bearbeiten. Du musst einen Text einer der Textarten Erzählen, Berichten oder Argumentieren verfassen. Vorgabe einer Textsorte, wie z.B. Brief oder Tagebucheintrag, ist möglich. Deine Leistungen in Rechtschreibung, Zeichensetzung und Grammatik werden hier mitbewertet. Die Wörter der Ausführungen zu dieser Aufgabe sind zu zählen, was außerhalb der Bearbeitungszeit geschieht.

### A. Sprachliche Richtigkeit

In diesem Bereich wird anhand von verschiedenen Aufgaben dein Wissen über die deutsche Rechtschreibung, Zeichensetzung und Grammatik abgefragt und überprüft, ob du die entsprechenden Regeln beherrschst und anwenden kannst.

Mögliche Aufgabenformate sind:

- ▶ Korrekturaufgaben
- ▶ Einsetzaufgaben
- ▶ Multiple-Choice-Aufgaben
- ▶ Zuordnungsaufgaben

Sämtliche Aufgaben sind wie im Teil I auf den Aufgabenblättern zu bearbeiten.

**Notenschlüssel**

| Note | 1 | 2 | 3 | 4 | 5 | 6 |
|---|---|---|---|---|---|---|
| Punkte | 100 – 90 | 89,5 – 75 | 74,5 – 60 | 59,5 – 45 | 44,5 – 20 | 19,5 – 0 |

Für die Benotung bei Gewährung von Notenschutz:

| Note | 1 | 2 | 3 | 4 | 5 | 6 |
|---|---|---|---|---|---|---|
| Punkte | 88 – 79 | 78,5 – 66 | 65,5 – 52,5 | 52 – 39,5 | 39 – 17,5 | 17 – 0 |

## Textarten

| | Erzählen | Berichten | Beschreiben | Argumentieren |
|---|---|---|---|---|
| **Gegenstand/ Thema** | selbsterlebtes, medial vermitteltes oder fiktives Geschehen mit überraschender Wende | abgeschlossenes Ereignis mit Augenzeugenschaft, oft von institutioneller Bedeutung | wahrnehmbare Oberfläche von Gegenständen/ Prozessen | abstrakter Sachverhalt (z. B. Problem), der im Text hergestellt wird |
| **Schreibziel/ Textzweck** | Erlebnis teilen, unterhalten, Spannung erzeugen, aber auch abgeleitete Ziele wie Belegen | Zuhörer über das Ereignis vom Resultat her informieren, um eigenes Bild zu machen | Vorstellung vom Aussehen/Ablauf erzeugen | eigene Stellungnahme/Perspektive begründen, Leser überzeugen |
| **Modalität der Themenentfaltung** | narrativ: subjektorientiert, emotional, perspektivisch, Erzählraum | berichtend: sachlich, auf den Zweck bezogen (z. B Entscheidungsfindung) | deskriptiv: anschaulich, sachlich, objekt- bzw. prozessorientiert, teilweise explikativ | argumentativ: problemorientiert, adressatenbezogen, überredend |
| **Sprachliche Mittel** | Präteritum, szenisch (Präsens), direkte (Wechsel-)Rede | Präteritum, sprechaktbezeichnende Ausdrücke, indirekte Rede | Präsens, Passiv, Infinitiv, Aufzählungen, Gang durch den Vorstellungsraum | Präsens, wichtige Verknüpfungselemente, leserbezogen, Beispiele und Belege, Logik, Ankündigungen, Zusammenfassungen |
| **Beispiele** | Erlebniserzählung, Nacherzählung, Reizwortgeschichte, Kurzgeschichte | Unfall-, Versuchs-, Praktikumsbericht | Gegenstands-, Personen-, Zimmer-, Vorgangsbeschreibung | Erörterung, Gegensätze, Textanalyse, wissenschaftlicher Aufsatz |
| **Verwandte Textarten** | produktives und kreatives Schreiben: Paralleltexte, Texte zu Ende schreiben | Reportage, Meldung, Referat, Protokoll | Anleitung, Rezept, Erklärung, Inhaltsangabe, Charakteristik | Kommentar, Leserbrief, Rezension, Interpretation |
| **Textstruktur** | Orientierung über handelnde Personen, Ort, Zeit – Komplikation mit Höhepunkt – Auflösung – Schluss mit Bewertung | Ereigniswiedergabe vom Resultat, zweckbezogene Selektion, W-Fragen | Gang durch den Vorstellungsraum, Orientierung an der Sach- bzw. Prozessstruktur | Einleitung mit Fragestellung, Standpunkte darlegen, Argumente, Gründe, Schlussfolgerungen |
| **Schreibplan/ inhaltliche Vorbereitung** | Ideensammlung, Brainstorming, Mind-Map, Fantasie, Erinnern, Paralleltexte lesen | Ziel klären, W-Fragen beantworten, Interesse des Adressaten antizipieren, chronologisch gliedern, zweckbezogen selektieren | Relevantes Beobachten, Prozesse zeitlich gliedern, Gegenstände räumlich ordnen, begrifflich-kategoriale Benennungen | Thema und Problem auch mit Fremdtexten klären, Stoffsammlung (recherchieren), Argumente ordnen, Beispiele und Belege suchen |

Quelle: nach Fix, Martin (2006). Texte schreiben. Schreibprozesse im Deutschunterricht. Paderborn u. a., Schöningh UTB.

# Prüfungsinfos – Mathematik

**Bearbeitungszeit**

Für die Bearbeitung der beiden Prüfungsteile stehen insgesamt 135 Minuten zur Verfügung. Vor Beginn der Bearbeitungszeit hast du 15 Minuten Zeit, um dich mit der Arbeit vertraut zu machen. Danach kannst du bis zu 15 Minuten allgemeine Fragen stellen. Du kannst selbst entscheiden, wann du Teil 1 abgibst und mit Teil 2 beginnst. Empfohlen werden für Teil 1 ca. 30 Minuten.

## Inhalt

| | | Hilfsmittel | Zeit | Punkte |
|---|---|---|---|---|
| **Teil 1** | Mathematische Grundfertigkeiten | **Pflichtaufgaben** mit Geodreieck und Zirkel | 135 Minuten | 16 Punkte |
| **Teil 2** | Komplexere Aufgabenstrukturen | **Pflichtaufgaben** mit Taschenrechner, Formelsammlung, Geodreieck und Zirkel | | 40 Punkte |
| | | Zwei von vier **Wahlaufgaben** mit Taschenrechner, Formelsammlung, Geodreieck und Zirkel | | 24 Punkte |

**Teil 1**

Im ersten Teil musst du alle Aufgaben rechnen, es sind sogenannte Pflichtaufgaben. In diesem Teil darfst du außer Geodreieck und Zirkel keine Hilfsmittel verwenden. Die Darstellung des Lösungsweges ist, wenn nicht ausdrücklich gefordert, nicht notwendig; korrekte Zwischenergebnisse können jedoch mit Teilpunkten bewertet werden.

**Teil 2**

Im zweiten Teil gibt es einen Pflicht- und einen Wahlteil. Die Lehrkraft hat bereits vor der Prüfung Wahlteil A oder B für ihre Lerngruppe ausgewählt. Von den Pflichtaufgaben musst du alle rechnen. Von den Wahlaufgaben sind zwei von vier möglichen zu lösen. Werden mehr als zwei Wahlaufgaben bearbeitet, so sind die beiden mit den meisten Punkten zu werten.

Da es sich bei diesen Aufgaben um komplexere Rechenvorgänge handelt als im ersten Teil, sind hier Formelsammlung, Geodreieck, Taschenrechner und Zirkel zugelassen. Rechenwege müssen bis zum Ergebnis nachvollziehbar und korrekt dargestellt sein.

Beim Rechnen mit Maßeinheiten können die Einheiten entweder in der gesamten Rechnung mitgeführt oder weggelassen werden. Das Ergebnis muss mit der richtigen Maßeinheit und der geforderten Rundung angegeben werden.
Innerhalb einer Teilaufgabe ist mit nicht gerundeten Zwischenergebnissen weiterzurechnen.
In der Aufgabenstellung ist in der Regel angegeben, auf wie viele Stellen das Endergebnis gerundet werden soll.
Für den Wert $\pi$ ist die Taschenrechnertaste [$\pi$] zu verwenden. Er darf nicht mit einem ungenaueren Näherungswert (z.B. 3,14) gerechnet werden.

Antwortsätze sind dann zu formulieren, wenn dies ausdrücklich verlangt ist.

**Notenschlüssel**

| **Note** | 1 | 2 | 3 | 4 | 5 | 6 |
|---|---|---|---|---|---|---|
| **Punkte** | 80 – 72 | 71,5 – 60 | 59,5 – 48 | 47,5 – 36 | 35,5 –16 | 15,5 – 0 |

# Prüfungsinfos – Englisch

**Bearbeitungszeit**

Für die Bearbeitung der beiden Prüfungsteile stehen insgesamt 135 Minuten zur Verfügung. Vor Beginn der Bearbeitungszeit hast du 15 Minuten Zeit, um dich mit der Arbeit vertraut zu machen. Danach kannst du allgemeine Fragen stellen.

## Inhalt

| | | | | |
|---|---|---|---|---|
| A | **Listening Comprehension** | Hörverstehenstest | 135 Minuten | 25 Punkte |
| B | **Reading Comprehension** | Leseverständnis | | 25 Punkte |
| C | **Use of Language** | Sprachgebrauch | | 25 Punkte |
| D | **Text Production** | Verfassen eigener Texte | | 25 Punkte |

Die Benutzung eines zweisprachigen Wörterbuchs ist gestattet. Elektronische Wörterbücher dürfen nicht verwendet werden.

### A. Listening Comprehension

Von einer CD werden zweimal hintereinander gesprochene Texte vorgespielt. Meist handelt es sich hierbei um Dialoge, Interviews, Nachrichten, Berichte, Debatten, Umfragen, Reportagen oder Ähnliches. Deine Aufgabe ist es, diesem Text Informationen zu entnehmen und Fragen zu beantworten. Aufgabenformate können hier Multiple Choice, Zuordnung oder Einsetzaufgaben sein.

### B. Reading Comprehension

Hier wird die Fähigkeit getestet, Informationen aus einem vorher gelesenen Text aus den Textsorten Sach- und Gebrauchstexte oder Auszüge aus literarischen Texten herauszuziehen. Des Weiteren wird dein Vokabelwissen überprüft. Aufgabenformate können Zuordnung, Multiple Choice oder Beantwortung von Fragen sein.

### C. Use of Language

Dieser Teil umfasst die Bereiche **1. Mediation** und **2. Words and structures**. Bei diesem Teil musst du einen englischen Text lesen und Informationen daraus auf Deutsch schriftlich wiedergeben. Im Teil *Mediation* müssen kommunikative Inhalte nicht nur vom Englischen ins Deutsche, sondern auch vom Deutschen ins Englische übertragen werden. Im Teil *Words and structures* geht es um die Überprüfung des Wortschatzes, der Grammatik sowie der Ausdrucksfähigkeit. Hier gilt es, einen Lückentext mit Multiple Choice zu ergänzen.

### D. Text Production

Es stehen verschiedene Aufgaben zur Auswahl, von denen du **eine** bearbeiten musst. Inhaltlich bezieht sich die *Text Production* auf das Thema der gesamten Prüfung. Die Wörter sind allerdings erst nach Ablauf der Bearbeitungszeit zu zählen.

**Notenschlüssel**

| Note | 1 | 2 | 3 | 4 | 5 | 6 |
|---|---|---|---|---|---|---|
| Punkte | 100 – 90 | 89 – 75 | 74 – 60 | 59 – 45 | 44 – 20 | 19 – 0 |

### QR-Codes in allen Trainingsteilen sowie für alle Hörtexte

Dem QR-Code (Quick Response) sind Informationen, Bilder, Videos oder Hördateien hinterlegt. Alle Inhalte sind lediglich zur Auflockerung des Lernalltags gedacht und verschaffen keinem Schüler und keiner Schülerin einen Vorteil.

In diesem Buch sind alle QR-Codes außer der Audiofiles nummeriert. Für alle, die kein Smartphone besitzen, haben wir im Folgenden hinter jeder QR-Code-Nummer die entsprechende Internetadresse aufgeführt, unter der die jeweiligen Inhalte abrufbar sind.

**Deutsch**

(1) www.buhv.de/download/Pauker/Die_Jugend_von_heute.pdf
(2) www.buhv.de/download/Pauker/Joachim_Ringelnatz.pdf
(3) www.buhv.de/download/Pauker/Erich_Kästner.pdf

**Mathematik**

(1) www.buhv.de/download/Pauker/Wusstest_du.pdf
(2) www.buhv.de/download/Pauker/Cheops_Pyramide_Ägypten.pdf
(3) www.buhv.de/download/Pauker/Radioaktivität.pdf

**Englisch**

(1) www.buhv.de/download/videos/titanic.mp4
(2) www.buhv.de/download/Pauker/Strassburg.pdf
(3) www.buhv.de/download/Pauker/Urban_Agriculture.pdf

**Audiofiles: www.buhv.de/Schule/hutt.lernhilfen/Pauker/rs-he/audiotracks/**

## Die Abschlussprüfung

Die Realschulprüfung im Fach Deutsch besteht aus zwei Bereichen. Teil I: Lesen und Teil II: Schreiben. Teil II gliedert sich wiederum in A. Textproduktion und B. Sprachliche Richtigkeit. Somit beschäftigst du dich während deiner Prüfung mit drei verschiedenen Kompetenzbereichen.

In **Teil I** geht es darum, zu testen, ob du gelesene Texte verstehst und ihren Inhalt wiedergeben kannst. Die Aufgabenformate repräsentieren drei verschiedene Schwierigkeitsstufen.

1. **Einfaches Anforderungsniveau:** sprachliche Mittel einem konkreten Fachbegriff zuordnen
2. **Mittleres Anforderungsniveau:** strukturell-formale bzw. sprachlich-stilistische Merkmale begründen
3. **Gehobenes Anforderungsniveau:** Wirkung eines sprachlichen Mittels auf den Leser beschreiben

Damit es dir leichter fällt, den Überblick über die sprachlichen Mittel und ihre Bedeutung zu behalten, haben wir dir hier eine Tabelle zusammengestellt.

| Sprachliche Mittel | Bedeutung | Beispiel |
|---|---|---|
| **Allegorie** | Verbildlichung, Ausdrücken von etwas Abstraktem durch etwas Gegenständliches | Auf der Bühne der Welt hat jeder seine passende Rolle. |
| **Alliteration** | ein oder mehrere aufeinanderfolgende Wörter beginnen mit demselben Anfangsbuchstaben | wunderbare Wolkenwelt |
| **Anapher (Gegenteil: Epipher)** | Wiederholung am Satz-/Versanfang | Ich wünsche mir eine bessere Welt. Ich wünsche mir Frieden. |
| **Antiklimax (Gegenteil: Klimax)** | abfallende Steigerung | Es waren Könige, Edelleute und das gemeine Volk geladen. |
| **Antithese** | gedanklicher Gegensatz | „Was dieser heute baut, reißt jener morgen ein." (Andreas Gryphius) |
| **Archaismus (Gegenteil: Neologismus)** | veralteter sprachlicher Ausdruck | Groschen |
| **Assonanz** | vokalischer Halbreim | kunterbunter Plunder |
| **Chiasmus** | Überkreuzstellung von Satzteilen | Er liebt Sonne, Regen mag er nicht. |
| **Ellipse** | Auslassung von Satzteilen | „Was? Du?", „Na und!" |
| **Enjambement** | Weiterführung eines Satzes über das Zeilenende hinaus | Nacht ist wie ein stilles Meer,/Lust und Leid und Liebesklagen/kommen so verworren her/in dem linden Wellenschlagen (Joseph von Eichendorff, Die Nachtblume) |
| **Epipher (Gegenteil: Anapher)** | Wiederholung am Satz-/Versende | Ich habe einen Traum, du lebst einen Traum. |
| **Euphemismus (Gegenteil: Pejorativum)** | Beschönigung | „sehr schlank" statt „mager" |
| **Hyperbel** | starke Übertreibung | todmüde |
| **Inversion** | Hervorhebung durch Umstellung im Satz | „Ein Lügner ist er!" statt „Er ist ein Lügner." |
| **Klimax (Gegenteil: Antiklimax)** | Steigerung | Die Stadt, das Land und dann die ganze Welt. |

| Sprachliche Mittel | Bedeutung | Beispiel |
|---|---|---|
| **Ironie** | erheiternde Kritik, Spott | Ich liebe es, wenn ich nicht zu Wort komme. |
| **Lautmalerei** | Nachahmung von Geräuschen, Klängen oder Naturlauten | platschen, wauwau, plopp |
| **Metapher** | bildhafte Verdeutlichung eines abstrakten Begriffes, Gebrauch eines Wortes im übertragenen Sinn | ein Menschenmeer, das Herzstück des Autos |
| **Neologismus (Gegenteil: Archaismus)** | Wortneuschöpfung, ungewöhnliche Wortverbindung | supercalifragilisticexpialigetisch (Mary Poppins) |
| **Oxymoron** | Widerspruch im Wort | Hassliebe |
| **Paradoxon** | scheinbare Widersprüchlichkeit | „Ich weiß, dass ich nichts weiß." (Sokrates) |
| **Parallelismus** | paralleler Aufbau von (Teil-)Sätzen | „Die Nacht ist dunkel, der Tag ist hell." (Erich Kästner) |
| **Parenthese** | Einschub | „Ich gehe – wie erwähnt – nach Hause." |
| **Pejorativum (Gegenteil: Euphemismus)** | Abwertung | „Unkraut" statt „Pflanze" |
| **Personifikation** | Dinge/Tiere / abstrakte Begriffe mit menschlichen Eigenschaften | „Die Sonne lacht vom Himmel.", „Die Angst packte mich." |
| **Pleonasmus** | Häufung sinngleicher Wörter verschiedener Wortarten | runde Kugel |
| **Rhetorische Frage** | eine Frage, die nicht wirklich eine Antwort fordert | Habe ich es dir nicht gesagt? |
| **Symbol** | Bild, das auf eine abstrakte Vorstellung verweist | „rotes Herz" für „Liebe" |
| **Synästhesie** | Verbindung verschiedener Sinneseindrücke | „Golden weh'n die Töne nieder" (Clemens Brentano) |
| **Tautologie** | Häufung gleichbedeutender Wörter | kleiner Zwerg |
| **Vergleich** | Veranschaulichung anhand eines Vergleichsworts | hoch wie ein Haus, grün wie das Gras |

In **Teil II.A** hast du die Wahl zwischen zwei verschiedenen Aufgaben. Ziel der jeweiligen Aufgabe ist es, dass du selbst einen zusammenhängenden Text schreibst. Dieser sollte schlüssig sein, einen angemessenen Wortschatz aufweisen und in sprachlicher Richtigkeit verfasst sein, weil dies mitbewertet wird. Es ist daher sinnvoll, das Schreiben eigener, längerer Texte zu üben.

In **Teil II.B** geht es nun darum, anhand verschiedener Aufgaben dein Wissen über die deutsche Rechtschreibung und Zeichensetzung abzufragen. Es wird überprüft, ob du die entsprechenden Regeln beherrschst und anwenden kannst.

Die Benutzung eines Wörterbuchs zur deutschen Rechtschreibung ist gestattet.

# Teil I: Lesen

## 1. Geschlossene Aufgabenformate

**Erklärung**

Bei geschlossenen Aufgabenformaten handelt es sich beispielsweise um Multiple-Choice-, Zuordnungs-, Umordnungs- oder Richtig-Falsch-Aufgaben. Der Vorteil bei diesem Aufgabentyp ist, dass bereits Lösungen vorgegeben sind. Das macht es leichter, die richtige Antwort auszuwählen. Du kannst in Ruhe die Antworten mit dem Text abgleichen und so schnell zum richtigen Ergebnis kommen.

## Typische Aufgabenstellung

### Schnelle digitale Welt

Für die meisten ist ein Leben ohne digitale Medien nicht mehr vorstellbar. Unser Leben ist geprägt vom ständigen Druck, alles möglichst schnell und gleichzeitig machen zu wollen. Auch Tim Bendzko beschreibt in seinem Song „Nur noch kurz die Welt retten" das Problem, dass wir uns meist zu viel aufbürden. Während wir unsere Mails checken, möchten wir noch kurz die Welt retten.

Besonders die Jugend muss täglich mit der Informationsexplosion aus sozialen Netzwerken, E-Mails, Blogs oder Forumsbeiträgen klarkommen. Im Internet werden autonome Entscheidungsfähigkeit und das Selektieren zwischen wichtig und unwichtig stärker gefordert als je zuvor. Daher ist es unerlässlich, den richtigen Umgang mit den digitalen Medien und vor allem ein gutes Zeitmanagement zu schulen.

**1. Kreuze die richtige Antwort an.**

Für die meisten ist …

- ☐ ein Offline-Tag eine Erholung.
- ☐ ein Tag ohne digitale Medien nicht mehr vorstellbar.
- ☐ ein Tag ohne Fernsehen nicht denkbar.
- ☐ das Zeitunglesen täglicher Tagesbestandteil.

**2. Welche der folgenden Aussagen sind richtig?**

Tim Bendzko kritisiert in seinem Song …

**A** die Schnelllebigkeit unserer heutigen Zeit.
**B** die Informationsexplosion, mit der die Jugend klarkommen muss.
**C** das Problem uns zu viel aufzubürden.
**D** das Fehlen autonomer Entscheidungsfähigkeit.

**Kreuze die richtige Antwort an.**

- ☐ Alle Aussagen sind richtig.
- ☐ Nur A und B sind richtig.
- ☐ Nur C ist richtig.
- ☐ A, B und C sind richtig.

**Lösung**

**1.** ☒ ein Tag ohne digitale Medien nicht mehr vorstellbar.

**2.** ☒ Nur C ist richtig.

Training

## Übungsaufgaben

### 1. Sachtext

**Studie**
**Quadratische Augen garantiert – was zu viel Zeit vor dem Bildschirm mit uns macht**

**Eine neue Studie zeigt, was wir eigentlich schon alle wussten: Dauerglotzen auf Handy, PC und Fernseher macht dumm. Eine Gruppe ist besonders gefährdet.**
Handy, Computer, Fernseher – viele Menschen verbringen jeden Tag Stunden vor einem Bildschirm. Über die Auswirkungen machen wir uns oft keine Gedanken. Eine kanadische Studie hat jetzt untersucht, welche Folge verstärkte Bildschirmnutzung besonders auf Kinder hat. Und das Ergebnis ist erschreckend: Kinder, die mehr als zwei Stunden am Tag vor dem Bildschirm verbringen, sind geistig weniger beweglich: Das heißt, sie können sich schlechter erinnern, reagieren und konzentrieren.
Die Wissenschaftler vom Cheo-Institut, der Universität Ottawa und der Carleton-Universität untersuchten zwischen 2016 und 2017 4520 Kinder. Die Testpersonen waren zwischen acht und elf Jahren alt und kamen aus 20 Städten der USA. Ihre Ergebnisse veröffentlichten die Experten nun in der britischen Fachzeitschrift „Lancet Child and Adolescent Health“. Für ihre Auswertung befragten sie die Familien zu den Lebensgewohnheiten ihrer Kinder – insbesondere zur Nutzung von Handy, Computer und Fernseher.

**Weniger Intelligenz dank Glotze**
Danach kamen die Kinder an die Reihe: Sie mussten Tests in den Bereichen Sprechen, Erinnerungsvermögen, Reaktionsfähigkeit und Konzentration absolvieren. Dabei zeigte sich, dass alle kognitiven Fähigkeiten, also alles, was mit Wahrnehmen, Denken und Verstehen zu tun hat, schon ab zwei Stunden vor dem Bildschirm beeinträchtigt werden. Auch mangelnder Schlaf wirkte sich negativ auf die Fähigkeiten der Kinder aus.
Im Allgemeinen empfehlen die Experten, dass Kinder nicht mehr als zwei Stunden am Tag vor dem Bildschirm verbringen sollen. Bei den Teilnehmern der Studie waren es sogar durchschnittlich 3,6 Stunden, die sie nach Angaben der Eltern mit Handy, Computer oder Fernseher füllten. Immer wieder weisen Studien darauf hin, dass Smartphones und zu viel Zeit vor dem Fernseher Einfluss auf die Leistung von Kindern haben. Die gute Nachricht für uns: Es gibt einen Trick, wie man seine intellektuelle Fitness stärken kann. Die Experten der Studie empfehlen dazu eine Stunde Bewegung am Tag.

Quelle: lau (Laura Heyer): Quadratische Augen garantiert – was zu viel Zeit vor den Bildschirm mit uns macht. In: https://www.stern.de/neon/wilde-welt/gesellschaft/fernsehen-und-pc-machen-dumm–zu-viel-zeit-vor-dem-bildschirm-schadet-kindern-8378880.html, Stern Medien GmbH, Seitenaufruf am 06.11.2018, Picture Press

**Lies den Text genau durch und kreuze die richtige Antwort an.**

a) Laut der genannten Studie können Kinder, die mehr als zwei Stunden am Tag vor dem Bildschirm verbringen, sich schlechter

☐ erinnern, aktivieren und konzentrieren.
☐ motivieren, reagieren und konzentrieren.
☐ erinnern, reagieren und konzentrieren.
☐ erinnern, reagieren und motivieren.

b) Fähigkeiten, die mit Wahrnehmen, Denken und Verstehen zusammenhängen, heißen

☐ kompetente Fähigkeiten.
☐ kognitive Fähigkeiten.
☐ kollektive Fähigkeiten.
☐ konsequente Fähigkeiten.

c) Nach Meinung der Expertinnen und Experten kann man seine intellektuelle Fitness stärken durch

☐ ausreichend Schlaf.
☐ Gedächtnistraining.
☐ gesunde Ernährung.
☐ eine Stunde Bewegung pro Tag.

d) Wie viele Kinder untersuchten die Wissenschaftler/-innen?

☐ 4250 ☐ 4520 ☐ 5420 ☐ 4570

**2. Welche der folgenden Aussagen sind richtig?**

**A** Eine kanadische Studie hat die Folgen verstärkter Bildschirmnutzung auf Jugendliche untersucht.
**B** Die Testpersonen waren zwischen acht und elf Jahren alt.
**C** Die Ergebnisse wurden in der amerikanischen Fachzeitschrift „Lancet Child and Adolescent Health" veröffentlicht.
**D** Die Kinder wurden in den Bereichen Sprechen, Erinnerungsvermögen, Reaktionsfähigkeit und Bewegung getestet.
**E** Alle kognitiven Fähigkeiten waren beeinträchtigt.
**F** Experten empfehlen, dass Kinder nicht mehr als eine Stunde vor dem Bildschirm verbringen sollen.

**Kreuze die richtige Antwort an.**

☐ Alle Aussagen sind richtig.
☐ Nur B und E sind richtig.
☐ A, B und E sind richtig.
☐ A, D, E und F sind richtig.

**3. Welche der folgenden Aussagen sind richtig?**

**A** Nach mehr als zwei Stunden vor dem Bildschirm leiden Erinnerungsvermögen, Reaktionsfähigkeit und Konzentration.
**B** Für ihre Studie wollten die Wissenschaftler/-innen wissen, wie die Kinder Handy, Computer und Fernseher nutzen.
**C** Bereits ab drei Stunden vor dem Bildschirm werden die kognitiven Fähigkeiten schlechter.
**D** Mit einer Stunde Bewegung am Tag lässt sich die intellektuelle Fitness stärken.

**Kreuze die richtige Antwort an.**

☐ Alle Aussagen sind falsch.
☐ Alle Aussagen sind richtig.
☐ Nur A und C sind richtig.
☐ A, B und D sind richtig.

**4. Literarischer Text**

## Der Ernst des Lebens (Peter Weiss)

[...]

In der lethargischen[1] Stunde zwischen zwei und drei lag ich auf dem Sofa im Wohnzimmer, die Hände unterm Kopf verschränkt, hinüberstarrend auf den Farbdruck an der Wand. [...]

Schon wollte ich aufstehen, da stand meine Mutter vor mir, nie merkte ich, wie sie ins Zimmer kam, immer erschien sie plötzlich mitten im Zimmer, wie aus dem Boden emporgewachsen, den Raum mit ihrer Allmacht beherrschend. Hast du deine Hausaufgaben gemacht, fragte sie und ich sank zurück in meine Müdigkeit. Noch einmal fragte sie, bist du schon fertig mit deinen Aufgaben? Aus meiner dumpfen Lage heraus antwortete ich, ich mache sie später. Sie aber rief, du machst sie jetzt. Ich mache sie nachher, sagte ich, in einem schwachen Versuch des Widerspruchs. Da hob sie, wie in einem Wappenschild, die Faust und rief ihren Wappenspruch: Ich dulde keinen Widerspruch. Dicht trat sie an mich heran, und ihre Worte fielen wie ein Stein auf mich herab, du musst büffeln und wieder büffeln, du hast noch ein paar Jahre, dann wirst du ins Leben hinaustreten, und dazu musst du etwas können, sonst gehst du zugrunde. Sie zog mich an meinen Schreibtisch zu meinen Schulbüchern. Du darfst mir keine Schande machen, sagte sie. Ich leide schlaflose Nächte deinetwegen, ich bin verantwortlich für dich, wenn du nichts kannst, dann fällt das auf mich zurück, leben heißt arbeiten, arbeiten und arbeiten und immer wieder arbeiten. Dann ließ sie mich allein. Neben mir auf dem Bett stand das Modell einer Stadt, das ich mir aus Papier und Zellophan, aus Drähten und Stäbchen erbaut hatte. Nach meinen zerstörerischen Spielen war dies der erste konstruktive Versuch. Es war eine Zukunftsstadt, eine utopische Metropole, doch sie war unvollendet, skeletthaft, ich wusste plötzlich, dass ich nicht daran weiterbauen würde, ich sah nur noch zerknittertes, leimdurchbröckeltes Papier, und alles war verbogen und zerbrechlich, man konnte es in einem Atemzug umblasen. Ich musste nach anderen Mitteln des Ausdrucks suchen.

Während ich über meinem Tagebuch brütete, öffnete sich die Tür, und mein Vater trat ein. Er sah mich am Schreibtisch hocken, bei irgendwelchen Beschäftigungen, an denen er nie teilhaben durfte, er sah, wie hastig etwas in der Schreibtischschublade verschwand. Was treibst du denn da, fragte er. Ich mache Schulaufgaben, sagte ich. Ja, darüber wollte ich gern mit dir sprechen, sagte er. Eine peinliche Spannung trat ein, wie immer bei solchen Gesprächen.

Du bist alt genug, sagte er, dass ich einmal mit dir über Berufsfragen sprechen muss. Wie denkst du dir eigentlich deine Zukunft? Ich konnte auf diese quälende Frage nichts antworten. Mit einer Stimme, die verständnisvoll sein wollte und die etwas von einem Gespräch von Mann zu Mann hatte, sagte er, ich schlage vor, dass du in die Handelsschule eintrittst und dann in mein Kontor kommst. Ich murmelte etwas davon, dass ich erst noch die Schule absolvieren wollte, damit konnte ich immerhin Zeit gewinnen. Mein Vater sagte, jetzt mit wachsender Ungeduld, dazu scheinst du doch kaum zu taugen, ich glaube nicht, dass du begabt genug dazu bist, und zum Studieren fehlt dir jede Ausdauer, du gehörst ins praktische Berufsleben. Sein Gesicht war grau und vergrämt. Wenn man vom Leben sprach, musste man grau und vergrämt sein. Leben war Ernst, Mühe, Verantwortung. Mein Gesicht, das Gesicht eines Nichtskönners und Tagediebs, verzog sich zu einem verlegenen, stereotypen Grinsen. Gekränkt sagte mein Vater, du brauchst gar nicht zu lachen, das Leben ist kein Spaß, es wird Zeit, dass du einmal wirklich arbeiten lernst. Vielleicht spürte er eine Regung von Zärtlichkeit für mich, doch als er meinen schiefen, feindlichen Blick sah, musste er sich hart machen und seinen festen Willen zeigen. Mit der flachen Hand schlug er auf den Tisch und rief, wenn dieses Schuljahr zu Ende ist, dann ist es Schluss mit den Träumereien, dann wirst du dich endlich der Realität des Daseins widmen.

[1] lethargisch: untätig, teilnahmslos

Quelle: Peter Weiss, Der Ernst des Lebens. Aus: Der Abschied von den Eltern, Suhrkamp Verlag, Frankfurt am Main 1962, Seite 63

(1)

**Trifft die Aussage zu oder trifft sie nicht zu? Kreuze entsprechend an.**

| Aussage | Trifft zu | Trifft nicht zu |
|---|---|---|
| Der Autor ist ein fleißiger Schüler. | | |
| Der Autor sagt, dass er seine Hausaufgaben später mache. | | |
| Die Mutter verlangt, dass der Sohn mehr lerne. | | |
| Als der Vater zur Tür hereinkommt, ist der Autor gerade in sein Tagebuch vertieft. | | |
| Im Gespräch zwischen Vater und Sohn geht es um die Zukunft des Sohnes. | | |
| Der Autor weiß genau, was er in Zukunft machen will. | | |

**5. a) Nummeriere folgende Aussagen der richtigen zeitlichen Abfolge entsprechend.**

| Nummer | Aussage |
|---|---|
| | Hast du deine Aufgaben gemacht? |
| | Leben heißt arbeiten, arbeiten und arbeiten und immer wieder arbeiten. |
| | Eine peinliche Spannung trat ein. |
| | Das Leben ist kein Spaß. |
| | Es war eine Zukunftsstadt, eine utopische Metropole. |
| | Ich dulde keinen Widerspruch. |
| | Es ist Schluss mit den Träumereien. |
| | Zum Studieren fehlt dir jede Ausdauer, du gehörst ins praktische Berufsleben. |
| | Leben war Ernst, Mühe, Verantwortung. |

**b) Ordne die Aussagen den passenden Personen zu und trage den entsprechenden Buchstaben ein.**

**A** die Mutter **B** der Vater **C** der Sohn

| Buchstabe | Aussage |
|---|---|
| | Hat Angst vor Schande. |
| | Sucht nach anderen Mitteln des Ausdrucks. |
| | Hat ein graues und vergrämtes Gesicht. |
| | Erleidet schlaflose Nächte. |
| | Hat ein verlegenes, stereotypes Grinsen. |
| | Schlägt mit der flachen Hand auf den Tisch. |

**6. Kreuze die richtige Antwort an.**

a) Was macht der Autor am Anfang der Geschichte?

- ☐ Er liegt auf dem Sofa und starrt auf einen Farbdruck an der Wand.
- ☐ Er sitzt im Sessel und schaut fern.
- ☐ Er liegt auf seinem Bett und lauscht dem Radio.
- ☐ Er liegt auf dem Boden und liest ein Buch.

b) Womit wird die Faust der Mutter im Text verglichen?

- ☐ Mit einer Drohgebärde.
- ☐ Mit einem Wappenschild.
- ☐ Mit einer Keule.
- ☐ Mit einem Stein.

c) Der Vater sagt zu seinem Sohn: „Du bist alt genug, dass …

- ☐ … ich einmal mit dir über dein Verhältnis zu Mädchen sprechen muss."
- ☐ … ich einmal mit dir über deinen Wunsch, einen Führerschein zu machen, sprechen muss."
- ☐ … ich einmal mit dir über Berufsfragen sprechen muss."
- ☐ … ich einmal mit dir über den verantwortungsvollen Umgang mit deinem Taschengeld sprechen muss."

**7. Lyrik**

**Augen in der Großstadt** (Kurt Tucholsky, 1890 – 1935)

Wenn du zur Arbeit gehst
am frühen Morgen,
wenn du am Bahnhof stehst
Mit deinen Sorgen:
da zeigt die Stadt
dir asphaltglatt
im Menschentrichter
Millionen Gesichter:
Zwei fremde Augen, ein kurzer Blick,
die Braue, Pupillen, die Lider –
Was war das?
vielleicht dein Lebensglück ...
vorbei, verweht, nie wieder.

▶ bitte umblättern

Du gehst dein Leben lang
auf tausend Straßen;
du siehst auf deinem Gang,
die dich vergaßen.
Ein Auge winkt,
die Seele klingt;
du hasts gefunden,
nur für Sekunden ...
Zwei fremde Augen, ein kurzer Blick,
die Braue, Pupillen, die Lider;
Was war das?
kein Mensch dreht die Zeit zurück ...
vorbei, verweht, nie wieder.

Du mußt auf deinem Gang
durch Städte wandern;
siehst einen Pulsschlag lang
den fremden Andern.
Es kann ein Feind sein,
es kann ein Freund sein,
es kann im Kampfe dein
Genosse sein.
Er sieht hinüber
und zieht vorüber ...
Zwei fremde Augen, ein kurzer Blick,
die Braue, Pupillen, die Lider.
Was war das?
Von der großen Menschheit ein Stück!
Vorbei, verweht, nie wieder.

Die Rechtschreibung folgt der Textvorlage.

**Kreuze die richtige Antwort an.**

a) Mit wem steht das „Du" am Bahnhof?
- [ ] mit einem Freund
- [ ] allein
- [ ] wird nicht erwähnt
- [ ] mit seinen Sorgen

b) Welche zwei Metaphern werden der Stadt zugeordnet?
- [ ] asphaltglatt und Menschentrichter
- [ ] asphaltgrau und Menschengesichter
- [ ] Asphaltschatten und Menschenlichter
- [ ] asphaltrau und Menschenmassen

c) Wen sieht das „Du" auf seinem Gang durch die Straßen?
- [ ] viele Bekannte
- [ ] niemand Besonderen
- [ ] die, die es vergaßen
- [ ] keinen Menschen

d) Wo muss das „Du“ auf seinem Gang durchwandern?

- ☐ Dörfer
- ☐ Orte
- ☐ Städte
- ☐ Länder

e) Welche Frage wird in allen drei Strophen gestellt?

- ☐ Wo warst du?
- ☐ Wann kommst du?
- ☐ Was war das?
- ☐ Wie geht das?

**8. Ordne die Zitate den passenden sprachlichen Mitteln zu.**

**A** Anapher
**B** Synästhesie
**C** Personifizierung
**D** Enjambement

| Buchstabe | Aussage |
|---|---|
| | Wenn du zur Arbeit gehst / am frühen Morgen (Zeile 1 f.) |
| | die Seele klingt (Zeile 19) |
| | Es kann ein Feind sein / es kann ein Freund sein / es kann im Kampfe … (Zeilen 31 – 33) |
| | da zeigt die Stadt … (Zeile 5) |

**9. Welche der folgenden Aussagen sind falsch?**

**A** Im Gedicht geht es um die Natur.
**B** Im Gedicht geht es um die Anonymität einer Großstadt.
**C** Das lyrische Ich wird namentlich erwähnt.
**D** Das Gedicht weist einen durchgängigen Paarreim auf.
**E** Es gibt im ganzen Gedicht keinen Reim.
**F** Alle drei Strophen haben jeweils 13 Verse.

**Kreuze die richtige Antwort an.**

- ☐ Alle Aussagen sind falsch.
- ☐ A, C, D, E und F sind falsch.
- ☐ Nur A und E sind falsch.
- ☐ Keine der Aussagen ist falsch.

**10. Welche der folgenden Aussagen sind richtig?**

**A** Die Verbindung zwischen der ersten und der zweiten Zeile einer jeden Strophe nennt man Enjambement.
**B** Es ist nicht klar, wer der Fremde in Strophe 3 ist. Es kann ein Feind, ein Freund oder ein Genosse im Kampf sein.
**C** In Strophe 1 ist von Milliarden Gesichtern die Rede.
**D** Die Zeitangabe in Strophe 2 ist: „ein Tag lang".

**Kreuze die richtige Antwort an.**

☐ Alle Aussagen sind richtig.
☐ A, C und D sind richtig.
☐ Nur B ist richtig.
☐ A und B sind richtig.

## 2. Halboffene Aufgabenformate

### Erklärung

Ähnlich wie bei den geschlossenen Aufgabenformaten wird dir auch hier ein Teil der Lösung vorgegeben oder in der Aufgabenstellung genau formuliert, was von dir verlangt wird. Mögliche Aufgaben sind Kurzantworten, Lückentexte oder das Zuordnen von Eigenschaften oder Zeilen. Auch Fragen zum Text können gestellt werden; Begriffe und Aussagen sollen im Textzusammenhang erläutert und mit Textstellen belegt sowie die Textabsicht begründet werden. Auch nach sprachlichen und formalen Aspekten, wie beispielsweise Textsortenmerkmale, kann gefragt sein.
Mithilfe dieser Aufgaben soll dein Textverständnis überprüft werden. Wichtig ist, dass du den Text aufmerksam liest. Da du teilweise in deinen eigenen Worten antworten musst, ist es wichtig, dass du dir genau klarmachst, was gefragt ist.

## Typische Aufgabenstellung

### Geschichte des Führerscheins

Die Geschichte des Führerscheins ist eng mit der Entwicklung des Kraftfahrzeugs und der damit einhergehenden Massenmobilität durch die Motorisierung im Straßenverkehr verbunden. Waren es gegen Ende des 19. Jahrhunderts lediglich vereinzelte Fahrzeuge, mit denen sich Personen im öffentlichen Raum bewegten, so ging man in vielen Staaten noch kurz vor der Jahrhundertwende dazu über, von motorisierten Teilnehmern am Straßenverkehr eine Prüfung der Fahrbefähigung (Führerscheinprüfung) zu verlangen. In Deutschland wurde die erste Fahrerlaubnis im Jahr 1888 für Carl Benz ausgestellt, den Erfinder des Automobils. Ein für ganz Deutschland gültiger Führerschein wurde am 3. Mai 1909 eingeführt und blieb in seinen wesentlichen Teilen gültig bis zum Erscheinen der EU-Fahrerlaubnisverordnung vom 1. Januar 1999.

Quelle: nach http://de.wikipedia.org/wiki/Geschichte_des_Führerscheins, 10.02.2015

**Ordne den Daten im Text Ereignisse zu.**

| Jahreszahl | Geschichtliches Ereignis |
|---|---|
| | |
| | |
| | |

**Lösung**

| Jahreszahl | Geschichtliches Ereignis |
|---|---|
| 3. Mai 1909 | Einführung des Führerscheins in Deutschland |
| 1. Januar 1999 | Erscheinen der EU-Fahrerlaubnisverordnung |
| 1888 | Ausstellung der ersten Fahrerlaubnis in Deutschland für Carl Benz |

# Übungsaufgaben

## 2.1 Zuordnen und Erläutern

### 1. Sachtext

**Der Weg zurück in die Mitte** (Marco Pecht)
**Rechtsextremismus**

Ein Beispiel aus Rheinland-Pfalz zeigt, wie durch gezielte Programme der Ausstieg gelingen kann. Freundlich öffnet Robert L. (Name von der Redaktion geändert) Besuchern die Tür. Der 29-Jährige wohnt in einem alten Häuschen in einem Dorf in Rheinland-Pfalz. Für sich, Frau und Kind baut der gelernte Fliesenleger gerade Schritt für Schritt die Wohnung aus. Robert L. hat seinen Platz in der Gesellschaft wieder gefunden. Vor einigen Jahren sah das anders aus: Roberts Haare waren kurz geschoren, Springerstiefel und Bomberjacke seine liebsten Kleidungsstücke. Robert war rechtsradikal und das schon seit seinem 14. Lebensjahr. „Stumpfe Parolen wie ‚das Boot ist voll, die Ausländer nehmen den Deutschen die Arbeitsplätze weg', gingen mir leicht über die Lippen", sagt er. Regelmäßige Schlägereien und ein prall gefülltes Vorstrafenregister waren die Folgen.

Heute ist der 29-Jährige ein wichtiger Baustein im Anti-Gewalt-Training des Diplom-Sozialpädagogen Stefan Werner. In Ingelheim bei Mainz schult Werner Jugendliche aus der achten Klasse. Er will ihnen zeigen, dass der Weg in den Rechtsextremismus meist eine Flucht vor der Realität ist. Der Austausch mit Aussteigern wie Robert hat dabei einen hohen Stellenwert: „Es ist eine wichtige Komponente, die Jugendlichen abzuschrecken", erklärt Werner. Seine Kurse gegen Gewalt und gegen Rechts verfolgen daher ein Ziel: „Die rechte Szene darf kein Gewinn für Jugendliche sein."

**Bedürfnisse formulieren**

Alleine mit Gesprächen ist es nicht getan, dessen ist sich Stefan Werner bewusst. „In meinen Seminaren wird nicht viel über Rechtsextremismus diskutiert", erklärt er. Viel mehr gehe es darum, den jungen Menschen ihre Bedürfnisse aufzuzeigen. Was bedeutet mir Freundschaft? Wie verhalte ich mich in einer Gruppe? Wie kann ich Mobbing verhindern? Das sind für den Sozialpädagogen die zentralen Fragen. Dabei spielt das Vermeiden von Gewalt eine große Rolle. „Besonders junge Männer müssen ihre Männlichkeit mit Gefühlen leben lernen", beschreibt Werner. Vorbeugende Arbeit fängt für ihn darum in der Schule an. Dort müsse Jugendlichen geholfen werden, wenn sie an den Rand der Gemeinschaft gedrängt werden. „Wenn ich sehe, dass jemand zum Außenseiter wird, muss ich mich dieser Person noch mehr widmen", erklärt Werner.

In all diesen sensiblen Phasen ist bei Robert L. einiges schief gelaufen: Er hat Opfererfahrungen gemacht, wie es der Anti-Gewalt-Trainer nennt. „Das ist mit den Erwartungen eines jungen Mannes an sich selbst nicht vereinbar", glaubt der Sozialpädagoge. Zu diesen Opfererfahrungen gehörten besonders in Westdeutschland auch negative Erlebnisse mit ausländischen Jugendlichen. „Als 13-Jähriger bin ich oft von türkischen Jugendlichen verprügelt worden", sagt Robert. Schnell habe sich ein Gefühl der Hilflosigkeit eingestellt – und ein undifferenziertes Feindbild. Da kam ein Mitglieder werbender NPD-Mann auf einer Feier gerade richtig. Damals, so Robert, habe die neue Gruppe ihn aufgefangen. „Bei der NPD habe ich mich willkommen gefühlt", sagt er.

**Politische Bildung**

Eine Entwicklung, die Una Patzke von der rheinland-pfälzischen Landeszentrale für politische Bildung mit Sorge beobachtet. „Jugendliche sind zur Zielgruppe der Rechtsextremisten geworden", berichtet sie. Darum müsse man auch in Rheinland-Pfalz wachsam sein, einem Bundesland, das beim rechtsextremen Gewaltpotenzial im unteren Drittel des Bundesschnitts liegt. Programme der politischen Bildung setzen daher bei den Multiplikatoren der Jugendarbeit an. Sozialarbeiter, Lehrer und auch Polizisten werden zum Thema Rechtsextremismus geschult. Dabei geht es um neue Trends in der rechten Szene, Ursachen von Ausländerfeindlichkeit und Antisemitismus. „Information ist ein

Schwerpunkt unserer Arbeit. Mit Aufklärung kann man viel erreichen", sagt Patzke. Trotzdem erkennt sie Grenzen der politischen Bildung: „Bei einer gefestigten rechtsextremen Ideologie wird es für uns sehr schwierig." Darum arbeitet die Landeszentrale vernetzt, trifft sich immer wieder mit Verfassungsschutz oder Polizei. „Wir haben in Rheinland-Pfalz ein Netzwerk geschaffen, das auf unterschiedlichen Ebenen ansetzt", so Patzke. Wenn Prävention und Information nichts mehr helfen, müssten Polizei und Aussteigerprogramme ran.

Bei Robert L. hätte Prävention nicht mehr gegriffen. Er brach mit seinem alten Umfeld, war zu Hause ausgezogen, hatte den Streit mit Eltern und alten Freunden satt. Doch mit Mitte 20 kam die Wende. Robert stand wegen schwerer Körperverletzung vor Gericht. „Für mich war klar, dass ich nicht ins Gefängnis will", erinnert er sich. Bei der Verhandlung nannte Robert Mittäter, bekam mildernde Umstände und eine Auflage: ein Anti-Gewalt-Training bei Sozialpädagoge Stefan Werner. Erst dort änderte sich die Einstellung. Langsam kam die Einsicht: „Meinen Hass auf Ausländer, Juden und Linke kann ich jetzt selbst nicht mehr nachvollziehen."

Quelle: Marco Pecht, in: Das Parlament, 17/2009

**Was erfährst du von Robert L.? Wie wird er beschrieben?**

| Textabschnitt | Lebenssituation | Beschreibung |
|---|---|---|
| 1 | Wie wird Robert von 13/14 bis zu seinem 20. Lebensjahr beschrieben? | |
| 4 | Was hat er als 13-Jähriger erlebt? | |
| 6 | Auszug von zuhause mit etwa 25 Jahren | |
| 1<br>2 | Robert heute mit 29 Jahren | |

**2. Der Sozialpädagoge Stefan Werner spricht mit straffällig gewordenen Jugendlichen in seinen Seminaren selten über Gewalt und Handlungsweisen der Rechtsextremisten. Um welche Themen geht es bei ihm? Ergänze die Tabelle.**

| Textabschnitt | Themen | Gründe |
|---|---|---|
| 2 | | |
| 2<br>3 | | |

**3. Ordne den vier Aussagen die passende Textstelle zu. Schreibe sie mit Zeilenangabe auf.**

a) Rechtsradikalismus darf keine positive Erfahrung für Jugendliche sein.

________________________________________

b) In den Seminaren von Stefan Werner ist Rechtsradikalismus kein Dauerthema.

________________________________________

c) „In meiner Kindheit bin ich oft von ausländischen Kindern geschlagen worden", sagt Robert.

________________________________________

d) Mit Informationen über Rechtsextremismus kann man einiges bewirken.

________________________________________

**4. Erläutere folgende Begriffe und Aussagen im Textzusammenhang.**

a) stumpfe Parolen

______________________________

b) leicht über die Lippen gehen

______________________________

c) an den Rand der Gemeinschaft gedrängt werden

______________________________

d) Er hat Opfererfahrung gemacht.

______________________________

e) ein undifferenziertes Feindbild

______________________________

f) Programme setzen bei den Multiplikatoren der Jugendarbeit an.

______________________________

**5. Lyrik**

**Reklame** (Joachim Ringelnatz, 1883 – 1934)

Ich wollte von gar nichts wissen.
Da habe ich eine Reklame erblickt,
Die hat mich in die Augen gezwickt
Und ins Gedächtnis gebissen.

Sie predigte mir von früh bis spät
Laut öffentlich wie im stillen
Von der vorzüglichen Qualität
Gewisser Bettnässer-Pillen.

Ich sagte: „Mag sein!
Doch für mich nicht! Nein, nein!
Mein Bett und mein
Gewissen sind rein!“

Doch sie lief weiter hinter mir her.
Sie folgte mir bis an die Brille.
Sie kam mir aus jedem Journal in die Quer
Und säuselte: „Bettnässer-Pille“.

Sie war bald rosa, bald lieblich grün.
Sie sprach in Reimen von Dichtern.
Sie fuhr in der Trambahn und kletterte kühn
Nachts auf die Dächer mit Lichtern.

Und weil sie so zähe und künstlerisch
Blieb, war ich ihr endlich zu Willen.
Es liegen auf meinem Frühstückstisch
Nun täglich zwei Bettnässer-Pillen.

Die ißt meine Frau als ‚Entfettungsbonbon‘.
Ich habe die Frau belogen.
Ein holder Frieden ist in den Salon
Meiner Seele eingezogen.

Die Rechtschreibung folgt der Textvorlage.

(2)

**Ordne den vier Eigenschaften der Reklame jeweils eine passende Gedichtzeile zu. Begründe deine Zuordnung.**

| Eigenschaft | Zeilenangabe | Begründung |
|---|---|---|
| Ständige Präsenz (Anwesenheit) | | |
| Überzeugend | | |
| Vielfältig | | |
| Zweckentfremdet | | |

## 2.2 Textmerkmale

### 1. Lyrik

**Fluchtpunkt** (Sarah Kirsch, 1935 – 2013)

Heine ging zu Fuß durchs Gebirge
Er vertrödelte sich in Häusern, auf Plätzen
Und brauchte zwei Wochen für eine Strecke
Die wir in einem Tag durchgefahren wären
Unsere Reisen führen von einem Land
Gleich in das nächste von Einzelheiten
Können wir uns nicht aufhalten lassen
Uns zwingen die eignen Maschinen
Ohne Verweilen weiterzurasen Expeditionen
Ins Innre der Menschen sind uns versagt
Die Schutthalden Irrgärten schönen Gefilde
Bleiben unerforscht und verborgen
Die Kellner brauchen unsere Zeitung nicht
Ihre Nachrichten sind aus dem Fernsehn
Es gibt verschiedene Autos eine Art Menschen
Alles ist austauschbar wo wir auch sind.

Quelle: Europäisches Lesebuch. R. Oldenbourg Verlag GmbH, München 1992

**Betrachte den formalen Aufbau und die sprachlichen Mittel des Gedichts. Nenne drei Besonderheiten, die dir auffallen.**

- ▶ ____________________
- ▶ ____________________
- ▶ ____________________

## 2. Bericht

### „Meine Welt steht Kopf“

**Schüler Tom W., 16, genoss sein Austauschjahr in Chile – bis ihn das verheerende Erdbeben nachts aus dem Bett riss. Nun ist nichts mehr, wie es war. Tom schläft in einem Zelt im Garten und hilft im Krankenhaus. Nach Hause möchte er trotzdem nicht.**

„Nach vier Tagen atme ich ein wenig auf. Die Situation in Chile ist furchtbar, aber meine Gastfamilie und ich leben, wir haben wieder Strom und Wasser. Vielen anderen Menschen geht es schlechter, viele Häuser sind einfach zusammengebrochen. Die Nachbarhäuser sehen weitaus schlimmer aus als unseres. Bei uns sind ‚nur‘ ein paar Risse in den Wänden und alle Scheiben herausgebrochen. Das Erdbeben in der Nacht von Freitag auf Samstag hat Hunderttausende Menschen obdachlos gemacht, Existenzen zerstört und dieses Land, das so unheimlich viel Potenzial hat, um Jahre zurückgeworfen. Nun lebe ich in einer Katastrophenregion.

Nachts um drei Uhr muss es gewesen sein, als mein Gastvater schreiend in mein Zimmer rannte und danach meine sechs und zwei Jahre alten Gastgeschwister aus ihren Betten zog. Zunächst dachte ich, dass irgendwelche Bekloppten an den Wänden rüttelten. Dann begriff ich, dass es sich um ein Erdbeben handelte. Stärke: 8,7. Wir torkelten, so schnell es ging, aus unserem wackelnden Haus hinaus. Die Wände, der Boden, alles befand sich in Bewegung. Ich stand ohne eine Verletzung im Garten, barfuß und nur mit einer Unterhose bekleidet. Ich dachte wirklich, die Welt geht unter. Keine zwei Sekunden später kam ein noch heftigerer Ruck, ein klirrendes Geräusch, und alle Fenster lagen in Scherben. Wir saßen völlig perplex im Garten und spürten pure Angst. Wirtschaftskrise, Erderwärmung und Naturkatastrophen wie diese oder in Haiti – die Welt steht Kopf.

**Helfende Hand im Krankenhaus**

Am nächsten Morgen radelte ich durch die chilenische Stadt Los Angeles und suchte ein funktionierendes Telefon. Ich sah überall nur Trümmer. Hat sich die Natur an der Menschheit gerächt? Mir schien es so: Keinen umgefallenen Baum habe ich gesehen, nirgends. Doch Straßen, Gebäude und alles vom Menschen Erschaffene ist teilweise oder vollständig zerstört. Die Menschen standen in langen Schlangen vor den Minimärkten, die Feuerwehr verteilte Trinkwasser. Es dauerte bis zum nächsten Abend, bis ich meinen Eltern in Deutschland mitteilen konnte, dass es mir gut ging.

Meine Gastmutter ist Krankenschwester und arbeitete in der Nacht des Erdbebens. Das Krankenhaus ist zwar auch beschädigt, aber noch betriebsfähig – im Gegensatz zu anderen Hilfseinrichtungen, die völlig am Boden liegen. Heute habe ich im Krankenhaus geholfen, die Laborproben von A nach B gebracht und bin eingesprungen, wo eine Hand nötig war.

Nach fünf Stunden Krankenhausarbeit kam ich dann nach Hause, und kurze Zeit später stand Anni, eine andere deutsche Austauschschülerin, auf unserer Türschwelle. Sie wohnt etwas außerhalb der Stadt Los Angeles, dort sind bislang Elektrizität und Wasser noch nicht angekommen. Ihre Familie hat immerhin das Poolwasser, das sie jetzt zum Kochen und Waschen nutzt. […]

In Los Angeles kehrt schon fast wieder Normalität ein. Zwar stehen die Menschen immer noch in Warteschlangen vor Tankstellen und Supermärkten, aber die nächtliche Ausgangssperre, Polizeipräsenz und keine angezündeten Supermärkte schaffen Sicherheit. Doch teils heftige Nachbeben versetzen mich immer noch in Angst und Schrecken. Bewegt sich die Erde, fängt mein Herz an zu rasen, und ich renne aus dem Raum. Deshalb schlafen wir seitdem in Zelten im Garten. Es bleibt nervenaufreibend, doch ich möchte trotzdem nicht nach Hause fliegen. Ich habe Chile so lieb gewonnen, dass ich auch diese Phase hier mit meiner Familie durchstehen möchte.“

Quelle: nach SPIEGEL ONLINE 04.03.2010, http://www.spiegel.de/schulspiegel/ausland/0,1518,681483,00.html, 26.02.2015
Bild-Quelle: originally posted to Flickr as _MG_3277, Claudio Núñez, 

**Welche typischen Merkmale eines Berichts weist der Artikel auf? Beschreibe die äußere Gestaltung, die formalen Elemente und die Sprache des Textes. Stichworte genügen. Belege deine Aussagen mit Beispielen aus dem Text (mit Zeilenangaben).**

Training

## 3. Kurzgeschichte

### **Der Verrat** (Wolfdietrich Schnurre, 1920 – 1989)

Mit einem Schlag war es Frühling. Auf der abgestorbenen Ulme im Hof sang früh eine Drossel, die Spatzen verschwanden mit ellenlangen Strohhalmen hinter der Dachrinne, und in den Schaufenstern der Papierhandlungen waren rotgelbe Triesel[1] und stumpf glänzende Murmeln[2] zu sehen.

Vater stand jetzt wieder früher auf, und wir gingen morgens immer in den Tiergarten, wo wir uns auf eine Bank in der Sonne setzten und dösten oder uns Geschichten erzählten, in denen Leute vorkamen, die Arbeit hatten und jeden Tag satt wurden. War die Sonne mal weg, oder es regnete, gingen wir in den Zoo. Wir kamen umsonst rein; Vater war mit dem Mann an der Kasse befreundet. Am häufigsten gingen wir zu den Affen; wir nahmen ihnen meist, wenn niemand hinsah, die Erdnüsse weg; die Affen hatten genug zu essen, sie hatten bestimmt viel mehr als wir.

Manche Affen kannten uns schon; ein Gibbon[3] war da, der reichte uns jedes Mal alles, was er an Essbarem hatte, durchs Gitter. Nahmen wir es ihm ab, klatschte er über dem Kopf in seine langen Hände, fletschte die Zähne und torkelte wie betrunken im Käfig umher. Wir dachten zuerst, er machte sich über uns lustig; aber allmählich kamen wir dahinter, er verstellte sich nur, er wollte uns der Peinlichkeit des Almosenempfangens entheben.

Er sparte richtig für uns. Er hatte eine alte Konservenbüchse, in die tat er alles, was man ihm am Tag zu essen gegeben hatte, hinein. Wenn wir kamen, sah er sich jedes Mal erst besorgt um, ob uns auch niemand beobachten könnte; dann griff er in seine Büchse und reichte uns die erste Erdnuss, nachdem er sie sorgfältig am Brustfell saubergerieben hatte, durchs Gitter. Er wartete, bis wir eine Nuss aufgegessen hatten, darauf reichte er uns die nächste hinaus. Es war mühsam, sich da nach ihm zu richten; aber er hatte wohl seine Gründe für diese umständliche Art, uns die Nüsse zu geben; und wir mochten ihn auch nicht beleidigen, denn er hatte Augen, so alt wie die Welt, und Vater sagte immer: „Wenn das stimmt mit der Seelenwanderung und so, dann wäre es wohl das Beste, als Gibbon wiederzukommen."

Einmal fanden wir ein Portemonnaie[4] mit zwanzig Pfennigen[5] drin. Erst wollten wir uns Brötchen kaufen; aber dann nahmen wir uns zusammen und kauften dem Gibbon ein Viertelpfund Rosinen dafür. Er nahm die Tüte auch an. Er öffnete sie vorsichtig, roch behutsam am Inhalt, und darauf nahm er Rosine um Rosine heraus und legte sie achtsam in seine Konservenbüchse; und als wir am nächsten Tag kamen, reichte er uns das ganze Viertelpfund wieder, Rosine um Rosine, durchs Gitter, und uns blieb nichts weiter übrig, als sie zu essen; denn er war leicht zu verstimmen. Einige Tage später war große Aufregung im Affenhaus. Der Zoodirektor war drin und schnauzte den Oberwärter an, und der Oberwärter schnauzte den Wärter an, und der Wärter schnauzte die Leute, die drum herumstanden, an, und endlich kam raus: die Käfigtür hatte offengestanden, und der Gibbon war weg.

Uns ging es gerade wieder ein bisschen besser an dem Tag; wir hatten zwei Mark mit Teppichklopfen verdient und dem Gibbon eine Banane gekauft. Wir liefen den ganzen Tag über herum und halfen dem Wärter ihn suchen – umsonst. Da vergruben wir die Banane im Tiergarten und schworen uns, sie auch beim ärgsten Hunger nicht auszugraben; sie sollte ein Opfer sein; wir hofften damit zu erreichen, dass dem Gibbon kein Unglück passierte.

[1] Triesel: Berliner Ausdruck für Kreisel
[2] die Murmel: Spielkugel, in Teilen Hessens auch „Klicker"
[3] der Gibbon: Affe aus Südostasien. Wird auch als kleiner Menschenaffe bezeichnet.
[4] das Portemonnaie: Geldbeutel
[5] Pfennig: alte deutsche Währung vor dem Euro

Quelle: Wolfdietrich Schnurre, Der Verrat, in: Als Vaters Bart noch rot war. Arche Zürich, 1959

**Welche Merkmale einer Kurzgeschichte sind hier erkennbar? Nenne vier Merkmale und belege sie am Text.**

▶ ______________________________

▶ ______________________________

▶ ______________________________

▶ ______________________________

Training

## 2.3 Erklären, Deuten, Belegen und Begründen

### 1. Sachtext

### Der 18. Geburtstag – und die neue Freiheit für Eltern

Die Wohnung war geschmückt wie seit fast 18 Jahren. Wir haben „Am Fenster heute morgen / da piepst es ohne Sorgen“ gesungen wie seit fast 18 Jahren, weil wir das Lied aus dem Kinderladen[1] viel schöner finden als „Happy Birthday“. Es gab den rituell üblichen Rüblikuchen mit Kerzen obendrauf. Unser jüngster Sohn Nils ist nun 18 Jahre alt. Alle freuen sich. Sein älterer Bruder rief fröhlich: „Hey, jetzt kannste mir Zigaretten holen gehen.“

Es heißt, das sei ein großer Einschnitt für die Jubilare: endlich volljährig, endlich unabhängig und gesellschaftlich anerkannt, endlich Auto fahren. Dazu fallen für Jugendliche interessante rechtliche Sperren weg. Fußball in Raucherkneipen schauen, nach 22 Uhr ins Kino gehen, DVDs und Spiele aus dem Regal „FSK 18“ kaufen. Solche Sachen.

Ich denke oft, man sollte „Bücher lesen“ und „Geschirrspüler ausräumen“ erst ab 18 freigeben und Zuwiderhandlungen unter strenge Strafe stellen, dann wäre das für Jugendliche bestimmt so unwiderstehlich, wie heimlich Alkohol beim Späti[2] zu kaufen. Unter 18 läuft auf diesen reichen Feldern gesellschaftlichen Handelns wenig, gleich gar nicht freiwillig.

Mit dem Reiz des Verbotenen ausgestattet würden bei Instagram dann haufenweise Fotos auftauchen, wie mutige 16-Jährige ihre eigene Wäsche in ihren eigenen Schrank sortieren. Auch das Mitbringen von Brot, Joghurt, Tiefkühlpizza aus dem Supermarkt dürfte erst ab 18 erlaubt sein, dann könnte man seinen Eltern eins auswischen, indem man sich kühn widersetzt. Familienministerin Schwesig, ginge da was?

Die 18 ist also eine Zäsur, betrifft das unseren Sohn? Irgendwie schon. Aber nur ein bisschen, jedenfalls weniger als in meiner Generation. Auto fahren etwa interessiert ihn nicht, wählen durfte er in Berlin bereits auf Lokalebene, nachdem er uns kokett geärgert hatte mit der Erklärung, er würde auf keinen Fall wählen, zu viel Aufwand. Oh ja, Nils weiß, welche Knöpfe er drücken muss.

Ich saß also da, schaute zu, wie er Kuchen aß und erkannte, dass der Einschnitt für Eltern größer ist als für die Kinder. Ein gewaltiger Moment der Befreiung. Wir waren erleichtert, ein wenig stolz, wir erinnerten uns mit leichtem Gruseln an Kinderladen-Elternabende und Kindergeburtstage, wir ließen sentimental die „Bullerbü“-Vorlesungen und die Familienurlaube hochleben.

**Man sollte Bücher lesen und Geschirrspüler ausräumen erst ab 18 freigeben**

Vergangenen Sommer sagte der Junge, meine Frau und ich müssten künftig ohne ihn verreisen. Wir sagten artig „och, schade“ und setzten eine Miene des ehrlichen Bedauerns auf. Dann gingen wir ein Zimmer weiter, schlossen die Tür und riefen „Juchu!“. Wir haben sofort außerhalb der Ferien gebucht und ein Kerzlein für erweiterte Lebensqualität angezündet. Wer hat jetzt mehr Freiheit, die Kinder oder wir?

Helikopter-Eltern können und wollen nicht loslassen, heißt es. Helikopter-Eltern übertreiben es mit der Fürsorge, wenn sie noch an der Uni die Professoren zu überzeugen versuchen, ihr Kind müsse bitteschön besser gefördert werden. Die Abhängigkeit hat sich verkehrt. Zugleich machen die Kinder es sich in der „Pension Mama“ gemütlich und lassen ihre Wäsche hübsch aufbügeln. Eigentlich muss der 18. Geburtstag im Bewusstsein der Gesellschaft neu verankert werden: als Tag, an dem Eltern Abschied nehmen und sich wieder mehr auf sich besinnen.

Nils nennt als Lebensziele nach dem Abitur im Sommer bisher „ausschlafen“ und „chillen“. Es sind zwei streng getrennte Tätigkeiten. Vorher gibt es eine Abi-Fahrt an einen Strand in Kroatien, deren Ablauf nahelegt, dass mit dem 18. Geburtstag eher keine große Vernunftbildung einhergeht. Und dann? Und dann geht Zeit ins Land. Es bleiben also für uns genug Sorgenpunkte übrig, um sich weiter voll und ganz als Eltern zu fühlen.

Am Tag nach dem 18. Geburtstag las ich in der Zeitung, dass in Berlin die Kitas streiken. Ich blätterte ungerührt weiter.

[1] Kinderladen: (alternativer) Kindergarten
[2] Späti: Spätverkaufsstelle, ähnlich Kiosk

Quelle: Holger Kreitling, in: Welt am Sonntag Nr. 5, 29. Januar 2017, S. 22, WeltN24 GmbH

**a) Zitiere zwei Textstellen, die zeigen, auf welche Freiheiten sich Jugendliche mit dem Eintritt in die Volljährigkeit freuen.**

**b) Finde zwei Textbelege, aus denen hervorgeht, dass sich auch Eltern auf die Volljährigkeit der Kinder freuen.**

**2. Was meint der Autor mit der Aussage „Ich denke oft, man sollte ‚Bücher lesen' und ‚Geschirrspüler ausräumen' erst ab 18 freigeben […]"? (Z. 17 f.) Erkläre mit eigenen Worten und belege am Text.**

**3. „Heutzutage stellt der 18. Geburtstag für Kinder keinen großen Einschnitt mehr dar." Erkläre diese Aussage mit zwei Beispielen aus dem Text und finde ein eigenes Beispiel oder Gegenbeispiel.**

## 4. Literarischer Text

### Die Kunst des Briefes (Stefan Zweig, 1881 – 1942)

Eine edle und kostbare Kunst scheint ihrem Ende entgegenzugehen: die Kunst des Briefes. Was sie so wundervoll machte und ihr ein so weit verbundenes Leben, einen so einzigen Reichtum verliehen hat, war, dass diese Kunst nicht wie alle andern allein an die Künstler gebunden blieb: jedem einzelnen Menschen war es gegeben, seinen Augenblicken inneren Aufschwungs und einer nur vorübergehend in ihn eingebrochenen Beseelung im Briefe Ausdruck zu verleihen. Man gab einem Freunde, einem Fremden, was man vom Tage empfing, ein Geschehnis, ein Buch, ein Gefühl, gab es weiter mit leichter Hand, ohne die Prätention[1] eines Geschenks, ohne die gefährliche Anspannung, für ein Kunstwerk verantwortlich zu sein. So entstanden in vergangenen Zeiten zahllose kleine Wunder der Wahrheit in einer stillen Welt, in der noch der Brief bindende Kraft und die Botschaft von Mensch zu Mensch still beschwörende Gewalt hatte.

Aber diese edle, diese reine Kunst des Briefes scheint zu Ende zu gehen. Ihr erster Vernichter war die Zeitung, in der alles für alle geschrieben ist, in der die Nachrichten, die sonst abgetönt dem Einzelnen zugesprochen waren, in sachlicher und kalter Form dem Massengebrauch dargeboten werden. Der zweite Vernichter war die Schreibmaschine, die das Wort entseelt und jenes geheime Bildnis, das jeder Mensch in seiner Schrift von sich gibt, wie hinter einem kalten Spiegel verschwinden lässt; die dritte Vernichtung kam vom Telefon, wo die Menschen nun mit der ihnen zugemessenen Hast alles einander berichten können, ehe es noch warm in das Innere, in das lebendige Blut gedrungen ist. So sind in den Millionen Briefblättern, die jeder Tag in schweren Säcken, in Karren durch die Städte schleppt, kaum mehr ein Dutzend lebendiger und gestalteter Worte, und ganz schon verloren jene einsame Anstrengung, jene für uns schon ganz unfassliche Liebe, mit denen die Vorfahren unseres Blutes und unseres Geistes einst ihre Briefe schrieben. Ich weiß nicht, ob auch andere die gleiche Beschämung empfinden; aber jedes Mal, wenn ich im Goethehaus stehe und dort sehe, wie der erlauchteste Meister des deutschen Wortes, dem die Feder wie unter Magie in der Hand gehorchte, wichtige und sogar belanglose Briefe zwei- oder dreimal konzipierte und korrigierte, ehe er sie der Absendung für reif erachtete, oder wie Nietzsche Entwürfe fast jeden Schreibens mit eigener Hand anfertigte – dann überfällt mich immer die Frage, wie viel von uns unendlich Ärmeren des Wortes, unendlich weniger sicheren Menschen noch den Fleiß und die sittliche Geduld haben, einem zufälligen Briefe so viel Liebe und Ehrfurcht zu widmen. Wir haben alle, oder fast alle, den Brief neben die Kunst gestellt: er dient bei den Künstlern heute noch manchmal im Kunstgeschäft, manchmal in der Kunstpolitik, fast niemals aber mehr gewähren wir ihm den Anspruch, selbst ein Kunstwerk zu werden oder zu sein.

Aber ein wie Geheimnisvolles ist damit von uns gegangen, dass wir dem Brief unsere Liebe nahmen! Dadurch, dass jeder Brief sich immer an einen Einzelnen wendet, an einen bestimmten, dem Gefühl gegenwärtigen Menschen, wurde er unwillkürlich zum Doppelbildnis des Sprechenden. Unbewusst antwortete die Stimme des Angesprochenen, und dieses Fluidum[2] von Gemeinsamkeit strahlte eine Vertrautheit aus, die offen war und intim zugleich, beredt[3] und verschwiegen, vertraulich und verbergend in einem. Manche Dinge vermochten überhaupt nur in diesem unbeschreiblichen Tonfall ausgesprochen zu werden, den die Rede zu zweien hat, und vielleicht sind manche der seelenvollsten Mitteilungen unserer Zeit nur darum verloren, weil wir diese Kunst des Briefes verlernt zu haben scheinen.

[1] die Prätention: Anforderung, Anspruch, Verlangen
[2] das Fluidum: von einer Person oder einer Sache herrührende Wirkung
[3] beredt: wortreich

(Auszug aus Stefan Zweigs Nachwort zu Otto Heuscheles „Briefe aus Einsamkeiten", 1924)

Quelle: Stefan Zweig, Die Monotonisierung der Welt. Suhrkamp Verlag, Frankfurt a. M. 1988

**Erläutere mit eigenen Worten die Überschrift.**

**5. Welche drei Gründe werden genannt, warum das Briefschreiben in Vergessenheit geraten ist? Belege mit entsprechenden Textstellen.**

**6. Was meinst du, welche Absicht der Text verfolgt? Begründe deine Meinung.**

## 7. Lyrik

### Die Entwicklung der Menschheit (Erich Kästner, 1899 – 1974)

Einst haben die Kerls auf den Bäumen gehockt,
behaart und mit böser Visage.
Dann hat man sie aus dem Urwald gelockt
und die Welt asphaltiert und aufgestockt,
bis zur dreißigsten Etage.

Da saßen sie nun, den Flöhen entflohn,
in zentralgeheizten Räumen.
Da sitzen sie nun am Telefon.
Und es herrscht noch genau derselbe Ton
wie seinerzeit auf den Bäumen.

Sie hören weit. Sie sehen fern.
Sie sind mit dem Weltall in Fühlung.
Sie putzen die Zähne. Sie atmen modern.
Die Erde ist ein gebildeter Stern
mit sehr viel Wasserspülung.

Sie schießen die Briefschaften durch ein Rohr.
Sie jagen und züchten Mikroben.
Sie versehn die Natur mit allem Komfort.
Sie fliegen steil in den Himmel empor
und bleiben zwei Wochen oben.

Was ihre Verdauung übrigläßt,
das verarbeiten sie zu Watte.
Sie spalten Atome. Sie heilen Inzest.
Und sie stellen durch Stiluntersuchungen fest,
daß Cäsar Plattfüße hatte.

So haben sie mit dem Kopf und dem Mund
Den Fortschritt der Menschheit geschaffen.
Doch davon mal abgesehen und
bei Lichte betrachtet sind sie im Grund
noch immer die alten Affen.

(3)

Quelle: Erich Kästner, in: Gesammelte Schriften für Erwachsene. München: Droemer, Zürich: Atrium, 1969

Die Rechtschreibung folgt der Textvorlage.

**Erkläre mit eigenen Worten, was Erich Kästner mit dem Gedicht aussagen möchte. Belege deine Antwort mit mindestens vier Textbeispielen.**

## 8. Begründe, welche der Aussagen deiner Meinung nach am besten passt.

Erich Kästner setzt sich in seinem Gedicht mit …

… der Veränderung des menschlichen Wesens auseinander.
… dem wirtschaftlichen Fortschritt auseinander.
… dem Fortschritt der Menschheit auseinander.

## 9. Stelle an einem eigenen Beispiel einen für dich wichtigen Fortschritt der Menschheit dar.

# Teil II: Schreiben

## A. Textproduktion

### Verfassen eines eigenen Textes

**Erklärung**

Das Verfassen eines eigenen Textes braucht etwas Übung. Deshalb versuche so oft wie möglich, ohne Hilfe einen zusammenhängenden Text zu schreiben. Auch in der Abschlussprüfung wird von dir ein kurzer Aufsatz gefordert. Meistens bezieht sich das Thema in irgendeiner Weise auf den von dir vorher bearbeiteten Text. Ins Blaue hinein zu schreiben, ist viel schwerer als nach einem vorher festgelegten Muster. Es gibt mehrere Möglichkeiten, wie du dir die Arbeit erleichtern kannst.

**Strukturierungshilfen**

- ▶ Sammle zuerst deine Gedanken und schreibe diese dann stichpunktartig auf.
- ▶ Ordne deine Stichpunkte anschließend in eine sinnvolle Reihenfolge und formuliere sie in deinem Text aus.

**Vorbereitung auf die Prüfung**

Lies die Aufgabenstellung immer genau durch und mache dir klar, um welche Art von Aufgabe es sich handelt. Hier werden einige Aufgabentypen erklärt und dargestellt.
Präge dir genau ein, was gefordert wird.

**Erzählung**

Bei einer Erzählung wird ein Handlungsablauf aus einer vorher gewählten Perspektive (z. B. Ich-Erzähler oder Er-Erzähler) vorgestellt. Das Thema ist meistens ein bestimmtes Erlebnis. Die Handlung ist bestimmt von Gefühlen, Gedanken und wörtlicher Rede. Die Sprache ist lebhaft und anschaulich.
Der Aufbau einer Erzählung ist in Einleitung, Hauptteil und Schluss gegliedert. Die Einleitung ist eher kurz und soll zum Thema hinführen. Der Hauptteil beschreibt ausführlich den Höhepunkt der Handlung und der kürzer gehaltene Schluss schließt diese ab.
Das Ziel einer Erzählung ist die Unterhaltung des Lesers.

**Merkmale**

Aufbau:

| | |
|---|---|
| Sprache: | lebhaft, anschaulich → viele Adjektive, wörtliche Rede |
| Zeitform: | Präteritum |
| Erzählform: | Ich-Erzähler, Er-Erzähler, neutrale Perspektive |
| Absicht: | Unterhaltung des Lesers |

**Strukturierung**

- ▶ Mache dir Gedanken zum Thema.
- ▶ Finde einen geeigneten Einstieg.
- ▶ Achte auf eine vielfältige und ausschmückende Sprache, verwende wörtliche Rede, Ausrufe und Beschreibungen.
- ▶ Schreibe im Präteritum.

**Bericht**
Ein Bericht beschreibt ein bestimmtes Ereignis oder eine Handlung wie zum Beispiel eine Veranstaltung, einen Unfall, ein Praktikum oder eine Reise. Sehr häufig erscheint diese Textform in der Zeitung. Der Bericht informiert genau und in der richtigen zeitlichen Reihenfolge über ein Geschehen oder einen Sachverhalt. Unwichtige Details werden weggelassen.
Der Bericht gliedert sich in Einleitung, Hauptteil und Schluss. Dabei muss er folgende W-Fragen beantworten:
- Einleitung: Wer? Was? Wann? Wo?
- Hauptteil: Was? Wie? Warum?
- Schluss: Welche Folgen? (z. B. bei Unfall etc.) Welches Ergebnis? (z. B. bei Experiment etc.)

Das Ziel eines Berichts ist die Informierung der Lesenden. Er enthält keine eigene Meinung oder Vermutungen.

Merkmale
Sprache: sachlich, objektiv → keine Gefühle, keine Gedanken, keine wörtliche Rede, keine Umgangssprache
Zeitform: Präteritum
Erzählform: Ich-Erzähler, Er-Erzähler
Absicht: Informierung der Leserschaft

Strukturierung
- Mache dir eine Stichwortliste, in der du alle W-Fragen beantwortest.
- Schreibe eine Einleitung mit einem Kernsatz, der bereits die ersten vier W-Fragen beantwortet: Wer hat was, wann und wo gemacht? Was ist wann und wo passiert?
- Verwende eine sachliche und abwechslungsreiche Sprache, verbinde die Sätze mit geeigneten Bindewörtern (anschließend, dann, deshalb, trotzdem, später, schließlich, zuerst ...).
- Schreibe im Präteritum.

**Brief oder Leserbrief**
Unterschieden wird zwischen dem persönlichen Brief, den du beispielsweise an einen Freund oder eine Freundin oder an ein Familienmitglied schreibst, und dem Leserbrief, den du an eine Zeitung als Reaktion auf einen Artikel schreibst.

**1. Persönlicher Brief**
Ein persönlicher Brief transportiert immer das Wesen einer Person. Die Sprache ist authentisch und verdeutlicht beispielsweise Stimmungen, Wünsche oder Enttäuschungen. Die Zielgruppe eines solchen Briefes stammt aus dem persönlichen Umfeld des Schreibers / der Schreiberin. Es kann sich dabei um ein Familienmitglied oder Freunde handeln. Die moderne Form des Briefes ist die E-Mail.
Beachte, dass du rechts oben mit Ort und Datum beginnst, dann kommt die Anrede und den Schluss des Briefes bildet die Grußformel.

Merkmale
- Alltagssprache
- Gefühle, Stimmungen etc.
- Zeitform: Präsens oder Präteritum

Aufbau:

Frankfurt, 11. August 2022

Liebe/-r ...,
Hallo ...,
Mein allerliebster / Meine allerliebste ...

....................
.................... } Text
....................

Tschüss ...
Euer/Dein/Eure/Deine ...
Bis bald ...

**Strukturierung**
- Datum
- persönliche Anrede
- private Inhalte
- Grußformel

**2. Leserbrief**

Beim Leserbrief handelt es sich um eine schriftliche Meinungsäußerung zu einem bestimmten Thema. Im Normalfall ist er eine Reaktion auf einen Zeitungsartikel. Im Leserbrief wird der Inhalt des Artikels noch einmal aufgegriffen. Der Verfassende des Briefes stimmt der Aussage des Beitrags zu, ergänzt sie oder widerspricht ihr. Es kann auch vorkommen, dass ein falsch dargestellter Sachverhalt in einem Leserbrief richtiggestellt wird. Die äußere Gestalt eines Leserbriefs gleicht dem des persönlichen Briefes. Auch hier gibt es eine direkte Anrede sowie Datum und Grußformel.

**Merkmale**
- sachliche Sprache
- Zeitform: Präsens oder Präteritum

Aufbau:

Wiesbaden, 20. September 2022

Sehr geehrte Damen und Herren,
Liebes Redaktionsteam,
Sehr geehrte/-r Frau/Herr ...,

....................
.................... } Text
....................

Mit freundlichen Grüßen
...

**Strukturierung**
- Datum
- höfliche Anrede
- Bezugnahme auf Artikel
- Grußformel

**Tagebucheintrag**

Der Eintrag in ein Tagebuch ist eine ganz persönliche Sache. Darin spielen Gedanken, Gefühle, Probleme und Sorgen die wichtigste Rolle. Diese werden vom Verfassenden geschildert.
Im Gegensatz zu einem Brief richtet sich der Tagebucheintrag nicht an eine bestimmte Person. Wird dir in der Prüfung die Aufgabe gestellt, einen Tagebucheintrag zu verfassen, ist es wichtig, dass du dich in die schreibende Person hineinversetzt. Überlege, was du an deren Stelle fühlen oder sagen würdest.
Schreibe in der Ich-Form. Die Zeitform kann variieren.

**Innerer Monolog**

Der innere Monolog ist eine Art Selbstgespräch. Anders als beim Brief oder Tagebucheintrag gibt es keinen Gesprächspartner oder Gesprächspartnerin. Es ist somit die persönlichste und intensivste Darstellung von Gedanken und Gefühlen. Der Sprechende verarbeitet dadurch beispielsweise ein wichtiges Ereignis oder etwas Erlebtes. Es ist auch denkbar, dass die Gedanken und Gefühle durch das Rückerinnern an ein Ereignis oder Erlebnis ausgelöst werden: „Wenn ich an diesen schrecklichen Unfall zurückdenke, zittern mir schon wieder die Knie …" In der Literatur wird der innere Monolog immer dann verwendet, wenn das Innere, das Denken und Fühlen einer Person verdeutlicht werden sollen.

Merkmale
- ausschmückende Sprache
- Gedanken und Gefühle einer Person
- Gedanken so formuliert, wie sie eingefallen sind
- 1. Person Singular („Ich bin so unglücklich …", „Ich kann nicht begreifen, wie es so weit kommen konnte …")
- kurzer und reihender Satzbau
- bereits Passiertes als gedanklichen Rückblick einbringen
- sprunghaftes Hin- und Herüberlegen, dennoch nachvollziehbare Gedankenkette

**Stellungnahme**

Die Stellungnahme setzt sich kritisch mit einem Thema auseinander und beleuchtet das Für und Wider eines Sachverhalts. Diese Aufgabenstellung wird dir in der Prüfung häufig begegnen. Meistens musst du dich kritisch mit einem Problem auseinandersetzen und Behauptungen zu diesem Thema mit Argumenten belegen oder widerlegen. Es ist wichtig, dass du sachlich bleibst, aber dennoch deine Meinung äußerst und diese deutlich begründest. Dabei kannst du Formulierungen verwenden, wie zum Beispiel:
- „Meiner Meinung nach …"
- „Ich finde, dass …, weil …"
- „Ich bin der Meinung, dass …"

Am Ende ist es wichtig, dass du den Sachverhalt noch einmal kurz zusammenfasst und ein Fazit aus dem ziehst, was du erarbeitet hast.

Merkmale
- sachliche Sprache
- Zeitform: Präsens
- Meinungen/Ansichten zum Thema entwickeln
- Für und Wider aufzeigen
- Ansichten entsprechend begründen
- passende Beispiele finden
- Fazit

Aufbau:
A Einleitung → führt zum Thema hin
B Hauptteil → ausführliche Argumentation mit Belegen und Beispielen

Teil I: Behauptung/Meinung ①
Argument ①
Beleg ①
eventuell Beispiel 1, Beispiel 2 usw.

..................

Teil II: Behauptung/Meinung ②
Argument ②
Beleg ②
eventuell Beispiel 1, Beispiel 2 usw.

..................

Teil III: Behauptung/Meinung ③
Argument ③
Beleg ③
eventuell Beispiel 1, Beispiel 2 usw.

................

C Schluss → Fazit, das die erarbeiteten Sachverhalte noch mal kurz zusammenfasst

**Strukturierung**
- Thema in einem kurzen Einleitungssatz aufgreifen
- kritische und sachliche Auseinandersetzung mit dem Thema
- geeignete Beispiele zur Untermauerung finden
- Fazit

**Zeitungsartikel**
Steige bei einem Artikel immer mit etwas Aktuellem oder Interessantem ein. Achte darauf, dass du deine Sprache der jeweiligen Leserschaft des Artikels anpasst. Es ist nämlich ein Unterschied, ob du für ein jugendliches Publikum schreibst oder beispielsweise für den Gemeinderat deiner Stadt. Auch mit der Verwendung von Gefühlen solltest du in einem Artikel sparsam umgehen. Es ist besser, wenn du so sachlich wie möglich bleibst. Die Zeitform ist das Präsens.

**Szene mit Regieanweisungen**
Bei dieser Aufgabe musst du dir vorstellen, dass du für einen Film das Drehbuch schreibst. Deshalb ist es wichtig, möglichst genaue Regieanweisungen zu erteilen. Regieanweisungen geben Hinweise zur Sprech- und Spielweise der handelnden Figuren. Zum Beispiel solltest du dich fragen, welche Körperhaltung zu dem passen könnte, was gesagt wird.

Beispiel
Szene
Am Küchentisch sitzen Vater und Sohn und unterhalten sich.
Vater: „…" (reibt sich mit der Hand die Stirn)
Sohn (gesenkter Kopf, hängende Schultern): „…"
usw.

**Dialog oder Interview**

Ein Dialog ist eine Unterhaltung zwischen zwei Menschen. Diese dreht sich in den meisten Fällen um ein bekanntes Thema oder um einen Sachverhalt, zu dem beide etwas zu sagen haben. Die Antworten bauen aufeinander auf.
Ein Interview ist eigentlich auch nichts anderes als ein Dialog. Der einzige Unterschied ist, dass sich der Gesprächsverlauf nicht aus den Antworten des Gegenübers entwickelt, sondern einer der beiden Fragen stellt und der andere darauf antwortet. Dadurch kann der Gesprächsverlauf in eine bestimmte Richtung gelenkt werden.
Meistens werden Interviews für eine Zeitung oder Zeitschrift gemacht. Der oder die Befragte ist dann zum Beispiel Politiker/-in, Sportler/-in oder Schauspieler/-in. Auch für Fernsehsendungen werden Interviews aufgezeichnet. Beliebt sind Interviews mit Prominenten.

**1. Interview**

Wenn du ein Interview schreibst, überlege dir vorher genau, was du fragen möchtest. Dabei solltest du immer im Hinterkopf behalten, dass der Sinn eines Interviews ist, andere über etwas zu informieren. Überlege dir also, mit welchen Fragen du möglichst viel über die Person oder ein bestimmtes Thema erfahren kannst.

Merkmale
- verständliche Sprache
- klare und kurze Fragen
- direkte Ansprache des Gegenübers in der Du- oder Sie-Form
- Zeitform: Präsens

Aufbau:

Einleitungssatz
- „Schön, dass Sie gekommen sind."
- „Ich freue mich ganz besonders, dass du heute hier bist."
- Kurze Vorstellung des Themas. Ein bis zwei Sätze genügen.

Zwischen 6 und 9 Fragen
Interviewer: Frage
Interviewte: Antwort
usw.

Schlusssatz
- „Ich danke Ihnen für das tolle Gespräch."
- „Vielen Dank, dass du dir Zeit genommen hast."
- Noch mal kurze Zusammenfassung des Interview-Inhalts

Strukturierung
- Einleitung
- Fragen und Antworten
- Schlusssatz

**2. Dialog**

Wenn du einen Dialog über ein bestimmtes Thema schreibst, hast du in der Abschlussprüfung vorher bereits aus einem Text Informationen bekommen, die dir helfen.
Überlege dir, wie die Personen miteinander sprechen würden. Sind sie einander vertraut oder kennen sie sich nur flüchtig? Man spricht mit dem besten Kumpel oder der besten Freundin sicher anders als mit dem Chef. Wichtig ist zudem der Umstand, unter dem die Unterhaltung geführt wird. Ist es ein Streitgespräch oder ein Gespräch nach einem traurigen/lustigen Erlebnis? Am Ende des Dialogs sollte ein Ergebnis stehen oder der Konflikt gelöst sein.

Merkmale

- oft unvermittelter Einstieg
- Thema einbringen
- an Personen und Situation angepasste Sprache
- Schreiben in der wörtlichen Rede (Person 1: „..." / Person 2: „...")
- Konflikt, Situation oder Thema zu einem Ergebnis bringen
- Zeitform: Präsens

**Parallelgedicht**

Bei einem Parallelgedicht handelt es sich um das Verfassen eines Gedichtes, das auf der Grundlage eines bereits bestehenden Gedichtes geschrieben wird. Das heißt, das Reimschema, die Anzahl der Strophen und Verse sowie das Metrum sollten der Vorlage entsprechen. Auch inhaltlich beschäftigt sich das Parallelgedicht mit einem ähnlichen Sachverhalt wie das Originalgedicht.
Beim Schreiben eines Parallelgedichts musst du also darauf achten, dass du nicht zu frei schreibst. Lies dir das Originalgedicht mehrfach genau durch und hangle dich an diesem entlang. Es dient dir sozusagen als Gerüst.

## Typische Aufgabenstellung

**„Das verheerende Erdbeben riss mich nachts aus dem Bett", so beschreibt es Tom.**
**Schreibe einen inneren Monolog, in dem Tom das Erlebte verarbeitet. (siehe Text Seite 33)**

**Lösung**

Es kam so unerwartet, so plötzlich! Wenn ich jetzt zurückdenke, kann ich mich kaum noch erinnern, was genau mich aufgeweckt hat. Mein Herz fängt an zu rasen. Ich kann es einfach nicht verhindern. Im ersten Moment dachte ich, das war's jetzt. Hier im Zelt vor dem Haus fühle ich mich einigermaßen sicher. Aber ins Haus zurück, nein, das will ich nicht. Ich habe nicht zugegeben, dass ich echt Angst hatte. Ich bin doch kein Feigling. Ich werde auch nicht heimfliegen. Warum auch? Ich bin ein Teil dieser Familie hier und die können schließlich auch nicht weglaufen. Und das wäre es ja wohl. Ich will keine Angst haben! Ich lenke mich ab und helfe, wo ich kann. Mir wird mulmig, wenn ich an die Nacht denke. Nachts ist's am schlimmsten. Ich höre die kleinen Kinder heulen. Ich stelle mir dann immer die gleiche Frage: Soll ich hingehen und sie trösten oder lieber nicht? Eigentlich eine dumme Frage. Trösten wäre wohl das Beste. Aber oft schlafe ich auch über meinen Gedanken ein. Herzlos! Nein, das wäre jetzt wohl ungerecht. Ich bin einfach nur müde, nicht herzlos. Wir stehen das durch. Gemeinsam schaffen wir das. Wenn sie nur endlich aufhören, diese ständigen Nachbeben! Gleich morgen geh ich wieder los, um zu helfen. Ich bin so froh, dass wir alle überlebt haben.

## Übungsaufgaben

1. **Warum reisen wir?** (Max Frisch, 1911 – 1991)
   Warum reisen wir? Auch dies damit wir Menschen begegnen, die nicht meinen, daß sie uns kennen ein für alle Mal; damit wir noch einmal erfahren, was uns in diesem Leben möglich sei. – Es ist ohnehin schon wenig genug.

   Quelle: Max Frisch, Du sollst dir kein Bildnis machen, in: Gesammelte Werke. Suhrkamp Verlag, Frankfurt a. M. 1957, Band 4, Seite 386

   Die Rechtschreibung folgt der Textvorlage.

   **Nimm Stellung zu dieser Aussage von Max Frisch.**

2. **Nils' Vater schreibt nach dem 18. Geburtstag seines Sohnes einen Brief an seinen eigenen Vater (Nils' Großvater).**
   **Verfasse diesen Brief mit seinen Gedanken zu diesem Ereignis. Gehe dabei auch auf die unterschiedliche Bedeutung der Volljährigkeit früher und heute ein.**
   (siehe Text Seite 35)

3. **Schreibe eine Geschichte, in der die Schnelllebigkeit der Gesellschaft eine Rolle spielt.**

4. **Versetze dich in die Lage des Sohnes aus der Erzählung „Der Ernst des Lebens" und schreibe den Tagebucheintrag, den er am Abend nach den Gesprächen mit seinen Eltern verfasst haben könnte.** (siehe Text Seite 23)

5. **Schreibe ein Parallelgedicht zu Kurt Tucholskys „Augen in der Großstadt".**
   (siehe Gedicht Seite 25)

## B. Sprachliche Richtigkeit

### 1. Groß- und Kleinschreibung

#### Erklärung

Bei der Groß- und Kleinschreibung gibt es verschiedene Regeln, die du dir einprägen solltest. Wenn du dir die Regeln der Großschreibung merkst, kannst du einfach alles andere kleinschreiben.

1. Nomen werden immer großgeschrieben. Diese kannst du auf verschiedene Art und Weise erkennen:
   - an Endungen wie -heit, -keit, -ion, -ung, -schaft, -tum, -sal, -nis oder -mus
     *Beispiele: Hoheit, Heiterkeit, Situation, Endung, Wissenschaft, Wachstum, Rinnsal, Zeugnis, Perfektionismus*
   - an einem vorangestellten Artikel (ein, eine, der, die, das) oder einem anderen Begleitwort (Zahlwort, unbestimmte Mengenangabe, Adjektiv usw.)
     *Beispiele: das Haus, ein Baum, zwei Tiere, genug Platz, großer Mut, viele Tiere*
   - ein wie ein Nomen verwendetes Verb oder Adjektiv (Nominalisierung)
     *Beispiele: das Gute (Artikel + nominalisiertes Adjektiv)*
     *dein Laufen (Pronomen + nominalisiertes Verb)*
     *im Guten, beim Schwimmen, nichts Neues (Präposition + nominalisiertes Adjektiv/Verb)*
2. Am Satzanfang oder Anfang einer Überschrift wird großgeschrieben.
3. Eigennamen
   *Beispiel: Vor- und Nachnamen, Länder, Städte …*

## Typische Aufgabenstellung

**Prüfe die Sätze auf die richtige Groß- und Kleinschreibung.**
**Kreise die falsch geschriebenen Buchstaben ein.**

a) Meine Freundin konnte mir nichts neues erzählen.

b) Zu meinem Geburtstag bekam ich ein Schönes Geschenk.

**Lösung**

a) neues → Neues

b) Schönes → schönes

## Übungsaufgaben

1. **Prüfe die Sätze auf die richtige Groß- und Kleinschreibung.**
   **Kreise die falsch geschriebenen Wörter ein.**

   a) Es duftet nach Frischen Plätzchen.

   b) Die Bergwacht rettete die verschütteten.

   c) Unser Lehrer informiert uns über wissenswertes zur Prüfung.

   d) Meine beste Disziplin ist das laufen.

   e) Die Detektive suchten vergeblich nach den Verschwundenen Menschen.

   f) Unser Lehrer konnte uns viel spannendes in Mathe beibringen.

   g) Meine Freundin und ich hatten Ereignisreiche Ferien.

2. **Prüfe die Sätze auf richtige Groß- und Kleinschreibung.**
   **Unterstreiche die falsch geschriebenen Wörter.**

   a) Mir geht beim schwimmen schnell die Puste aus.

   b) Wir sind Abends fürs Kino verabredet.

   c) Das entwerfen von Mode macht mir Spaß.

   d) Im Sommer gefällt mir am besten das intensive blau des Himmels.

   e) Ein großer Wortschatz ist wichtig für das erlernen des lesens und schreibens.

3. **Schreibe den folgenden Text in der richtigen Groß- und Kleinschreibung auf.**

   man muss es mal aussprechen dürfen: deutschland hat das beste ausbildungssystem der welt. klingt vermessen, ist aber so. gemeint ist die duale berufsausbildung, die auszubildende sowohl im betrieb als auch in der berufsschule absolvieren und dabei in der theorie lernen, was sie in der praxis anwenden. weltweit ist dieses system – so simpel es auch scheint – einzigartig.

   Quelle: nach Kathrin Schwarze-Reiter, in: Focus Schule 6/11, Seite 88

## 2. Getrennt- und Zusammenschreibung

### Erklärung

Ähnlich wie bei anderen grammatischen Problemen gibt es auch bei der Getrennt- und Zusammenschreibung Regeln, die dir helfen. Wenn du dir diese gut merkst, fällt es dir leichter, zu entscheiden, wie die Wörter geschrieben werden.

**1.** Getrennt geschrieben werden:

▶ **Verb + Verb**
*Beispiele: lieben lernen, spazieren gehen, gefangen halten, getrennt leben …*

▶ **Nomen + Verb**
*Beispiele: Angst machen, Auto fahren …*

▶ **Adverb + Verb**
*Beispiele: da sein, zusammen sein …, allein erziehen, zustande bringen …*

▶ **Adverb + Adjektiv/Adverb**
*Beispiele: wie viel, zu viel*

▶ **Übertragene Bedeutung!**
Entsteht bei zwei nebeneinanderstehenden Wörtern jedoch eine neue, übertragene Bedeutung, schreibt man sie zusammen.
*Beispiele:*
*Ich habe das Wort großgeschrieben.* → *Bedeutung: Ich habe das Wort am Wortanfang mit einem großen Buchstaben geschrieben.*
**aber**
*Ich habe das Wort groß geschrieben.* → *Bedeutung: Ich habe das ganze Wort in großer Schrift geschrieben.*

**2.** Zusammengeschrieben werden muss:
irgendetwas, irgendjemand, umso (desto), zurzeit (derzeit)

### Typische Aufgabenstellung

**Getrennt- oder Zusammenschreibung? Prüfe die Sätze auf richtige Schreibung.**
**Streiche die falsch geschriebenen Wörter durch.**

a) Wenn ich 18 Jahre alt bin, darf ich endlich Autofahren/Auto fahren.

b) Bello soll brav nebenherlaufen/nebenher laufen.

c) Rotgestreift/Rot gestreift ist mein Lieblingsmuster.

**Lösung**

a) Wenn ich 18 bin, darf ich endlich ~~Autofahren~~ **Auto fahren**.

b) Bello soll brav **nebenherlaufen** ~~nebenher laufen~~.

c) ~~Rotgestreift~~ **Rot gestreift** ist mein Lieblingsmuster. (Zusammenschreibung auch möglich)

# Übungsaufgaben

1. **Getrennt- oder Zusammenschreibung? Prüfe die Sätze auf richtige Schreibung. Streiche die falsch geschriebenen Wörter durch.**

   a) Ich gehe auf eine **allgemein bildende/allgemeinbildende** Schule.

   b) Meine Freunde sollten meine Eltern **auseinander halten/auseinanderhalten** können.

   c) Matrosen tragen **blau gestreifte/blaugestreifte** Uniformen.

   d) Mit dieser fiesen Erkältung solltest du dich lieber **krank schreiben/krankschreiben** lassen.

   e) Er wurde von jeglicher Schuld **frei gesprochen/freigesprochen**.

   f) Nach einem heftigen Streit sollte man nicht wortlos **auseinander gehen/auseinandergehen**.

   g) Andreas hat in Mathe wirklich **hervor stechende/hervorstechende** Noten.

2. **Verbindung mit „irgend". Getrennt oder zusammen? Streiche die falsch geschriebenen Wörter durch.**

   a) **Irgend jemand/Irgendjemand** schreibt mir heimlich Briefe.

   b) **Irgend so ein/Irgendsoein** Blödmann hat mein Getränk umgeworfen.

   c) **Irgend etwas/Irgendetwas** war mit den Pilzen nicht in Ordnung.

3. **Verbindung mit Adjektiven. Getrennt oder zusammen? Streiche die falsch geschriebenen Wörter durch.**

   a) Wenn man **allein stehend/alleinstehend** ist, langweilt man sich oft.

   b) Wenn unser Kater sauer ist, dann ist er **gemein gefährlich/gemeingefährlich**.

   c) Heutzutage sind Frauen und Männer in den meisten Fällen **gleich berechtigt/gleichberechtigt**.

   d) Den Vortrag hat er vor der gesamten Klasse **frei gesprochen/freigesprochen**.

   e) Draußen war es **bitter kalt/bitterkalt**.

4. **Entscheide, ob die Wörter getrennt- oder zusammengeschrieben werden. Streiche die falsche Schreibweise durch.**

   a) **Peinlich sauber**
   Ein Chinese eröffnete in Deutschland eine Gaststätte mit einer **riesig großen/riesiggroßen** Auswahl an Speisen aus seinem Heimatland. Anfangs kamen die Gäste zahlreich.
   **Freude strahlend/Freudestrahlend** hoffte er, dass es so bleibt, denn das Restaurant war immer gründlich gereinigt, **so weit/soweit** man sehen konnte. Der Wirt hatte dem Personal befohlen, alles mit Seife **sauber zu machen/sauberzumachen. Nach dem/Nachdem** die Gäste nach dem ersten Besuch nicht **wieder kamen/wiederkamen,** bedrängte er **Angst erfüllt/angsterfüllt** einen Gast, ihm den Grund **preis zu geben/preiszugeben.** Der Gast antwortete: „Das Essen mag chinesisch fein sein, es schmeckt aber **seifig zart/seifigzart.**"

   b) **Hochvornehm**
   Ein vornehmes Restaurant war bekannt für sein wirklich **hervor ragendes/hervorragendes** Essen und die passende Umgebung. **Zart gelbe/Zartgelbe** Servietten und **blendend weiße/blendendweiße** Tischtücher gehörten zur normalen Ausstattung. Leider waren die Essensportionen nicht entsprechend groß. Ein richtig hungriger Gast fühlte sich **irre geführt/irregeführt** und war **bitter böse/bitterböse,** weil sein Hunger ungestillt blieb. Nach dem Menü fragte der Kellner den Gast: „Wie haben Sie das Beefsteak gefunden, mein Herr?" „Rein zufällig, **nach dem/nachdem** ich die Kartoffel **beiseite schob/beseiteschob**", antwortete der Gast. Seitdem sollen die Portionen in dem Restaurant nicht mehr **winzig klein/winzigklein** gewesen sein.

Quelle: Ulla Ewald-Spiller, Günther Graf, Martina Geiger, Ute Fuhrhop, Winfried Harst, Meike Luster, Frauke Mühle-Bohlen, Hans Stammel, nach: deutsch.ideen 8. Schroedel Verlag, Bildungshaus Schulbuch, Seite 229

## 3. Rechtschreibstrategien anwenden

**Erklärung**

Mithilfe bestimmter Rechtschreibstrategien kannst du Wörter richtig schreiben.

1. Unterscheidung von „b – p", „d – t", „g – k":

   Ob du am Ende eines Wortes „b – p", „d – t", „g – k" schreibst, kannst du herausfinden, indem du
   - beim Nomen die Mehrzahl bildest
   - beim Verb den Infinitiv suchst
   - beim Adjektiv den Komparativ (erste Steigerung) bildest
   - verwandte Wörter suchst

   *Beispiele:*
   *Rad – Räder*
   *treibt – treiben*
   *singt – singen* **aber** *sinkt – sinken*
   *klug – klüger*

2. Umlaute erkennen:
   Auch die Unterscheidung von „ä" und „e" sowie „äu" und „eu" bereitet immer wieder Schwierigkeiten. Hier kann es hilfreich sein, die Einzahl eines Wortes oder das Stammwort zu bilden.
   *Beispiele: Räume – Raum, Bäume – Baum* **aber** *Leute, heute (keine Einzahl möglich)*
   *mächtig – Macht, kämpfen – Kampf*

## Typische Aufgabenstellung

**Nenne die passende Strategie, die du zur korrekten Schreibung des markierten Wortes anwendest.**

Strategien:
**A** Ich überprüfe, ob vor der Wortart ein typischer Begleiter steht.
**B** Ich achte auf die Vokallänge.
**C** Ich bilde die Grundform des Wortes und beachte dabei den Binnenlaut.
**D** Ich bilde den Infinitiv des Wortes.
**E** Ich steigere das Adjektiv.

| Satz | Strategie |
|---|---|
| Das Feuer **brennt** schon den ganzen Tag. | |
| In geschlossenen **Räumen** bekomme ich Angst. | |
| Das **Lösen** von Rätseln macht mir Spaß. | |
| Omas Kuchen schmeckt am **besten**. | |

**Lösung**

| Satz | Strategie |
|---|---|
| Das Feuer **brennt** schon den ganzen Tag. | **D** |
| In geschlossenen **Räumen** bekomme ich Angst. | **C** |
| Das **Lösen** von Rätseln macht mir Spaß. | **A** |
| Omas Kuchen schmeckt am **besten**. | **A** |

## Übungsaufgaben

**1. Ordne jedem Beispielsatz eine Strategie zu, mit der du die korrekte Schreibung des markierten Wortes herausfindest.**

a) Strategien:
**A** Ich überprüfe, ob vor der Wortart ein typischer Begleiter steht.
**B** Ich bilde den Infinitiv des Wortes.
**C** Ich achte auf die Vokallänge.
**D** Ich erschließe die Bedeutung aus dem Textzusammenhang.
**E** Ich bilde den Plural.
**F** Ich steigere das Adjektiv.

| Satz | Strategie |
|---|---|
| Mein Lieblingsrock ist **gelb**. | |
| Ich fahre immer mit dem **Rad** zur Schule. | |
| Ein Pferd **frisst** gerne Karotten. | |
| Kannst du mir bitte meine Schuhe **holen**. | |
| **Waisen**kinder werden nicht von ihren Eltern, sondern auf andere **Weise** erzogen. | |
| Eine Allee ist flankiert von vielen **Bäumen**. | |

b) Strategien:
**A** Ich zerlege das Wort in Vor- und Nachsilbe.
**B** Ich bilde den Plural des Wortes und beachte die Endung.
**C** Ich bilde die Grundform und beachte dabei den Binnenlaut.
**D** Ich überprüfe die Wortart.
**E** Ich achte auf die Vokallänge.

| Satz | Strategie |
|---|---|
| Ich sollte ihn alleine **lassen**. | |
| Durch das **Vorlesen** von Geschichten lernen Kinder neue Wörter. | |
| **Feste** soll man feiern, wie sie fallen. | |
| Obelix und seine Freunde haben dicke **Bäuche**. | |

**2. Ordne die folgenden Wörter einer Strategie zu und finde so die richtige Schreibweise.**

Erfol?, Die?, schrä?, schrei?t, zei?t, Zwei?, blon?, Ber?, gel?, fra?st, ro?, lie?t

a) Bilde zu den Nomen den Plural.

b) Bilde zu den Verben den Infinitiv.

c) Ergänze zu den Adjektiven ein Nomen.

**3. a) Setze „eu" oder „äu" in die Lücken ein.**

- Nazan fragte den Verk____fer nach einem B____tel für ihre Sachen.
- Paul beklagt sich, dass seine Fahrradschl____che beide kaputt sind.
- Die Schule befindet sich in mehreren Geb____den.
- Mit meinen Fr____nden habe ich früher R____ber und Gendarm gespielt.
- Zum Bauernhof meines Onkels gehört auch eine große Sch____ne, in der ich mit Fr____de herumtolle.
- Meine Mutter ärgert sich über die L____se an ihren Pflanzen.
- In meinen Tr____men bin ich St____ermann eines großen Schiffes.

**b) Erkläre, woran du erkennen kannst, wann ein Wort mit „äu" geschrieben wird.**

4. a) **Entscheide: „d" oder „t", „g" oder „k", „b" oder „p"?**
   - Er zei__t mit dem Finger auf Frau Hansens Mo__s.
   - Der Die__ hat viel Gel__ gestohlen.
   - Mein Lehrer will, dass ich ernsthaf__ an die Zukunft denke.
   - Menschen haben An__st vor dem Krie__.
   - Über das Geschen__ habe ich mich riesi__ gefreut.
   - Alexander hat zwei Al__en mit Fotos aus den Al__en.
   - Erwin kann schlecht mit Kriti__ umgehen.
   - Meine Lieblingsfarbe ist Ro__.

   b) **Ordne den markierten Wörtern aus a) die richtige Strategie zu.**
   Ich verlängere das Wort.
   Ich bilde den Infinitiv.
   Ich steigere das Wort.

## 4. Wörter auf Doppelkonsonanten prüfen

### Erklärung

Es gibt Wörter, die bei der Schreibweise eine Besonderheit aufweisen. So zum Beispiel Wörter mit Doppelkonsonanten. Dies kommt nach kurz gesprochenen Vokalen vor.

1. Nach einem kurz gesprochenen Vokal folgt häufig eine Konsonantendopplung. Häufige Dopplungen sind „ff", „ll", „mm", „nn", „pp", „rr", „ss" oder „tt".
   *Beispiele: alle, besser, Kartoffel, nett*

   Wenn das Wort einsilbig ist, hilft es, das Wort zu verlängern oder den Infinitiv zu bilden.
   *Beispiele: Nuss → Nüs-se, kommt → kom-men*

2. „tz" und „ck" folgen ebenfalls auf einen kurz gesprochenen Vokal.
   *Beispiele: Hitze, Sack, Katze, Dreck*

   Nach „l", „n", „r", das merke ja, steht **nie** „tz" und nie „ck".
   *Beispiele: Salz, Schrank, Quark*
   Weiter merke dir genau, nur „z" und „k" nach „ei", „eu", „au".
   *Beispiele: Streik, Kreuz, Pauke*

3. Bei zweisilbigen Wörtern, wie zum Beispiel Kum-mer, kann es hilfreich sein, sich die Trennung vorzusagen. Denn dadurch lässt sich relativ leicht erkennen, dass zwischen der ersten und der zweiten Silbe eines Wortes ein Doppelkonsonant geschrieben wird.
   *Beispiele: Tren-nung, Him-mel, Was-ser*

### Typische Aufgabenstellung

**Entscheide: Doppel- oder Einzelkonsonant? Begründe deine Wahl.**

a) Der Fal/llschirm ging gerade noch rechtzeitig auf.

b) Die Him/mmbeerhek/cke, die gefäl/llt mir am besten.

c) Die Tren/nnung meiner Eltern finde ich gar nicht tol/ll.

**Lösung**

a) Fallschirm → Grundform fal-len

b) Himbeerhecke → Himbeere, kein erkennbarer Wortstamm mit Doppelkonsonant

→ Hecke, auf einen kurz gesprochenen Vokal folgt „ck".

gefällt → Grundform gefal-len

c) Trennung → „nn" nach kurz gesprochenem Vokal oder Zerlegen des Wortes in Silben: Tren-nung

toll → Bilden des Komparativs bzw. Verlängern des Wortes: tol-ler

## Übungsaufgaben

**1. Setze „k" oder „ck" in die Lücken ein.**

a) Ein Ru___sa___ ist pra__tisch beim Wandern.

b) Ein Hase schlägt Ha___en.

c) Der Vertrag ist in tro___enen Tüchern.

d) Man hört die Kirchenglo___en bis in den Par___.

e) Damit ich pün___tlich in der Schule bin, muss ich mir einen We___er stellen.

f) Fabio ist verrü___t nach Pun___-Musi___.

**2. Begründe, warum die markierten Wörter mit einem Doppelkonsonanten geschrieben werden.**

a) Der Unterricht **beginnt** dieses Jahr immer zur ersten Stunde.

b) Wir warten auf die perfekte **Welle**.

c) Die **Wasser**schutzpolizei **misst** den Pegelstand des Rheins.

d) Mein Bruder **rennt** sehr **schnell**.

**3. Entscheide, ob das markierte Wort mit einem Doppelkonsonanten geschrieben wird oder nicht. Streiche jeweils das falsche Wort durch.**

Diesen **Sommer/Somer** vor den großen Ferien haben wir in der **Schulle/Schule** einen **Wettbewerb/Wetbewerb** veranstaltet. Es ging darum, wer am **schnellsten/schnelsten** einmal um das Schulhaus **rennen/renen** konnte. Natürlich wollten wir alle **gewinnen/gewinen** und nicht als **Letzte/Lezte** im Ziel **ankommen/ankomen**. Obwohl es an diesem Tag regnete, **blitzte/blizte** und **donnerte/donerte**, ließen wir uns nicht **aufhallten/aufhalten** und schon bald stand der Sieger fest: Es war zu unser aller **Überraschung/Überaschung** der **dicke/dike** Matze.

**4. Entscheide: Doppel- oder Einzelkonsonant?**

a) Mein Onkel wohnt in einer Dop/ppelhaushälfte.

b) Im Sportunterricht üben wir Rol/lle auf einer Mat/tte.

c) Pietro würde gerne mal von einer Klip/ppe springen.

d) Aus Spaß haben wir die Regenton/nne von Bauer Heintje umgeworfen.

## 5. Lang gesprochene Vokale

### Erklärung

In geschriebener Form gibt es lang gesprochene Vokale einfach, verdoppelt (ie gilt als ii) oder mit darauf folgendem Dehnungs-h. Eine Verdopplung und ein zusätzliches Dehnungs-h gibt es nur bei „i".
*Beispiele: Mut, Bote, Saal, Beet, Dieb, Mehl, ihm, Ruhm, Vieh*

Wie erkennt man nun, wann welche Form angewandt werden muss? Das ist tatsächlich nicht ganz einfach, da es keine immer gültigen Regeln gibt. Aber es gibt Richtlinien, die in den meisten Fällen gelten.

1. Nach lang gesprochenen Vokalen steht ein Einzelkonsonant ohne zusätzliche Kennzeichnung wie beispielsweise durch Dehnungs-h oder Ähnliches.
   *Beispiele: Tal, Stil, Nase, Fuge, Nabel*
2. Vor den Konsonanten „l", „m", „n" oder „r" steht in den meisten Fällen ein Dehnungs-h.
   *Beispiele: Zahl, zahm, Sohn, Gefahr*
3. Wörter, die mit „Q", „Sch", „Sp" oder „T" beginnen, haben kein Dehnungs-h.
   *Beispiele: Qual, Schnur, Spaten, Tat*
4. Zwischen zwei Vokalen steht ein vokaltrennendes „h".
   *Beispiele: mä-hen, ste-hen, se-hen*
5. Ein lang gesprochenes „i" wird zu „ie".
   *Beispiele: Wiese, Miete, Trieb*
6. In einigen Fällen werden lang gesprochene Vokale auch verdoppelt: „aa", „oo", „ee"
   *Beispiele: Saal, Moos, Tee*

**Merke:** Gleich klingende Wörter sind oft schwierig. Lies diese besonders aufmerksam und erschließe ihre Bedeutung aus dem Textzusammenhang.
*Beispiel: der Wal – Meeressäuger* ***aber*** *die Wahl – etwas wählen, aussuchen, sich für etwas entscheiden*

## Typische Aufgabenstellung

**Entscheide: „o", „oo" oder „oh"?**

a) Wenn ein B____t kentert, dann sind die Passagiere in N____t.

b) Die Ampel steht auf R____t.

c) Ich habe mir einen Splitter in die Fußs____le getreten.

**Lösung**

a) Boot, Not

b) Rot

c) Fußsohle

## Übungsaufgaben

**1. Ordne den Schreibungen der markierten Wörter die richtige Regel zu.**

Regeln:
**A** Vor Konsonanten wie „l", „m", „n" oder „r" steht in den meisten Fällen ein Dehnungs-h.
**B** Zwischen zwei Vokalen steht ein vokaltrennendes „h".
**C** Ein lang gesprochenes „i" wird zu „ie".
**D** Keine zusätzliche Kennzeichnung nach lang gesprochenem Vokal.
**E** Verdopplung von lang gesprochenen Vokalen.

| Satz | Strategie |
|---|---|
| Die **Miete** der Wohnung ist zu teuer. | |
| Ich muss immer sehr früh **aufstehen**. | |
| Die Katze stolziert in Omas Gemüse**beet** herum. | |
| Die Erdmännchen waren ganz **zahm**. | |

**2. Fülle die Tabelle aus.**

| Vokal | einfacher Vokal | Verdopplung | Dehnung mit h |
|---|---|---|---|
| a | | | |
| e | | | |
| i | | | |
| o | | | |
| u | | keine | |
| ä | | keine | |
| ö | | keine | |
| ü | | keine | |

**3. Bilde zu jeder Buchstabenreihe einen Satz.**

a, aa und ah
e, ee und eh
i, ie und ih
o, oo und oh
u und uh

**4. Entscheide: „i", „ie", „ih" oder „ieh"?**

Wenn w___r bei meinem Großvater zu Besuch sind, sp___len wir jedes Mal Karten. Es gelingt ___m immer, uns zu bes___gen. Das f___nden wir ganz schön f___s. Er hingegen lacht und gen___ßt seinen Triumph. Zur Versöhnung holt er das T___rmemory. Jetzt ist meine Schwester am Zug, denn darin ist sie unschlagbar. W___ernde Pferde finden zueinander, genauso wie bellende Hunde. Und nach kurzer Zeit gesch___t es – meine kleine Schwester hat gewonnen.

## 6. Wörter mit s-Laut

**Erklärung**

Die Unterscheidung zwischen einfachem „s“, doppeltem „ss“ oder „ß“ ist mit ein bisschen Übung gut zu schaffen.

**Regel 1**
Es bleibt beim einfachen „s“, wenn man es weich und stimmhaft spricht.
*Beispiele: Hase, Glas, lesen*

**Regel 2**
Nach einem lang gesprochenen Vokal, einem Umlaut oder Zwielaut (Diphthong) steht „ß“.
*Beispiele: Spaß, bloß, Strauß, schließen*

**Regel 3**
Nach einem kurz gesprochenen Vokal steht „ss“.
*Beispiele: messen, Schüssel, Schloss, bisschen*

Bist du dir bei einem scharf gesprochenem „s“ nicht sicher, ob „s“ oder „ss“ steht, dann verlängere das Wort.
*Beispiele: Gras (scharfes s) – Gräser (weiches s) → Schreibweise einfaches „s“*
*Schloss (scharfes s) – Schlösser (scharfes s) → Schreibweise doppeltes „ss“*

### Typische Aufgabenstellung

**Entscheide: „s“, „ss“ oder „ß“ – was ist richtig?**
**Kreuze das jeweils richtig geschriebene Wort an.**

a) Zum Geburtstag bekomme ich immer viel
☐ Süßes.
☐ Süsses.

b) Meine Freundin und ich, wir wohnen beide in der
☐ Bahnhofstrasse.
☐ Bahnhofstraße.

c) Meine Lieblingsblumen sind rote
☐ Rosen.
☐ Roßen.

**Lösung**

a) ☒ Süßes

b) ☒ Bahnhofstraße

c) ☒ Rosen

### Übungsaufgaben

**1. Streiche die falschen Buchstaben durch.**

a) Der Bi | s | ss | ß | der Mau | s | ss | ß | hat ziemlich wehgetan.

b) Du i | s | ss | ß | t schon wieder so au | s | ss | ß | erordentlich viel. Jeder mu | s | ss | ß | denken, du bi | s | ss | ß | t am Verhungern.

c) Der Ra | s | ss | ß | en besteht aus vielen grünen Gra | s | ss | ß | halmen.

d) In einer neuen Stadt Fu | s | ss | ß | zu fa | s | ss | ß | en, ist nicht immer einfach.

**2. Bilde jeweils den Plural und entscheide so, ob es sich um einen weichen oder scharfen s-Laut handelt. Streiche die falschen s-Laute durch.**

a) das Gla | s | ss |

b) der Pa | s | ss |

c) das Fa | s | ss |

d) der Auswei | s | ss |

**3. Fülle die Lücken aus. Überlege, welcher s-Laut richtig ist.**

a) Der Zirku__wärter pa__t mei__tens auf die wilden Tiere auf.

b) Der Tiger ra__t äu__erst aufgeregt in seinem Käfig herum. Die Pa__anten waren davon ein bi__chen beunruhigt.

c) Tim hat ein schlechtes Gewi__en, da er heimlich den ganzen Streu__elkuchen aufgege__en hat.

d) Eine bewu__te Ernährung und das Trinken von au__reichend Wa__er ist wichtig für die Ge__undheit.

**4. „s", „ss"oder „ß"? Fülle die Lücken aus.**

Im letzten Urlaub haben wir einen Ausflug zu einem gro__en Schlo__ gemacht. Ich fand es sehr aufregend, wie die Menschen damals lebten. Es mu__ viel Spa__ gemacht haben, mit all den tollen Kleidern. Aber ich glaube, das E__en wäre nicht so mein Fall gewesen. Total kla__e fand ich auch den Schlo__wald, dort lie__ sich bestimmt viel entdecken. Eine Menge Tiere haben sich dort niedergela__en. Ein Reh konnten wir dann beim Fre__en beobachten, aber mehr leider nicht. Dann mussten wir auch schon weiter, denn sonst wären wir in eine gro__e Ma__e von weiteren Besuchern geraten und das wollten wir vermeiden. Zum Schlu__ sind wir aber noch Ei__ e__en gegangen.

**5. Entscheide: „s", „ss"oder „ß" – was ist richtig?**
**Kreuze das jeweils richtig geschriebene Wort an.**

a) Wir spielen am liebsten auf dem
- ☐ Raßen.
- ☐ Rasen.

b) Der Lieblingssport meines Bruders ist
- ☐ Fußball.
- ☐ Fussball.

c) Ich interessiere mich für eine Ausbildung als
- ☐ Gas- und Wasserinstallateur.
- ☐ Gaß- und Wasserinstallateur.

d) Meine ☐ Verfaßung / ☐ Verfassung ist nach dem Fahrradsturz nicht so gut.

## 7. Dass oder das?

### Erklärung

Die Frage, ob es nun „dass" oder „das" heißt, taucht in der deutschen Rechtschreibung immer wieder auf. Dabei ist es gar nicht so schwer, wenn man ein paar Grundregeln befolgt.

**Regel 1**
Dient „das" als **Artikel**, wird es mit einem „s" geschrieben.
*Beispiel: das Haus*

**Regel 2**
Wenn „das" durch „dies/dieses" ersetzt werden kann, wird es nur mit einem „s" geschrieben. Es handelt sich dann um ein **Demonstrativpronomen**.
*Beispiel: das (dieses) mobile Navigationssystem*

**Regel 3**
Kann „das" durch „welches" ersetzt werden, schreibt man es nur mit einem „s". Das kommt meistens nach einem Komma vor, es ist dann ein **Relativpronomen**.
*Beispiel: Das Videospiel, das (welches) mir gefällt, habe ich mir gekauft.*

**Regel 4**
Ist kein Ersatz durch „dieses" oder „welches" möglich und handelt es sich nicht um einen Artikel, wird „dass" mit „ss" geschrieben. In diesem Fall ist es eine **Konjunktion**.
*Beispiel: Ich weiß, dass es früh dunkel wird.*

**Merke:** „Das" kann ein Artikel, ein Demonstrativ- oder ein Relativpronomen sein. Pronomen lassen sich durch die Ersatzprobe mit „dieses" oder „welches" herausfinden. Bei „dass" handelt es sich immer um eine Konjunktion.

### Typische Aufgabenstellung

**„Dass" oder „das"? Setze richtig ein.**

Für Thomas Müller und Ilkay Gündoğan ist der Traum vom Profifußballer in Erfüllung gegangen. „Ich habe schon immer Fußball gespielt, aber _______ ich Fußballer werde, _______ war nur so ein Kindertraum", erinnert sich Gündoğan. Der Moment, in dem sich herauskristallisiert hat, _______ er Profi wird, ist für ihn schwer zu beschreiben: „So etwas ist natürlich pure Freude und viel Glück, _______ sich nicht erzwingen lässt."

**Lösung**

Für Thomas Müller und Ilkay Gündoğan ist der Traum vom Profifußballer in Erfüllung gegangen. „Ich habe schon immer Fußball gespielt, aber **dass** ich Fußballer werde, **das** war nur so ein Kindertraum", erinnert sich Gündoğan. Der Moment, in dem sich herauskristallisiert hat, **dass** er Profi wird, ist für ihn schwer zu beschreiben: „So etwas ist natürlich pure Freude und viel Glück, **das** sich nicht erzwingen lässt."

### Übungsaufgaben

**1. Ergänze „s" oder „ss".**

Heutzutage kommt es immer häufiger vor, da___ bereits Kinder ein Handy besitzen. Eltern fühlen sich sicherer, wenn sie ihre Kinder ständig erreichen können. Für die Kinder selbst ist der Sicherheitsaspekt eher unwichtig. Da___ erste eigene Handy bedeutet vielmehr, da___ sie ab jetzt dazugehören, cool sind. Da___ da___ mobile Telefongerät inzwischen zu weit mehr als nur zum Telefonieren genutzt wird, bringt wieder neue Probleme mit sich. Schnell kann ein vermeintlich lustiges Video, da___ auf der letzten Party gedreht wurde, die ganze Schule zu Gesicht bekommen.

**2. Streiche die falschen Buchstaben durch.**

a) Da | s | ss | ist aber sehr schön, da | s | ss | meine Mutter mir beim Lernen hilft.

b) Meine Mutter sagt, da | s | ss | ich nicht so spät ins Bett gehen soll.

c) Manchmal wache ich sogar auf, ohne da | s | ss | ich den Wecker gehört habe.

d) Da | s | ss | da | s | ss | Haus abgebrannt ist, finde ich schlimm.

**3. „Das" oder „dass"? Streiche die falsche Möglichkeit durch.**

Zu Hause angekommen stellte Maria fest, da | s | ss | sie ihre Schultasche im Bus vergessen hatte. Da | s | ss | war jetzt schon das zweite Mal diese Woche, da | s | ss | ihr da | s | ss | passierte. Jetzt musste sie wieder an die Endhaltestelle fahren, dort in da | s | ss | Fundbüro gehen und hoffen, da | s | ss | jemand die Tasche abgegeben hatte.

## 8. Grundregeln der Zeichensetzung

### Erklärung

**Satzschlusszeichen**

Es gibt verschieden Arten von Satzschlusszeichen. Je nachdem, was du ausdrücken möchtest, schreibst du am Satzende einen Punkt, ein Ausrufezeichen oder ein Fragezeichen.

**Punkt** – steht nach Aussagesätzen
**Ausrufezeichen** – steht nach einem Satz, dem du besonderen Ausdruck verleihen möchtest
*Beispiele: ein Befehl (Bleib sitzen!), ein Ausruf (He!)*
**Fragezeichen** – steht nach Fragesätzen

**Kommaregeln**

Im Deutschen gibt es viele verschiedene Kommaregeln. Wenn du dir die wichtigsten einprägst, wirst du bald ganz automatisch an der richtigen Stelle ein Komma setzen.

**1.** Zwischen Aufzählungen gleichartiger Satzglieder steht ein Komma.
*Beispiele: Das hübsche, schlanke Mädchen.*
*Das schicke, sportliche Auto.*

**2.** Vor Konjunktionen setzt man ein Komma.
a) Entgegengesetzte Konjunktionen
*Beispiele: aber, sondern, allein, doch, jedoch, vielmehr*
*Du bist jünger als ich, **aber** größer.*
b) Konjunktionen in Konjunktionalsätzen
*Beispiele: als, wenn, dass, obwohl, nachdem, damit, bevor, bis, weil*
*Ich war schon da, **als** du kamst.*
*Vor der Prüfung habe ich keine Angst, **weil** ich gut gelernt habe.*
c) Zwischen Satzteilen, die durch anreihende Konjunktionen in der Art einer Aufzählung verbunden sind.
*Beispiele: bald – bald, einerseits – andererseits, einesteils – anderenteils, teils – teils, je – desto, ob – ob, halb – halb, nicht nur – sondern auch*
*Peter ist nicht nur gut in Mathe, **sondern auch** in Englisch.*

**3.** Aneinandergereihte Hauptsätze werden durch Komma voneinander getrennt. Das Komma steht auch, wenn ein Hauptsatz in einen anderen eingeschoben wird.
*Beispiele: Das Lied gefällt mir, ich höre es jeden Tag.*
*Du solltest unbedingt, ich rate es dir noch einmal, einen guten Abschluss machen.*

**4.** Das Komma trennt Haupt- und Nebensatz,
… auch wenn dieser eingeschoben ist.
*Beispiel: Ich komme, wenn du mich einlädst, gerne zu deinem Geburtstag.*
… wenn der Nebensatz ein Relativsatz ist.
*Beispiel: Wir pflücken nur Erdbeeren, **die** reif sind.*

**5.** Erweiterte Infinitive grenzt man durch Komma ab, wenn …
… die Infinitivgruppe durch „um, ohne, statt, anstatt, außer, als" eingeleitet wird.
*Beispiel: Ich muss mit dem Bus fahren, **um** dich besuchen **zu können**.*
… die Infinitivgruppe von einem Substantiv abhängt.
*Beispiel: Er hat den **Plan,** bei der Prüfung gut **abzuschneiden**.*
… die Infinitivgruppe von einem Verweiswort abhängt.
*Beispiel: Pia mag **es,** ins Kino **zu gehen**.*

## Typische Aufgabenstellung

**Wähle eine Begründung aus, warum hier ein Komma stehen muss.**

Begründungen:
**A** Das Komma steht vor Konjunktionen.
**B** Das Komma trennt Einschübe.
**C** Das Komma trennt Aufzählungen.
**D** Das Komma trennt Infinitivgruppen, wenn sie mit einem weiteren Wort eingeleitet werden.

| Satz | Begründung |
|---|---|
| Du sollst mit dem Hund rausgehen, anstatt fernzusehen. | |
| Ich muss noch Mathe, Deutsch und Bio lernen. | |
| Ich bleibe zu Hause, da ich krank bin. | |
| Herr Möller, unser neuer Hausmeister, ist sehr hilfsbereit. | |

**Lösung**

| Satz | Begründung |
|---|---|
| Du sollst mit dem Hund rausgehen, anstatt fernzusehen. | **D** |
| Ich muss noch Mathe, Deutsch und Bio lernen. | **C** |
| Ich bleibe zu Hause, da ich krank bin. | **A** |
| Herr Möller, unser neuer Hausmeister, ist sehr hilfsbereit. | **B** |

## Übungsaufgaben

1. a) **Markiere und verbessere die 13 Rechtschreib- und Zeichensetzungsfehler im Text. Schreibe die jeweils verbesserte Schreibung unter die fehlerhafte Stelle. Zeichensetzungsfehler kannst du im Text verbessern.**

### Risikogruppe „Fahranfänger"

Die meisten der 18- bis 20-jährigen Autofahrer, die an Unfällen mit Personenschäden beteiligt sind

haben diese auch schuldhaft verursacht. An dieser Tatsache hat auch die gründliche Ausbildung in

den Fahrschulen bisher nichts verändern können. Aus diesem Grunt wird der Ruf nach Massnahmen

zur nachhaltigen Steigerung, der Fahrsicherheit von Fahranfängern immer lauter.

Um den Ausbildungsstand weiter zu erhöhen und so die Verkehrssicherheit zu verbessern, wird von

vielen Fachleuten eine Phase gewünscht, während der die Unsicheren Fahranfänger mit einem

erfahrenen Begleiter fahren.

Eksperten fordern dass Fahrlerer dabei mehrfach die Fahrweise im PKW des Führerscheinneulings

überprüfen und Fehler aufdeken. bei frühzeitigem erkennen von gefährlichem Fahrverhalten können

Fachleute noch wirksam und helfend eingreifen. Sie können das Ferhalten des Fahranfängers

in Risikosituationen beurteilen und Handlungsmöglichkeiten empfehlen. Bei einer negatiwen

Einschätzung kann dieses Vorgehen auch zu einer Wiederholung der Prüfung führen.

b) **Markiere und verbessere die Rechtschreib- und Zeichensetzungsfehler im Text. Schreibe die jeweils verbesserte Schreibung unter die fehlerhafte Stelle. Zeichensetzungsfehler kannst du im Text verbessern.**

### Alarmierende Essgewohnheiten

Die Ärtzte sind allarmiert da es immer mehr dicke Kinder gibt, die schon sehr Früh über Herz-

Kreislauf-Probläme und Rückenschmerzen klagen.

Schuld daran sind vorallem der zunemende Bewegungsmangel und die veränderten Eßgewohnheiten.

Im Gegensatz zu früher lasen sich heute die meißten Kinder mit dem Buss oder Auto bis direckt vor

das Schulhaus fahren. Dann sitzen sie den ganzen vormittag lang in den Klassenzimmern meistens

auch in den Pausen, und am Nachmittag kommen sie nicht mehr weg vom Schreibtisch und

Komputer. Kein Wunder das da die Wirbelseule auf Dauer nicht mit macht.

Da viele Mütter heute berufstätig sind, gibt es kaum noch eine gemeinsamme Mahlzeit. Alles muß

schnell gehen. Und deshalb essen die Kinder unkontroliert dass worauf sie gerade Lust haben. Und

das sind meistens kalorienhalltige Süssigkeiten oder fettreiches Fastfood wie Pizza oder Hamburger.

Obst und Gemüse sind dagegen kaum gefragt. Dieser Entwicklung sollte aber dringent Einhalt

geboten werden.

**2. Wähle eine Begründung aus, warum hier ein Komma stehen muss.**

Begründungen:
**A** Das Komma trennt den Relativsatz vom Hauptsatz.
**B** Das Komma trennt Einschübe.
**C** Das Komma trennt Aufzählungen.
**D** Das Komma steht vor Konjunktionen.

| Satz | Begründung |
|---|---|
| Alexander der Große, ein guter Feldherr und Stratege, wurde nur 33 Jahre alt. | |
| Meine kleine Schwester muss um 18 Uhr zu Hause sein, weil es dunkel wird. | |
| Wir sind um eine tolle, neue und interessante Erfahrung reicher. | |
| Ich schaue nur Filme an, die mich interessieren. | |

**3. Wähle eine Begründung aus, warum hier ein Komma stehen muss.**

Begründungen:
**A** Das Komma trennt erweiterte Infinitive.
**B** Das Komma trennt Hauptsätze.
**C** Das Komma trennt wörtliche Rede von Redebegleitsätzen.
**D** Das Komma trennt Einschübe.
**E** Das Komma trennt Hauptsätze von Relativsätzen.
**F** Das Komma trennt Hauptsätze von Adverbialsätzen.
**G** Das Komma trennt Aufzählungen von Wörtern und Wortgruppen.

*Hinweis:* Einige Begründungen können zu mehreren Sätzen passen, andere zu keinem.

| Satz | Begründung |
|---|---|
| „Lass mich in Ruhe!“, rief sie. | |
| Um zum Ziel zu gelangen, arbeitete er hart. | |
| Wenn es regnet, bleibe ich am liebsten zu Hause. | |
| Er wollte zelten, sie jedoch lieber in ein Hotel. | |
| Nachdem wir umgezogen waren, hatten wir endlich mehr Platz. | |

4. **Setze im folgenden Text die sechs fehlenden Satzzeichen ein.**

Vor 50 Jahren erschien erstmals die Zeitschrift BRAVO die bis heute ein wichtiger Begleiter für die meisten Jugendlichen ist und jede Woche aktuell über Stars Mode und Probleme von Teenagern berichtet Eine treue Leserin erzählt: Jeden Donnerstag nach der Schule hole ich mir die BRAVO und bin dann für zwei Stunden nicht mehr zu sprechen

5. **Setze im folgenden Text die sechs fehlenden Satzzeichen ein.**

In Australien reicht die Geburtenrate nicht aus um für ausreichend Nachschub an Arbeitskräften zu sorgen Vor einigen Monaten versicherte der Regierungschef Aus allen Ländern der Welt nehmen wir ausgebildete Menschen die den Anforderungen entsprechen.

## 9. Die vier Fälle

### Erklärung

Im Deutschen gibt es vier Fälle.

| Name des Falls | Frage zur Bestimmung |
|---|---|
| 1. Fall oder Nominativ | wer oder was? |
| 2. Fall oder Genitiv | wessen? |
| 3. Fall oder Dativ | wem? |
| 4. Fall oder Akkusativ | wen oder was? |

In den verschiedenen Personen (männlich, weiblich oder sächlich) ändert sich der Artikel in den einzelnen Fällen.

| Nomen | 1. Fall Nominativ (wer) | 2. Fall Genitiv (wessen) | 3. Fall Dativ (wem oder was) | 4. Fall Akkusativ (wen oder was) |
|---|---|---|---|---|
| der Hund | der Hund | des Hundes | dem Hund | den Hund |
| die Katze | die Katze | der Katze | der Katze | die Katze |
| das Pferd | das Pferd | des Pferdes | dem Pferd | das Pferd |

## Typische Aufgabenstellung

**Setze die Wörter in den Klammern in den richtigen Fall (Genitiv, Dativ oder Akkusativ). Schreibe die Lösung in die Zeile darunter.**

Jeder Autofahrer ist für (der verkehrstüchtige Zustand) (sein Auto) verantwortlich.

______________________________

**Lösung**

Jeder Autofahrer ist für **den verkehrstüchtigen Zustand seines Autos** verantwortlich.

## Übungsaufgaben

1. **Setze die Wörter in den Klammern in den richtigen Fall (Genitiv, Dativ oder Akkusativ). Schreibe die Lösung in die Zeile darunter.**

   Vor der Abfahrt (der Zug) ertönt ein lautes Warnsignal. Dann setzt er sich langsam in Bewegung.

   ______________________________

   Alle Türen (die Abteile) sind geschlossen, denn die meisten (die Fahrgäste) möchten ungestört sein.

   ______________________________

   Einige lesen Bücher, andere hören Musik und wieder andere arbeiten geschäftig an (ihr Computer).

   ______________________________

2. **Setze die Wörter in den Klammern in den richtigen Fall (Genitiv, Dativ oder Akkusativ). Schreibe die Lösung in die Zeile darunter.**

   Die Bodenseeregion mit all (ihre Freizeitaktivitäten) ist das optimale Ausflugsziel. Wassersport,

   ______________________________

   Radfahren, Wandern oder einfach nur in einem der (viele Cafés) entspannen – für jeden ist etwas

   ______________________________

   dabei. Gerade bei (schönes Wetter) platzt so manche Uferstraße aus (alle Nähte). Da kann es ratsam

   ______________________________

   sein, sich in etwas entlegenere Orte zurückzuziehen.

   ______________________________

## 10. Aktiv und Passiv

### Erklärung

Inhalte kann man auf verschiedene Art und Weise ausdrücken. Nicht nur die Wortwahl und die Zeit sind entscheidend, sondern auch ob etwas aktiv oder passiv formuliert ist. Eine aktive Formulierung wirkt immer lebendiger und dynamischer. Das Subjekt handelt aktiv. Beim Passiv handelt das Subjekt nicht selbst, sondern es wird etwas mit ihm gemacht. Die Zeitform bleibt beim Umwandeln bestehen. Wichtig ist außerdem, dass die Satzaussage gleich bleibt. Daher ist es sinnvoll, beides zu üben.
*Beispiele:*
**Paul** streicht die Wand.
↑
Subjekt → streicht

**Die Wand** wird von Paul gestrichen.
↑
Subjekt → wird gestrichen

Nicht alle Verben können ins Passiv gesetzt werden. Im Regelfall ist es möglich, alle Verben mit anschließendem Akkusativobjekt umzuwandeln. Das Akkusativobjekt wird dann im Passivsatz zum Subjekt.
*Beispiel:*
Ich esse eine Banane. → Eine Banane wird von mir gegessen.
**aber**
Ich schlafe. → kein Passiv möglich

Allgemein werden zwei Passivformen unterschieden: das **Zustandspassiv** und das **Vorgangspassiv**. Sie unterscheiden sich in der Verwendung des Hilfsverbs: Das Zustandspassiv wird mit „sein", das Vorgangspassiv mit „werden" gebildet.
*Beispiel:*
Der Präsident **ist gewählt**. → beschreibt ein Ergebnis oder einen statischen Zustand
Der Präsident **wurde** vom Volk **gewählt**. → beschreibt einen Prozess, bei dem der Handelnde in den Hintergrund rückt

### Typische Aufgabenstellung

**Forme folgende Sätze jeweils in die Aktiv- oder Passivform um.**
**Die vorgegebene Zeitform und die inhaltliche Aussage müssen beibehalten werden.**

| Aktiv | Passiv |
|---|---|
| Der Mathelehrer rechnet die Aufgabe an der Tafel vor. | |
| | Sie wurde von ihm auf Händen getragen. |

**Lösung**

| Aktiv | Passiv |
|---|---|
| Der Mathelehrer rechnet die Aufgabe an der Tafel vor. | *Die Aufgabe wird vom Mathelehrer an der Tafel vorgerechnet.* |
| *Er trug sie auf Händen.* | Sie wurde von ihm auf Händen getragen. |

## Übungsaufgaben

**1. Forme folgende Sätze jeweils in die Aktiv- oder Passivform um.**
**Die vorgegebene Zeitform und die inhaltliche Aussage müssen beibehalten werden.**

| Aktiv | Passiv |
|---|---|
| Die Kinder führen den Hund spazieren. | |
| | Der Täter wurde von der Polizei geschnappt. |
| Er hatte viel auf die Prüfung gelernt. | |
| | Die Möbel werden morgen von der Umzugsfirma abgeholt werden. |

**2. Ordne die Sätze jeweils der Aktiv- oder der Passivform zu.**

Das Flugzeug segelte leise durch die Luft.

Ich wurde von der Sonne geblendet.

Morgen zu diesem Zeitpunkt werde ich meine Prüfung schon hinter mir haben.

Die Rechnung wurde von einem Sponsor bezahlt.

| Aktiv | Passiv |
|---|---|
| | |
| | |
| | |
| | |

# Deutsch-Prüfung 2020

**Bearbeitungshinweise**
Auf den folgenden Seiten findest du zwei verschiedene Texte mit Aufgaben zur Auswahl.
**Einen** dieser Texte und die dazugehörigen Aufgaben musst du bearbeiten.

## Text 1

### Die Klagen über meine Methoden häufen sich (Martin Walser)

Der Mut, den man braucht, Sparkassenräuber zu werden, auf blankem Steinboden in die taghelle Schalterhalle einzudringen, dieser Mut fehlte mir, als ich von meinen Erziehern gedrängt wurde, einen Beruf zu wählen. Gerne wäre ich auch Förster geworden; aber selbst für diesen Beruf, so schien es mir, brauchte man den Mut eines Sparkassenräubers. Fast für alle Berufe, wenn man sie näher betrachtet, braucht man diesen Mut eines Mannes, der in die Schalterhalle eindringt, alle mit einer geladenen oder noch öfters mit einer ungeladenen Pistole im Bann hält, bis er hat, was er will, der dann noch lächelt und rückwärtsgehend plötzlich verschwindet.
Schließlich entschied ich mich, Pförtner zu werden. Und ich wurde Pförtner in einer Spielzeugfabrik. Ich kann mir vorstellen, dass viele meiner Kollegen durch diesen Beruf hochmütig werden, dass sie auch nach Feierabend noch mit kaltem Gesicht herumlaufen und abweisende Handbewegungen um sich her streuen.
Ich bin nicht so geworden, obwohl ich mich nach Kräften bemühe, meinen Dienst tagsüber gewissermaßen unbarmherzig zu tun. Ich fühlte mich von Anfang an zu Hause in meiner gläsernen Loge. Die Knöpfe, mit denen ich die mir anvertrauten Türen öffnen kann, wurden mir ein einziges Mal zur Handhabung erklärt, und schon hatte ich alles verstanden; das Verzeichnis der Telefonanschlüsse im Haus kannte ich auswendig, kaum, dass ich's einmal durchgelesen hatte. Den ersten Besuchern gegenüber war ich – das gebe ich zu – ein bisschen scheu: Ich befürchtete Fragen, die ich nicht beantworten konnte, ich war noch nicht sicher, ob mir die Formulierung meiner Auskünfte in jedem Augenblick so gelingen würde, wie es der Besucher erwarten darf. Wie leicht kann doch ein Pförtner scheitern! Da kommen Herren der vornehmsten Art in die Fabrik, und der Pförtner weiß nicht, ob es seinen Vorgesetzten im Haus lieb ist, gerade diesen oder jenen Herrn zu empfangen. Und jeder im Haus glaubt, er sei der Vorgesetzte des Pförtners. Der Pförtner hat keine Kollegen, er hat nur Vorgesetzte. Und er muss es allen recht machen. Nun meint man, der Pförtner müsse ja nur zum Haustelefon greifen, hinaufrufen in die Büros und fragen, ob der Herr Soundso willkommen sei oder nicht. Aber die in den Büros sind so empfindlich, dass sie oft schon durch eine telefonische Anfrage in schreckliche Erregung versetzt werden können; dann schreien sie den Pförtner durchs Telefon nieder, dass der Mühe hat, seine Fassung zu bewahren und nicht in Tränen auszubrechen. Das darf er nicht, weil doch vor ihm, den Kopf dicht an der Scheibe und ganz auf den Pförtner konzentriert, der Besucher steht, dem er gleich Antwort geben muss. Diese Antwort wiederum darf nichts von dem Geschrei verraten, das der feinnervige und hochbezahlte Herr aus dem Büro gerade in die Ohren des Pförtners prasseln ließ, nein, des Pförtners Aufgabe ist es, diesen Wutschrei des gestörten Herrn sofort zu übersetzen in ein bedauerliches Lächeln, in eine höfliche Geste, die den Besucher so sehr tröstet, dass er, wenn er gleich zur Tür hinausgeht, schon vergessen hat, dass er abgewiesen wurde. Solche Dolmetscherarbeit will gelernt sein, das darf man mir glauben. [...]
Deshalb habe ich mir angewöhnt, so selten wie möglich zum Telefon zu greifen. Ich prüfe die Besucher selbst und entscheide, ob sie mit Recht verlangen, mit dem Einkaufschef, mit dem Prokuristen, dem Leiter der Entwurfsabteilung, mit der Kantinenpächterin, oder gar mit einem der Direktoren oder dem Personalchef sprechen zu dürfen.
Mag sein, dass ich am Anfang meiner Tätigkeit manchen zu rasch wegschickte. Aber allmählich habe ich mir eine Fähigkeit erworben, jeden so lange zu fragen, unauffällig, gar nicht wie ein Detektiv oder sonst ein Schnüffler, ganz beiläufig, im Gange einer für beide Teile recht erquicklichen Unterhaltung, aber doch mit aller nützlichen Gründlichkeit, dass ich am Ende dieser Unterhaltung so genau informiert bin über die Wichtigkeit dieses Besuches für unsere Firma, dass ich die Entscheidung darüber, ob ich ihn abzuweisen habe oder nicht, mit einem vollkommen ruhigen Gewissen fällen kann. Wenn ich einen Besucher aber abweise – und die meisten muss ich abweisen –, dann weiß ich ihn während dieser Unterhaltung davon zu überzeugen, dass es für ihn ganz sinnlos wäre, mit dem Herrn unserer Firma, bei dem ich ihn anmelden sollte, zu sprechen. [...]
So vertrete ich also – ich kann es nicht anders sagen – alle leitenden Herrn des Hauses an der Pforte, und die immer rascher steigenden Umsätze sind nicht zuletzt dem Umstand zu verdanken, dass ich die leitenden Persönlichkeiten unserer Firma – sie sind ja die verletzlichsten – vor lästigen Besuchern schütze. Leider wird dies von eben diesen Herrn überhaupt nicht bemerkt. Vor allem verstehen diese Persönlichkeiten nicht, dass ich Zeit brauche, um die einzelnen Besucher wirklich und ohne alle Schroffheit von der Nutzlosigkeit ihrer Besuche zu überzeugen. Die langwierigen Unterhaltungen, die ich durch mein Logenfenster mit den hartnäckigen Besuchern führen muss, haben zur Folge, dass schon eine halbe Stunde nach Geschäftsbeginn eine von Minute zu Minute länger werdende Schlange vor meinem Schalter steht. Sei es nun, dass da mal einer ungezogen genug war, die versammelte Menschenmenge als Tarnung zu benutzen, und unangemeldet ins Haus schlüpfte, sei es, dass einmal einer der leitenden Herrn rasch aus dem Haus wollte und durch die Schlange der Wartenden eine Sekunde Zeit verlor, auf jeden Fall häufen sich im Haus die Klagen über meine Methode, Besucher zu behandeln. Ich

arbeitete zu langsam, zu schwerfällig, zu wenig sachlich ... das muss ich hören! So kurzsichtig sind all diese Vorwürfe und Klagen, so wenig Kenntnis meines Berufs beweisen sie, dass ich mich eigentlich gar nicht verteidigen kann. Ich möchte sehen, was geschehen würde, wenn ich die Besucher kurz und barsch abfertigen würde! Dann wäre die Vorhalle zwar immer leer, aber in der Direktion würden die Telefone vor Protestanrufen nicht mehr aufhören zu klingeln, der Ruf der Firma würde leiden, der Umsatz sinken. Die Anordnung der Direktion, keinen Besucher vor den Kopf zu stoßen, ist nicht umsonst erlassen. Ich kann natürlich nicht zum Direktor rennen und ihn bitten, denen, die gegen mich klagen, den Mund zu stopfen. Er würde mir einfach sagen, ich müsse das eine tun, dürfe aber das andere nicht lassen. Wie aber soll ich die Besucher höflich davon überzeugen, dass die Firma sie nicht empfangen kann, wenn ich sie rasch abfertigen soll? Davon, dass einer das große Los gewonnen hat, kann man ihn mit einem einzigen Satz überzeugen. Einem aber wirklich beizubringen, dass seine Erfindung oder sein Werbetext oder sein Blech oder Gemüse für die Firma nicht in Frage kommen – und ihm das so beizubringen, dass er mit einem Loblied auf die Firma das Haus verlässt –, das soll mir einer meiner Gegner einmal in zwei Minuten vormachen. Aber was soll ich tun? Die Menschenschlange vor meiner Loge wird täglich länger; weil ich die Gefahr, in die sie mich bringt, jetzt kenne, macht sie mich unruhig, unsicher auch, meine Rede fließt nicht mehr wie ehedem, ich schwitze, stammle, brauche länger als früher, erreiche nie mehr das Maß an Tröstung, das ich sonst in jedem Fall erreicht hatte, schon kommt es vor, dass manche mir einen Fluch zuwerfen, die Türe zuschlagen und wütend hinausstürzen, was soll ich tun? Ich kann nichts mehr ändern. Ich muss es endlich eingestehen, warum ich die Entwicklung, die ich in meinem Beruf genommen habe, so ausführlich aufzeichne: zur Rechtfertigung nämlich, um irgendwo, außerhalb meines Betriebes wenigstens, Verständnis zu erlangen, denn für morgen bin ich zum Personalchef geladen. Erst dachte ich, es handle sich bloß um eine Mahnung, um eine Art Vorwarnung. Das glaube ich nicht mehr. In der Schlange, die gestern vor meinem Schalter stand, war einer, ein grober Mann mit einem lippenlosen Mund, der forderte mich auf, ihn beim Personalchef zu melden, er sei bestellt. Ich fragte, als mein Finger schon über der Wählscheibe schwebte, in welcher Angelegenheit er den Personalchef denn sprechen wolle: Er bewerbe sich um die ausgeschriebene Pförtnerstelle, sagte er.

Ich wählte die Nummer der Personalabteilung gleich auf das erste Mal richtig und meldete ihn an, mein Zeigefinger allerdings, mit dem ich die Wählscheibe gedreht hatte, war danach wie erfroren.

Der Mann ging ins Haus, nach einer halben Stunde kehrte er fröhlich zurück. Er pfiff sogar vor sich hin. Ich sah ihm voller Bewunderung nach. Seinen Mut müsste man haben, dachte ich. Oder überhaupt Mut. Da hatte ich mich die ganze Zeit ein bisschen geschämt, weil ich bloß Pförtner geworden war. Jetzt sah ich ein, dass man sogar dazu den Mut eines Sparkassenräubers braucht. Jenen Mut, den ich bei mir immer noch vergeblich suche.

Quelle: Martin Walser: Die Klagen über meine Methoden häufen sich, in: Marcel Reich-Ranicki (Hg.): Erfundene Wahrheit. Deutsche Geschichten seit 1945, München 1965, S. 218 – 223.

## Teil I: Lesen

**1. Kreuze die richtige Aussage an. Es gibt jeweils nur eine richtige Lösung.** **5 P**

a) In seiner Kindheit wollte der Erzähler ursprünglich ______________ arbeiten.

- ☐ im Büro
- ☐ im Wald
- ☐ in einem Kindergarten
- ☐ in einer Schalterhalle

b) Heute arbeitet der Erzähler

- ☐ in einem Kindergarten.
- ☐ in einer Bankfiliale.
- ☐ in einer Spielzeugfabrik.
- ☐ in einem Forstrevier.

c) Dem Erzähler wirft man vor, er sei
- ☐ nicht zu verstehen.
- ☐ zu langsam.
- ☐ zu unfreundlich.
- ☐ aufbrausend.

d) Der Erzähler muss ________________ zu einem Gespräch mit dem Personalchef.
- ☐ in einer Stunde
- ☐ vor dem Dienstende
- ☐ am nächsten Tag
- ☐ in einer Woche

e) Der Erzähler erfährt von seiner ausgeschriebenen Stelle
- ☐ aus der Tageszeitung.
- ☐ durch einen Bewerber.
- ☐ aus dem Internet.
- ☐ durch die Personalabteilung.

**2. Kreuze die richtige Aussage an. Es gibt jeweils nur eine richtige Lösung.** **3 P**

a) „es allen recht machen" (Z. 36 f. ) bedeutet hier
- ☐ in einer Diskussion seine Meinung vertreten.
- ☐ gerichtliche Schritte einleiten.
- ☐ andere zufriedenstellen.
- ☐ in einer Angelegenheit recht behalten.

b) „keinen vor den Kopf zu stoßen" (vgl. Z. 108 f.) bedeutet hier,
- ☐ niemanden körperlich anzugreifen.
- ☐ niemanden mit einem Gegenstand zu treffen.
- ☐ niemanden unhöflich zu behandeln.
- ☐ niemandem eine Kopfverletzung zuzufügen.

c) „den Mund zu stopfen" (Z. 111) bedeutet hier,
- ☐ jemandem seine Meinung zu verbieten.
- ☐ jemandem etwas zu essen zu geben.
- ☐ sich über etwas zu beschweren.
- ☐ keine Rede zu unterbrechen.

**3. Welche der folgenden Aussagen sind richtig?** **2 P**

In dem Text

**A** kommen zahlreiche Protagonisten vor.
**B** gibt es ein offenes Ende.
**C** gibt es viele Handlungsorte.
**D** wechselt die Zeitform.

**Kreuze die richtige Antwort an.**
- ☐ Nur A und B treffen zu.
- ☐ Nur A und C treffen zu.
- ☐ Nur B und D treffen zu.
- ☐ Nur C und D treffen zu.

**4. Die Zeilen 78 – 83 enthalten zwei Parenthesen. Erkläre dieses Stilmittel und seine Wirkung an dieser Textstelle.** **3 P**

**5. Nenne drei Aufgaben des Pförtners.** **3 P**

**6. Zitiere zwei Textstellen, die die Haltung des Pförtners gegenüber seinen Vorgesetzten und anderen Mitarbeiterinnen und Mitarbeitern verdeutlichen.** **2 P**

**7. a) Arbeite anhand einer Textstelle heraus, wie der Pförtner im Umgang mit den Besucherinnen und Besuchern seine Kompetenzen überschreitet.** **3 P**

**b) Erläutere anhand von zwei Textstellen, wie der Pförtner seine Kompetenzüberschreitung rechtfertigt.** **4 P**

**8. Der Erzähler muss am Ende feststellen, dass er in seinem Leben mehr Mut gebraucht hätte. Arbeite zwei Situationen heraus, in denen ihm Mut geholfen hätte.** **6 P**

**9. „Erst bestimmt der Charakter die Berufswahl, dann der Beruf den Charakter.“ (Wolfgang J. Reus)**

**a) Erkläre die Bedeutung dieses Zitats.** **3 P**

**b) Erläutere anhand einer Textstelle, dass der Charakter die Berufswahl des Protagonisten beeinflusst hat.** **3 P**

**c) „Der Beruf hat den Charakter des Pförtners verändert.“** **3 P**

**Begründe deine Zustimmung oder Ablehnung zu dieser Behauptung.**

## Teil II: Schreiben

### Teil II.A: Textproduktion (Wahlaufgabe)

**Wähle eine der beiden folgenden Aufgaben aus und bearbeite sie.**

a) Erzählung
Erzähle die Geschehnisse aus der Sicht des Personalchefs, der seit einiger Zeit immer häufiger Beschwerden über den Pförtner bekommt. Vor einigen Tagen wurde er selbst Zeuge einer großen Menschenmenge vor der Pförtnerloge und hat deshalb für sein Unternehmen eine Entscheidung getroffen.
Berücksichtige die Konsequenzen für den Pförtner und gehe dabei auch auf die Gedanken und Gefühle des Personalchefs ein.

**oder**

b) Beschreibung
Beschreibe den Arbeitsplatz deines Praktikums oder Nebenjobs.
Gehe dabei auch auf die Ausstattung des Arbeitsplatzes und deine Tätigkeiten ein.

**Dein Text (Erzählung oder Beschreibung) wird wie folgt bewertet:**

| | Punkte |
|---|---|
| Aufbau/Inhalt (z. B. Überschrift, Einleitung, Hauptteil, Schluss / „roter Faden“) | 24 |
| Sprachangemessenheit (Wortschatz, Satzbau, Ausdruck) | 12 |
| Sprachrichtigkeit (Rechtschreibung, Grammatik, Zeichensetzung) | 4 |
| **Summe** | **40** |

## Text 2

### Mensch, wie doch die Zeit vergeht (Stefan Klein)

**[…] „Alles ist jetzt ultra. (…) Niemand kennt sich mehr, niemand begreift das Element, worin er schwebt und wirkt. (…) Junge Leute werden (…) im Zeitstrudel fortgerissen; Reichtum und Schnelligkeit ist es, was die Welt bewundert und wonach jeder strebt. Alle möglichen Erleichterungen der Kommunikation sind es, worauf die gebildete Welt ausgeht, sich zu überbieten ..."**

Der Autor dieser Zeilen leidet offenbar unter dem Dauerbombardement durch E-Mails, Tweets und SMS. Vielleicht besitzt er ja auch eines jener entsetzlichen Telefone, die mitten im Gespräch mit einem Piepen bereits den nächsten Anruf ankündigen. Oder schwirrt ihm der Kopf, weil er mit seinen Kindern unzählige aberwitzige Clips auf YouTube oder Snapchat gucken musste? Nichts dergleichen: Es handelt sich um Johann Wolfgang von Goethe. In einem Brief an den befreundeten Berliner Komponisten Carl Friedrich Zelter beklagt er sich außerdem über „Eisenbahnen, Schnellposten[1] und Dampfschiffe". Das war 1825.

Seitdem sind die Transport- und Kommunikationsmittel um ein Vielfaches schneller geworden. Der Brief, der damals mehr als eine Woche nach Berlin brauchte, wäre als E-Mail in Sekundenbruchteilen am Ziel. Und ein Flug nach Italien ist eine Angelegenheit von wenigen Stunden.

Wenn schon Goethe sich über zu viel Tempo beklagte – haben wir heute nicht erst recht Grund dazu? Laut einer aktuellen DGB-Studie fühlen sich mehr als die Hälfte der Deutschen „oft" oder „sehr häufig" „bei der Arbeit gehetzt". Beunruhigend sind solche Zahlen vor dem Hintergrund neuer Erkenntnisse der Neurobiologie: Denn das Gefühl, ständig unter Druck zu stehen, erzeugt Stress. Und chronischer Stress mindert nicht nur die Lebenserwartung, sondern kann auch das Gehirn in Mitleidenschaft ziehen.

Andererseits hat sich herausgestellt, dass sich wenige Gehirnleistungen so leicht und so schnell verändern lassen wie der sogenannte Zeitsinn. Wir haben es also in hohem Maß selbst in der Hand, wie wir das Verstreichen der Minuten und Stunden wahrnehmen.

Das Gefühl der Zeitnot etwa scheint uns so vertraut, dass wir ganz vergessen haben, wie merkwürdig es ist. Schließlich sind wir heute reicher an Zeit, als es Menschen je waren – und verfügen über eine nie da gewesene Freiheit, sie zu gestalten. Die Kombination aus Zwölfstundentag und Sechstagewoche, einst die übliche Arbeitszeit, ist heute zumindest in Europa die Ausnahme. Gleichzeitig hat sich während der letzten hundert Jahre unsere Lebenserwartung beinahe verdoppelt. Wir haben mehr Lebenszeit zur Verfügung als jemals zuvor – und könnten uns eigentlich entspannen. Stattdessen fühlen wir uns gejagt. Warum nur? Und wo bleibt all die gewonnene Zeit? Der Durchschnittsdeutsche schläft 8 Stunden und 18 Minuten am Tag, 1 Stunde und 33 Minuten verbringt er mit der Nahrungsaufnahme, 47 Minuten weilt er hinter den verschlossenen Türen von Bad und Toilette. Frauen schlafen im Durchschnitt sechs Minuten länger als Männer und wenden acht Minuten mehr für die Körperpflege auf. Dafür kümmern sie sich jeden Tag 3 Stunden, 49 Minuten um Haushalt und Familie, Männer opfern dafür nur 2 Stunden, 24 Minuten.

Um diese Erkenntnisse zu gewinnen, betreibt das Statistische Bundesamt einigen Aufwand. Alle zehn Jahre bekommen mehr als 12 000 Menschen ein Tagebuch ausgehändigt und notieren alle zehn Minuten, was sie gerade tun. Das Ergebnis: Das Leben ist eigentlich ganz schön. Jeder Mensch in Deutschland verfügt im Schnitt über 56 Stunden Freizeit pro Woche, ähnlich viel Muße haben in Europa einzig Belgier und Skandinavier. Mehr als zehn Stunden pro Woche widmen die Deutschen Freunden und Vergnügungen wie Kino, Theater und dem Gang ins Fußballstadion. Knapp sieben Stunden treiben sie Sport. Man könnte fast glauben, die Deutschen hätten endlich gelernt, das Leben zu genießen – wären da nicht die vielen Klagen über den Stress.

Was meinen wir überhaupt, wenn wir über Zeit sprechen? Ganz selbstverständlich nehmen wir an, die Zeit, die wir erleben, entspreche den Messungen unserer Uhren und Kalender. Die Zeit, so vermuten wir, fließt außerhalb von uns dahin und hat nichts mit uns zu tun. Sie ist einfach da oder eben nicht, und wir müssen uns anpassen.

Aber diese Vorstellung kann unmöglich stimmen. Sonst würden wir uns nicht immer größerer Zeitknappheit ausgesetzt sehen, obwohl wir über mehr müßige Stunden und Lebensjahre verfügen als unsere Vorfahren. Wenn unsere Lebenszeit identisch mit dem wäre, was die Uhren anzeigen, wäre auch unerklärlich, weshalb manche Stunden rasend schnell vorbeigehen, während sich andere unendlich dehnen. Neben dem Lauf der Uhren gibt es also offenbar noch eine andere, zweite Zeit, die in uns selbst entsteht.

Tatsächlich ist die erlebte Zeit nicht nur ein externes Phänomen, sondern zugleich eines unseres Bewusstseins. Die Zeitwahrnehmung gehört zu den ausgefeiltesten Geistestätigkeiten. Fast alle Funktionen des Gehirns – Körperempfinden und Sinneswahrnehmungen, Emotionen und Selbstbewusstsein, das Gedächtnis und das Vermögen, Pläne zu schmieden – wirken dabei zusammen, und ist auch nur einer dieser Mechanismen gestört, verzerrt sich unser Zeitempfinden oder verschwindet ganz.

Die Untersuchung des Zeitgefühls hat sich zu einer eigenen, faszinierenden Disziplin der Hirnforschung entwickelt. Und in jedem Experiment zeigt sich, wie ein Leitmotiv, dasselbe Ergebnis: Wir sind gar nicht imstande, die Uhr-Zeit wirklich zu spüren. Das Auge erkennt Wellenlängen des Lichts, das Ohr Schallfrequenzen und die Haut Temperaturen; doch es gibt kein Sinnesorgan, das die physikalische Größe Zeit wahrnehmen kann. Um Zeit erfahrbar zu machen, muss das Gehirn komplizierte Umwege gehen.

Kurze Zeitabschnitte wie Sekunden und Minuten nehmen wir mit Hirnregionen wahr, die für die Bewegungssteuerung zuständig sind. Darum spielen Musiker automatisch schneller, wenn sie schneller atmen, darum können Meister der Kampfkunst Tai-Chi durch extrem langsame Bewegungen die Zeit scheinbar einfrieren. Längere Zeitabschnitte schätzen wir daran ab, wie viel und welche Art von Informationen unser Gehirn verarbeitet hat. Weil wir während einer Stunde in einem Wartezimmer kaum neue Informationen aufnehmen können, will sie nicht enden, während ein Abend bei guter Unterhaltung im Flug vergeht. Das Verstreichen von Monaten und Jahren schließlich bemessen wir an der Erinnerung. Diese Zeiterfahrungen ergeben sich aus der angeborenen Funktionsweise des Gehirns. Andere Konzepte von Zeit haben wir gelernt. […]

Wie wir über Zeit denken, bestimmt, wie wir mit ihr umgehen. Wer seine Zeitwahrnehmung verstehen will, muss also auch seine Erziehung und die Kultur analysieren, in der er lebt. Die Idee, dass Uhren eine Art Zwangsinstrument sind, das uns durchs Leben hetzt, hat eine lange Geschichte. […] Bereits im Jahr 1881 hatte […] der Neurologe George M. Beard in seinem Buch „American Nervousness" seine Landsleute davor gewarnt, dass die zunehmende Bedeutung der Pünktlichkeit bei vielen Menschen die Befürchtung auslöse, eine Verspätung von wenigen Sekunden könne die Hoffnungen eines ganzen Lebens zerstören. Und europäische Zeitschriften widmeten sich dem Krankheitsbild der „Neurasthenie", der Erschöpfung durch ein zu hohes Lebenstempo: Gespräche, die nur fünf Minuten dauern, ultrakurze Telefonate, Menschen, die auf Fahrrädern aneinander vorbeirasen und sich Wortfetzen zuwerfen.

Im 21. Jahrhundert scheitern Angestellte daran, länger als drei Minuten bei einer Sache zu bleiben. Die amerikanische Arbeitswissenschaftlerin Gloria Mark hat Softwareunternehmen untersucht und dokumentiert, wie Beschäftigte bis zu 20-mal pro Stunde von einer Tätigkeit zur nächsten wechselten. Die Arbeitnehmer wandten sich also immer wieder von einem Schriftstück ab, um eine neue E-Mail zu schreiben. Und bevor diese fertig war, begannen sie ein Telefonat.

Wenn sich moderne Angestellte also über Zeitdruck beklagen, dann haben sie diesen oft durch eine ständige Verlagerung ihrer Aufmerksamkeit selbst geschaffen. Jeder kennt das, dass einfache Aufgaben mehr Zeit in Anspruch nehmen, wenn man sie gleichzeitig statt nacheinander abarbeitet.

Am Anfang der Zeitnot aber steht die Angst vor der Zeitnot. Angst zerstört die Filter der Aufmerksamkeit. Und je langsamer die Dinge von der Hand gehen, je mehr die Fehler sich häufen, umso mehr wächst die Angst. In diesem Teufelskreis sehen sich immer mehr Menschen gefangen – Don Quijote kämpfte gegen Windmühlen, wir gegen die rasenden Uhrzeiger.

In solcher Lage ist es befreiend, sich vor Augen zu führen, wer oder was der Feind ist: Eine Vorstellung, die Menschen eingeführt haben, um die Welt zu verstehen und ihr Zusammenleben zu regeln. Goethe übrigens […] kam mit dem von ihm kritisierten Tempo seiner Epoche gut zurecht. In „Dichtung und Wahrheit" schreibt er: „Die Zeit ist unendlich lang und ein jeder Tag ein Gefäß, in das sich sehr viel eingießen lässt, wenn man es wirklich ausfüllen will."

[1] Schnellposten: Postkutschen, die schneller fuhren als gewöhnlich

Quelle: Stefan Klein: Mensch, wie die Zeit vergeht, in: National Geographic, 04/2017, S. 36 – 54.

## Teil I: Lesen

**1. Kreuze die richtige Aussage an. Es gibt jeweils nur eine richtige Lösung.** **5 P**

a) Einst bestand die übliche Arbeitszeit aus

☐ 12 Stunden an je 5 Tagen.
☐ 18 Stunden an je 5 Tagen.
☐ 12 Stunden an je 6 Tagen.
☐ 18 Stunden an je 6 Tagen.

b) Mit Essen und Trinken verbringen Menschen in Deutschland im Durchschnitt täglich

☐ 18 Minuten.
☐ 47 Minuten.
☐ 1 Stunde, 33 Minuten.
☐ 2 Stunden, 24 Minuten.

c) Wie viel Freizeit Menschen in Deutschland genießen, erhebt
- ☐ eine deutsche Neurobiologin.
- ☐ das Statistische Bundesamt.
- ☐ ein skandinavischer Hirnforscher.
- ☐ der Deutsche Gewerkschaftsbund.

d) Menschen in Deutschland verfügen im Durchschnitt über
- ☐ vergleichbar viel Freizeit wie Menschen in Skandinavien.
- ☐ deutlich mehr Freizeit als Menschen in Belgien.
- ☐ wesentlich weniger Freizeit als andere Menschen in Europa.
- ☐ beträchtlich weniger Freizeit als Menschen in Belgien und Skandinavien.

e) Knapp sieben Stunden verbringen Menschen in Deutschland wöchentlich mit
- ☐ Kino und Theater.
- ☐ Körperpflege.
- ☐ Freunden.
- ☐ Sport.

**2. Kreuze die richtige Aussage an. Es gibt jeweils nur eine richtige Lösung.** **4 P**

a) „ausgehen" (vgl. Z. 7) bedeutet hier
- ☐ erlöschen.
- ☐ entstammen.
- ☐ abzielen.
- ☐ feiern.

b) „sich ausgesetzt sehen" (vgl. Z. 79 f.) bedeutet hier
- ☐ sich ausgeliefert fühlen.
- ☐ von etwas abhängig sein.
- ☐ sich zurückgelassen fühlen.
- ☐ gegen jemanden verlieren.

c) „müßige Stunden und Lebensjahre" (vgl. Z. 80 f.) bedeutet hier Zeit,
- ☐ die wir als sehr langsam vergehend und behaglich empfinden.
- ☐ die generell überflüssig ist und die man nutzlos vergeudet.
- ☐ über die wir frei verfügen können, statt zu arbeiten.
- ☐ in der man aufgrund äußerer Umstände ohne Arbeitsstelle ist.

d) „ausgefeilt" (vgl. Z. 89) bedeutet hier
- ☐ abgestuft und zweckmäßig.
- ☐ traditionsreich und gesetzmäßig.
- ☐ sorgfältig geglättet und poliert.
- ☐ hoch entwickelt und komplex.

3. a) **Welche der folgenden Aussagen sind richtig?** **2 P**

Johann Wolfgang von Goethe

**A** beklagte sich in einem Brief über die Transportmittel seiner Zeit.
**B** warnte vor Erleichterungen der Kommunikation wie E-Mails, Tweets und SMS.
**C** verschickte seinen Brief mit Schnellposten innerhalb weniger Tage.
**D** störte sich an der zunehmenden Schnelllebigkeit seiner Zeit.

**Kreuze die richtige Antwort an.**

- ☐ Nur A und C stehen im Text.
- ☐ Nur A und D stehen im Text.
- ☐ Nur B und C stehen im Text.
- ☐ Nur B und D stehen im Text.

b) **Welche der folgenden Aussagen sind richtig?** **2 P**

George M. Beard

**A** war ein amerikanischer Autor für eine europäische Zeitschrift.
**B** warnte bereits 1881 vor zunehmenden Verspätungen.
**C** thematisierte in einem Buch die zunehmende Bedeutung der Pünktlichkeit.
**D** beklagte die möglichen Auswirkungen bereits geringer Verspätungen.

**Kreuze die richtige Antwort an.**

- ☐ Nur A und B stehen im Text.
- ☐ Nur A und C stehen im Text.
- ☐ Nur B und D stehen im Text.
- ☐ Nur C und D stehen im Text.

4. **Nenne und belege vier Merkmale eines journalistischen Textes, die dieser Artikel aufweist.** **4 P**

5. **„Junge Leute werden (…) im Zeitstrudel fortgerissen; …“ (Z. 3 f.)** **3 P**
**Erkläre die Bedeutung des Zitats im Textzusammenhang.**

6. **Erkläre die Bedeutung der Metapher „Dauerbombardement“ (Z. 8 f.) und ihre Wirkung im Textzusammenhang.** **4 P**

7. **Die Textstelle „Die Idee, dass Uhren eine Art Zwangsinstrument sind, das uns durchs Leben hetzt, ...“ (Z. 123 ff.) enthält eine Personifikation.** **3 P**
**Erkläre dieses Stilmittel und seine Wirkung im Text.**

8. **Erläutere anhand von zwei Textstellen, warum sich Menschen im Alltag und bei der Arbeit „gehetzt“ fühlen.** **4 P**

9. **„Neben dem Lauf der Uhren gibt es also offenbar noch eine andere, zweite Zeit, …“ (Z. 85 ff.)**

a) **Zitiere zwei andere Begriffe, die für die „zweite Zeit“ im Text verwendet werden.** **2 P**

b) **Erkläre anhand eines Textbeispiels, was unter der „zweiten Zeit“ zu verstehen ist und wie sie entsteht.** **4 P**

10. **„‚Die Zeit ist unendlich lang und ein jeder Tag ein Gefäß, in das sich sehr viel eingießen lässt, wenn man es wirklich ausfüllen will.‘“ (Z. 163 ff.)** **3 P**
**Begründe, ob du Johann Wolfgang v. Goethes Aussage zustimmst oder ob du sie ablehnst.**

# Teil II: Schreiben

## Teil II.A: Textproduktion (Wahlaufgabe)

**Wähle eine der beiden folgenden Aufgaben aus und bearbeite sie.**

a) Bericht
Deine Schule veranstaltet einen Projekttag zum Thema „sinnvolle Freizeitgestaltung" für die Klassen 5 bis 7.
Die Schülerinnen und Schüler der Abschlussklassen sind in die Vorbereitung und Durchführung des Projekttages eingebunden. Sie bieten gemeinsam mit den Lehrkräften Projekte an, in denen die jungen Schülerinnen und Schüler verschiedene Freizeitbeschäftigungen ausprobieren können.
Berichte von der Vorbereitung und der Durchführung dieses Projekttages.

**oder**

b) Argumentation
Immer mehr Menschen entscheiden sich für den Kauf und die Nutzung einer Smartwatch.
Eine Smartwatch ist eine elektronische Armbanduhr, die über die Fähigkeiten eines Smartphones verfügt.
Argumentiere für und gegen die Nutzung einer Smartwatch.

**Dein Text (Bericht oder Argumentation) wird wie folgt bewertet:**

| | Punkte |
|---|---|
| Aufbau/Inhalt (z. B. Überschrift, Einleitung, Hauptteil, Schluss / „roter Faden") | 24 |
| Sprachangemessenheit (Wortschatz, Satzbau, Ausdruck) | 12 |
| Sprachrichtigkeit (Rechtschreibung, Grammatik, Zeichensetzung) | 4 |
| **Summe** | **40** |

## Teil II.B: Sprachliche Richtigkeit

1. **Markiere und berichtige die zwölf Rechtschreib- und Zeichensetzungsfehler im Text. Du darfst nicht mehr als zwölf Fehler markieren.
Notiere die korrekte Schreibung und fehlende Kommas jeweils unter der fehlerhaften Stelle.
Der Text enthält keine Fehler zur Getrennt- und Zusammenschreibung.
Eigennamen sind korrekt geschrieben.** 6 P

**Beispiel:**
*Nachdem die Wanderer an der Berghütte angekommen waren**,** ruhten sie sich aus und*
*fehlendes Komma*
*schauten sich den ~~sonnenuntergang~~ an.*
*Sonnenuntergang*

Unter „Geocaching" versteht man eine moderne Art der Schnitzeljagt „Geo" steht für die

______________________________

Erde und „Cache" für ein geheimes Lager. Bei dieser elecktronischen Schatzsuche versteckt

______________________________

jemand eine wasserdichte Box worin sich ein sogenantes Logbuch und Dinge befinden, die

______________________________

als Schatz dienen. Derjenige, der die Box versteckt, notiert später im Internet, wo sie mithilfe

von Kordinaten zu finden ist. Um die Stelle ausfindig zu machen, kann man GPS-Geräte,

Smartphones oder sehr genaue Landtkarten nutzen. Wer den Schatz endeckt hat, öffnet die

Box, trägt sich mit einem Fantasienamen in das Logbuch ein und darf das, was sich darin

befindet, austauschen. Anschliesend wird die Box an dem Ort belassen damit auch andere

Personen weiterhin danach suchen können.

Im Internet notiert man dann, dass man den Schatz gefunden hat. So weiß auch der

Mensch, der den Schatz versteckt hat was sich am Versteck tut.

Geocaching gibt es bereits über fünfzehn Jahre lang. Die Idee hatte ein Mann namens Dave

Ulmer aus den USA. Er vergrub einen schwarzen Plastikeimer mit CDs, Videokassetten,

Geldscheinen, einem Buch, einer Steinschleuder und einer Dose mit Bonen. Danach schrieb

er im Internet, wo die Sachen zu finden sind. Eine Regel lautet, das man für alles, was man

aus der Box entnimmt, wieder etwas hineinlegen muss.

Nach: http://www.nachrichtenfuerkinder.de/wissen/technik/article/geocaching-die-moderne-schnitzeljagd (abgerufen am 14.05.2019).

**2. Groß- oder Kleinschreibung?** **4 P**
**In vier der folgenden Sätze befindet sich jeweils ein falsch geschriebenes Wort.**
**Kreise die falsch geschriebenen Wörter ein.**

**Hinweis:** Du darfst nicht mehr als vier Wörter einkreisen.

a) Für den letzten Feiertag hatten wir uns etwas Besonderes vorgenommen.
b) Wir starteten vormittags mit unseren neuen Rädern zu einem Ausflug ins Grüne.
c) Am Morgen vor dem starten musste jemand das Aufpumpen der Reifen übernehmen.
d) Letztes Jahr beschwerte sich Christian: „ich habe keine Lust zu pumpen!"
e) Am liebsten bereitet er das anschließende Grillen sorgfältig vor.
f) Daher kümmerte er sich um ein Paar Salate, leckere Würstchen und frisches Brot.
g) Normalerweise essen wir gerne dunkles Brot, aber diesmal kaufte er helles.
h) Nachdem wir gestartet waren, mussten wir nach einem Viertel des Weges anhalten.
i) Thomas musste mitten im Nirgendwo seinen kaputten Reifen flicken.
k) Am Abend machten wir uns als erstes hungrig über das Essen her.

**3. „das“ oder „dass“?** **5 P**
**Bestimme die Wortart und notiere die richtige Schreibweise.**
**Schreibe die entsprechenden Buchstaben der Wortart in die Klammern hinter den Lücken: Konjunktion (K), bestimmter Artikel (A), Relativpronomen (R) oder Demonstrativpronomen (D).**

**Beispiel:**
*Ich glaube, das (A) Fahrrad, das (R) du dir gewünscht hast, ist ausverkauft.*

Das Alpenmurmeltier, _____ (   ) mit den Eichhörnchen verwandt ist und im Gebirge lebt, ist eine von weltweit fünfzehn Murmeltierarten. Es ist bekannt, _____ (   ) sich eine Sippe mit bis zu zwanzig Tieren einen unterirdischen Bau teilt. Für _____ (   ) Leben im Untergrund und den Tunnelbau sind sie perfekt ausgestattet. Sie bauen sich ihre Tunnel selbst. _____ (   ) gelingt ihnen, indem sie mit ihren Nagezähnen die Erde auflockern und sich mit ihren Grabpfoten vorwärtsbewegen.
Im Verlauf des Winterschlafs, _____ (   ) konnte man beobachten, verliert der Nager fast ein Drittel seines Gewichtes.

Nach: https://www.geo.de/geolino/tierlexikon/2097-rtkl-tierlexikon-alpenmurmeltier (abgerufen am 14.05.2019).

**4. Forme die folgenden Sätze jeweils in die Aktiv- oder Passivform um.** **5 P**
**Die vorgegebene Zeitform und die inhaltliche Aussage des Satzes müssen beibehalten werden.**

| Aktiv | Passiv |
|---|---|
| Zunächst stellt man die Zutaten für den Zitronenkuchen bereit. | |
| Nachdem man die Zutaten abgewogen hat, verrührt man sie zu einem Teig. | |
| | Nun wird der Teig in eine Kastenform gefüllt. |
| | Der Kuchen wird bei 180 Grad für 25 Minuten gebacken. |

**Bearbeitungshinweise**
Auf den folgenden Seiten findest du zwei verschiedene Texte mit Aufgaben zur Auswahl.
**Einen** dieser Texte und die dazugehörigen Aufgaben musst du bearbeiten.

## Text 1

### Der Lacher (Heinrich Böll, 1952)

Wenn ich nach meinem Beruf gefragt werde, befällt mich Verlegenheit: Ich werde rot, stammele, ich, der ich sonst als ein sicherer Mensch bekannt bin. Ich beneide die Leute, die sagen können: Ich bin Maurer. Buchhaltern, Friseuren und Schriftstellern neide ich die Einfachheit ihrer Bekenntnisse, denn alle diese Berufe erklären sich aus sich selbst und erfordern keine längeren Erklärungen. Ich aber bin gezwungen, auf solche Fragen zu antworten: Ich bin Lacher. Ein solches Bekenntnis erfordert weitere, da ich auch die zweite Frage „Leben Sie davon?" wahrheitsgemäß mit „Ja" beantworten muss. Ich lebe tatsächlich von meinem Lachen, und ich lebe gut, denn mein Lachen ist – kommerziell ausgedrückt – gefragt. Ich bin ein guter, bin ein gelernter Lacher, kein anderer lacht so wie ich, keiner beherrscht so die Nuancen meiner Kunst. Lange Zeit habe ich mich – um lästigen Erklärungen zu entgehen – als Schauspieler bezeichnet, doch sind meine mimischen und sprecherischen Fähigkeiten so gering, dass mir diese Bezeichnung als nicht der Wahrheit gemäß erschien: Ich liebe die Wahrheit, und die Wahrheit ist: Ich bin Lacher. Ich bin weder Clown noch Komiker, ich erheitere die Menschen nicht, sondern stelle Heiterkeit dar: Ich lache wie ein römischer Imperator oder wie ein sensibler Abiturient, das Lachen des 17. Jahrhunderts ist mir so geläufig wie das des 19., und wenn es sein muss, lache ich alle Jahrhunderte, alle Gesellschaftsklassen, alle Altersklassen durch: Ich hab's einfach gelernt, so wie man lernt, Schuhe zu besohlen. Das Lachen Amerikas ruht in meiner Brust, das Lachen Afrikas [...] – und gegen ein entsprechendes Honorar lasse ich es erklingen, so wie die Regie es vorschreibt.

Ich bin unentbehrlich geworden, ich lache auf Schallplatten, lache auf Band, und die Hörspielregisseure behandeln mich rücksichtsvoll. Ich lache schwermütig, gemäßigt, hysterisch – lache wie ein Straßenbahnschaffner oder wie ein Lehrling der Lebensmittelbranche; das Lachen am Morgen, das Lachen am Abend, nächtliches Lachen und das Lachen der Dämmerstunde, kurzum: Wo immer und wie immer gelacht werden muss: Ich mache es schon.

Man wird mir glauben, dass ein solcher Beruf anstrengend ist, zumal ich – das ist meine Spezialität – auch das ansteckende Lachen beherrsche; so bin ich unentbehrlich geworden auch für Komiker dritten und vierten Ranges, die mit Recht um ihre Pointen zittern, und ich sitze fast jeden Abend in den Varietés herum als eine subtilere Art Claqueur[1], um an schwachen Stellen des Programms ansteckend zu lachen. Es muss Maßarbeit sein: Mein herzhaftes, wildes Lachen darf nicht zu früh, darf auch nicht zu spät, es muss im richtigen Augenblick kommen – dann platze ich programmgemäß aus, die ganze Zuhörerschaft brüllt mit, und die Pointe ist gerettet.

Ich aber schleiche dann erschöpft zur Garderobe, ziehe meinen Mantel über, glücklich darüber, dass ich endlich Feierabend habe. Zu Hause liegen meist Telegramme[2] für mich „Brauchen dringend Ihr Lachen. Aufnahme Dienstag", und ich hocke wenige Stunden später in einem überheizten D-Zug und beklage mein Geschick.

Jeder wird begreifen, dass ich nach Feierabend oder im Urlaub wenig Neigung zum Lachen verspüre: Der Melker ist froh, wenn er die Kuh, der Maurer glücklich, wenn er den Mörtel vergessen darf, und die Tischler haben zu Hause meistens Türen, die nicht funktionieren, oder Schubkästen, die sich nur mit Mühe öffnen lassen. Zuckerbäcker lieben saure Gurken, Metzger Marzipan, und der Bäcker zieht die Wurst dem Brot vor; Stierkämpfer lieben den Umgang mit Tauben, Boxer werden blass, wenn ihre Kinder Nasenbluten haben: Ich verstehe das alles, denn ich lache nach Feierabend nie. Ich bin ein todernster Mensch, und die Leute halten mich – vielleicht mit Recht – für einen Pessimisten.

In den ersten Jahren unserer Ehe sagte meine Frau oft zu mir: „Lach doch mal!", aber inzwischen ist ihr klar geworden, dass ich diesen Wunsch nicht erfüllen kann. Ich bin glücklich, wenn ich meine angestrengten Gesichtsmuskeln, wenn ich mein strapaziertes Gemüt durch tiefen Ernst entspannen darf. Ja, auch das Lachen anderer macht mich nervös, weil es mich zu sehr an meinen Beruf erinnert. So führen wir eine stille, eine friedliche Ehe, weil auch meine Frau das Lachen verlernt hat: Hin und wieder ertappe ich sie bei einem Lächeln, und dann lächele auch ich. Wir sprechen leise miteinander, denn ich hasse den Lärm des Varietés, hasse den Lärm, der in den Aufnahmeräumen herrschen kann.

Menschen, die mich nicht kennen, halten mich für verschlossen. Vielleicht bin ich es, weil ich zu oft meinen Mund zum Lachen öffnen muss.

Mit unbewegter Miene gehe ich durch mein eigenes Leben, erlaube mir nur hin und wieder ein sanftes Lächeln, und ich denke oft darüber nach, ob ich wohl je gelacht habe. Ich glaube: nein. Meine Geschwister wissen zu berichten, dass ich immer ein ernster Junge gewesen sei.

So lache ich auf vielfältige Weise, aber mein eigenes Lachen kenne ich nicht.

[1] Claqueur: bezahlter Beifallklatscher
[2] Telegramm: hier: Nachricht

Quelle: Heinrich Böll: Nicht nur zur Weihnachtszeit. Erzählungen, 22. Auflage, München 2017, S. 85–87.

## Teil I: Lesen

**1. Kreuze die richtige Aussage an. Es gibt jeweils nur eine richtige Lösung.** **5 P**

a) Der Erzähler ist
- ☐ Clown.
- ☐ Komiker.
- ☐ Lacher.
- ☐ Schauspieler.

b) In seinem Beruf ist der Erzähler
- ☐ ausgesprochen gefragt.
- ☐ ziemlich erfolglos.
- ☐ absolut entbehrlich.
- ☐ sehr rücksichtsvoll.

c) Der Erzähler empfindet seinen Beruf als
- ☐ erheiternd.
- ☐ unterhaltsam.
- ☐ minderwertig.
- ☐ beschwerlich.

d) In seiner Freizeit lacht der Erzähler
- ☐ gerne.
- ☐ niemals.
- ☐ immer.
- ☐ häufig.

e) Eigentlich ist der Erzähler ein ________ Mensch.
- ☐ ernster
- ☐ lauter
- ☐ anstrengender
- ☐ hysterischer

**2. Kreuze die richtige Aussage an. Es gibt jeweils nur eine richtige Lösung.** **4 P**

a) „ein sicherer Mensch" (Z. 3) bedeutet hier, dass jemand
- ☐ sehr selbstsicher ist.
- ☐ auf Sicherheit bedacht ist.
- ☐ völlig ungefährlich ist.
- ☐ ausgesprochen behütet ist.

b) „das ansteckende Lachen beherrschen" (vgl. Z. 40 f.) bedeutet hier, dass der Erzähler
- ☐ immer zum richtigen Zeitpunkt lacht.
- ☐ oft an der falschen Stelle lacht.
- ☐ andere Menschen zum Mitlachen bringt.
- ☐ seine Mitmenschen gerne auslacht.

c) „und beklage mein Geschick" (Z. 56) bedeutet hier, dass der Erzähler
- ☐ über die Hitze jammert.
- ☐ seine Situation bedauert.
- ☐ kaum zur Ruhe kommt.
- ☐ seine Eignung anzweifelt.

d) „verschlossen" (Z. 83 f.) bedeutet hier, dass der Erzähler
- ☐ den Mund nie öffnet.
- ☐ sich gerne einschließt.
- ☐ leicht zu durchschauen ist.
- ☐ zurückhaltend zu sein scheint.

**3. a) Welche der folgenden Aussagen sind richtig?** **2 P**

Der Erzähler

**A** legt wenig Wert auf die Wahrheit.
**B** beherrscht alle Formen des Lachens.
**C** bringt seine Frau oft zum Lachen.
**D** war immer ein ernstes Kind.

**Kreuze die richtige Antwort an.**
- ☐ Nur A und B stehen im Text.
- ☐ Nur A und C stehen im Text.
- ☐ Nur B und D stehen im Text.
- ☐ Nur C und D stehen im Text.

**b) Welche der folgenden Aussagen sind richtig?** **2 P**

Die Frau des Erzählers

**A** lacht oft mit ihrem Mann.
**B** findet Lachen anstrengend.
**C** lächelt nur noch manchmal.
**D** nimmt die Haltung ihres Mannes hin.

**Kreuze die richtige Antwort an.**
- ☐ Nur A und B stehen im Text.
- ☐ Nur A und D stehen im Text.
- ☐ Nur B und C stehen im Text.
- ☐ Nur C und D stehen im Text.

**4. Nenne und belege vier Merkmale einer Kurzgeschichte, die in diesem Text zu finden sind.** **4 P**

**5. Die Zeilen 66 – 69 enthalten eine Parenthese.** **3 P**
**Erkläre dieses Stilmittel und seine Wirkung an dieser Textstelle.**

**6. „Die Erzählung ist von Widersprüchen im Charakter des Erzählers geprägt."** **4 P**
**Erläutere diese Behauptung anhand von zwei Textbeispielen.**

**7. a) „... ich erheitere die Menschen nicht, sondern stelle Heiterkeit dar ..." (Z. 21 f.)** **4 P**
**Erkläre diese Aussage des Lachers über seinen Beruf.**

**b) „So lache ich auf vielfältige Weise, aber mein eigenes Lachen kenne ich nicht." (Z. 91 f.)** **4 P**
**Erläutere diese Aussage des Erzählers anhand von zwei Textstellen.**

8. **Die Erzählung „Der Lacher" wurde 1952 zum ersten Mal veröffentlicht. Es war eine Zeit, in der die Menschen in Deutschland die harten Kriegs- und Nachkriegsjahre vergessen wollten und ein Verlangen nach leichter und oberflächlicher Unterhaltung vorherrschte. Arbeite anhand von zwei Textstellen heraus, wie der Beruf des Lachers in diese Zeit passt.** **4 P**

9. **„Ein verfehlter Beruf verfolgt uns durch das ganze Leben." (Honoré de Balzac) Begründe anhand von zwei Textstellen, ob diese Aussage auf den Lacher zutrifft.** **4 P**

# Teil II: Schreiben

## Teil II.A: Textproduktion (Wahlaufgabe)

**Wähle eine der beiden folgenden Aufgaben aus und bearbeite sie.**

a) Erzählung

„Humor ist, wenn man trotzdem lacht."
Erzähle eine Geschichte, die zu dieser Redewendung passt.

**oder**

b) Argumentation

In deiner Schule sollen in Zukunft in allen Jahrgängen dreimal im Halbjahr gemeinsam kulturelle Veranstaltungen (z. B. Kino, Theater, Oper, Ballett) besucht werden.
Argumentiere das Für und Wider dieses Vorhabens.

**Dein Text (Erzählung oder Argumentation) wird wie folgt bewertet:**

| | Punkte |
|---|---|
| Aufbau/Inhalt (z. B. Überschrift, Einleitung, Hauptteil, Schluss / „roter Faden") | 24 |
| Sprachangemessenheit (Wortschatz, Satzbau, Ausdruck) | 12 |
| Sprachrichtigkeit (Rechtschreibung, Grammatik, Zeichensetzung) | 4 |
| **Summe** | **40** |

## Text 2

### So gut kann Plastik sein (Patrick Bernau)

**Plastik hat einen miesen Ruf, deshalb suchen wir wie wild nach Alternativen. Die Umwelt hat davon wenig. Zeit für eine Gegenrede.**

Die Verteufelung des Plastiks ist allgegenwärtig. Auch in den Bürotürmen der Deutschen Bank entgeht man ihr nicht. Denn der Künstler Gabriel Orozco hat in einem Naturschutzgebiet an der mexikanischen Küste Strandgut gesammelt und den ganzen Abfall fotografiert. Eigentlich sollte dieser Strandabschnitt den Walen vorbehalten sein. Doch da lagen Bauhelme, Knöpfe und Plastikflaschen – Abfall genug für großformatige Fotocollagen, die jetzt in der Deutschen Bank hängen. Sie entstanden schon 2012. Heute finden Naturschutzorganisationen an den Küsten der Welt immer wieder verendete Wale, deren Bauch mit Plastikteilen gefüllt ist. Niemand kann bei diesen Bildern ungerührt bleiben. Und Europa rührt sich: Supermärkte geben ihren Kunden keine kostenlosen Plastiktüten mehr, die Europäische Union verbietet Plastikstrohhalme, und wenn Verbraucher irgendwo Gurken in Plastikfolie verpackt sehen, kann der Händler praktisch sofort einen Mitarbeiter für die Beschwerden abstellen. Der Ruf von Plastik ist unten durch.

Es ist Zeit für eine Gegenrede. Denn so umweltschädlich ist Plastik nicht – und wer gedankenlos auf Plastik verzichtet und sich Alternativen zuwendet, fügt der Umwelt oft noch schwereren Schaden zu.

Es ist ja wahr: Kunststoff macht Schwierigkeiten. Dass Plastik sich im Meer nicht zersetzt, sondern immer größere Müll-Inseln im Wasser und Berge am Strand anhäuft, ist nur die sichtbarste Folge. Bei der Ölförderung wird oft rabiat mit der Umwelt umgegangen. Kunststoffpartikel[1] aus Autoreifen, Textilfasern und Duschgels landen als Mikroplastik im Abwasser, werden in den Kläranlagen nicht vollständig herausgefiltert und drohen auch in die Nahrung der Menschen zu kommen. Doch Plastik hat auch viele Vorzüge. Die sind in den vergangenen Monaten von der Wut weggespült worden und in der Debatte untergegangen.

Das erfährt man aber oft nicht in Deutschland, sondern eher in den Nachbarländern. In der Schweiz berechnet die Umweltberatung Carbotech die Ökobilanzen für die öffentliche Verwaltung im Bund und in den Kantonen sowie für Unternehmen, das heißt: Sie analysiert, welches Material von der Produktion bis zur Entsorgung wie umweltschädlich ist. „Die Kunststoffindustrie hat in den letzten 20 Jahren in verschiedenen Umweltfragen geschlafen", sagt Carbotech-Seniorpartner Fredy Dinkel. Trotzdem verteidigt er Plastik. „Wir müssen die Vermüllung des Meeres in den Griff bekommen. Aber in der Schweiz und in Deutschland funktioniert das Müllsystem. Den Meeren nutzen wir nicht, indem wir hier auf Plastik verzichten." Dinkel lobt die Kunststoffe: „Plastik hat für vieles hervorragende Eigenschaften, die der Umwelt nutzen. Auch Glas wächst nicht einfach auf Bäumen, sondern benötigt viel Energie in der Herstellung und auch beim Recycling."

Tatsächlich ist die Glasherstellung nicht gerade umweltfreundlich. Zwar lässt sich Glas leicht recyceln, doch selbst im Recycling wird das Material auf mehr als 1000 Grad erhitzt. Natürlich gibt es nicht nur Einwegflaschen: Viele Glasflaschen werden als Pfandflaschen wiederwendet. Dann müssen sie heiß ausgespült werden. Dazu werden sie durch die Gegend gefahren – und Glas kostet sogar dabei viel Energie, weil es so schwer ist. Deshalb empfiehlt sogar der Naturschutzbund NABU: Getränke sollte man aus Umweltgesichtspunkten nicht in Glasflaschen kaufen, sondern idealerweise in der Plastik-Mehrwegflasche.

Manchmal wird Plastik auch durch Papier ersetzt. Dafür werden Bäume gerodet, in ihre Einzelteile gespalten, der Zellstoff dann in Kubikmetern von Wasser eingeweicht, mit Chemikalien angereichert, das Ganze mit viel Aufwand in Form gebracht und anschließend heiß getrocknet. Die Herstellung einer Tonne Papier, rechnet das Umweltbundesamt vor, verbraucht so viel Energie wie die Herstellung einer Tonne Stahl – und der kommt immerhin aus dem heißen Hochofen. […]

Selbst die Plastiktüte, die in Deutschland einen besonders schlechten Ruf hat und aus vielen Supermärkten schon verbannt wurde, kann sinnvoll sein. Die Hinweise kommen aus Dänemark, auch nicht gerade das Heimatland der Industrielobby[2]. Die dänische Umweltschutz-Behörde hat im vergangenen Jahr verglichen, wie umweltfreundlich unterschiedliche Taschen über ihren ganzen Lebenszyklus[3] sind. Das Ergebnis: In vielen Fällen ist die simple Plastiktüte der umweltfreundlichste Weg. Papiertüten sind in der Herstellung so aufwendig, dass sie bis zu 43-mal wiederverwendet werden müssen, bevor sie so umweltfreundlich sind wie eine Plastiktüte – abhängig davon, welchen Umweltschaden man betrachtet. Selbst die stabilen Plastiktüten aus recyceltem PET müssen 84-mal wiederverwendet werden, bis alle Umweltschäden ausgeglichen sind – also rund ein Jahr lang. Am schlimmsten aber ist die Bio-Baumwolle: Diese Tasche müsste sogar 149-mal wiederverwendet werden, um ihren Klimaschaden auszugleichen – oder 20 000 Male, wenn man den Land- und Wasserverbrauch betrachtet.

Warum ist Plastik so oft eine gute Wahl? Kunststoffe können sehr leicht und strapazierfähig sein. Wenn die Waren dann durchs Land transportiert werden, brauchen sie weniger Energie. Eine Plastikverpackung braucht in der Herstellung wenig Energie und Wasser. Das Öl, aus dem der Kunststoff gewonnen wird, ist sowieso nicht mehr richtig knapp – schließlich warnen Wissenschaftler schon lange davor, die bekannten Ölvorräte vollständig zu Benzin zu verarbeiten: Das schadet dem Klima.

Am Ende trägt Plastik sogar dazu bei, eine andere große Umweltsünde zu bekämpfen: die Lebensmittelverschwendung. Wenn Joghurt im Glas verkauft wird, dann oft gleich halb literweise. Nicht jeder kriegt so viel Joghurt aufgegessen, bevor er schlecht wird. Die kleinen Joghurtportionen aber lohnen sich oft nur mit Plastikbecher, wie Benedikt Kauertz vom Institut für Energie- und Umweltforschung in Heidelberg weiß: Bei kleinen Joghurtportionen wäre das Glas manchmal fast schwerer als der Inhalt.

Die Plastikfolie ist sogar oft eine bessere Hülle für Obst und Gemüse als deren eigene Schale. Mag man sich auch über Gurken mit Plastikfolie wundern, sie haben ihren Sinn: Unverpackt fangen Gurken nach wenigen Tagen an zu schrumpeln, in der Plastikfolie halten sie zwei bis drei Wochen. […]

Es gibt Läden, die Lebensmittel praktisch ganz ohne Plastik verkaufen. Milena Glimbovski heißt die Gründerin des ersten „Unverpackt"-Ladens in Berlin-Kreuzberg, in dem die Kunden ihre Ware selbst abfüllen können. Dazu haben sie zum Teil selbst aus alten Stoffen kleine Zuzieh-Beutel genäht, in die sie Reis und andere Trockenware einfüllen können. Dann muss man die Beutel nicht jedes Mal waschen. Auf diese Weise sind die meisten Waren tatsächlich umweltfreundlicher als die verpackten, hat eine Studie ergeben – aber auch nicht alle. Der Tofu wurde wieder aus dem Sortiment genommen, erzählt Ladengründerin Glimbovski, weil sie es nicht schaffte, ihn umweltfreundlicher anzubieten als andere Läden. Selbst sie glaubt heute, dass Plastik nicht immer schlecht ist. „Man muss gut hinterfragen, welche Aktionen nur gut fürs Gewissen sind und welche tatsächlich der Umwelt helfen", sagt sie.

Was bleibt da als Empfehlung für Leute, die die Welt im Alltag ein kleines Stückchen besser machen wollen? Eine sehr einfache: Greift öfter mal zum Plastik! […]

Am wichtigsten aber ist der Merksatz: Gut entsorgtes Plastik ist ein kleines Umweltproblem, Plastik in der Umwelt ein großes. Zum Glück ist in Deutschland die Müllabfuhr schon ziemlich gut organisiert – so sagt es Sébastien Humbert bei der Schweizer Umweltberatung Quantis. „In Deutschland landet das Plastik nicht im Meer." 90 Prozent des Plastiks in den Weltmeeren stammen aus zehn Flüssen in Asien und Afrika. Mancher Umweltschützer hat Angst, dass darunter auch Plastik aus Deutschland ist, das zum Recycling nach Asien exportiert wurde. Doch das sei unwahrscheinlich, glaubt Humbert: Dieses recycelbare Plastik sei wertvoll, das werde nicht achtlos in die Flüsse geworfen.

Recycling ist gut, Müllverbrennung aber auch nicht immer schlecht: So wird aus den Verpackungen am Ende immerhin noch Wärme oder Strom, und verbranntes Plastik landet sicher nicht im Meer. […]

Wer also in Deutschland ganz praktisch etwas gegen die Plastikvermüllung des Meeres tun möchte, sammelt gelegentlich mal am Bach oder am Strand ein bisschen Müll auf – so dass der Künstler Gabriel Orozco nächstes Mal am besten einen leeren Strand vorfindet. Und dabei geht es nicht nur um Plastik. Orozcos Collagen zeigen nämlich deutlich: In den Meeren ist auch einiges an Glas unterwegs.

[1] Kunststoffpartikel: kleinste Plastikteilchen
[2] Industrielobby: Interessengruppe, die versucht, politische Entscheidungen zugunsten der Industrie zu beeinflussen
[3] Lebenszyklus: hier: Lebensdauer

Quelle: Patrick Bernau: So gut kann Plastik sein, in: Frankfurter Allgemeine Sonntagszeitung, 14. April 2019, S. 17.

## Teil I: Lesen

**1. Kreuze die richtige Aussage an. Es gibt jeweils nur eine richtige Lösung.** **5 P**

a) Gabriel Orozco
- ☐ arbeitet bei der Deutschen Bank.
- ☐ erstellt Fotocollagen aus Abfall.
- ☐ ist ein bekannter Walforscher.
- ☐ sieht in Plastik viele Vorteile.

b) Carbotech
- ☐ produziert sehr viel Plastik.
- ☐ ist eine deutsche Recyclingfirma.
- ☐ berät die Schweiz in Umweltfragen.
- ☐ organisiert die Entsorgung von Plastik.

c) Carbotech-Seniorpartner Fredy Dinkel behauptet,
- ☐ Plastik sei umweltschädlicher als Glas.
- ☐ Papier sei am umweltfreundlichsten.
- ☐ Papier sei umweltfreundlicher als Glas.
- ☐ Plastik sei nicht so umweltschädlich wie vermutet.

d) Bei der Herstellung von Papier
- ☐ kommen Chemikalien zum Einsatz.
- ☐ werden keine Bäume gefällt.
- ☐ braucht man kaum Wasser.
- ☐ wird sehr wenig Energie verbraucht.

e) Fast das gesamte Plastik in den Weltmeeren stammt aus
- ☐ Deutschland und Asien.
- ☐ Asien und Afrika.
- ☐ der Schweiz und Dänemark.
- ☐ Dänemark und Afrika.

**2. Kreuze die richtige Aussage an. Es gibt jeweils nur eine richtige Lösung.** **3 P**

a) „von der Wut weggespült werden" (vgl. Z. 36 f.) bedeutet hier, dass die Vorzüge von Plastik
- ☐ sehr viel Ärger verursacht haben.
- ☐ keine Rolle mehr gespielt haben.
- ☐ leidenschaftlich diskutiert wurden.
- ☐ sehr emotional betrachtet wurden.

b) „schlecht werden" (vgl. Z. 107) bedeutet hier
- ☐ nicht schmecken.
- ☐ minderwertig sein.
- ☐ verderben.
- ☐ Übelkeit verursachen.

c) „aus dem Sortiment nehmen" (vgl. Z. 127 f.) bedeutet hier
- ☐ neu einsortieren.
- ☐ nicht mehr anbieten.
- ☐ nur noch gelegentlich verkaufen.
- ☐ besser präsentieren.

**3. Welche der folgenden Aussagen sind richtig?** **2 P**

Milena Glimbovski

**A** verpackt Lebensmittel immer in Plastik.
**B** schenkt ihren Kunden Stoffbeutel.
**C** bietet in ihrem Laden keinen Tofu mehr an.
**D** findet Plastik manchmal sinnvoll.

**Kreuze die richtige Antwort an.**
- ☐ Nur A und B stehen im Text.
- ☐ Nur A und D stehen im Text.
- ☐ Nur B und C stehen im Text.
- ☐ Nur C und D stehen im Text.

**4. Nenne und belege vier Merkmale eines journalistischen Textes, die dieser Artikel aufweist.** **4 P**

**5. Die Textstelle „Die Kunststoffindustrie hat … geschlafen', …" (Z. 44 f.) enthält eine Personifikation.** **3 P**

**Erkläre dieses Stilmittel und seine Bedeutung im Text.**

**6.** **Die Zeilen 134 – 135 enthalten eine rhetorische Frage.** **3 P**
**Erkläre dieses Stilmittel und seine Wirkung an dieser Textstelle.**

**7.** **a) Der Naturschutzbund NABU empfiehlt, dass man Getränke nicht in der Glasflasche, sondern in der Plastik-Mehrwegflasche kaufen sollte (vgl. Z. 63 ff.).** **6 P**
**Erläutere anhand von zwei Beispielen aus dem Text, welche Vorteile die Plastikflasche im Vergleich mit der Glasflasche hat.**

**b) Arbeite anhand von zwei zusätzlichen Beispielen heraus, welche weiteren Vorteile Plastik bietet.** **4 P**

**8.** **„Die Verteufelung des Plastiks ist allgegenwärtig." (Z. 4)** **3 P**
**Erkläre die Bedeutung dieses Satzes im Textzusammenhang.**

**9.** **„Man sollte darauf achten, möglichst wenig Plastik zu benutzen."** **3 P**
**Begründe deine Zustimmung oder Ablehnung zu dieser Behauptung.**

**10.** **Trotz der „Gegenrede" des Autors ist Plastik nicht unproblematisch.** **4 P**
**Erläutere anhand von zwei eigenen Beispielen, wo es Sinn ergibt, Plastik einzusparen.**

## Teil II: Schreiben

### Teil II.A: Textproduktion (Wahlaufgabe)

**Wähle eine der beiden folgenden Aufgaben aus und bearbeite sie.**

a) Bericht

Um sich für die Umwelt zu engagieren, nahm deine Klasse an dem jährlichen „World Cleanup Day" teil. An diesem Tag werden z. B. vermüllte Grünflächen, Parkanlagen und Uferstreifen gesäubert. Euch wurde eine Parkanlage in unmittelbarer Nähe der Schule zugeteilt. Aus dem gesammelten Müll habt ihr großformatige Kunstwerke hergestellt, die in der Schule ausgestellt wurden.
Berichte von dieser Aktion für die Homepage der Schule.

**oder**

b) Erzählung

Jemand geht am Strand spazieren und findet dort ganz unterschiedliche Dinge und Gegenstände. Dabei hat diese Person eine besondere Begegnung, ein besonderes Erlebnis.
Erzähle diese Geschichte.

**Dein Text (Bericht oder Erzählung) wird wie folgt bewertet:**

| | Punkte |
|---|---|
| Aufbau/Inhalt (z. B. Überschrift, Einleitung, Hauptteil, Schluss / „roter Faden") | 24 |
| Sprachangemessenheit (Wortschatz, Satzbau, Ausdruck) | 12 |
| Sprachrichtigkeit (Rechtschreibung, Grammatik, Zeichensetzung) | 4 |
| **Summe** | **40** |

## Teil II.B: Sprachliche Richtigkeit

1. **Markiere und berichtige die zwölf Rechtschreib- und Zeichensetzungsfehler im Text.** **6 P**
   **Du darfst nicht mehr als zwölf Fehler markieren.**
   **Notiere die korrekte Schreibung und fehlende Kommas jeweils unter der fehlerhaften Stelle.**
   **Der Text enthält keine Fehler zur Getrennt- und Zusammenschreibung.**
   **Eigennamen sind korrekt geschrieben.**

> **Beispiel:**
> *Nachdem die Wanderer an der Berghütte angekommen waren, ruhten sie sich aus und*
> *fehlendes Komma*
> *schauten sich den ~~sonnenuntergang~~ an.*
> *Sonnenuntergang*

Applaus scheint ein Uhrbedürfnis des Menschen zu sein. Moderne Europäer sorgen auf Rock-

______________________________________________

und Popkonzerten damit für Stimmung und erwaisen Sportlern im Wettkampf und

______________________________________________

Schauspielern auf der Bühne so Respekt. Im antiken Griechenland war Beifall ein Geeignetes

______________________________________________

Mittel, die Dramenwettbewerbe zu beeinflußen, ähnlich einem Applausmessgerät bei einer

______________________________________________

TV-Show oder einem Poetry Slam. Applaus ist immer auch Ausdruck gesellschaftlicher

______________________________________________

Konvenzionen, zum Beispiel der Standardapplaus. In Deutschland kann jeder Künstler vor

______________________________________________

einem Publikum damit rechnen. Anders in Italien: Nach einem Konzert des Pianisten Alfred

______________________________________________

Brendel habe dort einmal niemand geklatscht erinnert sich eine Musikwissenschaftlerin.

______________________________________________

Selbst bei Nichtgefallen sei so etwas hierzulande undenkbar.

______________________________________________

Dass Klatschen gelernt sein will, veranschaulicht die Reihe von Gesten mit denen Römer

______________________________________________

ihrem Gefallen einst Ausdruck verliehen. Man konnte den Zipfel der Toga schwencken, mit

______________________________________________

einem spetziellen Taschentuch wehen, nicken oder mit den Fingern schnipsen. Wer in die

______________________________________________

Hände klatschte zeigte sich hellauf begeistert. Auf die Spitze soll es Kaiser Nero getrieben

______________________________________________

haben, der durchchnittliches Talent besaß, sich aber für einen großen Künstler hielt. Er stellte

______________________________________________

ein Heer von Männern zusammen und ließ sie in der Kunst des Beifalls unterichten, um

____________________________________________

sich mit ihrer Hilfe zum Publikumsliebling von musischen Wettbewerben erklären zu lassen.

____________________________________________

Nach: https://www.faz.net/aktuell/stil/trends-nischen/klatschen-und-jetzt-alle-16556146.html (abgerufen am 08.04.2020).

**2. Groß- oder Kleinschreibung?** **4 P**
**In vier der folgenden Sätze befindet sich jeweils ein falsch geschriebenes Wort.**
**Kreise die falsch geschriebenen Wörter ein.**

**Hinweis:** Du darfst nicht mehr als vier Wörter einkreisen.

a) Mein bester Freund Max feiert übermorgen seinen achtzehnten Geburtstag.
b) Wir haben uns bereit erklärt, ihn Morgen Abend beim Vorbereiten zu unterstützen.
c) Für das leibliche Wohl ist gesorgt, die eine Hälfte bringt Essen, die andere zu Trinken mit.
d) Nach langem Hin und Her haben sich Tom und Sevda zum Dekorieren überreden lassen.
e) Sevda bringt drei dutzend rote Laternen mit, denn Rot ist ihre Lieblingsfarbe.
f) Um halb acht geht es los, aber wahrscheinlich wird nur jeder Dritte pünktlich sein.
g) Das Schöne ist, dass wir uns in unserem Freundeskreis gegenseitig helfen.
h) Max war bisher immer der Erste, der uns bereitwillig unterstützt hat.
i) Daher werden wir ihn um zwölf Uhr mit Singen und einer Torte überraschen.
k) Denn es gibt eine Million Gründe, ihm etwas gutes zu tun!

**3. „das“ oder „dass“?** **5 P**
**Bestimme die Wortart und notiere die richtige Schreibweise.**
**Schreibe die entsprechenden Buchstaben der Wortart in die Klammern hinter den Lücken: Konjunktion (K), bestimmter Artikel (A), Relativpronomen (R) oder Demonstrativpronomen (D).**

> **Beispiel:**
> *Ich glaube, <u>das</u> (A) Fahrrad, <u>das</u> (R) du dir gewünscht hast, ist ausverkauft.*

In der Antike war _____ ( ) Blau, _____ ( ) wir heute als selbstverständlich hinnehmen, eine seltene und teure Farbe. Es ist verblüffend, _____ ( ) selbst im frühen Mittelalter Dichter den Himmel meist noch als weiß, rot oder golden, aber nie als blau bezeichneten, weil es noch kein einheitliches Wort dafür gab. _____ ( ) änderte sich allmählich ab etwa dem 12. Jahrhundert, als z. B. die Kirche und Könige diese wertvolle Farbe für sich entdeckten.
Blau gibt es heute in allen Schattierungen, und _____ ( ) meistverkaufte Kleidungsstück ist die „Blue Jeans“.

Nach: https://www.geo.de/geolino/forschung-und-technik/15962-rtkl-farbenlehre-wieso-die-farbe-blau-erst-spaet-entdeckt-wurde (abgerufen am 08.04.2020).

Prüfungen

**4. Forme die folgenden Sätze jeweils in die Aktiv- oder Passivform um.** **5 P**
**Die vorgegebene Zeitform und die inhaltliche Aussage des Satzes müssen beibehalten werden.**

| Aktiv | Passiv |
|---|---|
| Mit Hocksprüngen trainiert man viele Muskeln. | |
| | Aus der gehockten Position wird schnell vom Boden abgesprungen. |
| Während des Sprungs zieht man die Knie zur Brust. | |
| | Nachdem ein Sprung absolviert worden ist, wird sofort der nächste eingeleitet. |

**Bearbeitungshinweise**
Auf den folgenden Seiten findest du zwei verschiedene Texte mit Aufgaben zur Auswahl.
**Einen** dieser Texte und die dazugehörigen Aufgaben musst du bearbeiten.

## Text 1

### Die Geschichte von Herrn Sommer (Patrick Süskind)

Zu der Zeit, als ich noch auf Bäume kletterte – lang, lang ist's her, viele Jahre und Jahrzehnte, ich maß nur wenig über einen Meter, hatte Schuhgröße achtundzwanzig und war so leicht, dass ich fliegen konnte – nein, das ist nicht gelogen, ich konnte wirklich fliegen damals – oder wenigstens fast, oder sagen wir besser: Es hätte seinerzeit tatsächlich in meiner Macht gelegen zu fliegen, wenn ich es nur wirklich ganz fest gewollt und richtig versucht hätte, denn ... denn ich erinnere mich genau, dass ich einmal um ein Haar geflogen wäre, und zwar war das im Herbst, in meinem ersten Schuljahr, als ich von der Schule nach Hause ging und ein dermaßen starker Wind blies, dass ich mich, ohne die Arme auszubreiten, so schräg wie ein Skispringer gegen ihn anlehnen konnte, schräger noch, ohne umzufallen ... und als ich dann gegen den Wind anlief, über die Wiesen den Schulberg hinunter – denn die Schule lag auf einem kleinen Berg außerhalb des Dorfes – und mich nur ein bisschen vom Boden abstieß und die Arme ausbreitete, da hob mich der Wind empor, und ich konnte ohne Anstrengung Sprünge von zwei, drei Metern Höhe und zehn, zwölf Metern Weite machen – oder vielleicht nicht ganz so weit und nicht ganz so hoch, was spielt das für eine Rolle! –, jedenfalls flog ich *beinahe*, und hätte ich nur meinen Mantel aufgeknöpft und beide Hälften in die Hände genommen und wie Flügel ausgebreitet, dann hätte mich der Wind vollends emporgehoben und ich wäre mit größter Leichtigkeit vom Schulberg über die Talsenke zum Wald gesegelt und über den Wald hinweg hinunter zum See, wo unser Haus lag, und hätte dort zum grenzenlosen Staunen meines Vaters, meiner Mutter, meiner Schwester und meines Bruders, die zum Fliegen alle schon viel zu alt und zu schwer waren, hoch über dem Garten eine elegante Kurve gedreht, um dann hinaus über den See zu schweben, fast bis ans andere Ufer hinüber, und mich endlich gemächlich zurücktragen zu lassen und immer noch rechtzeitig zum Mittagessen zu Hause einzutreffen.

Aber ich habe den Mantel nicht aufgeknöpft und bin nicht wirklich hoch hinaufgeflogen. Nicht weil ich Angst vor dem Fliegen gehabt hätte, sondern weil ich nicht wusste, wie und wo und ob überhaupt ich je wieder würde landen können. Die Terrasse vor unserem Haus war zu hart, der Garten zu klein, das Wasser im See zu kalt für eine Landung. Aufsteigen, das war kein Problem. Wie aber kam man wieder herunter?

Beim Bäumeklettern war das ähnlich: Hinaufzukommen bereitete die geringsten Schwierigkeiten. Man sah die Äste vor sich, man spürte sie in der Hand und konnte ihre Stärke prüfen, ehe man sich an ihnen hochzog und dann den Fuß auf sie setzte. Aber beim Hinunterklettern sah man nichts und musste mehr oder weniger blindlings mit dem Fuß im tieferliegenden Geäst herumstochern, ehe man einen festen Tritt fand, und oft genug war der Tritt eben nicht fest, sondern morsch oder glitschig, und man glitt ab oder brach durch, und wenn man sich dann nicht mit beiden Händen fest an einen Ast geklammert hatte, fiel man wie ein Stein zu Boden, folgend den sogenannten Fallgesetzen, die der italienische Forscher Galileo Galilei schon vor fast vierhundert Jahren entdeckt hat und die heute noch gelten.

Mein schlimmster Sturz ereignete sich in demselben ersten Schuljahr. Er erfolgte aus viereinhalb Metern Höhe von einer Weißtanne, verlief haargenau nach dem ersten Galileischen Fallgesetz, welches besagt, dass die durchfallene Strecke gleich dem halben Produkt aus Erdbeschleunigung und Zeit im Quadrat ist ($s = \frac{1}{2} g \cdot t^2$), und dauerte infolgedessen exakt 0,9578262 Sekunden. Das ist eine extrem kurze Zeit. Das ist kürzer als die Zeit, die man braucht, um von einundzwanzig auf zweiundzwanzig zu zählen, ja sogar kürzer als die Zeit, die man braucht, um die Zahl „Einundzwanzig" ordentlich auszusprechen! So enorm schnell ging die Sache, dass ich weder meine Arme ausbreiten noch meinen Mantel aufknöpfen und als Fallschirm verwenden konnte, ja dass mir nicht einmal mehr der rettende Gedanke kam, dass ich ja eigentlich gar nicht zu fallen brauchte, da ich doch fliegen konnte – gar nichts mehr konnte ich denken in diesen 0,9578262 Sekunden, und ehe ich überhaupt begriff, *dass* ich fiel, krachte ich auch schon gemäß dem zweiten Galileischen Fallgesetz ($v = g \cdot t$) mit einer Endgeschwindigkeit von über 33 Stundenkilometern auf dem Waldboden auf, und zwar so heftig, dass ich mit meinem Hinterkopf einen armdicken Ast durchschlug. Die Kraft, die dies bewirkte, heißt Schwerkraft. Sie hält die Welt nicht nur im Innersten zusammen, sie hat auch die vertrackte Eigenschaft, alles, sei es groß oder noch so klein, mit brachialer Gewalt an sich heranzuziehen, und nur solange wir im Mutterleibe ruhen oder als Taucher unter Wasser schweben, sind wir scheinbar von ihrem Gängelband befreit. Nebst dieser elementaren Einsicht trug ich von dem Sturz eine Beule davon. Die Beule verschwand schon nach wenigen Wochen, jedoch mit den Jahren spürte ich an derselben Stelle, wo einst die Beule gewesen war, ein sonderbares Kribbeln und Pochen, wann immer sich das Wetter änderte, besonders wenn Schnee in der Luft lag. Und heute, fast vierzig Jahre später, dient mir mein Hinterkopf als zuverlässiges Barometer, und ich kann genauer als der Wetterdienst vorhersagen, ob es morgen regnen oder schneien wird, ob die Sonne scheint oder ob ein Sturm heraufzieht. Auch glaube ich, dass eine gewisse Konfusion und Unkonzentriertheit, an der ich neuerdings leide, eine Spätfolge jenes Sturzes von der Weißtanne ist. So fällt es mir beispielsweise immer schwerer, beim Thema zu bleiben, einen bestimmten Gedanken kurz und knapp zu formulieren, und wenn ich eine Geschichte wie diese erzähle, dann muss ich höllisch aufpassen, dass ich den Faden nicht verliere, sonst komme ich vom Hundertsten ins Tausendste und weiß zum Schluss nicht mehr, womit ich überhaupt angefangen habe.

Quelle: Patrick Süskind: Die Geschichte von Herrn Sommer, in: Daniel Keel, Daniel Kampa (Hg.): Einfach nur Geschichten. Deutschsprachige Erzähler, Zürich 2006, S. 274ff.

## Teil I: Lesen

**1. Kreuze die richtige Aussage an. Es gibt jeweils nur eine richtige Lösung.** **6 P**

a) Als der Erzähler dank des starken Windes fast geflogen wäre, war es
- [ ] Frühling.
- [ ] Sommer.
- [ ] Herbst.
- [ ] Winter.

b) Der Erzähler
- [ ] ist ein Einzelkind.
- [ ] hat zwei Schwestern.
- [ ] hat keine Eltern.
- [ ] hat eine Schwester und einen Bruder.

c) Um nach einem Flug sicher zu landen, wäre ____________ gewesen.
- [ ] die Terrasse zu hart
- [ ] der See zu klein
- [ ] die Angst zu groß
- [ ] der Garten zu steinig

d) Der Erzähler fiel ____________ von der Tanne.
- [ ] in seiner Kindergartenzeit
- [ ] im ersten Schuljahr
- [ ] in der zweiten Klasse
- [ ] nach viereinhalb Schuljahren

e) Bei dem Sturz durchbrach der Erzähler
- [ ] einen morschen Gartenstuhl.
- [ ] die kalte Wasseroberfläche.
- [ ] eine stabile Trittleiter.
- [ ] einen armdicken Ast.

f) Die Geschichte wird ____________ später erzählt.
- [ ] wenige Wochen
- [ ] etwa 21 Jahre
- [ ] genau 33 Jahre
- [ ] fast 40 Jahre

**2. Kreuze die richtige Aussage an. Es gibt jeweils nur eine richtige Lösung.** **4 P**

a) „..., ich maß nur wenig über einen Meter, ..." (Z. 2 f.) bedeutet hier, dass der Erzähler

- ☐ etwas mit einem Metermaß ausgemessen hatte.
- ☐ als Junge knapp über einen Meter groß war.
- ☐ mit seinen kleinen Füßen nur mäßig weit gehen konnte.
- ☐ über einen Meter weit fliegen konnte.

b) „um ein Haar" (Z. 9) bedeutet hier

- ☐ beinahe.
- ☐ ein bisschen.
- ☐ weit.
- ☐ sofort.

c) „gemächlich" (Z. 34) bedeutet hier

- ☐ leise.
- ☐ hastig.
- ☐ langsam.
- ☐ pünktlich.

d) „blindlings" (Z. 49) bedeutet hier

- ☐ unaufmerksam.
- ☐ vorschnell.
- ☐ erblindet.
- ☐ suchend.

**3. a) Welche der folgenden Aussagen sind richtig?** **2 P**

Die Erzählung

**A** besitzt nur einen einzigen Handlungsstrang.
**B** hat nur einen Protagonisten.
**C** wird von einem personalen Erzähler erzählt.
**D** hat keinen offenen Anfang.

**Kreuze die richtige Antwort an.**

- ☐ Nur A und C sind richtig.
- ☐ Nur A und D sind richtig.
- ☐ Nur B und C sind richtig.
- ☐ Nur B und D sind richtig.

**b) Welche der folgenden Aussagen sind richtig?** **2 P**

Der Erzähler

**A** besuchte als Kind eine Schule auf einem Berg.
**B** hatte Probleme und Angst davor, auf Bäume zu klettern.
**C** fiel exakt so lange, wie man braucht, um „einundzwanzig" zu sagen.
**D** hat als Erwachsener Schwierigkeiten, sich zu konzentrieren.

**Kreuze die richtige Antwort an.**

- ☐ Nur A und B stehen im Text.
- ☐ Nur A und D stehen im Text.
- ☐ Nur B und C stehen im Text.
- ☐ Nur C und D stehen im Text.

**4.** **Die Zeilen 4 – 5 enthalten eine Parenthese.** **3 P**
**Erkläre dieses Stilmittel und seine Wirkung an dieser Textstelle.**

**5.** **Die Textstelle „..., da hob mich der Wind empor, ..." (Z. 18 f.) enthält eine Personifikation.** **3 P**
**Erkläre dieses Stilmittel und seine Bedeutung im Text.**

**6.** **Der Erzähler übertreibt an mehreren Textstellen, z. B. „..., ich konnte wirklich fliegen damals ..." (Z. 5)**

**a) Zitiere drei Textstellen, die zeigen, dass der Erzähler nie wirklich geflogen ist.** **3 P**

**b) Arbeite anhand von Textbeispielen zwei weitere Übertreibungen des Erzählers heraus.** **4 P**

**7.** **In den Zeilen 95 bis 104 beschreibt der Erzähler, wie schwer es ihm falle, aufgrund seiner Unkonzentriertheit als Folge des Sturzes beim Thema zu bleiben.** **4 P**
**Erläutere anhand von zwei Beispielen, inwiefern man dies an seiner Erzählweise erkennen kann.**

**8.** **„..., und nur solange wir im Mutterleibe ruhen oder als Taucher unter Wasser schweben, sind wir scheinbar von ihrem Gängelband* befreit." (Z. 83 ff.)** **3 P**
**Erkläre mithilfe der folgenden Definition, warum der Erzähler die Schwerkraft als Gängelband wahrnimmt.**

*Das Gängelband war eine Art Laufhilfe für Kleinkinder, ein Band, das an der Kleidung oder unter den Achseln des Kindes befestigt war und von einem Erwachsenen gehalten wurde.*

nach: https://www.redensarten-index.de/suche.php?suchbegriff=jemanden%20am%20G%C3%A4ngelband%20ß/oC3%BChren&bool=relevanz&spO=rart_ou (abgerufen am 07.04.2021).

**9.** **„Die Fantasie verleiht uns Flügel und lässt Träume real werden. Zumindest vor unserem ‚geistigen Auge'." (Klaus Seibold)**

**a) Erkläre das Zitat in eigenen Worten.** **3 P**

**b) Begründe, inwiefern dieses Zitat auf die Erzählung zutrifft.** **3 P**

## Teil II: Schreiben

### Teil II.A: Textproduktion (Wahlaufgabe)

**Wähle eine der drei folgenden Aufgaben aus und bearbeite sie.**

a) Erzählung

Erzähle von einer Person, die ihren Kindheitstraum trotz Hindernissen verwirklicht hat.

**oder**

b) Bericht

Berichte für die Schülerzeitung von einem Talentwettbewerb, der an eurer Schule veranstaltet wurde. Gehe dabei auf die Vorbereitungen, den Ablauf sowie das Ergebnis ein und gib einen Ausblick auf das kommende Schuljahr.

**oder**

c) Argumentation

„An Schulen sollte es weitaus mehr Bewegungs- und Sportangebote für Schülerinnen und Schüler geben."
Argumentiere das Für und Wider dieser Aussage.

**Dein Text (Erzählung oder Bericht oder Argumentation) wird wie folgt bewertet:**

| | Punkte |
|---|---|
| Aufbau/Inhalt (z. B. Überschrift, Einleitung, Hauptteil, Schluss / „roter Faden") | 24 |
| Sprachangemessenheit (Wortschatz, Satzbau, Ausdruck) | 12 |
| Sprachrichtigkeit (Rechtschreibung, Grammatik, Zeichensetzung) | 4 |
| **Summe** | **40** |

## Text 2

### Die Rebellinnen (Bettina Weiguny)

**Greta ist nicht allein: Junge Mädchen in aller Welt kämpfen gegen Plastikmüll und Waffenlobby[1], gegen Kinderehe und Klimawandel. Auf sie hören Konzernlenker wie Staatschefs. Niemand ist zu jung, um die Welt zu verändern.**

Ellyanne Wanjiku bringt zum virtuellen Treffen ihr weißes Stofftier mit, sie hat gerade ihren zehnten Geburtstag gefeiert, somit passt das Stofftier recht gut auf ihren Schoß. Sie hätte auch eine ihrer schwarzen Barbies mitnehmen können, mit denen sie gerne spielt. Aber der weiße Elefant ist besser. „Der hilft mir", sagt Ellyanne Wanjiku und hält ihn in die Kamera. Doch wir wollen nicht über Tiere oder Stofftiere reden, sondern über Bäume. Ellyanne Wanjiku lebt in Kenia und pflanzt Bäume, und das, seit sie vier Jahre alt ist. Damit ist sie die jüngste Umweltschützerin des Landes, darf sich jüngste Klimabotschafterin Kenias nennen oder auch „Eco Warrior". Zur offiziellen Klimakämpferin hat sie der kenianische Verband für Ökotourismus ernannt, als sie 469 Bäume gepflanzt hatte. Das war 2018. Zwei Jahre später hat sie schon mehr als 1500 Bäume in die Erde gesetzt. Silbereichen, Wasserbirnen, Japanische Wollmispeln, Gummibäume. Auch afrikanische Giganten waren darunter, Baobabs an der Küste und Mugumos. Unter den riesigen Blätterdächern der Mugumos, so hat ihre Oma ihr erzählt, saßen früher die Dorfältesten zusammen und haben sich beratschlagt. Fürs Klima pflanzt die Enkelin allerdings am liebsten Bambus. „Die vielen Blätter binden viel $CO_2$, die Bäume wachsen schnell, und man kann später gut Möbel aus ihnen machen."

Es sind Mädchen wie Ellyanne Wanjiku, zwischen 10 und 20 Jahre alt, die als Politaktivistinnen die Welt erobern, egal ob in Kenia, am Amazonas oder auf Bali. Die Schwedin Greta Thunberg, gerade volljährig geworden, ist nicht allein, längst ist eine globale Bewegung entstanden. Und das Erstaunliche daran: Es sind vor allem Mädchen. Noch nie war eine Protestbewegung so weiblich, so jung, so bunt wie die „Generation Greta". Das erste Mal erheben farbige Mädchen ihre Stimme gegen eine von weißen Männern geprägte Welt.

Das Klima ist ein Thema der jungen Rebellinnen, aber nicht das einzige. Sie setzen sich für sauberes Wasser ein wie die Inderin Sahithi Pingali, sie bekämpfen die Waffenlobby wie die Amerikanerin Emma González, oder machen gegen Kinderehe mobil wie Natasha Mwansa aus Sambia. Für diese Ziele sprechen sie vor der UN-Vollversammlung in New York, auf dem Weltwirtschaftsforum in Davos, auf Klimakonferenzen oder beim „March for Our Lives" in Washington.

Die Rebellinnen merken früh, dass die sozialen Medien ihnen eine öffentliche Sichtbarkeit geben, die eine Generation vorher noch undenkbar erschien. Das verleiht der Jugend Macht und stärkt ihren Mut. Sie können Weltkonzerne erschüttern, Politiker zum Umdenken bewegen. Isabel und Melati Wijsen aus Indonesien haben „Bye Bye Plastic Bags" gegründet, damals zehn und zwölf Jahre alt, und praktisch im Alleingang erreicht, dass Einwegplastik auf Bali verboten wurde. Autumn Peltier wird mit 14 Jahren die offizielle Wasserbeauftragte der Anishinaabe[2] in Kanada, ein Job auf Lebenszeit, und ringt dem Premierminister Justin Trudeau das Gelöbnis ab, 2021 alle Indianerreservate mit sauberem Trinkwasser zu versorgen.

Im Fall der Kenianerin Ellyanne Wanjiku weicht die Mutter nicht von ihrer Seite, sie wacht über ihre Social-Media-Kanäle und Interview-Anfragen aus aller Welt, selbst CNN ist ihretwegen schon in Kenia aufgeschlagen. „Meine Mutter ist meine Managerin", sagt die Tochter und fügt schmeichelnd hinzu: „Und mein großes Vorbild". Ellyanne Wanjiku wächst in Kenias wohlhabender, gehobener Mittelschicht auf. Ihre Mutter, Dorothy Chlystun-Githae, arbeitet als Marketing-Managerin, der Vater ist ein erfolgreicher Wissenschaftler. Wanjiku ist ein Einzelkind, ihre Bildung ist wichtig, dafür wird alles getan. Die Eltern schicken sie auf eine britische Privatschule, die Slums kennt sie nur von ihren Pflanzterminen. Wenn Wanjiku so redet, klingt sie oft wie eine kleine Dozentin. Kein Wunder, sie hat so viele kleine Erdlöcher in ihrem Leben ausgehoben, Pflänzlinge hineingesteckt und gewässert. Sie könnte das im Schlaf wiederholen. Tausende Schüler hat sie darüber aufgeklärt, wie wichtig Bäume für das Klima und für die Natur in Kenia sind. Sie beschäftigt sich schon ihr halbes Leben lang mit Bäumen, mit Klima und Nachhaltigkeit.

Von wegen apathische Jugend! Was haben wir nicht alles gehört über ich-zentrierte, verzogene junge Menschen, die nur an das nächste Selfie denken. Diese Rebellinnen gehören zu einer politischen Generation – der ersten seit den sechziger Jahren, wie Soziologen sagen. Sie sind stark, zeigen

Haltung und besitzen die Fähigkeit, andere mitzureißen. Wenn es noch etwas gibt, was ihnen gemein ist, dann ein starkes Elternhaus, das hinter ihnen steht und das Gefühl vermittelt: „Geh raus, kämpfe für deine Ideen und Träume, lass sie dir nicht nehmen."

Die Pflanz-Begeisterung Wanjikus geht auf ein Projekt im Kindergarten zurück, wo sie eine riesige Collage mit den Helden der Vergangenheit und der Gegenwart gebastelt haben. Ellyanne, damals vier Jahre alt, kann die Namen alle runterbeten: Nelson Mandela, Barack Obama, Mahatma Gandhi, Martin Luther King, noch ein paar andere Männer, dann aber auch drei Frauen: Mutter Teresa, Florence Nightingale, die berühmte englische Krankenschwester im 19. Jahrhundert, und die Friedensnobelpreisträgerin Wangari Maathai aus Kenia. „In die habe ich mich sofort verliebt", sagt Wanjiku strahlend. So viel zu weiblichen Vorbildern, Role Models, und wie wichtig sie für junge Mädchen sind. [...]

Ellyanne Wanjiku, die Kenias Nobelpreisträgerin nacheifern will, pflanzt nach dem Referat im Kindergarten gleich den ersten Baum, im eigenen Garten: „Ich weiß nicht mehr, ob es ein Orangen- oder ein Zitronenbaum war." Mittlerweile ist sie mit ihrer Mutter umgezogen nach Limuru, etwa 50 Kilometer außerhalb Nairobis auf einem Hochplateau gelegen. In der Ferne sieht sie nachts die Lichter der Millionenstadt funkeln. Dort unten sitzt die kenianische Regierung. Sie kennt viele ihrer Mitglieder persönlich, bis hin zum Präsidenten Uhuru Kenyatta. Seine Regierung hat 2016 das ambitionierteste Aufforstungsprogramm in der Geschichte des Landes beschlossen. Über Jahrzehnte wurden in Kenia riesige Waldflächen vernichtet. Waren im Jahr 1960 noch 40 Prozent des Landes bewaldet, so sind es 2016 nur noch sieben Prozent. Bis 2022 will das Land wieder auf zehn Prozent Wald kommen, deshalb werden jährlich eine halbe Million Bäume gepflanzt. Die Hälfte davon stellt die staatliche Forstbehörde, die anderen 250.000 Bäume setzen private Initiativen wie Wanjikus oder auch Unternehmen wie Safaricom, der größte Mobilfunkbetreiber Ostafrikas.

Für Baumbotschafterin Wanjiku bedeutet das viel Arbeit in den kommenden Jahren. Die Schule stellt sie frei, wenn der Naturschutz ruft. Wanjiku fährt zu Pflanzaktionen an andere Schulen und in die Slums, sie pflanzt mit den Forstbehörden, mit dem Umweltminister, mit Kenias Prominenz; etwa dem Marathon-Läufer Eliud Kipchoge, der 2018 in Berlin den Weltrekord von 2:01:39 gelaufen ist.

Nun sind – Corona geschuldet – internationale Umweltkonferenzen gegenwärtig nur virtuell. Das findet sie schade: „Auf einer Konferenz in Kolumbien hätte ich Greta Thunberg kennengelernt", sagt Wanjiku traurig. Jetzt hofft sie, irgendwann die Königin von England zu treffen. Die Queen sei „so sweet and humble[3]". Etwas komisch sei das schon, sagt die Zehnjährige, das Leben unter so vielen Erwachsenen. „Mit meinen Freundinnen ist es lustiger. Aber das andere ist spannend und eine Herausforderung für mich." Sie ist ein Profi, eine erstaunliche Persönlichkeit. Problemlos schlüpft sie in ihre verschiedenen Rollen. Mal gibt sie die Musterschülerin im Schuldress. Mal tritt sie auf wie eine junge Wissenschaftlerin, selbstbewusst, im Hosenanzug mit weißer Bluse und Schleifen in den zahllosen Rastazöpfen. Dann bricht plötzlich wieder das kleine Mädchen aus ihr hervor. [...]

Gelegentlich schlüpft sie selbst in die Rolle der Fragestellerin, interviewt Politiker und Unternehmer. Die Videos stellt sie auf ihren Youtube-Kanal „Ellyanne's Chat". Vor der Kamera hatte sie schon Manu Chandaria, Kenias Stahl- und Aluminiummagnaten, und Steve Chege vom Mobilfunkanbieter Safaricom. Von jedem will sie wissen, wie viele Bäume sie schon gepflanzt haben. [...]

Wie viele der Jungaktivistinnen nutzt sie Kapital und Wissen der Wirtschaft. Die Rebellinnen gründen Unternehmen, ziehen Initiativen und Stiftungen auf, sammeln Millionen. Sie verkaufen Testkits zur Überprüfung der Wasserqualität in Meeren und Seen oder verteilen kostenlos Tampons an Schulen. Marley Dias spendet Bücher, damit nicht alle Schulkinder Amerikas nur Geschichten über „weiße Jungs und ihre Hunde" lesen. „Wir brauchen doch auch schwarze Heldinnen." 2018, mit zwölf Jahren, hat sie ihr erstes eigenes Buch geschrieben, eine Anleitung für Aktivistinnen.

Auch Wanjiku nennt sich Unternehmerin. „I do have a company", sagt die Zehnjährige stolz. „Children with Nature" heißt die Organisation. Sie bezeichnet sich als „CEO", also Chefin. Ein, zwei Freundinnen helfen ihr bei der Arbeit. Und natürlich ihre Mutter und ein paar Freunde des Hauses.

Mehr als 1000 Projekte (Bäume pflanzen, Flüsse säubern, Plastik sammeln) hat die Zehnjährige abgeschlossen, 42 Auszeichnungen für ihre Arbeit erhalten, 2500 freiwillige Helfer angeworben. Neuerdings sammelt sie auch Geld für ihre Projekte. 90.000 Dollar sind dabei innerhalb weniger Monate zusammengekommen. Zuvor hatte sie ihre eigenen Ersparnisse angezapft. „Und mein Geld ist auch weg", ruft die Mutter aus dem Off ins Mikro.

[1] Waffenlobby: Interessensverbände der Waffenindustrie
[2] Anishinaabe: in Kanada ansässiger Volksstamm
[3] humble (engl.): bescheiden

Quelle: Die Rebellinnen: Wie junge Mädchen die Welt verändern, Bettina Weiguny, 25.02.2021

## Teil I: Lesen

**1. Kreuze die richtige Aussage an. Es gibt jeweils nur eine richtige Lösung.** **4 P**

a) Ellyanne Wanjiku ist ______________ Jahre alt.
- ☐ vier
- ☐ zehn
- ☐ zwölf
- ☐ vierzehn

b) Im Schatten der Mugumos beratschlagten sich
- ☐ die Ältesten des Dorfes.
- ☐ Großeltern mit ihren Enkeln.
- ☐ kenianische Familien.
- ☐ junge Aktivistinnen.

c) Justin Trudeau versprach
- ☐ ein Gesetz gegen Kinderehe auf den Weg zu bringen.
- ☐ für sauberes Trinkwasser in Reservaten zu sorgen.
- ☐ eine Kampagne gegen Einwegplastik zu starten.
- ☐ kostenlose Hygieneartikel für Schulen zu spenden.

d) Ellyanne Wanjikus Organisation heißt
- ☐ „Ellyanne's Chat".
- ☐ „Generation Nature".
- ☐ „Eco Warriors".
- ☐ „Children with Nature".

**2. Kreuze die richtige Aussage an. Es gibt jeweils nur eine richtige Lösung.** **4 P**

a) „die Stimme erheben" (vgl. Z. 37 f.) bedeutet hier
- ☐ sich mit jemandem streiten.
- ☐ protestieren.
- ☐ lauter sprechen.
- ☐ einen Vortrag halten.

b) „jemandem etwas abringen" (vgl. Z. 59 f.) bedeutet hier
- ☐ von jemandem etwas bekommen.
- ☐ jemandem etwas wegnehmen.
- ☐ jemanden im Kampf besiegen.
- ☐ von jemandem etwas in Erfahrung bringen.

c) „... sie wacht über ..." (Z. 63 f.) bedeutet hier, dass die Mutter
- ☐ etwas verhindert.
- ☐ wenig schläft.
- ☐ aufpasst.
- ☐ wartet.

d) „ausgehoben" (Z. 76) bedeutet hier

- ☐ gefunden.
- ☐ gesichert.
- ☐ zugeschüttet.
- ☐ gegraben.

**3. a) Welche der folgenden Aussagen sind richtig?** **2 P**

Greta Thunberg

**A** wurde kürzlich volljährig.
**B** gründete „Generation Greta".
**C** lebt mit ihrer Familie seit einiger Zeit auf Bali.
**D** stammt aus Schweden.

**Kreuze die richtige Antwort an.**

- ☐ Nur A und B stehen im Text.
- ☐ Nur A und D stehen im Text.
- ☐ Nur B und C stehen im Text.
- ☐ Nur C und D stehen im Text.

**b) Welche der folgenden Aussagen sind richtig?** **2 P**

Ellyanne Wanjiku

**A** ist die jüngste Klimabotschafterin Kameruns.
**B** wuchs in den Slums von Nairobi auf.
**C** kennt den Präsidenten ihres Landes persönlich.
**D** würde gerne die Königin von England treffen.

**Kreuze die richtige Antwort an.**

- ☐ Nur A und B stehen im Text.
- ☐ Nur A und C stehen im Text.
- ☐ Nur B und D stehen im Text.
- ☐ Nur C und D stehen im Text.

**4. Nenne und belege drei Merkmale eines journalistischen Textes, die dieser Artikel aufweist.** **3 P**

**5. Die Textstelle „..., wenn der Naturschutz ruft." (Z. 126 f.) enthält eine Personifikation. Erkläre dieses Stilmittel und seine Bedeutung im Text.** **3 P**

**6. Nenne drei weitere Projekte neben dem des Klima- und Umweltschutzes, mit denen sich die jungen Aktivistinnen beschäftigen.** **3 P**

**7. Die Wortwahl der Autorin vermittelt an manchen Stellen den Eindruck, junge Aktivistinnen würden in den Krieg ziehen.
Zitiere drei Textstellen, die zeigen, dass diese Behauptung zutrifft.** **3 P**

**8. Ellyanne Wanjiku verkehrt selbstbewusst in der Welt der Erwachsenen.
Erläutere anhand einer Textstelle, dass sie trotzdem noch immer ein Kind mit kindlichen Bedürfnissen ist.** **3 P**

**9. a) Arbeite anhand von zwei Textstellen heraus, welche Voraussetzungen oder Fähigkeiten gegeben sein müssen, damit ein junger Mensch sich so erfolgreich engagieren kann, wie es die hier genannten jungen Mädchen und Frauen tun.** **4 P**

**b) Erläutere anhand einer Textstelle, welche Nachteile das Leben als junge Aktivistin mit sich bringen kann.** **3 P**

**10. „Vorbild wirkt mehr als Vorschrift." (Hans-Jürgen Quadbeck-Seeger)**

**a) Erkläre anhand eines eigenen Beispiels, was mit diesem Zitat gemeint ist.** **3 P**

**b) Begründe deine Zustimmung oder Ablehnung zu diesem Zitat.** **3 P**

# Teil II: Schreiben

## Teil II.A: Textproduktion (Wahlaufgabe)

**Wähle eine der drei folgenden Aufgaben aus und bearbeite sie.**

a) Erzählung

Erzähle die Geschichte einer Schülerin oder eines Schülers, die oder der sich erfolgreich für ein Umwelt-, Tier- oder soziales Projekt engagiert und damit eine positive Veränderung erreicht.

**oder**

b) Bericht

In eurer Schule gibt es eine AG, die gemeinsam mit der Schulgemeinschaft Projekte für den Klimaschutz umsetzt.
Berichte für die Schülerzeitung von einem erfolgreich durchgeführten Projekt.
Berücksichtige dabei die Planung, die Umsetzung, den Ablauf, das Ergebnis und gib einen Ausblick auf die zukünftige Weiterarbeit.

**oder**

c) Argumentation

Argumentiere das Für und Wider eines Lebens als junge Aktivistin oder junger Aktivist.

**Dein Text (Erzählung oder Bericht oder Argumentation) wird wie folgt bewertet:**

| | Punkte |
|---|---|
| Aufbau/Inhalt (z. B. Überschrift, Einleitung, Hauptteil, Schluss / „roter Faden") | 24 |
| Sprachangemessenheit (Wortschatz, Satzbau, Ausdruck) | 12 |
| Sprachrichtigkeit (Rechtschreibung, Grammatik, Zeichensetzung) | 4 |
| **Summe** | **40** |

## Teil II.B: Sprachliche Richtigkeit

1. **Markiere und berichtige die zwölf Rechtschreib- und Zeichensetzungsfehler im Text. Du darfst nicht mehr als zwölf Fehler markieren. Notiere die korrekte Schreibung und fehlende Kommas jeweils unter der fehlerhaften Stelle. Der Text enthält keine Fehler zur Getrennt- und Zusammenschreibung. Eigennamen sind korrekt geschrieben.** **6 P**

> **Beispiel:**
> *Nachdem die Wanderer an der Berghütte angekommen waren, ruhten sie sich aus und*
> *fehlendes Komma*
> *schauten sich den ~~sonnenuntergang~~ an.*
> *Sonnenuntergang*

Gemessen an ihrer Körpergröße haben Vögel zwar ein verhältnismäsig großes Gehirn, mehr

als fünf bis zwanzig Gramm bringt so ein Vogelhirn aber nicht auf die Wage. Trotzdem sind

einige Arten wie Raben, Tauben, Eulen oder Elstern erstaunlich schlau. Sie benutzen

Werkzeuge, spielen nach endsprechendem Training Memory, planen in die Zukunft, können

sich in andere hineinversezen, Zusammenhänge erkennen und angemessene Schluss-

folgerungen ziehen. Mehr noch: Raben erkennen sich selbst im Spiegel, Tauben sind in der

Lage, die englische Rechtschreibung bis zum Niveau eines Sechsjährigen Kindes zu erlernen,

und sie können zwischen einem Kunstwerk von Picasso und Monet unterscheiden, wie

Experimente bewiesen haben. Diese Vögel sind damit ofenkundig genauso klug wie

Schimpansen und Menschenaffen. Dabei erscheint das Gehirn der Vögel auf den ersten Blick

sehr wenig organisiert. Den Tieren fehlt auch die für Säugetiere typische und in

Falten gelegte Großhirnrinde in der das Denken und die Kreativität angesidelt sind. Deshalb

hält sich seid 150 Jahren die Ansicht dass ein Vogelhirn lediglich aus Klumpen grauer Zellen

besteht. Das Schimfwort „Spatzenhirn" ist vermutlich Ausdruck dieser historischen

Prüfungen

Geringschätzung. Dennoch ist das sensorische Hirnareal von Tauben und Eulen der

Großhirnrinde von Säugetieren verblüffend ähnlich.

Die Arbeiten von Tübinger Forschern werfen die Frage nach dem Ursprung des Bewusstseins

auf. Nach denn aktuellen Befunden könnte diese Hirnfunktion älter und unter den Lebewesen

weiter verbreitet sein als bisher angenommen.

Quelle: Krähen verfügen über eine Art von Bewusstsein, Hildegard Kaulen, 02.10.2020 

**2. Groß- oder Kleinschreibung?** **4 P**
**In vier der folgenden Sätze befindet sich jeweils ein falsch geschriebenes Wort.**
**Kreise die falsch geschriebenen Wörter ein.**

**Hinweis:** Du darfst nicht mehr als vier Wörter einkreisen.

a) Das Singen an einem Karaokeabend ist nichts neues und nicht jedermanns Geschmack.
b) Für uns ist es allerdings das Tollste überhaupt.
c) Wir treffen uns einmal im Monat am späten Nachmittag und bilden Paare.
d) Im anschließenden Wettbewerb hat jedoch keiner angst vor einer Niederlage.
e) Die beiden Letzten sorgen für das Vorbereiten des nächsten Abends.
f) Unsere Regeln besagen, dass es nicht Rechtens ist, nur die Melodie zu summen.
g) Denn das wäre das Einfachste und besonders unfair gegenüber den Mitspielenden.
h) Zur Auswahl steht nicht nur Bekanntes, sondern auch ein Dutzend neue Lieder.
i) Der Abend ist begleitet von gutem Essen und die Sieger stehen erst Nachts fest.
k) Bislang konnte Maja die meisten Siege für sich verbuchen.

**3. „das" oder „dass"?** **5 P**
**Bestimme die Wortart und notiere die richtige Schreibweise.**
**Schreibe die entsprechenden Buchstaben der Wortart in die Klammern hinter den Lücken: Konjunktion (K), bestimmter Artikel (A), Relativpronomen (R) oder Demonstrativpronomen (D).**

**Beispiel:**
*Ich glaube, das (A) Fahrrad, das (R) du dir gewünscht hast, ist ausverkauft.*

Man nimmt heute an, _____ ( ) die ersten Origami-Figuren aus dem alten China stammten und dort im ersten oder zweiten Jahrhundert unserer Zeitrechnung erstmals entstanden.
_____ ( ) Papier stellten die Chinesen rund 200 Jahre zuvor zum ersten Mal her.
Jahrhunderte später erreichte dieses Wissen um diese Kunst auch Japan, _____ ( ) sich damals in der „Heian-Zeit" (794 bis 1185) befand. Auch in Ägypten und Mesopotamien geschah _____ ( ) unabhängig hiervon. _____ ( ) die Japaner erst im 19. Jahrhundert dem Papierfalten den Namen „Origami" gaben, ist interessant.

Nach: https://www.helles-koepfchen.de/artikel/2962.html (abgerufen am 17.03.2021).

**4. Forme die folgenden Sätze jeweils in die Aktiv- oder Passivform um. Die vorgegebene Zeitform und die inhaltliche Aussage des Satzes müssen beibehalten werden.** **5 P**

| Aktiv | Passiv |
| --- | --- |
| Nachdem man die Pfanne auf den Herd gestellt hat, schaltet man die Herdplatte an. | |
| | Nun wird ein Esslöffel Öl erhitzt. |
| Man gibt ein aufgeschlagenes Ei in die Pfanne. | |
| | Das gebratene Spiegelei wird mit Salz und Pfeffer gewürzt. |

## Notizen

## Notizen

## Die Abschlussprüfung

Es gibt in der Mathematik-Prüfung für den Realschulabschluss charakteristische Aufgaben, die sich in ähnlicher Form alljährlich wiederholen. All diese Aufgaben lassen sich im Wesentlichen in die in diesem Trainingsteil dargestellten Themenbereiche eingliedern. Jeder dieser Bereiche ist in vier Teile gegliedert.

1. **Basiswissen**
   In diesem Teil findest du die wichtigsten Formeln und Gesetze, die als Grundwissen vorausgesetzt werden und die zur Lösung der Aufgaben unbedingt erforderlich sind.
2. **Typische Aufgabenstellung**
   So könnte eine Aufgabe aussehen! Sie wird sehr ausführlich, teilweise mit mehreren Lösungswegen, vorgerechnet.
3. **Übungsaufgaben**
   Anhand von sechs Übungsaufgaben kannst du überprüfen, ob dein Grundwissen und deine mathematischen Fertigkeiten ausreichen, alle gestellten Aufgaben zu bearbeiten.
4. **Lösungen** (im separaten Lösungsband)
   Alle Übungsaufgaben werden in leicht nachvollziehbaren Lösungsschritten vorgerechnet. Viele hilfreiche Tipps erleichtern zudem die Lösungsfindung bei ähnlichen Aufgaben.

## 10 Tipps zum Lösen von Sachaufgaben

1. Lies den Text genau, eventuell sogar mehrmals durch.
2. Überlege, ob du eine ähnliche Aufgabe schon mal gelöst hast.
3. Überlege, was gegeben ist und was gesucht wird.
4. Prüfe, ob alle Größen in der gleichen Einheit angegeben sind.
5. Überlege, ob eine Skizze oder Tabelle hilfreich sein kann.
6. Denke nach, welche Formeln du verwenden kannst.
7. Zerlege den Rechenweg in kleine Rechenschritte.
8. Notiere die berechneten Zwischenergebnisse.
9. Mache eine Probe, wenn noch genügend Zeit bleibt.
10. Formuliere das Ergebnis als Antwortsatz.

# 1. Grundlagen

## Basiswissen

### Rechnen mit Einheiten

**Längeneinheiten**

·10 ·10 ·10 ·1000
mm cm dm m km
:10 :10 :10 :1000

**Flächeneinheiten**

jeweils · 100
$mm^2$ $cm^2$ $dm^2$ $m^2$ a ha $km^2$
jeweils : 100

**Raumeinheiten**

jeweils · 1000
$mm^3$ $cm^3$ $dm^3$ $m^3$
jeweils : 1000

**Hohlmaße**

1000 ml = 1 l
100 cl = 1 l
100 l = 1 hl

**Zusammenhang**

1 $cm^3$ = 1 ml
1 $dm^3$ = 1 l
1 $m^3$ = 1000 l
100 $dm^3$ = 1 hl

**Gewichtseinheiten**

jeweils · 1000
mg g kg t
jeweils : 1000

**Zeiteinheiten**

1 d = 24 h
1 h = 60 min
1 min = 60 s

### Brüche und Prozente

| | | |
|---|---|---|
| $\frac{1}{100} \triangleq 1\ \%$ | $\frac{1}{3} \triangleq 33{,}33\ \%$ | $\frac{5}{8} \triangleq 62{,}5\ \%$ |
| $\frac{1}{10} \triangleq 10\ \%$ | $\frac{3}{8} \triangleq 37{,}5\ \%$ | $\frac{2}{3} \triangleq 66{,}67\ \%$ |
| $\frac{1}{8} \triangleq 12{,}5\ \%$ | $\frac{2}{5} \triangleq 40\ \%$ | $\frac{3}{4} \triangleq 75\ \%$ |
| $\frac{1}{5} \triangleq 20\ \%$ | $\frac{1}{2} \triangleq 50\ \%$ | $\frac{4}{5} \triangleq 80\ \%$ |
| $\frac{1}{4} \triangleq 25\ \%$ | $\frac{3}{5} \triangleq 60\ \%$ | $1 \triangleq 100\ \%$ |

## Basiswissen

### Distributivgesetz

$a \cdot (bx - cy - dz) = abx - acy - adz$

Eine Klammer wird mit einem Faktor multipliziert, indem man jedes Glied der Klammer mit dem Faktor multipliziert. Vorzeichenregeln beachten!

### Ausklammern

$ax^2 + a^2xy - ax = ax\,(x + ay - 1)$

Besitzen alle Summanden den gleichen Faktor, so kann man diesen vor eine Klammer setzen.

### Klammer · Klammer

$(a + b) \cdot (c - d) = ac - ad + bc - bd$

Jedes Glied der ersten Klammer wird mit jedem Glied der zweiten Klammer unter Beachtung der Vorzeichenregeln multipliziert.

### Vorzeichenregeln bei zwei Faktoren

| Multiplikation | Division |
|---|---|
| $(+) \cdot (+) \Rightarrow (+)$ | $(+) : (+) \Rightarrow (+)$ |
| $(+) \cdot (-) \Rightarrow (-)$ | $(+) : (-) \Rightarrow (-)$ |
| $(-) \cdot (+) \Rightarrow (-)$ | $(-) : (+) \Rightarrow (-)$ |
| $(-) \cdot (-) \Rightarrow (+)$ | $(-) : (-) \Rightarrow (+)$ |

**Merkregel**
Zwei gleiche Zeichen ergeben plus,
zwei verschiedene Zeichen ergeben minus.

### Vorzeichenregeln bei mehreren Faktoren

Gerade Anzahl von Minuszeichen $\Rightarrow$ positives Ergebnis
Ungerade Anzahl von Minuszeichen $\Rightarrow$ negatives Ergebnis

### Produktwert Null

$a \cdot b = 0 \;\Rightarrow\; a = 0 \text{ oder } b = 0$

Ein Produkt hat den Wert Null, wenn ein Faktor den Wert Null hat.

### Binomische Formeln

| | |
|---|---|
| $(a + b)^2 = a^2 + 2ab + b^2$ | 1. Binom |
| $(a - b)^2 = a^2 - 2ab + b^2$ | 2. Binom |
| $(a + b)\,(a - b) = a^2 - b^2$ | 3. Binom |

## Basiswissen

### Rechnen mit Potenzen

$$a^m \cdot a^n = a^{m+n}$$
$$a^m : a^n = a^{m-n}$$
$$a^n \cdot b^n = (a \cdot b)^n$$
$$\frac{a^n}{b^n} = \left(\frac{a}{b}\right)^n$$
$$(a^m)^n = a^{m \cdot n}$$
$$a^1 = a$$
$$a^0 = 1$$
$$a^{-n} = \frac{1}{a^n} \qquad \left(\frac{a}{b}\right)^{-n} = \left(\frac{b}{a}\right)^n$$
$$(-a)^n = a^n, \text{ wenn n gerade}$$
$$(-a)^n = -a^n, \text{ wenn n ungerade}$$

### Rechnen mit Wurzeln

$$\sqrt[2]{a} = \sqrt{a} \quad \text{verkürzte Schreibweise}$$
$$(\sqrt{a})^2 = a$$
$$\sqrt{a} \cdot \sqrt{b} = \sqrt{a \cdot b}$$
$$\frac{\sqrt{a}}{\sqrt{b}} = \sqrt{\frac{a}{b}} \quad b > 0$$
$$(\sqrt{a})^n = \sqrt{a^n}$$
$$\sqrt{a} = a^{\frac{1}{2}}$$
$$\sqrt[n]{a} = a^{\frac{1}{n}}$$
$$\sqrt[n]{a^m} = a^{\frac{m}{n}}$$

Sehr große und sehr kleine Zahlen schreibt man als Produkt aus einer Zahl zwischen 0 und 1 und einer Zehnerpotenz.

$42400000 = 4{,}24 \cdot 10^7$

Komma 7 Stellen nach links – Exponent +7

$0{,}00051 = 5{,}1 \cdot 10^{-4}$

Komma 4 Stellen nach rechts – Exponent -4

## Typische Aufgabenstellung

### Aufgabe 1

$$4\frac{1}{2} : \frac{1}{4} - 2 \cdot \frac{3}{5}$$

**Lösung**

Bruch : Bruch = Bruch · Kehrbruch

$$\frac{9}{2} \cdot \frac{4}{1} - 2 \cdot \frac{3}{5}$$
$$= \frac{36}{2} - \frac{6}{5}$$
$$= 18 - \frac{6}{5}$$
$$= \frac{90}{5} - \frac{6}{5}$$
$$= \frac{84}{5} = 16\frac{4}{5}$$

### Aufgabe 2

Welcher Wert ist größer: 30 % von 40 % oder 40 % von 30 %? Begründe durch Berechnung.

**Lösung**

**I. Möglichkeit**

Gedachter Anfangswert: 100 €

40 % von 100 € = 40 €

30 % von 100 € = 30 €

30 % von 40 € = 12 €

40 % von 30 € = 12 €

Beide Werte sind gleich groß.

**II. Möglichkeit**

Allgemein mit Brüchen:

$30\ \% = \frac{30}{100} = \frac{3}{10}$ $\qquad$ $40\ \% = \frac{40}{100} = \frac{4}{10}$

„Prozent von Prozent" bedeutet: die Prozentwerte werden multipliziert.

$$\frac{3}{10} \cdot \frac{4}{10} = \frac{12}{100}$$
$$\frac{4}{10} \cdot \frac{3}{10} = \frac{12}{100}$$

⇒ Beide Werte sind gleich groß.

# Übungsaufgaben

## Aufgabe 1

a) Welche Zahl gehört in den Platzhalter?

1  3  7  15  ☐  63  127

b) Berechne:

$(-3) \cdot \frac{1}{3} \cdot 16 \cdot 2^3 \cdot (-3) \cdot \left|-\frac{1}{4^2}\right| \cdot (-2) \cdot (-1)$

c) Welche Zahl gehört in den Platzhalter?

$a^3 \cdot a^{\square} : a = a^8$

d) Vereinfache so weit wie möglich.

$\frac{(3x)^2}{(6x^2)^3}$

e) Gib die Zahlen Ⓐ bis Ⓓ als Bruch und Dezimalzahl an.

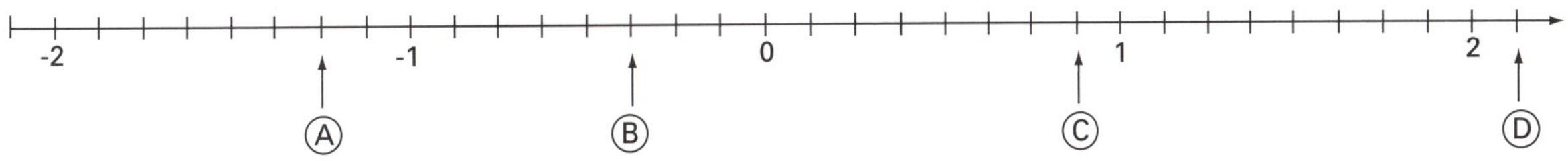


f) Schreibe mithilfe einer Zehnerpotenz:

504000000 =

0,0000000014 =

## Aufgabe 2

Fülle die Mauer aus. Das Produkt von zwei Mauersteinen steht jeweils im darüberliegenden Mauerstein.

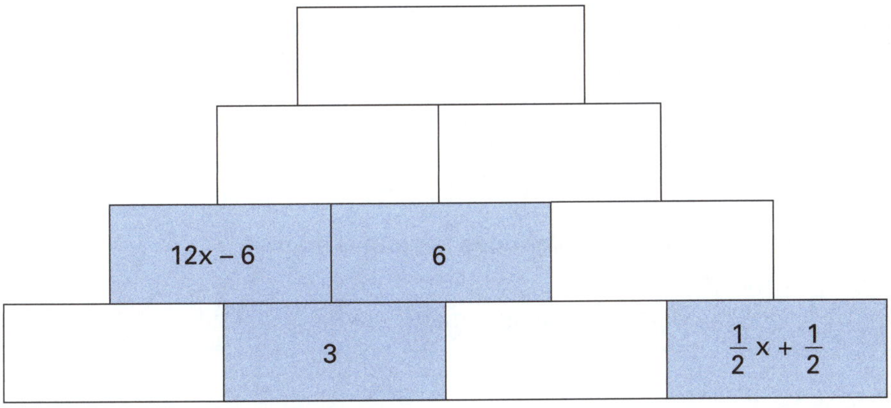


## Aufgabe 3

Vereinfache so weit wie möglich.

a) $\frac{3}{4} : \frac{15}{16}$

b) $2\frac{1}{2} - 3\frac{1}{3}$

c) $2 \cdot \frac{1}{4} + 0{,}5 \cdot \frac{1}{8}$

**Aufgabe 4**

a) 0,08 km = … m

b) 0,12 t = … g

c) $T = \frac{x^2\,(1 - x^3)}{2}$

Berechne T für x = -1

d) Wie viele halbe Einheiten liegen zwischen -4,5 und 5?

**Aufgabe 5**

Wie viel Prozent sind schwarz?

a)

b)

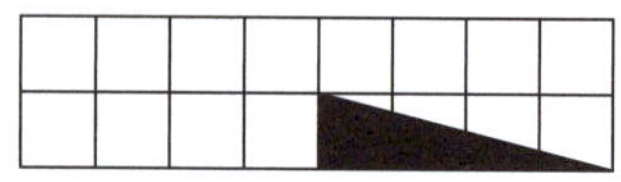

**Aufgabe 6**

Wie viel Prozent sind 12,5 kg von 2 t?

## 2. Gleichungen: lineare Gleichungen, quadratische Gleichungen

### Basiswissen

#### Lineare Gleichungen

Eine Gleichung wird so lang umgeformt, bis die Unbekannte (Variable) alleine auf einer Seite steht. Dies geschieht mit der **beidseitigen** Addition, Subtraktion, Multiplikation, Division.

**1. Beachte bei der Äquivalenzumformung folgende Reihenfolge:**

Schritt ①: So weit wie möglich vereinfachen und zusammenfassen
Schritt ②: Zuerst die Umformung mithilfe der Addition bzw. Subtraktion
Schritt ③: Dann die Umformung mithilfe der Multiplikation bzw. Division

**2. Kommen in einer Gleichung Brüche vor, dann gilt folgendes Lösungsschema:**

Schritt Ⓐ: Hauptnenner (HN) bestimmen
Schritt Ⓑ: Jedes Glied der Gleichung mit dem Hauptnenner multiplizieren
Schritt Ⓒ: Kürzen

Dann folgen die Schritte ①, ②, ③.

#### Quadratische Gleichungen

Ist bei einer Gleichung die höchste Potenz einer Variablen ein Quadrat, so liegt eine quadratische Gleichung vor: $ax^2 + bx + c = 0$

Lösungsformel für die allgemeine Form:

$$ax^2 + bx + c = 0$$

⇓

$$x_{1/2} = \frac{-b \pm \sqrt{D}}{2a} \quad \text{mit } D = b^2 - 4ac$$

Lösungsformel für die Normalform:

$$x^2 + px + q = 0$$

⇓

$$x_{1/2} = -\frac{p}{2} \pm \sqrt{D} \quad \text{mit } D = \left(\frac{p}{2}\right)^2 - q$$

**Beachte:**

$D > 0 \Rightarrow$ 2 Lösungen $\qquad D = 0 \Rightarrow$ 1 Lösung

## Typische Aufgabenstellung

**Aufgabe 1**

$$
\begin{aligned}
6{,}5x - 2 \cdot (x + 5) &= 4 - 2 \cdot (3 - x) + 22 \\
6{,}5x - 2x - 10 &= 4 - 6 + 2x + 22 \\
4{,}5x - 10 &= 20 + 2x && | -2x \\
2{,}5x - 10 &= 20 && | +10 \\
2{,}5x &= 30 && | :2{,}5 \\
x &= 12
\end{aligned}
$$

Rechenschritte:
① Klammer auflösen
① zusammenfassen
②
②
③

**Aufgabe 2**

$$
\begin{aligned}
\frac{3 \cdot (12x - 16)}{8} - \frac{x}{2} &= \frac{51}{4} - \frac{5\,(4 - x)}{4} \\
\frac{\cancel{8} \cdot 3\,(12x - 16)}{\cancel{8}} - \frac{\overset{4}{\cancel{8}} \cdot x}{\cancel{2}} &= \frac{\overset{2}{\cancel{8}} \cdot 51}{\cancel{4}} - \frac{\overset{2}{\cancel{8}} \cdot 5\,(4 - x)}{\cancel{4}} \\
3\,(12x - 16) - 4x &= 102 - 10\,(4 - x) \\
36x - 48 - 4x &= 102 - 40 + 10x \\
32x - 48 &= 62 + 10x && | -10x \\
22x - 48 &= 62 && | +48 \\
22x &= 110 && | :22 \\
x &= 5
\end{aligned}
$$

Rechenschritte:
Ⓐ HN = 8
Ⓑ
Ⓒ
① Klammer auflösen
① zusammenfassen
②
②
③

**Aufgabe 3**

$-x^2 - x + 12 = 0$ $\qquad \mathbb{G} = \mathbb{R}$

$: (-1)$

**I. Möglichkeit**

Allgemeine Form:

$-x^2 - x + 12 = 0$

$a = -1 \quad b = -1 \quad c = 12$

$$x_{1/2} = \frac{1 \pm \sqrt{(-1)^2 - 4 \cdot (-1) \cdot 12}}{2 \cdot (-1)}$$

$$x_{1/2} = \frac{1 \pm \sqrt{49}}{-2}$$

$$x_1 = \frac{1 + 7}{-2} \qquad x_2 = \frac{1 - 7}{-2}$$

$$x_1 = -4 \qquad x_2 = 3$$

**II. Möglichkeit**

Normalform:

$x^2 + x - 12 = 0$

$p = 1 \quad q = -12$

$$x_{1/2} = -\frac{1}{2} \pm \sqrt{\left(\frac{1}{2}\right)^2 + 12}$$

$$x_{1/2} = -\frac{1}{2} \pm \sqrt{\frac{49}{4}}$$

$$x_1 = -\frac{1}{2} - \frac{7}{2} \qquad x_2 = -\frac{1}{2} + \frac{7}{2}$$

$$x_1 = -4 \qquad x_2 = 3$$

$\Rightarrow \mathbb{L} = \{-4; 3\}$

# Übungsaufgaben

## Aufgabe 1

a) $4x - (2x - 1) = -(-2 + 15x)$ $\mathbb{G} = \mathbb{Z}$

b) $(24x - 320) : 4 - 8x \cdot 12 = (20x + 22) : 2 - 1$ $\mathbb{G} = \mathbb{R}$

## Aufgabe 2

$$\frac{14x - 12}{3} - \frac{5(x - 5)}{6} - 3 = \frac{x - 1}{2} - \frac{1{,}5(18x + 60)}{4}$$ $\mathbb{G} = \mathbb{Q}$

## Aufgabe 3

$2x^2 - 4x + 5 = 0$ $\mathbb{G} = \mathbb{R}$

## Aufgabe 4

$(x - 2)^2 + 10x = 44$ $\mathbb{G} = \mathbb{N}$

## Aufgabe 5

Im rechtwinkligen Dreieck ABC ist eine Kathete 7 cm länger als die andere.
Wie lang müssen beide Katheten sein, wenn die Hypotenuse 13 cm lang ist?

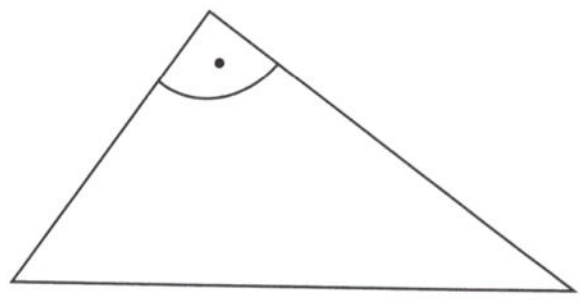

## Aufgabe 6

Familie Kaiser hat in ihrem Garten eine rechteckige Fläche von 300 $m^2$ für den Anbau von Gemüse und Erdbeeren angelegt (siehe Zeichnung). Die rechteckige Fläche soll in zwei Rechtecke geteilt werden, wobei die Fläche für den Gemüseanbau 180 $m^2$ groß sein soll. Die Längen der beiden Anbauflächen unterscheiden sich um 5 Meter.
Wie lang müssen die beiden Beete werden?

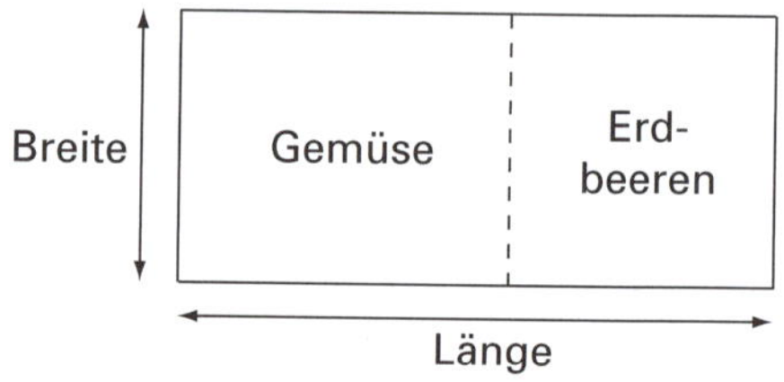

# 3. Lineare Gleichungssysteme mit zwei Variablen

## Basiswissen

Es gibt insgesamt vier Lösungsverfahren:

| | |
|---|---|
| **Graphisches Verfahren** | Die beiden Gleichungen werden als Geradengleichungen betrachtet und in die Normalform $y = m\,x + t$ übergeführt. Die Koordinaten des Schnittpunktes der beiden Geraden ist das Lösungspaar $\mathbb{L} = \{(x \mid y)\}$. |
| **Gleichsetz-verfahren** | Beide Gleichungen werden nach einer Variablen aufgelöst und dann gleichgesetzt. Man erhält eine Gleichung mit einer Variablen. Den errechneten Wert dieser Variablen setzt man dann in eine der beiden Gleichungen ein und errechnet den Wert der zweiten Variablen. |
| **Einsetzverfahren** | Eine Gleichung wird nach einer Variablen aufgelöst. Diese setzt man in die andere Gleichung ein und man erhält eine Gleichung mit einer Variablen. Den berechneten Wert dieser Variablen setzt man dann wieder in die erste Gleichung ein und errechnet den Wert der zweiten Variablen. |
| **Additions-verfahren** | Beide Gleichungen werden übersichtlich nach Variablen geordnet untereinander geschrieben. Durch geschicktes Multiplizieren müssen bei **einer** Variablen in beiden Gleichungen die gleichen Beizahlen mit **verschiedenen Vorzeichen** stehen.<br>Durch Addition der beiden Gleichungen entfällt diese Variable und man kann die zweite Variable berechnen. Den berechneten Wert dieser Variablen setzt man in eine der beiden Gleichungen ein und errechnet dann den Wert der zweiten Variablen. |

**Tipp:** Wende stets das Verfahren an, das dir am sinnvollsten erscheint!

## Typische Aufgabenstellung

Bestimme die Lösung des folgenden Gleichungssystems:

I $\quad y = \frac{1}{4}x + 2$

II $\quad 5x + 4y + 4 = 0$

Das Gleichungssystem wird im Folgenden mit jedem der vier Verfahren gelöst.

### Graphisches Verfahren

Gleichung I ist bereits in der Normalform.

II $\quad 5x + 4y + 4 = 0 \qquad | -5x - 4$

$4y = -5x - 4 \qquad | :4$

$y = -\frac{5}{4}x - 1$

$g_1$: $y = \frac{1}{4}x + 2$

$g_2$: $y = \frac{-5}{4}x - 1$

$g_1 \cap g_2 = \{S\}$

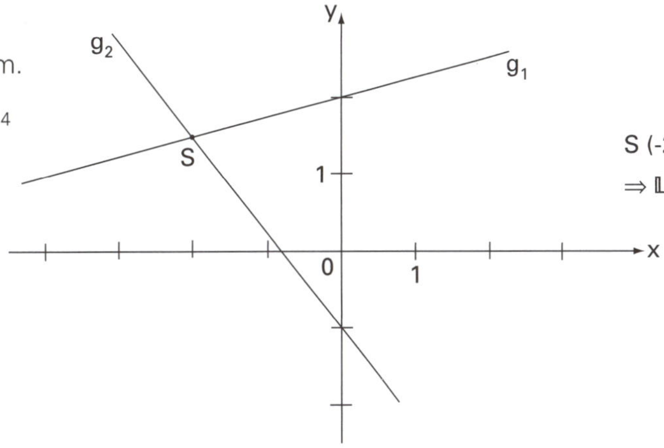


$S\,(-2 \mid 1{,}5)$

$\Rightarrow \mathbb{L} = \{(-2 \mid 1{,}5)\}$

## Gleichsetzverfahren

I $y = \frac{1}{4}x + 2$

II $5x + 4y + 4 = 0$ $\Rightarrow$ III $y = -\frac{5}{4}x - 1$

I = III $\frac{1}{4}x + 2 = -\frac{5}{4}x - 1$ $\quad | + \frac{5}{4}x - 2$

$\frac{6}{4}x = -3$ $\quad | \cdot \frac{4}{6}$

$x = -2$

x = -2 in I $y = \frac{1}{4} \cdot (-2) + 2$

$y = 1{,}5$ $\Rightarrow \mathbb{L} = \{(-2 \mid 1{,}5)\}$

## Einsetzverfahren

I $y = \frac{1}{4}x + 2$

II $5x + 4y + 4 = 0$

I in II $5x + 4\left(\frac{1}{4}x + 2\right) + 4 = 0$

$5x + x + 8 + 4 = 0$

$6x + 12 = 0$ $\quad | - 12$

$6x = -12$ $\quad | : 6$

$x = -2$

x = -2 in I $y = \frac{1}{4} \cdot (-2) + 2$

$y = 1{,}5$ $\Rightarrow \mathbb{L} = \{(-2 \mid 1{,}5)\}$

## Additionsverfahren

I $y = \frac{1}{4}x + 2$ $\quad | \cdot 4$ $\Rightarrow$ $4y = x + 8$ $\quad | - x - 8$

II $5x + 4y + 4 = 0$

$4y - x - 8 = 0$

III $-x + 4y - 8 = 0$ (Ordnen!)

III $-x + 4y - 8 = 0$

II $5x + 4y + 4 = 0$ $\quad | \cdot (-1)$

III $-x + 4y - 8 = 0$

IV $-5x - 4y - 4 = 0$

III + IV $-6x - 12 = 0$ $\quad | + 12$

$-6x = 12$ $\quad | : (-6)$

$x = -2$

x = -2 in I $y = \frac{1}{4} \cdot (-2) + 2$

$y = 1{,}5$ $\Rightarrow \mathbb{L} = \{(-2 \mid 1{,}5)\}$

## Übungsaufgaben

Löse die Aufgaben nach dem Verfahren, das dir am sinnvollsten erscheint.

**Aufgabe 1**

I $2x - 4y = -8$
II $x - y - 5 = 0$

**Aufgabe 2**

I $3x - 1{,}5y = 4{,}5$
II $2x - 7y = 15$

**Aufgabe 3**

I $y = 0{,}25x + 0{,}875$
II $y = 0{,}2x - 2{,}1$

**Aufgabe 4**

Fertige aus einem 27 cm langen Draht ein gleichschenkliges Dreieck, bei dem ein Schenkel 6 cm länger ist als die Basis. Wie lang müssen Basis und Schenkel sein?

**Aufgabe 5**

In einem großen Hotel gibt es insgesamt 255 Zimmer (Einzelzimmer und Doppelzimmer) mit 465 Betten. Berechne die Anzahl der Einzel- und Doppelzimmer.

**Aufgabe 6**

Ein Feinkosthändler mischt Kaffee nach dem Wunsch seiner Kunden.

| | Sorte A | Sorte B | Preis pro kg |
|---|---|---|---|
| Mischung I | 3 kg | 2 kg | 8,80 € |
| Mischung II | 3 kg | 5 kg | 9,25 kg |

Wie teuer ist jeweils ein Kilogramm der Sorte A und der Sorte B?

# 4. Zuordnungen

## Basiswissen

Ist eine Größe von einer anderen Größe abhängig, so spricht man von einer Zuordnung.
Die wichtigsten Zuordnungen sind:

| Direkte Proportionalität | Indirekte (umgekehrte) Proportionalität |
|---|---|
| „Je mehr, desto mehr"<br>„Je weniger, desto weniger"<br>Quotientengleiche Zahlenpaare<br>Bei jedem Zahlenpaar (x I y) ist $\frac{y}{x} = k$. | „Je mehr, desto weniger"<br>„Je weniger, desto mehr"<br>Produktgleiche Zahlenpaare<br>Bei jedem Zahlenpaar (x I y) ist $y \cdot x = k$. |
| k nennt man Proportionalitätskonstante (Proportionalitätsfaktor). | |

Beide Zuordnungen können mit dem **Dreisatz** gelöst werden.

## Typische Aufgabenstellung

Die Familien Maier und Kraus aus Oldenburg fahren gemeinsam in den Urlaub. Herr Maier startet mit seinem Pkw um 10.00 Uhr. Für die 270 km lange Strecke braucht er 3 Stunden und 22,5 Minuten. Herr Kraus startet 15 Minuten später. Er benötigt für 225 km 2,5 Stunden.

**Aufgabe 1**

Berechne für beide Pkws die Durchschnittsgeschwindigkeit in $\frac{km}{h}$.

**Lösung**

Die durchschnittliche Geschwindigkeit in $\frac{km}{h}$ wird mit dem Dreisatz berechnet.

**Pkw Maier**
3 Std. 22,5 min = 202,5 min

$$202{,}5\text{ min} \triangleq 270\text{ km} \quad (: 202{,}5)$$
$$1\text{ min} \triangleq \frac{270}{202{,}5}\text{ km} \quad (\cdot 60)$$
$$60\text{ min} \triangleq \frac{270 \cdot 60}{202{,}5}\text{ km} = 80\text{ km}$$
$$\Rightarrow \quad v_M = 80\,\frac{km}{h}$$

**Pkw Kraus**
2,5 Std. = 150 min

$$150\text{ min} \triangleq 225\text{ km} \quad (: 150)$$
$$1\text{ min} \triangleq \frac{225}{150}\text{ km} \quad (\cdot 60)$$
$$60\text{ min} \triangleq \frac{225 \cdot 60}{150}\text{ km} = 90\text{ km}$$
$$\Rightarrow \quad v_K = 90\,\frac{km}{h}$$

Herr Maier fährt mit 80 $\frac{km}{h}$, Herr Kraus fährt mit 90 $\frac{km}{h}$.

**Aufgabe 2**

Zu welcher Zeit und nach wie vielen Kilometern holt Herr Kraus Herrn Maier ein?
Löse zeichnerisch (x-Achse: 1 cm ≙ 15 min; y-Achse: 1 cm ≙ 20 km).

**Zeichnerische Lösung**

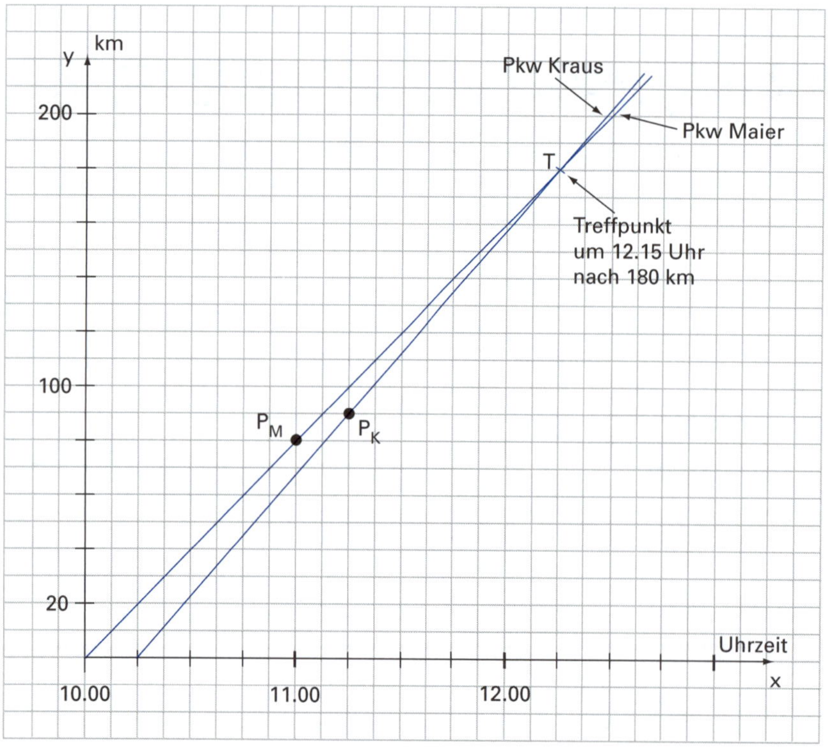

**Graph „Maier"**
Konstruktion des Punktes $P_M$

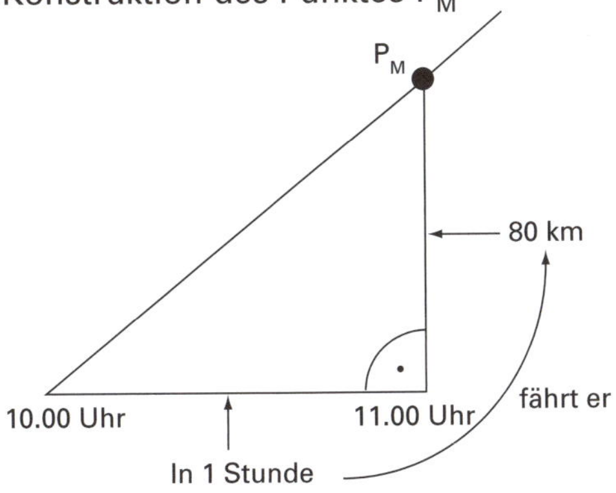


**Graph „Kraus"**
Konstruktion des Punktes $P_K$

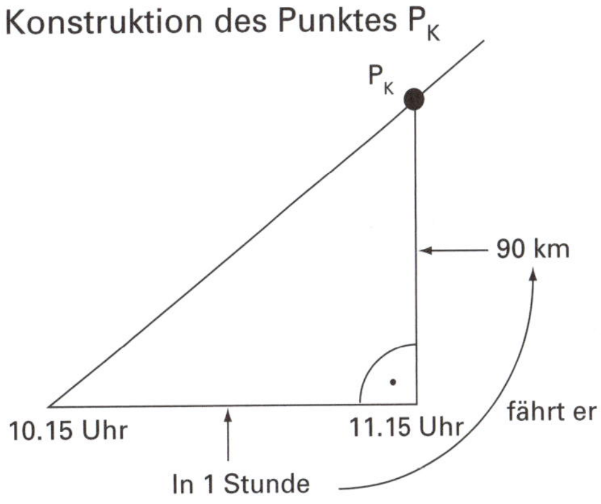


**Rechnerische Lösung**

Pkw Maier: $v_1$; $t_1$; $s_1$

$v_1 = 80 \frac{km}{h}$

Pkw Kraus: $v_2$; $t_2$; $s_2$

$v_2 = 90 \frac{km}{h}$

Benötigte Formeln:

$v = \frac{s}{t}$ aufgelöst nach s: $s = v \cdot t$

Bis zum Treffpunkt legen beide Pkws den gleichen Weg zurück: $s_1 = s_2$

Bis zum Treffpunkt fährt Herr Kraus 15 min = $\frac{1}{4}$ Std. kürzer: $t_2 = t_1 - \frac{1}{4}$ h

$s_1 = v_1 \cdot t_1$ $\qquad$ $s_2 = v_2 \cdot t_2$

$t_2 = t_1 - \frac{1}{4}\,h$

⇓

$s_1 = 80 \frac{km}{h} \cdot t_1$ $\qquad$ $s_2 = 90 \frac{km}{h} \cdot \left(t_1 - \frac{1}{4}\,h\right)$

$s_1 = s_2$

$80\,t_1 = 90 \cdot (t_1 - \frac{1}{4}\,h)$

$80\,t_1 = 90\,t_1 - 22{,}5\,h \qquad | -90\,t_1$

$-10\,t_1 = -22{,}5\,h \qquad | : (-10)$

$t_1 = 2{,}25\,h$

$t_1 = 2\frac{1}{4}\,h$

10.00 Uhr + $2\frac{1}{4}$ h = 12.15 Uhr

Sie treffen sich um 12.15 Uhr.

Berechnung des zurückgelegten Weges:

$s_1 = 80 \frac{km}{h} \cdot 2\frac{1}{4}\,h$

$s_1 = 180\,km$

Beide Pkws haben 180 km zurückgelegt.

## Übungsaufgaben

### Aufgabe 1

In den folgenden Wertetabellen werden Zuordnungen dargestellt. Entscheide, ob es sich um direkte oder indirekte Proportionalität handelt.
Ergänze die fehlenden Werte in der Tabelle.

a)

| | | | | | | | |
|---|---|---|---|---|---|---|---|
| x | 0,5 | | -2 | | 4 | 6 | |
| y | 72 | 36 | | 12 | 9 | | 7,2 |

b)

| | | | | | | | |
|---|---|---|---|---|---|---|---|
| x | -2 | 0,4 | -6 | | 10 | 12 | |
| y | | | -9 | 8 | | 18 | 27 |

### Aufgabe 2

In England wird die Geschwindigkeit in Meilen pro Stunde angegeben (mph = miles per hour).
Zwischen mph und $\frac{km}{h}$ besteht folgender Zusammenhang: 25 mph ≈ 40 $\frac{km}{h}$
Welcher Geschwindigkeit in $\frac{km}{h}$ entspricht eine Geschwindigkeit von 72 mph?

### Aufgabe 3

Bei einem täglichen Ölverbrauch von 22 Litern reicht der Heizölvorrat noch für 210 Tage.

a) Wie viele Tage würde der Vorrat bei einem täglichen Verbrauch von 27 Litern reichen?

b) Wie hoch ist der tägliche Bedarf, wenn der Ölvorrat noch 280 Tage reicht?

(1)

### Aufgabe 4

Ein Autofahrer ist auf einer Strecke von 280 km mit einer Durchschnittsgeschwindigkeit von 80 $\frac{km}{h}$ unterwegs.
Mit welcher Durchschnittsgeschwindigkeit müsste er fahren, wenn er bei gleicher Strecke 30 Minuten früher am Ziel sein möchte?

### Aufgabe 5

Die Stadtwerke machen ihren Kunden folgendes Angebot für einen Stromtarif:

| Angebot A |
|---|
| Grundgebühr: 6,50 €<br>Preis pro kWh: 17,6 ct |

| Angebot B |
|---|
| Grundgebühr: 8 €<br>Preis pro kWh: 17,5 ct |

a) Stelle in einer Tabelle die Endpreise für einen Verbrauch von 1000 kWh, 1500 kWh und 3000 kWh dar.

b) Für welches Angebot würdest du dich bei einem Verbrauch von 3000 kWh entscheiden? Begründe.

c) In den folgenden drei Zeichnungen sind die Kosten für beide Angebote dargestellt.
Welche Zeichnung entspricht der Wirklichkeit am ehesten?

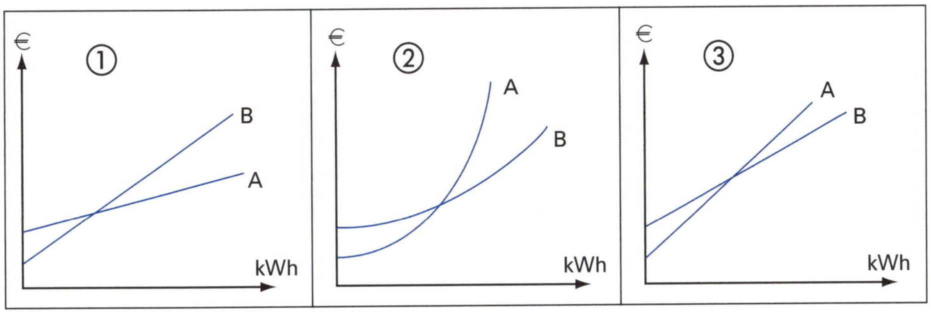


**Aufgabe 6**

Ein Schwimmbecken kann mit einem Zuflussrohr in 3 Tagen gefüllt werden, wenn pro Minute 200 l Wasser ins Becken fließen.
Wie lange dauert der Füllvorgang, wenn ein zweites Zuflussrohr pro Stunde 3000 l in das Becken pumpt?

## 5. Prozent- und Zinsrechnung

### Basiswissen

| **Prozentrechnung** | | **Zinsrechnung** |
|---|---|---|
| Grundwert GW | ⟷ | Kapital K |
| Prozentwert PW | ⟷ | Zinsen Z |
| Prozentsatz p | ⟷ | Zinssatz p |
| | | + Zeit t |

$$GW = \frac{PW \cdot 100}{p}$$

$$PW = \frac{p \cdot GW}{100}$$

$$p = \frac{PW \cdot 100}{GW}$$

Jahreszinsen $Z = \frac{K \cdot p}{100}$

Monatszinsen $Z = \frac{K \cdot p \cdot M}{100 \cdot 12}$ — M ≙ Anzahl der Monate

Tageszinsen $Z = \frac{K \cdot p \cdot T}{100 \cdot 360}$ — T ≙ Anzahl der Tage

**Kapitalentwicklung durch „Zinseszins"**

$$K_n = K_0 \cdot \left(1 + \frac{p}{100}\right)^n$$

$$q = 1 + \frac{p}{100}$$

$$K_n = K_0 \cdot q^n$$

$K_0$ = Anfangskapital
$K_n$ = Kapital nach n Jahren
p = Zinssatz
q = Zinsfaktor
n = Anzahl der Jahre

## Typische Aufgabenstellung

Familie Glück hat im Lotto 280 000 € gewonnen. Sie teilt das Geld wie folgt auf:
5 % für eine Reise in die USA
12 % für das Studium der drei Kinder
15 % für ein neues Auto
1 % für eine Spende
Den Rest legt die Familie bei einer Bank zu einem jährlichen Zinssatz von 3,5 % so lang an, bis sich der Betrag verdoppelt hat.

**Aufgabe 1**

Wie viele Euro plant die Familie für die USA-Reise, für das Studium, für ein neues Auto und für eine Spende ein?

**Lösung**

**I. Möglichkeit**

Dreisatz:

100 % ≙ 280 000 €

$1\ \% \triangleq \frac{280\,000\ €}{100} = 2800\ €$ Spende

5 % ≙ 5 · 2800 € = 14 000 € USA-Reise

12 % ≙ 12 · 2800 € = 33 600 € Studium

15 % ≙ 15 · 2800 € = 42 000 € Auto

**II. Möglichkeit**

Formel:

$$PW = \frac{p \cdot GW}{100}$$

$PW = \frac{1 \cdot 280\,000\ €}{100} = 2800\ €$ Spende

$PW = \frac{5 \cdot 280\,000\ €}{100} = 14\,000\ €$ USA-Reise

$PW = \frac{12 \cdot 280\,000\ €}{100} = 33\,600\ €$ Studium

$PW = \frac{15 \cdot 280\,000\ €}{100} = 42\,000\ €$ Auto

**Aufgabe 2**

Welchen Betrag legt die Familie bei der Bank an?

**Lösung**

280 000 € – (2800 € + 14 000 € + 33 600 € + 42 000 €) = 187 600 €

Die Familie legt 187 600 € bei einer Bank an.

**Aufgabe 3**

Nach wie vielen Jahren hat sich der Geldbetrag auf der Bank verdoppelt?

**Lösung**

$$K_n = K_0 \cdot \left(1 + \frac{p}{100}\right)^n$$

$K_0 = 187\,600$ €  $p = 3{,}5$  $K_n = 375\,200$ €

$375\,200 \text{ €} = 187\,600 \text{ €} \cdot \left(1 + \frac{3{,}5}{100}\right)^n$  $| : 187\,600 \text{ €}$

$2 = 1{,}035^n$

oder

$\lg = \log_{10}$  $\lg a^n = n \cdot \lg a$  $\lg_c a = \frac{\lg a}{\lg c}$

$n = \log_{1{,}035} 2$

$n = \frac{\lg 2}{\lg 1{,}035}$

$n = 20{,}15$

$\lg 2 = \lg 1{,}035^n$

$\lg 2 = n \cdot \lg 1{,}035$  $| : \log_{1{,}035}$

$n = \frac{\lg 2}{\lg 1{,}035}$

$n = 20{,}15$

Nach 20,15 Jahren hat sich der Betrag verdoppelt.

„Faustformel" für die Kapitalverdoppelung:

$$n = \frac{70}{p}$$

Für dieses Beispiel:

$n = \frac{70}{3{,}5}$

$n = 20$

## Übungsaufgaben

**Aufgabe 1**

12 000 € werden geteilt im Verhältnis 3 : 2. Der größte Teil wird auf der Bank A für ein Jahr zu einem Zinssatz von 3 % angelegt, der andere Teil bei der Bank B zu einem Zinssatz von 4,5 %.

a) Wie viele Zinsen erhält man bei beiden Banken?

b) Zu welchem Zinssatz hätte der Gesamtbetrag angelegt werden müssen, um den gleichen Zinsbetrag wie bei beiden Banken zusammen zu erhalten?

**Aufgabe 2**

Berechne bei einer langfristigen Kapitalanlage den Zinssatz p bzw. den Zinssatz q.

a) $p = 3{,}8$  b) $q = 1{,}04$  c) $q = 1{,}015$

d) $p = 2{,}08$  e) $p = 4{,}1$  f) $q = 1{,}036$

**Aufgabe 3**

Berechne jeweils die fehlenden Werte.

| | $K_0$ (in €) | p (in %) | q | n (Jahre) | $K_n$ (in €) |
|---|---|---|---|---|---|
| **a)** | 12 000 | 4,2 | | 3 | |
| **b)** | | | 1,035 | 4 | 2400 |
| **c)** | 50 000 | 3,8 | | | 68 000 |

Training

### Aufgabe 4

Familie Bauer hat für einen Teil eines Lottogewinns eine Wohnung zur Vermietung gekauft.
Preis der Wohnung: 120 000 €
Größe: 72 $m^2$
Miete pro Monat: 5,80 € je $m^2$

a) Berechne die jährlichen Mieteinnahmen.

b) Wäre es für Familie Bauer finanziell besser gewesen, wenn sie den gesamten Betrag bei einer Bank zu einem jährlichen Zinssatz von 3,8 % angelegt hätte?

### Aufgabe 5

Uwe möchte sich ein Fahrrad zum Preis von 840 € kaufen. Sein gewünschtes Modell erscheint aber erst in 4 Monaten. 800 € hat er bereits gespart. Er legt dieses Geld für 4 Monate bei einer Bank zu einem jährlichen Zinssatz von 3,4 % an.
Wie viel Prozent des Kaufpreises fehlen ihm dann trotzdem noch?

### Aufgabe 6

Zwei Geldbeträge werden bei einer Sparkasse angelegt.
A: 5000 €, jährlicher Zinssatz 4,2 %
B: 6000 €, jährlicher Zinssatz 2,4 %
Das Geld soll möglichst lange auf dem Konto bleiben.

a) Stelle das exponentielle Wachstum der beiden Geldbeträge in einer Funktionsgleichung dar.

b) Stelle die Kapitalentwicklung beider Beträge in einer Wertetabelle dar.
Runde auf ganze Euro.

| Jahre | 0 | 2 | 4 | 6 | 8 | 10 | 12 | 14 | 16 |
|---|---|---|---|---|---|---|---|---|---|
| A: 5000 € | | | | | | | | | |
| B: 6000 € | | | | | | | | | |

c) Zeichne die beiden Graphen der Kapitalentwicklung.

x-Achse: 1 cm ≙ 2 Jahre
y-Achse: 1 cm ≙ 1000 €

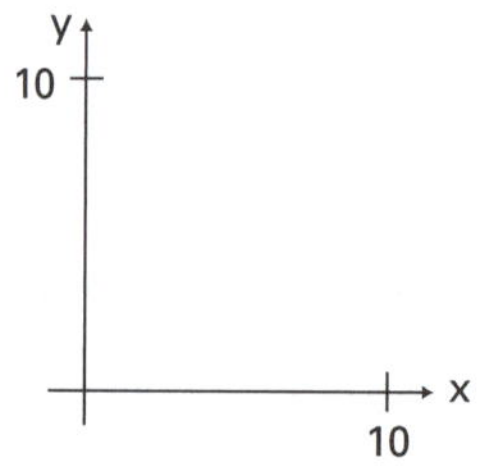


d) Bestimme anhand des Graphen: Nach wie vielen Jahren sind auf beiden Konten gleich viel Euro? Wie hoch ist dieser Betrag?

e) Überprüfe das Ergebnis aus c) rechnerisch.

# 6. Tabellen, Graphen, Diagramme, Schaubilder: Anfertigung und Interpretation

## Basiswissen

Diagramme (Säulen-, Balken-, Kreisdiagramme) und graphische Darstellungen dienen dazu, Sachverhalte übersichtlicher und anschaulicher zu gestalten und zu verdeutlichen.
Einerseits muss man die Aussagekraft einer Tabelle, eines Graphen, eines Diagramms etc. erkennen, um mit diesen „bildhaften" Informationen Berechnungen ausführen zu können. Andererseits muss man Informationen mit ausführlichen Texten in knapper, übersichtlicher Form in Tabellen und Diagrammen darstellen können.

## Typische Aufgabenstellung

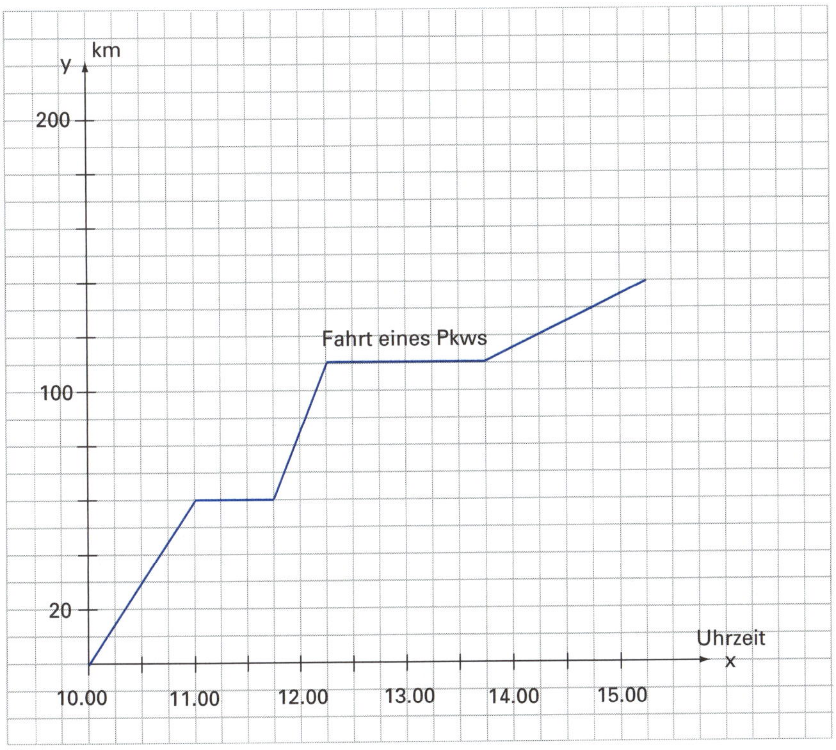


**Aufgabe 1**

Wie viele Kilometer fährt der Pkw insgesamt?

**Lösung**

Er fährt insgesamt 140 km.

**Aufgabe 2**

Wie viele Minuten macht der Fahrer insgesamt Pause?

**Lösung**

Er macht Pause von 11.00 Uhr bis 11.45 Uhr = 45 min und von 12.15 Uhr bis 13.45 Uhr = 90 min.
Der Fahrer macht insgesamt 135 Minuten Pause.

## Aufgabe 3

Wann hat der Pkw die höchste Geschwindigkeit in $\frac{km}{h}$?

### Lösung

Der Pkw fährt am schnellsten von 11.45 Uhr bis 12.15 Uhr, weil der Graph in diesem Bereich am steilsten verläuft.

## Aufgabe 4

Berechne die Geschwindigkeit in $\frac{km}{h}$ in der letzten Phase der Fahrt.

### Lösung

Die letzte Phase dauert von 13.45 Uhr bis 15.15 Uhr, das sind 1,5 Stunden.
In dieser Zeit fährt er 30 km.
Berechnung im Kopf, mit dem Dreisatz oder mit einer Verhältnisgleichung.

Dreisatz:

$$1\tfrac{1}{2}\,h \mathrel{\hat{=}} 30\,km$$

$:3$ (beide Seiten)

$$\tfrac{1}{2}\,h \mathrel{\hat{=}} 10\,km$$

$\cdot 2$ (beide Seiten)

$$1\,h \mathrel{\hat{=}} 20\,km$$

Verhältnisgleichung:

$$\frac{30\,km}{1\frac{1}{2}\,h} = \frac{x}{1\,h}$$

$$x = \frac{30}{1{,}5}\,\frac{km}{h}$$

$$x = 20\,\frac{km}{h}$$

Der Pkw fährt mit einer Durchschnittsgeschwindigkeit von 20 $\frac{km}{h}$.

## Aufgabe 5

Stelle die Fahrt (Fahrzeit und Pausen) des Pkws von 10.00 Uhr bis 15.00 Uhr in einem Balkendiagramm dar.

### Lösung

Der Balken wird 10,5 cm lang, wobei 1 Stunde 2 cm entspricht.

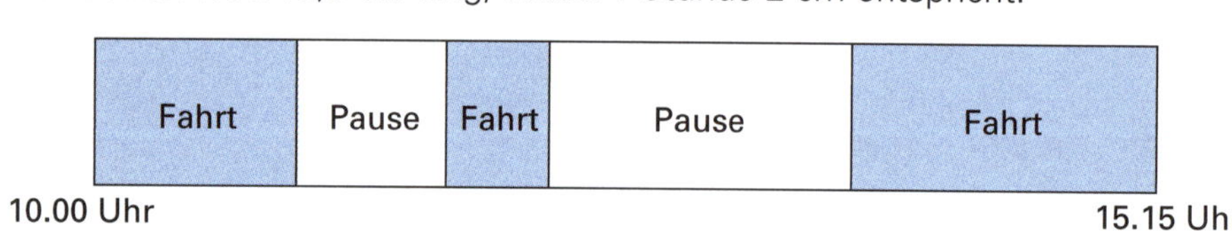

## Übungsaufgaben

**Aufgabe 1**

Im Schaukasten einer Schule sind zur Information mehrere Dreiecke und Vierecke ausgestellt.

| | Anzahl |
|---|---|
| **Dreiecke insgesamt** | **12** |
| davon gleichseitige Dreiecke | 4 |
| gleichschenklige Dreiecke | 3 |
| **Vierecke insgesamt** | **27** |
| davon Quadrate | 6 |
| Rechtecke | 2 |
| Trapeze | 4 |
| Parallelogramme | |
| Rauten | 3 |
| Drachenvierecke | 5 |

a) Wie viele Dreiecke haben keine „besondere" Form?

b) Wie viele Parallelogramme sind im Schaukasten?

c) Wie viele Dreiecke und Vierecke sind insgesamt im Schaukasten?

d) Die Eckpunkte der Dreiecke werden mit A, B, C bezeichnet, die Eckpunkte der Vierecke mit A, B, C, D. Wie oft kommen im Schaukasten die Eckpunkte A und D vor?

e) Stelle die Anteile der verschiedenen Vierecke in einem Kreisdiagramm dar.

**Aufgabe 2**

Katja sollte die Altersstruktur der Schülerinnen und Schüler ihrer Schule in einem Säulendiagramm darstellen. Sie gibt ihrem Lehrer das folgende Diagramm ab:

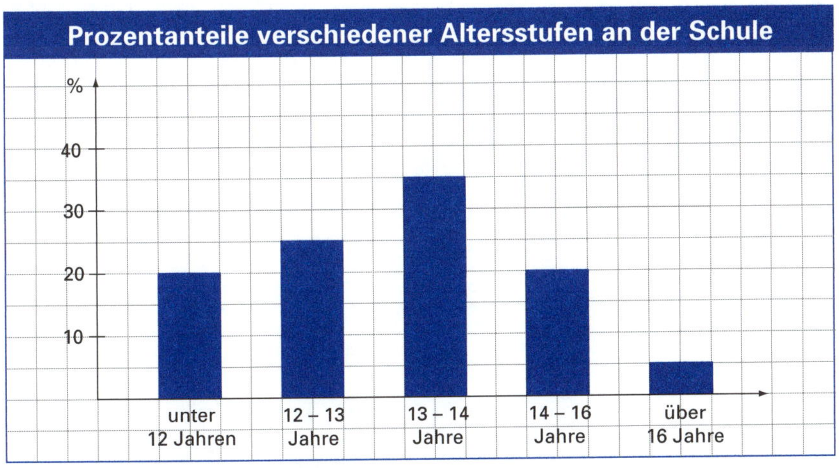


Der Lehrer schaut sich das Diagramm an und sagt nach einiger Zeit: „Da hast du aber einen Fehler gemacht." Findest du den Fehler? Begründe deine Antwort.

## Aufgabe 3

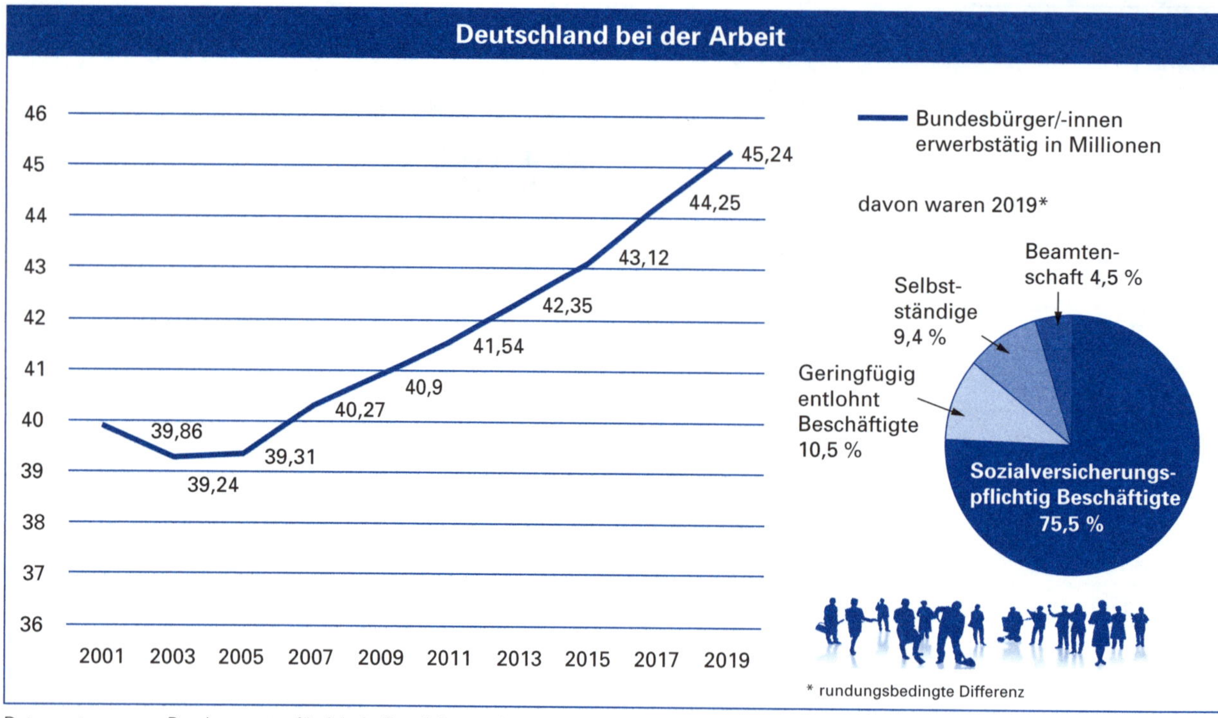


Daten entnommen: Bundesagentur für Arbeit, Stand: September 2020

Beantworte die Aufgaben anhand der oben abgebildeten Graphen.

a) Gib jeweils das Jahr an, in dem die wenigsten bzw. die meisten Bundesbürger/-innen erwerbstätig waren.

b) Erkläre, in welchem Zeitintervall der Anstieg der Erwerbstätigkeit am stärksten war.

c) Berechne die Anzahl der Bundesbürger/-innen, die im Jahr 2019 als Beamte und Beamtinnen tätig waren.

d) Erläutere, was mit der Angabe „rundungsbedingte Differenz“ unter dem Kreisdiagramm gemeint ist.

## Aufgabe 4

Die vier Gefäße sind vollkommen mit Wasser gefüllt. Aus einer Öffnung an der untersten Stelle wird das Wasser abgelassen.

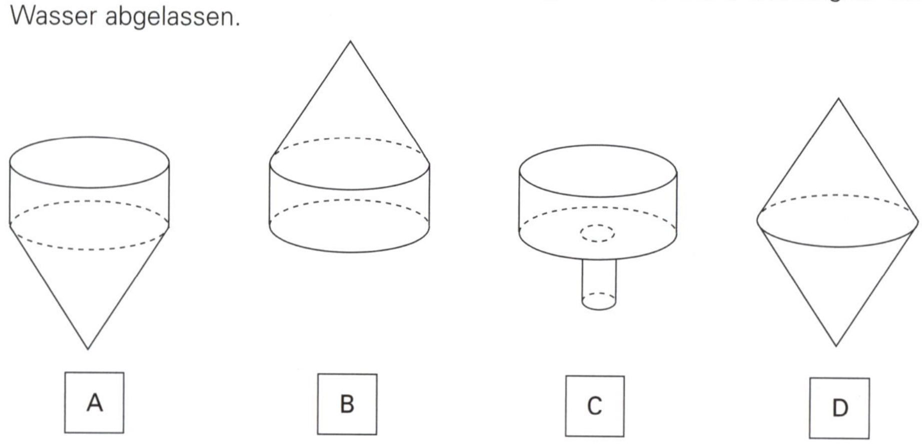


Welche Grafik stellt den Entleerungsvorgang am genauesten dar?
Ordne den Buchstaben die richtige Ziffer zu.

x-Achse: Zeit (t)  y-Achse: Wasserhöhe im Gefäß (h)

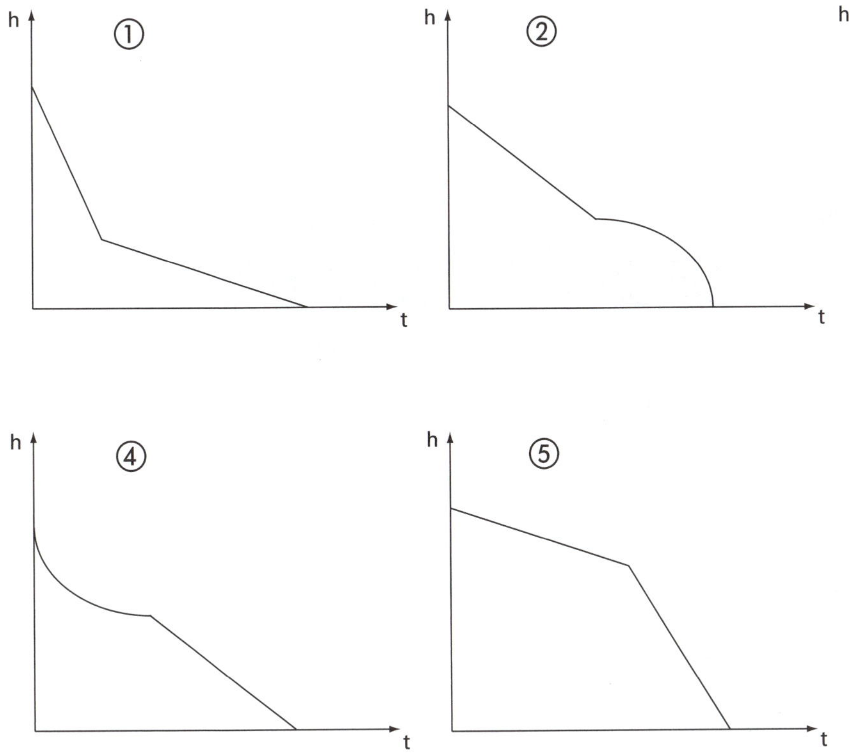


A → ○

B → ○

C → ○

D → ○

**Aufgabe 5**

Die Grafik zeigt den zeitlichen Ablauf einer Wanderung von zwei Personen A und B.

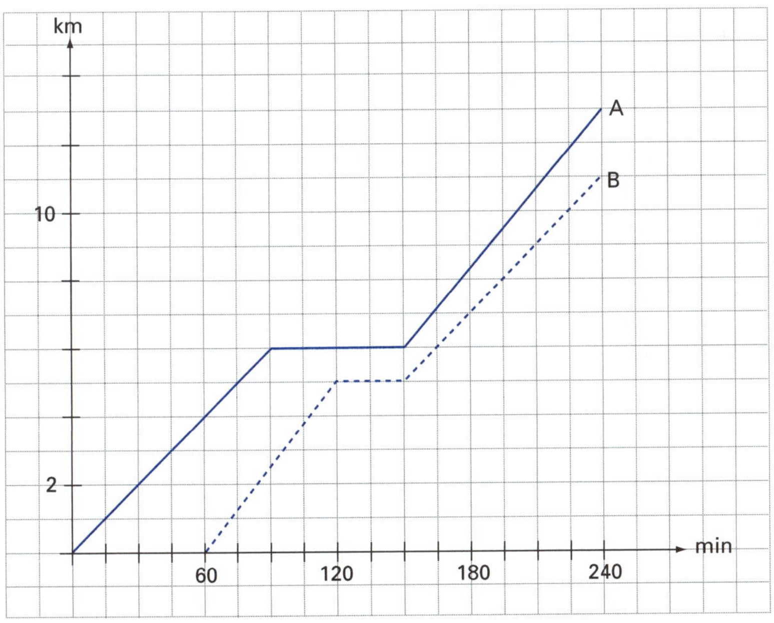


a) Wie viele Kilometer ist jede der beiden Personen gelaufen?

b) Wie lange macht jede der beiden Personen Pause?

c) Wie lange sind beide Wandernden unterwegs?

d) Gib die reine Laufzeit der beiden Wandernden in Stunden an.

e) Berechne die durchschnittliche Geschwindigkeit der beiden Wandernden in $\frac{km}{h}$.

f) In welcher Phase der Wanderung läuft Person A schneller? Begründe.

g) Gibt es eine Phase, in der beide Personen die gleiche Durchschnittsgeschwindigkeit haben?

h) Wann treffen sich die beiden Wandernden?

**Aufgabe 6**

**Deutschland: Arbeitslosenquoten in den Bundesländern im Jahr 2017 in Prozent**

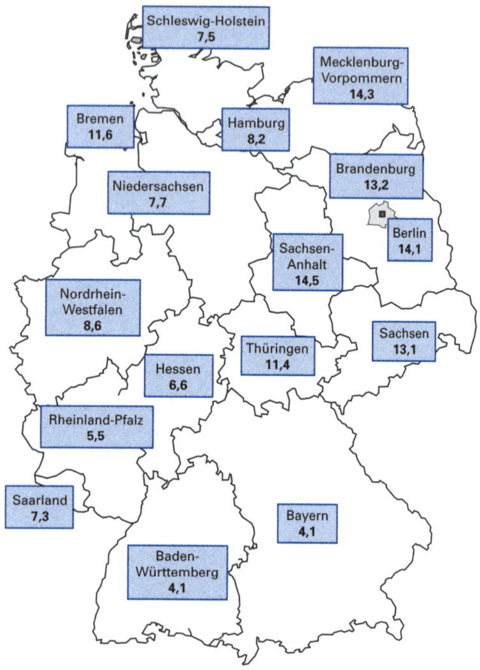


Deutschland insgesamt: 6,6 %
Quelle: Bundesagentur für Arbeit, Nürnberg
© Statistisches Bundesamt (Destatis), 2018
Stand: 10.04.2018 / 13:44:06

**Fläche und Bevölkerung**

| Bundesland | Fläche in km² | Einwohner insgesamt 31.12.2016 | Einwohner je km² 31.12.2016 |
|---|---|---|---|
| Baden-Württemberg | 35 748,28 | 10 951 893 | 306 |
| Bayern | 70 542,03 | 12 930 751 | 183 |
| Berlin | 891,12 | 3 574 830 | 4012 |
| Brandenburg | 29 654,42 | 2 494 648 | 84 |
| Bremen | 419,84 | 678 753 | 1617 |
| Hamburg | 755,30 | 1 810 438 | 2397 |
| Hessen | 21 114,99 | 6 213 088 | 294 |
| Mecklenburg-Vorpommern | 23 293,73 | 1 610 674 | 69 |
| Niedersachsen | 47 709,83 | 7 945 685 | 167 |
| Nordrhein-Westfalen | 34 112,74 | 17 890 100 | 524 |
| Rheinland-Pfalz | 19 858,00 | 4 066 053 | 205 |
| Saarland | 2 571,11 | 996 651 | 388 |
| Sachsen | 18 449,99 | 4 081 783 | 221 |
| Sachsen-Anhalt | 20 452,14 | 2 236 252 | 109 |
| Schleswig-Holstein | 15 802,28 | 2 881 926 | 182 |
| Thüringen | 16 202,37 | 2 158 128 | 133 |
| **Deutschland** | **357 578,17** | **85 521 653** | **231** |

Quelle: Daten (im Auftrag der Herausgebergemeinschaft Statistische Ämter des Bundes und der Länder) Statistisches Bundesamt (Destatis), 2018

a) Das Saarland und Sachsen haben im Schaubild die gleiche Arbeitslosenquote.
Bedeutet das, dass in diesen beiden Bundesländern die gleiche Anzahl von Personen arbeitslos ist? Begründe.

b) Berechne die Anzahl der Arbeitslosen im Saarland und in Sachsen.

# 7. Lineare Funktionen

## Basiswissen

Der Graph einer linearen Funktion ist eine **Gerade.**

**Allgemeine Form**

$ax + by + c = 0$ →

**Normalform**

$y = mx + t$

↑ Steigung ($m$) ↑ Achsenabschnitt ($t$)

**Steigung** m zwischen zwei Punkten:

| $m = \frac{y_2 - y_1}{x_2 - x_1}$ | $m = \tan \alpha$ |
|---|---|

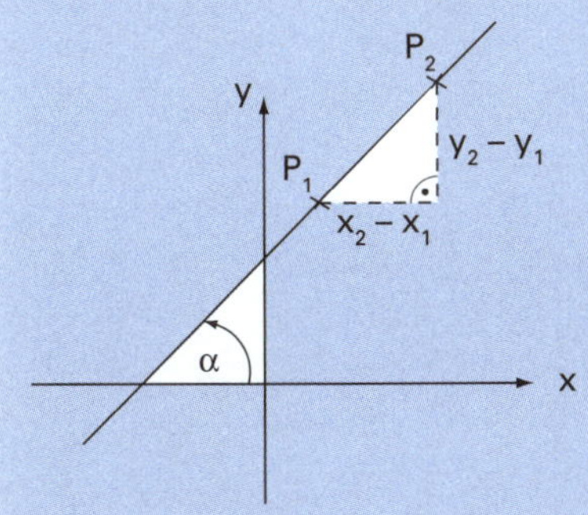


**Punkt-Steigungsform**

$y = m(x - x_1) + y_1$ $P_1 \in g$

**Parallele Geraden**

$g_1 \parallel g_2 \Leftrightarrow m_1 = m_2$

**Senkrechte Geraden**

$g_1 \perp g_2 \Leftrightarrow m_2 = -\frac{1}{m_1}$
bzw.
$m_1 \cdot m_2 = -1$

## Typische Aufgabenstellung

A (-2 | 1), B (2 | 2), C (1,5 | -1), D (2 | -2,5), $g_2$: $x - 5y - 12 = 0$

### Aufgabe 1

Bestimme die Gleichung der Geraden $g_1$, die durch die Punkte A und B verläuft.

### Lösung

Zuerst wird die Steigung m berechnet:

$m = \frac{2 - 1}{2 + 2}$

$m = \frac{1}{4}$

$g_1$: $y = \frac{1}{4}x + t$

Jetzt wird einer der beiden Punkte A oder B eingesetzt:

$B \in g_1$: $\quad 2 = \frac{1}{4} \cdot 2 + t$

$2 = \frac{1}{2} + t$

$t = 1{,}5 \qquad \Rightarrow g_1\text{: } y = \frac{1}{4}x + 1{,}5$

**Aufgabe 2**

Zeichne A, B, C, $g_1$ und $g_2$ in ein Koordinatensystem.

**Lösung**

Zuerst muss die Normalform von $g_2$ bestimmt werden.

$x - 5y - 12 = 0 \qquad | -x + 12$

$-5y = -x + 12 \qquad | : (-5)$

$g_2\text{: } y = \frac{1}{5}x - 2{,}4$

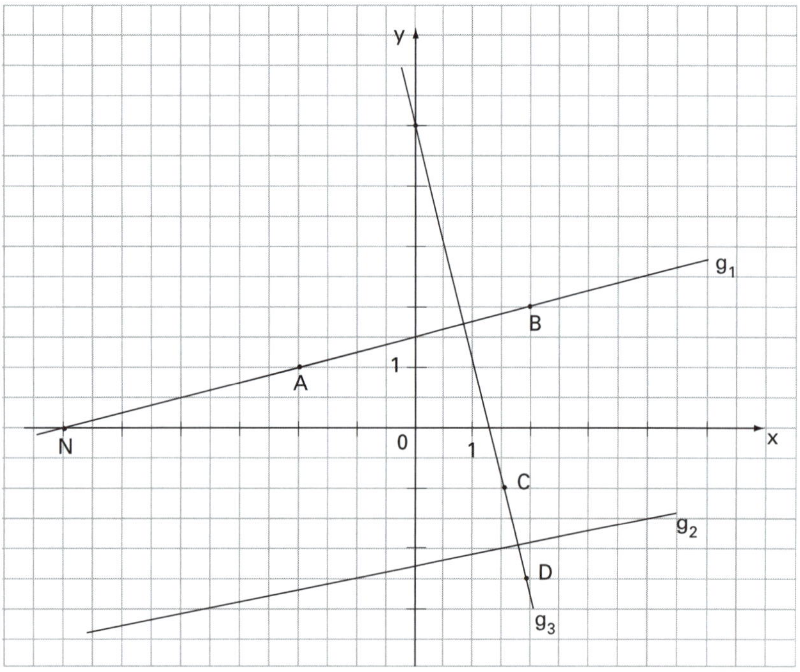


**Aufgabe 3**

Überprüfe, ob $g_2$ parallel zu $g_1$ ist.

**Lösung**

$m_1 = \frac{1}{4} \quad m_2 = \frac{1}{5} \quad \Rightarrow m_1 \neq m_2$

$\Rightarrow g_1$ und $g_2$ sind nicht zueinander parallel.

**Aufgabe 4**

Bestimme die Gleichung von $g_3$, für die gilt:
$g_3 \perp g_1$ und $C \in g_3$
Zeichne $g_3$ in das Koordinatensystem.

**Lösung**

$m_{g_1} = \frac{1}{4} \quad \Rightarrow \quad m_{g_3} = -4$

$g_3$: $y = -4x + t$

C in $g_3$ eingesetzt:

$-1 = -4 \cdot (-1{,}5) + t$

$t = 5 \quad \Rightarrow \quad g_3: y = -4x + 5$

**Aufgabe 5**

Überprüfe durch Zeichnung und Rechnung, ob der Punkt D auf $g_3$ liegt.

**Lösung**

Durch Zeichnung ist nicht eindeutig feststellbar, ob der Punkt D auf $g_3$ liegt. Die Koordinaten von D werden in die Geradengleichung von $g_3$ eingesetzt:

$-2{,}5 = -4 \cdot 2 + 5$
$-2{,}5 = -3 \quad (f) \quad \Rightarrow \quad D \notin g_3$

**Aufgabe 6**

Berechne den Schnittpunkt N der Geraden $g_1$ mit der x-Achse. Ergänze den Punkt N im Koordinatensystem.

**Lösung**

Der Schnittpunkt mit der x-Achse heißt **Nullstelle.**
Zur Berechnung setzt man $y = 0$.

$g_1: y = \frac{1}{4}x + 1{,}5 \quad \wedge \quad y = 0$

$\Rightarrow \frac{1}{4}x + 1{,}5 = 0 \quad | -1{,}5$

$\frac{1}{4}x = -1{,}5 \quad | \cdot 4$

$x = -6 \quad \Rightarrow \quad N(-6 \mid 0)$

## Übungsaufgaben

### Aufgabe 1

a) Bestimme die Gleichungen der drei Geraden $g_1$, $g_2$ und $g_3$.

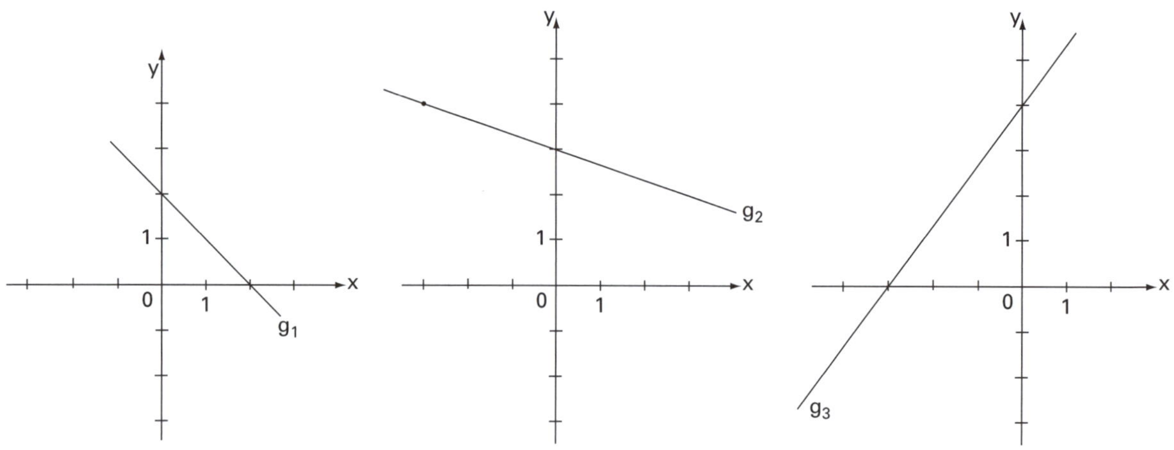


b) Zeichne die Geraden in das folgende Koordinatensystem.

$g_4$: $y = 0{,}2x + 2$
$g_5$: $y = -2$
$g_6$: $y = -0{,}75x - 1$

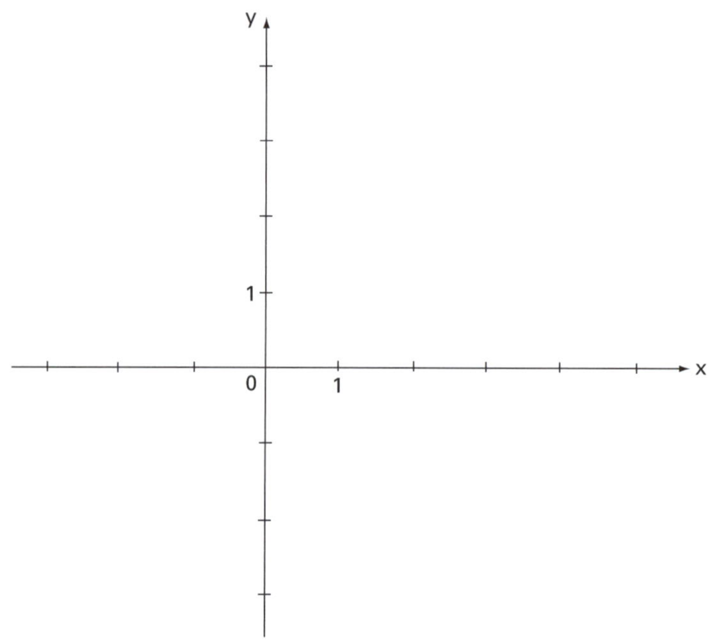


c) Gib die Gleichung der Geraden $g_7$: $3x - 5y + 12 = 0$ in der Normalform an.

### Aufgabe 2

Berechne die Nullstellen der Geraden $h_1$: $\frac{1}{2}x - 0{,}5y + 6 = 0$ und $h_2$: $y = -\frac{4}{3}x - 2$.

### Aufgabe 3

Bestimme die Steigung der Geraden durch die Punkte

a) A (-4 | -1) B (1,5 | -4)

b) C (0,5 | -2) D (8 | -1,5)

**Aufgabe 4**

Eine Gerade g verläuft durch die Punkte $P_1$ (-4 I -1) und $P_2$ (1 I 0,5). Bestimme die Gleichung der Geraden g.

**Aufgabe 5**

$g_1$: $y = -\frac{3}{4}x + 1$, A (1 I 4), B (-1 I -3), C (3 I 2,5)

$g_2$: $y = \frac{1}{4}x - 1$

a) Bestimme die Gleichung der Geraden h mit h II $g_1$ und A $\in$ h.

b) Bestimme die Gleichung der Geraden l mit l $\perp$ $g_1$ und B $\in$ l.

c) Überprüfe durch Rechnung, ob C auf h liegt.

d) Bestimme die Koordinaten des Schnittpunktes S der beiden Geraden $g_1$ und $g_2$.

e) Zeichne A, B, C, S, $g_1$, $g_2$, h und l in ein Koordinatensystem.

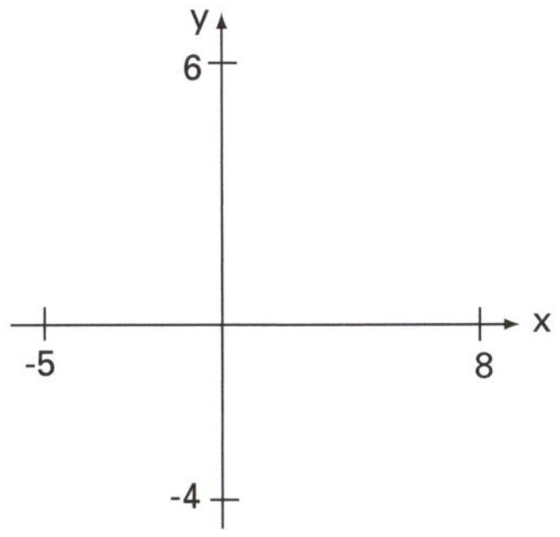


**Aufgabe 6**

Die beiden Freunde Henri und Ben aus Celle wollen mit ihren Fahrrädern in die Lüneburger Heide fahren. Henri startet um 9.00 Uhr und legt in der Stunde 12 km zurück. Ben startet eine halbe Stunde später mit einer Durchschnittsgeschwindigkeit von 15 $\frac{km}{h}$.

Zu welcher Uhrzeit und nach wie vielen Kilometern holt Ben Henri ein?

a) Löse zeichnerisch: x-Achse: 1 cm ≙ 15 min
y-Achse: 1 cm ≙ 4 km

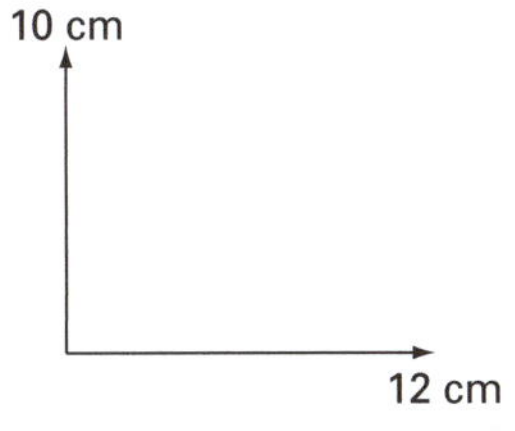


b) Überprüfe das zeichnerische Ergebnis durch Rechnung.

# 8. Quadratische Funktionen

## Basiswissen

Der Graph einer quadratischen Funktion ist eine **Parabel**.

**Die verschobene Normalparabel**

$y = x^2 + px + q$ bzw. $y = -x^2 + px + q$

Faktor (+1) ⇒ nach oben geöffnet — Faktor (−1) ⇒ nach unten geöffnet

$S\left(-\frac{p}{2} \mid q - \left(\frac{p}{2}\right)^2\right)$ — Scheitelkoordinaten $S(x_S \mid y_S)$ — $S\left(\frac{p}{2} \mid q + \left(\frac{p}{2}\right)^2\right)$

Neben der **Normalform** $y = \pm x^2 + px + q$ gibt es auch

⇓

die **Scheitelpunktform** $y = \pm (x - x_S)^2 + y_S$ mit $S(x_S \mid y_S)$.

Durch den Scheitel S verläuft die Symmetrieachse der Parabel ⇒ Gleichung der Symmetrieachse: $x = x_S$

**Parabel und Gerade**

| **Zwei Schnittpunkte**<br>$p \cap g = \{A; B\}$ | **Ein Berührpunkt**<br>$p \cap g = \{B\}$ | **Kein Schnittpunkt**<br>$p \cap g = \{\,\}$ |
|---|---|---|
| 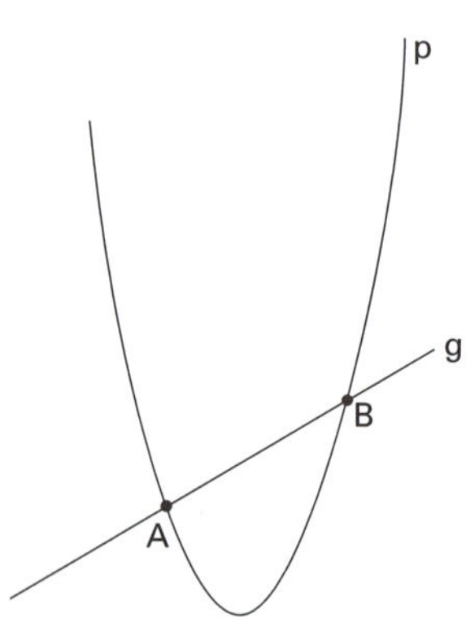 | 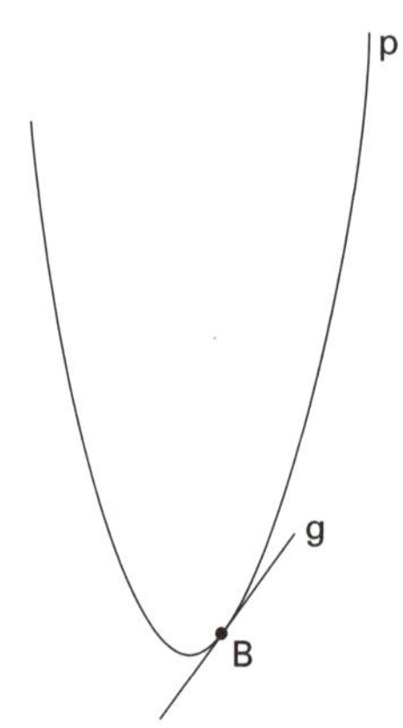 | 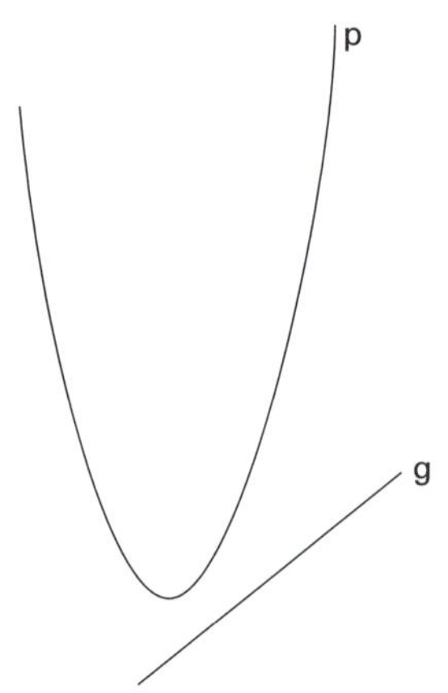 |
| Die zugehörige quadratische Gleichung(*) $x^2 + px + q = 0$ hat | | |
| zwei Lösungen<br>Diskriminante $D > 0$ | eine Lösung<br>Diskriminante $D = 0$ | keine Lösung<br>Diskriminante $D < 0$ |

(*) Siehe dazu auch Themenbereich „Gleichungen“, Seite 108.

## Basiswissen

**Die allgemeine Parabel**

$y = ax^2 + c$ bzw. $y = ax^2 + bx + c$

Der Scheitel S liegt auf der y-Achse.

Der Scheitel S liegt beliebig im Koordinatensystem.

Scheitelkoordinaten $S\,(x_S \mid y_S)$

$$S\left(-\frac{b}{2a} \mid c - \frac{b^2}{4a}\right)$$

**Bedeutung von a:**
$a > 0$: nach oben geöffnet
$a < 0$: nach unten geöffnet
$a > 1$ bzw. $a < -1$: steiler (enger) als Normalparabel
$0 < a < 1$ bzw. $-1 < a < 0$: flacher (breiter) als Normalparabel

## Typische Aufgabenstellung

Eine nach unten geöffnete Normalparabel p verläuft durch die Punkte A (-0,5 I -2,25) und B (3 I 3).
Die Gerade g: $y = -\frac{1}{2}x + 3{,}5$ schneidet die Parabel in den Punkten $P_1$ und $P_2$.

### Aufgabe 1

Bestimme die Gleichung der Parabel p.

### Lösung

Nach unten geöffnet $\Rightarrow$ Faktor bei $x^2$ ist -1!

p: $y = -x^2 + px + q$

A in p eingesetzt:

$-2{,}25 = -(-0{,}5)^2 - 0{,}5p + q$

$-2{,}25 = -0{,}25 - 0{,}5p + q \quad | + 0{,}25$

I $\quad -2 = -0{,}5p + q$

B in p eingesetzt:

$3 = -3^2 + 3p + q$

$3 = -9 + 3p + q \quad | + 9$

II $\quad 12 = 3p + q$

I $\quad -2 = -0{,}5p + q \quad | \cdot (-1) \quad \Rightarrow$

II $\quad 12 = 3p + q$

III $\quad 2 = 0{,}5p - q$

II $\quad 12 = 3p + q$

III + II $\quad 14 = 3{,}5p \quad | : 3{,}5$

IV $\quad p = 4$

IV in II $\quad 12 = 3 \cdot 4 + q$

$12 = 12 + q \quad | - 12$

$q = 0$

$\Rightarrow$ p: $y = -x^2 + 4x$

**Aufgabe 2**

Bestimme die Scheitelkoordinaten S.

**Lösung**

**I. Möglichkeit**

Quadratische Ergänzung:

$y = -x^2 + 4x$ — Faktor bei $x^2$ ausklammern

$y = -[x^2 - 4x]$ — quadratische Ergänzung

$y = -[x^2 - 4x + 2^2 - 2^2]$ — Binom

$y = -[(x - 2)^2 - 4]$ — eckige Klammer auflösen

$y = -(x - 2)^2 + 4$

$\Rightarrow S\ (2 \mid 4)$

**II. Möglichkeit**

Mit der Formel:

$y = -x^2 + 4x$

$p = 4 \quad q = 0 \quad \Rightarrow \quad S\left(\frac{p}{2} \mid q + \left(\frac{p}{2}\right)^2\right)$

$S\ (2 \mid 4)$

**Aufgabe 3**

Bestimme die Koordinaten der Schnittpunkte $P_1$ und $P_2$ der Parabel p mit der Geraden g.

**Lösung**

p: $y = -x^2 + 4x$

g: $y = -\frac{1}{2}x + 3,5$

$\Rightarrow \quad -x^2 + 4x = -\frac{1}{2}x + 3,5 \quad \mid + \frac{1}{2}x - 3,5$

$-x^2 + 4,5x - 3,5 = 0 \quad \mid \cdot (-1)$

$x^2 - 4,5x + 3,5 = 0$

$$x_{1/2} = -\frac{p}{2} \pm \sqrt{\left(\frac{p}{2}\right)^2 - q}$$

$x_{1/2} = 2,25 \pm \sqrt{(-2,25)^2 - 3,5}$

$x_{1/2} = 2,25 \pm 1,25$

$x_1 = 1 \qquad x_2 = 3,5$

$x_1$ und $x_2$ in g einsetzen:

$y_1 = -\frac{1}{2} \cdot 1 + 3,5 = 3 \qquad \Rightarrow P_1\ (1 \mid 3)$

$y_2 = -\frac{1}{2} \cdot 3,5 + 3,5 = 1,75 \qquad \Rightarrow P_2\ (3,5 \mid 1,75)$

Training

**Aufgabe 4**

Zeichne p, g, A, B, $P_1$ und $P_2$ in ein Koordinatensystem.

**Lösung**

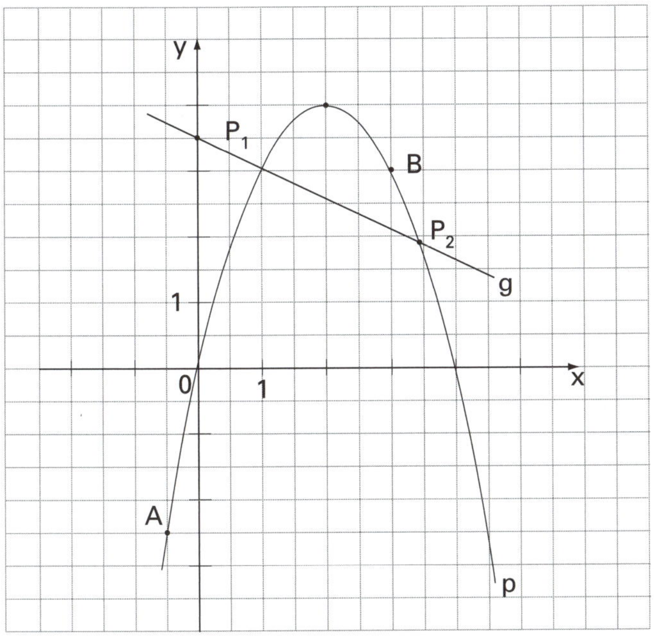


## Übungsaufgaben

**Aufgabe 1**

Zu welchen Parabeln gehören welche Funktionsgleichungen?

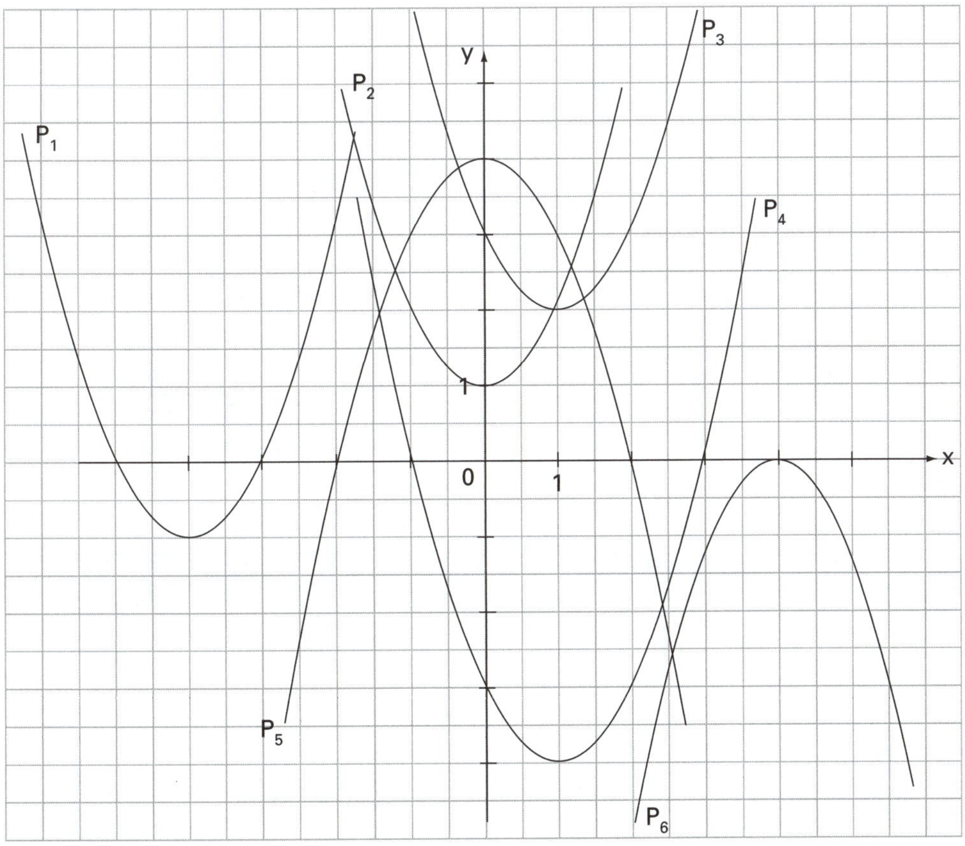


(A) $y = x^2 + 1$

(B) $y = -x^2 + 4$

(C) $y = (x + 4)^2 - 1$

(D) $y = (x - 4)^2 + 1$

(E) $y = (x - 1)^2 - 4$

(F) $y = -(x - 4)^2$

**Aufgabe 2**

Bestimme die Koordinaten der Scheitelpunkte.

a) $y = x^2 - 5x + 1$ b) $y = -x^2 + 2x - 6$ c) $y = -\frac{1}{2}x^2 + 2x - 1$

**Aufgabe 3**

a) Wie lautet die Gleichung der nach unten geöffneten Normalparabel durch die Punkte A (2 I 1) und B (-1 I -2)?

b) Die Parabel p: $y = x^2 + px + q$ hat die Symmetrieachse mit der Gleichung $x = 1$ und verläuft durch den Punkt C (-0,5 I -1,75). Bestimme die Gleichung der Parabel p.
Gib p in der Scheitelpunktform und Normalform an.

**Aufgabe 4**

Die Parabel $p_1$: $y = x^2 + 8x + 15$ wird an der x-Achse und y-Achse gespiegelt.
Bestimme die Gleichungen der gespiegelten Parabeln $p_2$ und $p_3$ in der Normalform und Scheitelpunktform.
Veranschauliche auch im Koordinatensystem.

**Aufgabe 5**

a) Bestimme die Koordinaten der Schnittpunkte der Parabel p: $y = x^2 - 2x + 3$ mit der Geraden g: $y = x + 1$

b) Bestimme die Koordinaten der Schnittpunkte der Parabeln $p_1$: $y = x^2 - 2x - 3$ und $p_2$: $y = -x^2 + 8x - 16$

c) Bestimme die Nullstellen der Parabel p: $y = -0{,}2x^2 + 0{,}8x + 4{,}2$

**Aufgabe 6**

a) Eine 9 m breite Lagerhalle hat als Dachkonstruktion drei gleich große parabelförmige Bögen der Form $y = -x^2 + px + q$ (siehe nicht maßstabsgerechte Zeichnung).
Berechne die Höhe der Lagerhalle bis zum Scheitel des Daches.

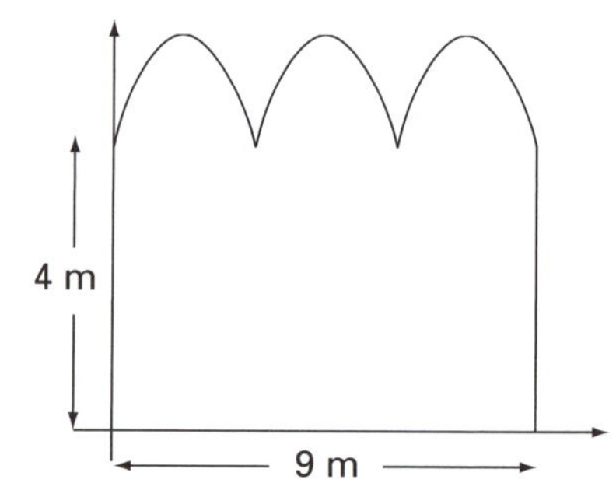


b) Das Glasdach eines Wintergartens hat die Form einer Parabel mit der Gleichung $y = ax^2 + c$ (siehe nicht maßstabsgerechte Zeichnung). Berechne die Gleichung der Parabel.

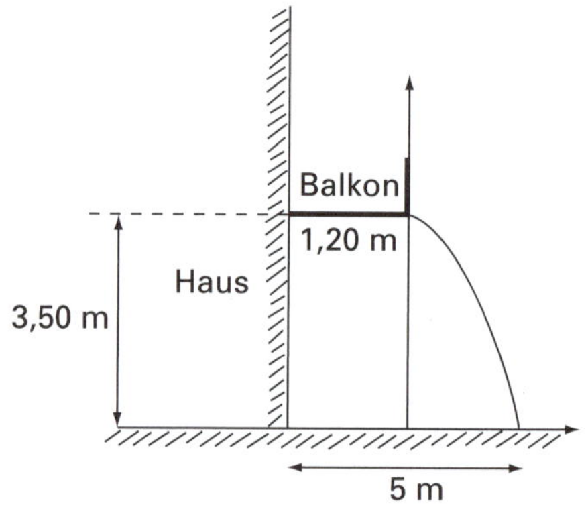

# 9. Berechnungen an Flächen

## Basiswissen

Neben den Formeln zur Berechnung von Längen und Flächeninhalten von Dreiecken, Vierecken, Kreisen und Kreisteilen sind weiterhin wichtig:

### Flächensätze am rechtwinkligen Dreieck

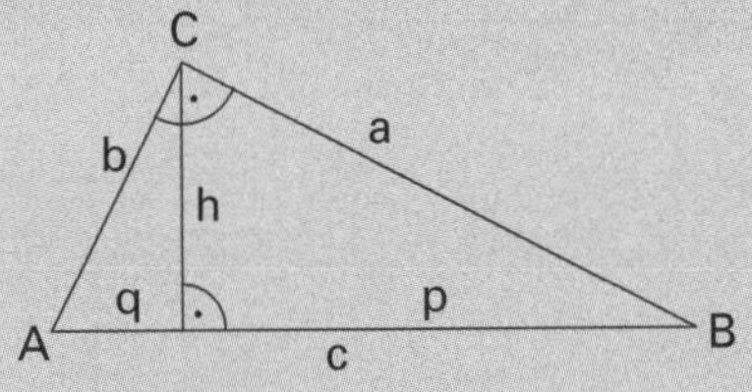


| | |
|---|---|
| $a^2 + b^2 = c^2$ | Satz des Pythagoras |
| $h^2 = p \cdot q$ | Höhensatz |
| $a^2 = c \cdot p$<br>$b^2 = c \cdot q$ | Kathetensatz |

### Strahlensatz

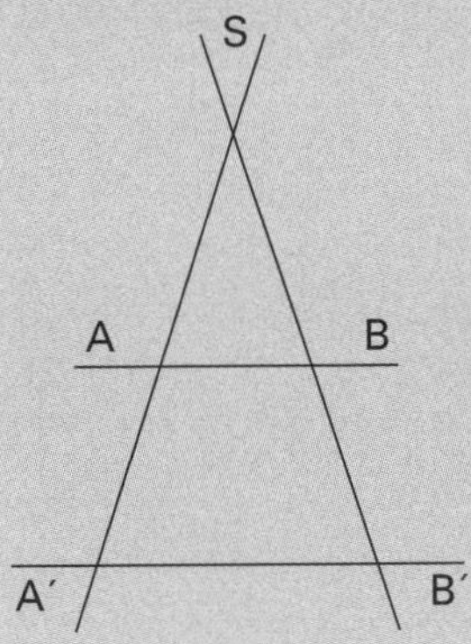


bzw.

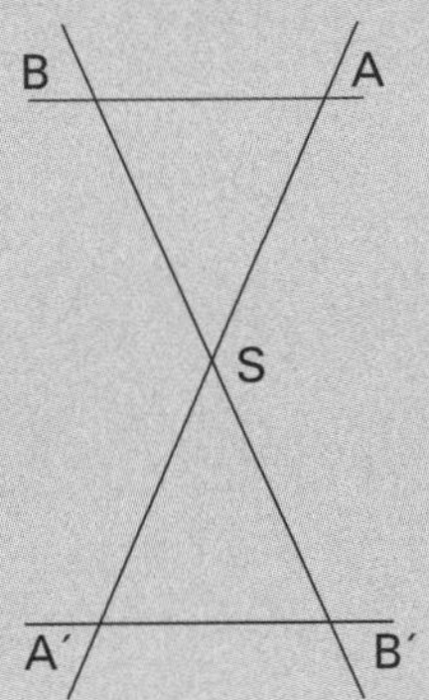


[AB] ∥ [A′B′]

| | |
|---|---|
| $\overline{SA} : \overline{SA'} = \overline{SB} : \overline{SB'}$<br>$\overline{SA} : \overline{AA'} = \overline{SB} : \overline{BB'}$ | 1. Strahlensatz |
| $\overline{SA} : \overline{SA'} = \overline{AB} : \overline{A'B'}$<br>$\overline{SB} : \overline{SB'} = \overline{AB} : \overline{A'B'}$ | 2. Strahlensatz |

### Trigonometrische Berechnungen am rechtwinkligen Dreieck

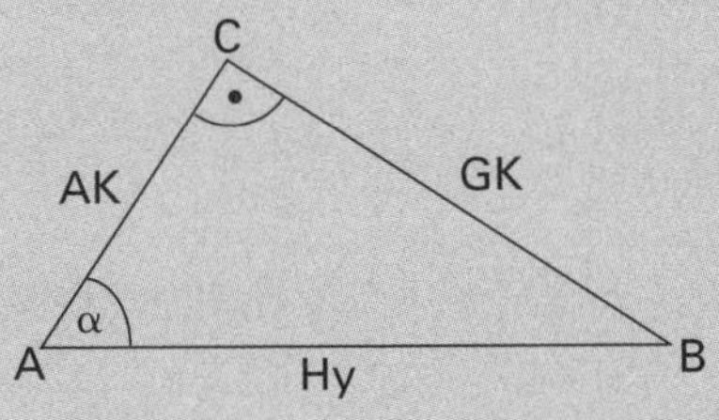


$$\sin \alpha = \frac{\text{Gegenkathete GK}}{\text{Hypotenuse Hy}}$$

$$\cos \alpha = \frac{\text{Ankathete AK}}{\text{Hypotenuse Hy}}$$

$$\tan \alpha = \frac{\text{Gegenkathete GK}}{\text{Ankathete AK}}$$

### Trigonometrische Berechnungen am allgemeinen Dreieck

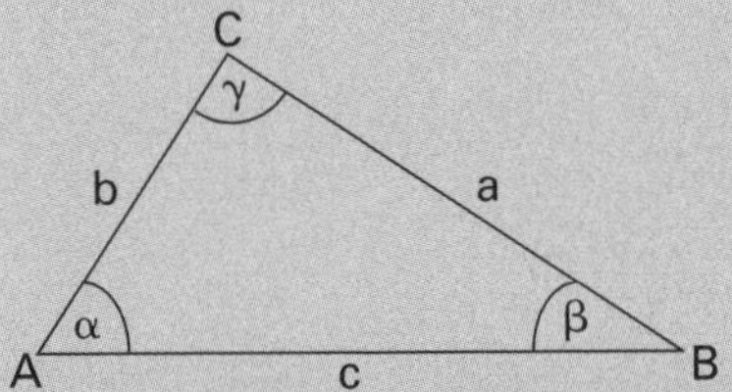


Flächeninhalt:

$$A = \frac{1}{2} \cdot ab \cdot \sin \gamma$$

$$A = \frac{1}{2} \cdot ac \cdot \sin \beta$$

$$A = \frac{1}{2} \cdot bc \cdot \sin \alpha$$

Sinussatz:

$$\frac{a}{\sin \alpha} = \frac{b}{\sin \beta} = \frac{c}{\sin \gamma}$$

Kosinussatz:

$$a^2 = b^2 + c^2 - 2bc \cdot \cos \alpha$$

$$b^2 = a^2 + c^2 - 2ac \cdot \cos \beta$$

$$c^2 = a^2 + b^2 - 2ab \cdot \cos \gamma$$

## Typische Aufgabenstellung

$\overline{AB} = 60$ m, $\overline{BC} = 30$ m, $\overline{AD} = 50$ m

Ein Landwirt möchte in seinem Wiesengrundstück von B nach D einen Weidezaun bauen.

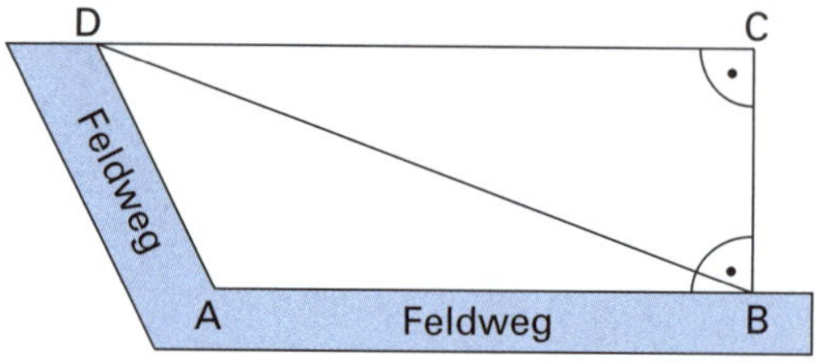


### Aufgabe 1

Wie lang muss der Zaun werden?

### Lösungsschritte

**1. Schritt:**
Berechnung des Winkelmaßes $\alpha = \sphericalangle$ BAD:

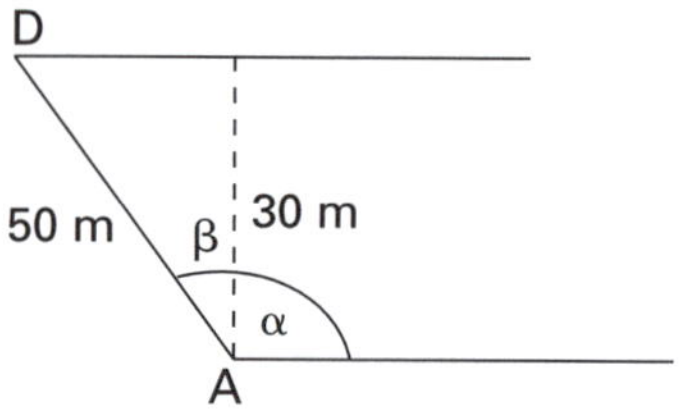


$$\cos \beta = \frac{AK}{Hy}$$

$$\alpha = 90° + \beta$$

$$\cos \beta = \frac{30\text{ m}}{50\text{ m}}$$

$$\beta = 53{,}13°$$

$$\Rightarrow \alpha = 90° + 53{,}13°$$
$$\alpha = 143{,}13°$$

**2. Schritt:**
Berechnung von $\overline{BD}$:

Nach dem **Kosinussatz** gilt:

$$\overline{BD}^2 = \overline{AB}^2 + \overline{AD}^2 - 2\overline{AB}\,\overline{AD} \cdot \cos \alpha$$
$$\overline{BD}^2 = (60\text{ m})^2 + (50\text{ m})^2 - 2 \cdot 60\text{ m} \cdot 50\text{ m} \cdot \cos 143{,}13°$$
$$\overline{BD} = 104{,}40\text{ m}$$

Der Weidezaun muss 104,40 m lang werden.

### Aufgabe 2

Berechne den Flächeninhalt des Grundstücks.

### Lösungsschritte

**1. Schritt:**
Berechnung von $\overline{DC}$:

Nach dem **Satz des Pythagoras** gilt:

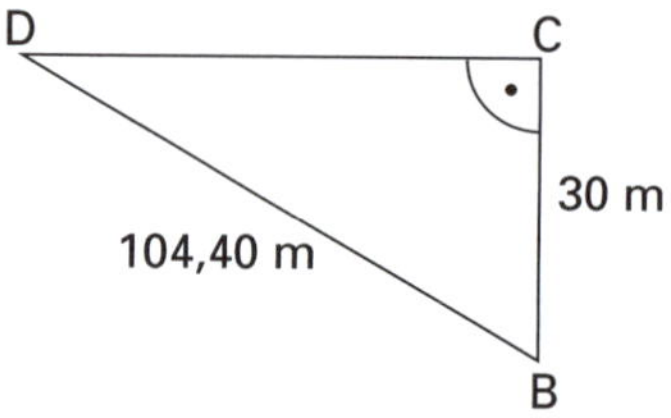


$$\overline{DC}^2 = \overline{BD}^2 - \overline{BC}^2$$
$$\overline{DC}^2 = (104{,}40\text{ m})^2 - (30\text{ m})^2$$
$$\overline{DC} = 100\text{ m}$$

**2. Schritt:**
Berechnung des Flächeninhalts. Die Fläche ist ein Trapez.

$$A_{Tr} = \frac{1}{2}(a + c) \cdot h$$

$a = 60$ m, $c = 100$ m, $h = 30$ m

$A = \frac{1}{2}(60\text{ m} + 100\text{ m}) \cdot 30\text{ m}$

$A = \frac{1}{2}\, 160\text{ m} \cdot 30\text{ m}$

$A = 2400\text{ m}^2$

Das Wiesengrundstück ist 2400 m² groß.

## Übungsaufgaben

### Aufgabe 1

a) $c = 12{,}8$ cm
$h_c = 4{,}2$ cm
$a = 8$ cm
Berechne $h_a$.

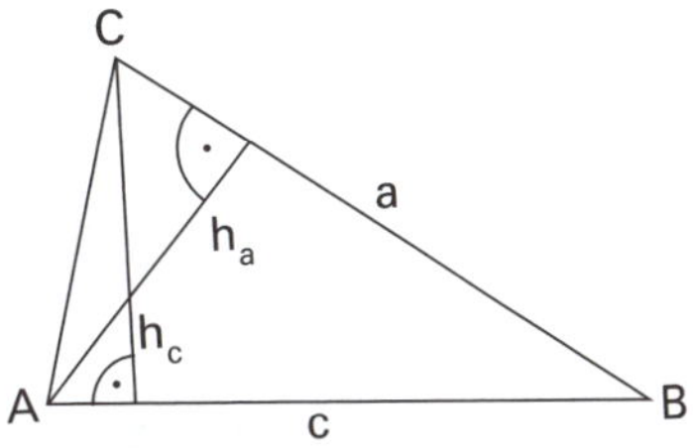


b) $\overline{P_1P_2} = 12$ cm $\quad \alpha = 114°$
Berechne den Inhalt der gefärbten Fläche.

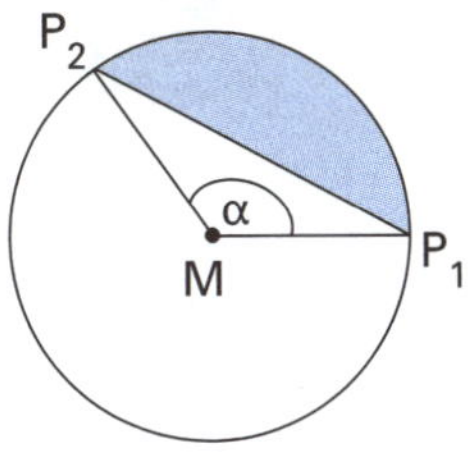


### Aufgabe 2

△ ABC ist gleichschenklig mit der Basis $\overline{AB} = 12$ cm und der Schenkellänge $\overline{AC} = 15$ cm.
[DE] ist parallel zu [AB], $\overline{AD} = 2 \cdot \overline{DC}$.

a) Berechne $\overline{AD}$ und $\overline{DC}$.

b) Berechne $\overline{DE}$.

c) Berechne das Maß des Winkels α.

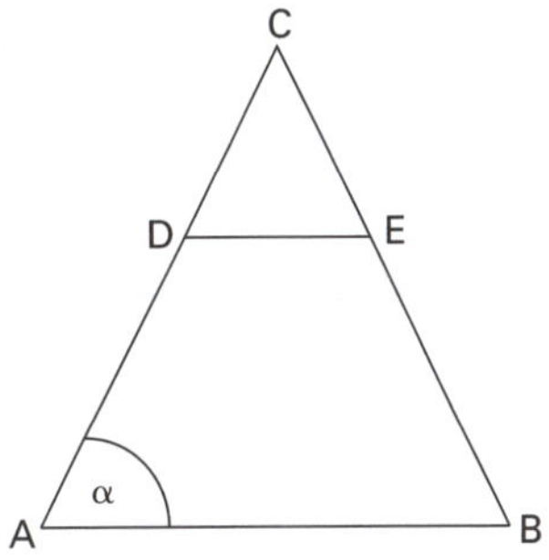


### Aufgabe 3

Im Drachenviereck ABCD gilt:
M ist Mittelpunkt von [BD],
$\overline{MB} = 6$ cm und ∢ BAC = 30° (siehe Zeichnung).

a) Berechne $\overline{AB}$.

b) Berechne $\overline{AC}$.

c) Berechne den Flächeninhalt.

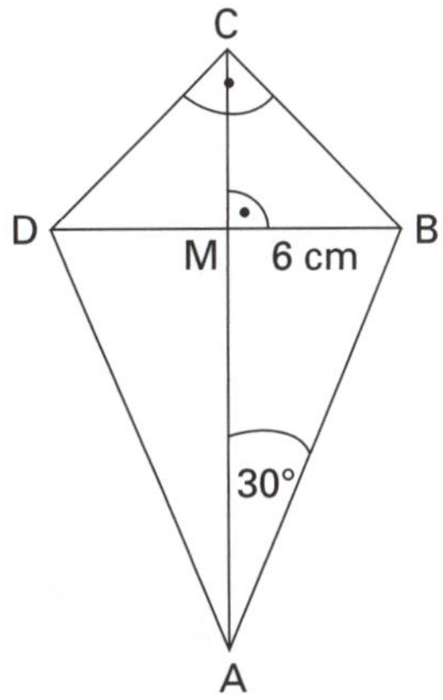


Training

### Aufgabe 4

In der nicht maßstabsgerechten Zeichnung ist ein Pkw-Parkplatz dargestellt.
Berechne den ungefähren Flächeninhalt des gesamten Parkplatzes.
Begründe deine Berechnungen.

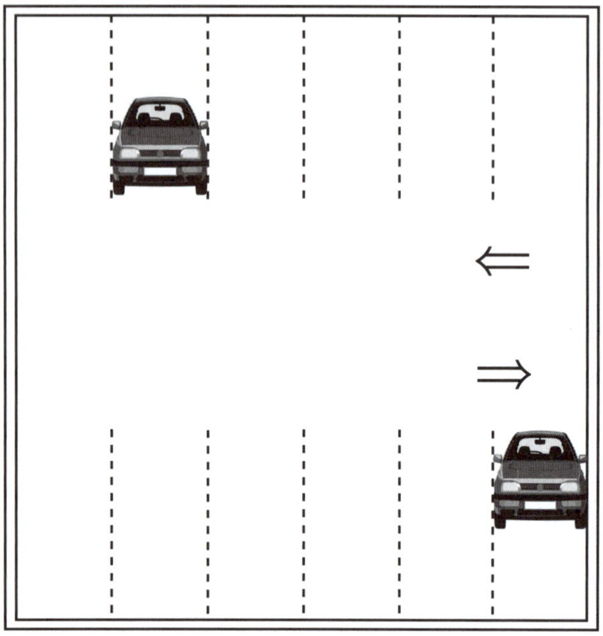

### Aufgabe 5

Die Entfernung der Orte P und R beträgt 3,9 km.
Von Ort R aus erscheint die Strecke [PQ] unter einem Winkel $\gamma = 81{,}1°$, von Ort P aus erscheint die Strecke [RQ] unter einem Winkel von $\alpha = 46{,}8°$.
Berechne die Entfernung zwischen den Orten Q und R.

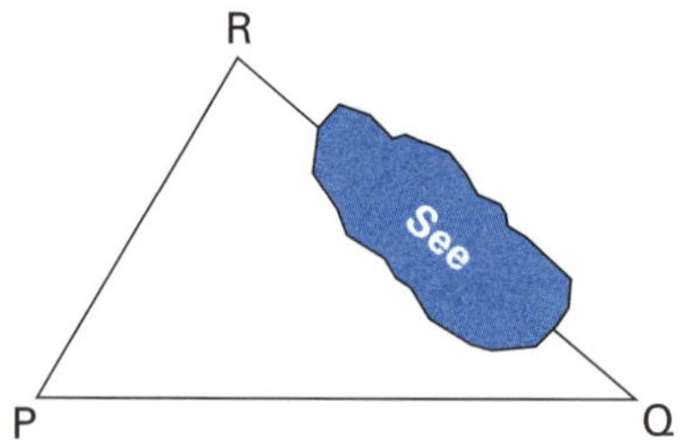


### Aufgabe 6

Auf der Landesgartenschau sollen durch ein großes Blumenbeet genau in der Mitte Wege angelegt werden (siehe Zeichnung). Wie groß muss die Breite x des Weges sein, wenn noch 90 % der Gesamtfläche des Blumenbeets für die Anpflanzung der Blumen übrig bleiben sollen?

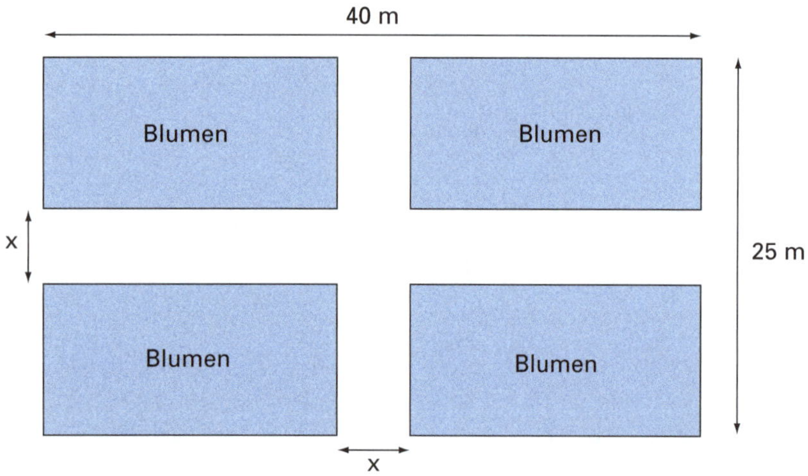


Zeichnung nicht maßstabsgerecht

## 10. Berechnungen an Körpern

### Basiswissen

Neben den Formeln zur Berechnung von Längen, Rauminhalten und Oberflächeninhalten von Prismen, Pyramiden, Zylindern, Kegeln und Kugeln sind weiterhin wichtig: Flächensätze am rechtwinkligen Dreieck, zentrische Streckung, Strahlensatz und trigonometrische Berechnungen (siehe Themenbereich „Berechnungen an Flächen").

### Typische Aufgabenstellung

Die Grundfläche der Pyramide ABCDS ist ein Quadrat mit der Seitenlänge $\overline{AB} = 6$ cm. Weiterhin gilt: $h = \overline{MS} = 12$ cm

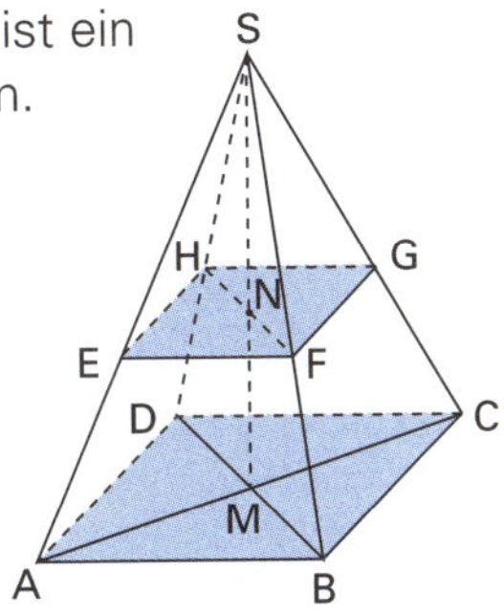


**Aufgabe 1**

Berechne die Kantenlänge $\overline{BS}$.

(2)

**Lösung**

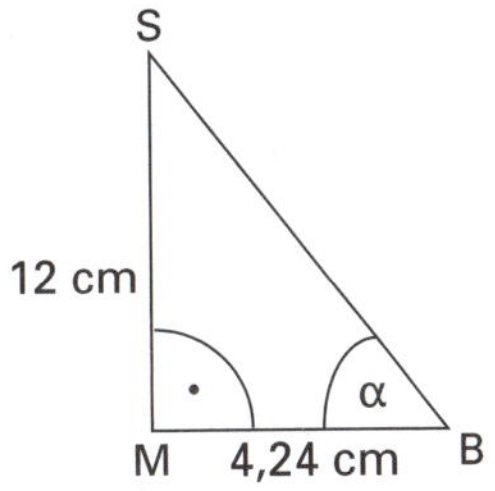


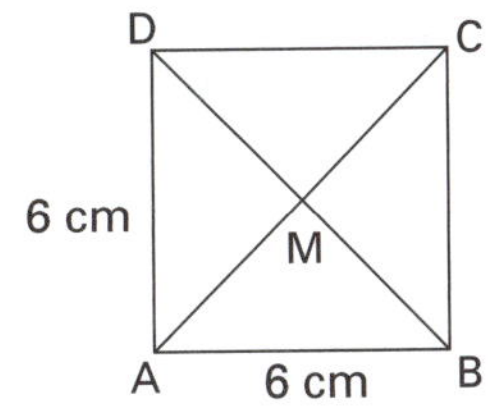


Diagonale:

$d = a\sqrt{2}$

Nach dem **Satz des Pythagoras** gilt:
$\overline{BS}^2 = (4{,}24\text{ cm})^2 + (12\text{ cm})^2$
$\overline{BS} = 12{,}73$ cm

Länge der Diagonalen:
$\overline{BD} = 6\sqrt{2}$ cm
$\Rightarrow \overline{MB} = 3\sqrt{2}$ cm
$\overline{MB} = 4{,}24$ cm

**Aufgabe 2**

Zeichne das Schrägbild der Pyramiden (Verkürzungsfaktor $q = \frac{1}{2}$, Verschrägungswinkel $w = 45°$) und das Netz im Maßstab 1 : 2.

## Lösung

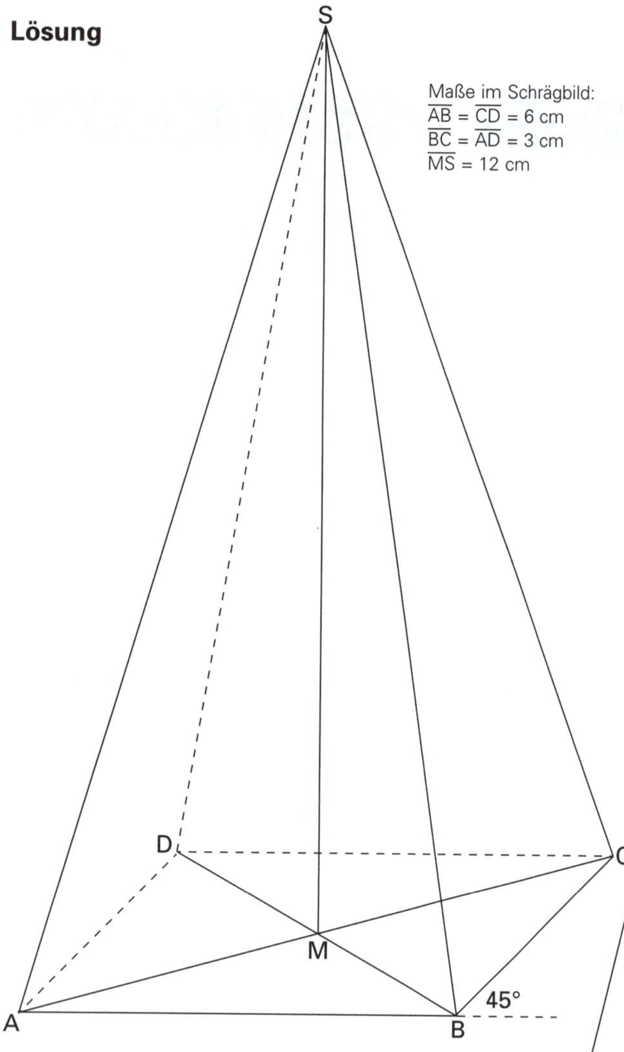
S
Maße im Schrägbild:
$\overline{AB} = \overline{CD} = 6$ cm
$\overline{BC} = \overline{AD} = 3$ cm
$\overline{MS} = 12$ cm
D
C
M
A
B
45°

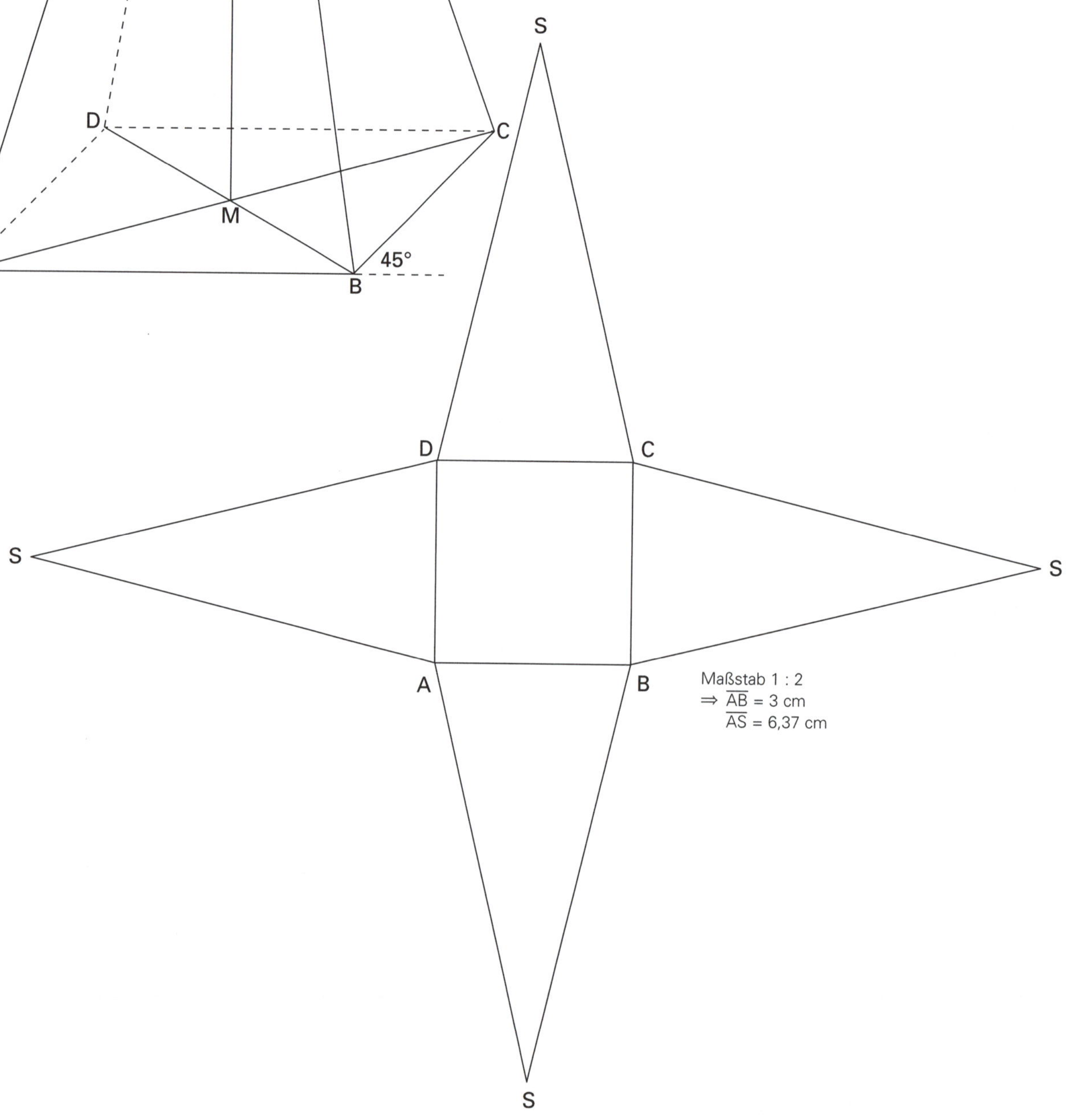
S
D
C
S
S
A
B
Maßstab 1 : 2
$\Rightarrow \overline{AB} = 3$ cm
$\overline{AS} = 6{,}37$ cm
S

**Aufgabe 3**

Berechne den Neigungswinkel einer Seitenkante zur Grundfläche.

**Lösung**

Siehe Zeichnung zu Aufgabe 1:

$\tan\alpha = \dfrac{12\text{ cm}}{4{,}24\text{ cm}}$

$\alpha = 70{,}54°$

**Aufgabe 4**

Berechne $\overline{EF}$, wenn $\overline{MN} = 5$ cm.

**Lösung**

Nach dem Strahlensatz gilt:

$\dfrac{\overline{EF}}{\overline{AB}} = \dfrac{\overline{SN}}{\overline{SM}} \quad | \cdot \overline{AB}$

$\overline{EF} = \dfrac{\overline{SN} \cdot \overline{AB}}{\overline{SM}} \qquad \overline{SN} = 12\text{ cm} - 5\text{ cm}$

$\overline{SN} = 7\text{ cm}$

$\overline{EF} = \dfrac{7\text{ cm} \cdot 6\text{ cm}}{12\text{ cm}}$

$\overline{EF} = 3{,}5\text{ cm}$

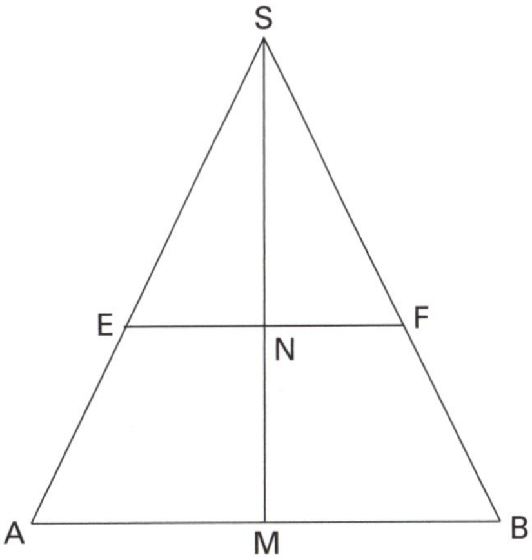


**Aufgabe 5**

Berechne das Volumen der Pyramide EFGHS.

**Lösung**

$V = \frac{1}{3} G \cdot h$

$G = 3{,}5\text{ cm} \cdot 3{,}5\text{ cm} \qquad h = 7\text{ cm}$

$G = 12{,}25\text{ cm}^2$

$V = \frac{1}{3} \cdot 12{,}25\text{ cm}^2 \cdot 7\text{ cm}$

$V = 28{,}58\text{ cm}^3$

## Übungsaufgaben

**Aufgabe 1**

a) Ein Quader hat die Kantenlängen $a = 6{,}5$ cm, $b = 3{,}2$ cm und das Volumen $V = 56\text{ cm}^3$.
Berechne die Länge der Kante c.
Zeichne das Schrägbild des Quaders ($q = \frac{1}{2}$; $w = 45°$) und zeichne das Quadernetz im Maßstab 1 : 2.

b) Die Mantelfläche eines Zylinders beträgt $M = 168\text{ cm}^2$, der Radius $r = 8{,}2$ cm.
Berechne das Volumen des Zylinders.

c) Eine Pyramide hat als Grundfläche ein Quadrat mit der Seitenlänge $a = 3{,}2$ cm.
Die Spitze S liegt senkrecht über dem Mittelpunkt M der Grundfläche, das Volumen beträgt $28\text{ cm}^3$.
Berechne den Oberflächeninhalt.

d) Kreuze die richtige(n) Aussage(n) an.

| | ankreuzen |
|---|---|
| Werden bei einem Quader Länge, Breite und Höhe jeweils verdoppelt, so wird das Volumen 6-mal so groß. | |
| Werden bei einem Würfel die Kantenlängen halbiert, so beträgt der Oberflächeninhalt den 4. Teil des ursprünglichen Oberflächeninhalts. | |
| Werden bei einem Quader eine Kante verdoppelt und eine andere Kante halbiert, so bleibt das Volumen gleich. | |
| In einen Würfel mit der Kantenlänge 4 cm passen genau 16 Würfel mit der Kantenlänge 1 cm. | |

**Aufgabe 2**

a) Eine zylinderförmige Regentonne hat einen Durchmesser von 64 cm und eine Höhe von 95 cm. Wie viele Liter Wasser kann die Regentonne fassen?

b) Die Außenfläche des untenstehenden Getreidesilos soll einen neuen Anstrich erhalten. Wie viele Quadratmeter müssen gestrichen werden? Begründe die Maße, die du zur Berechnung verwendest.

Bildquellen: © Flying-Tiger, © MEV-Verlag, Germany

**Aufgabe 3**

Die Zeichnung zeigt den Axialschnitt eines Kegels. Berechne das Volumen und den Inhalt der Mantelfläche.

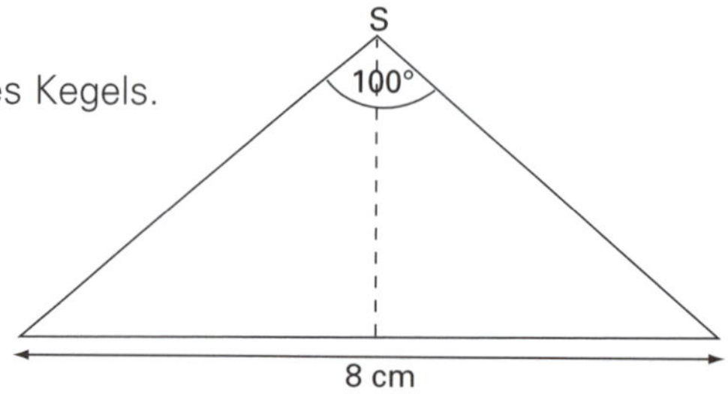

## Aufgabe 4

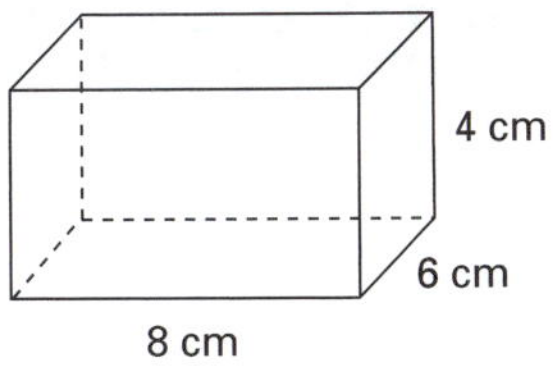


Das Kantenmodell des Quaders besteht aus Draht.

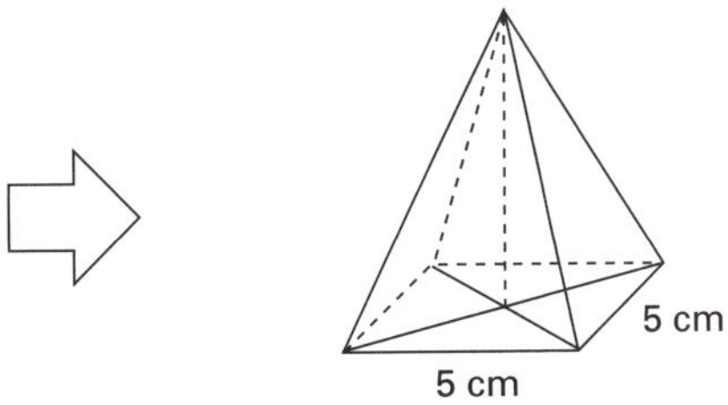


Mit dem Draht des Quaders soll ein Kantenmodell dieser Pyramide geformt werden.

a) Berechne die Höhe h der Pyramide.

b) Berechne das Maß des Neigungswinkels einer Seitenkante zur Grundfläche.

## Aufgabe 5

Ein Schwimmbecken ist 20 m lang, 8 m breit und 3 m tief. Es ist zu 85 % mit Wasser gefüllt.

a) Wie viele cm liegen zwischen Wasseroberfläche und dem oberen Beckenrand?

b) Das Wasser soll bis zum Beckenrand aufgefüllt werden. Wie lange dauert der Füllvorgang, wenn aus zwei Rohren insgesamt pro Stunde 15 Liter Wasser eingefüllt werden?

## Aufgabe 6

Die nicht maßstabsgerechte Zeichnung zeigt den Axialschnitt durch einen zusammengesetzten Rotationskörper.

a) Berechne das Volumen des Gesamtkörpers.

b) Berechne den Oberflächeninhalt des Gesamtkörpers.

c) Berechne das Maß des Öffnungswinkels des Kegels.

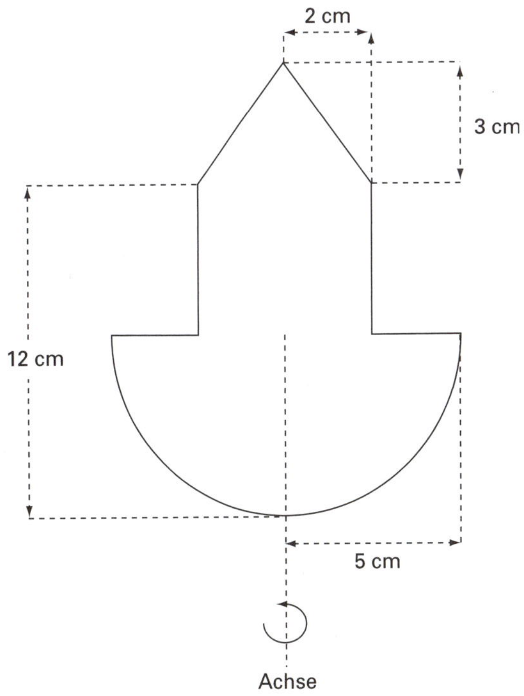

# 11. Wachstum und Zerfall

## Basiswissen

### Lineares Wachstum

In gleichen Zeiträumen nehmen die Werte um die gleiche Summe zu.
$y = mx + t$
(Lineare Funktion)
Der Graph ist eine Gerade.

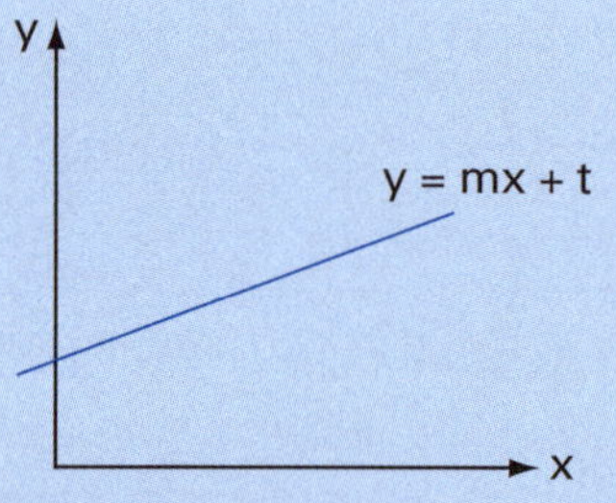


### Exponentielles Wachstum

In gleichen Zeiträumen werden die Werte mit dem gleichen Faktor vervielfacht.
$y = n \cdot a^x$
(Exponentialfunktion)
Der Graph ist eine Kurve.

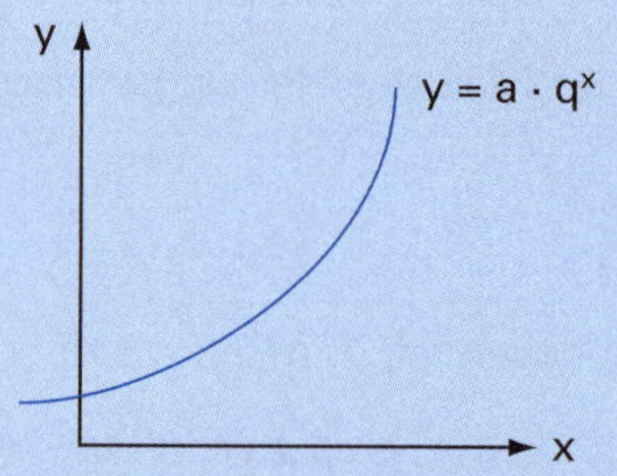


Bei einem negativen Wachstum spricht man von **Abnahme, Zerfall** oder **Verlust.**
Allgemein gilt beim exponentiellen Wachstum:

**Wachstum**

$$W_n = W_0\left(1 + \frac{p}{100}\right)^n$$
$$W_n = W_0 \cdot q^n$$
$$q = 1 + \frac{p}{100}$$
$$q > 1$$

$W_0$: Anfangswert
$W_n$: Endwert
p: Wachstumsrate
q: Wachstumsfaktor
n: Anzahl der Zeiteinheiten

**Zerfall**

$$W_n = W_0 \cdot \left(1 - \frac{p}{100}\right)^n$$
$$W_n = W_0 \cdot q^n$$
$$q = 1 - \frac{p}{100}$$
$$0 < q < 1$$

Kapitalwachstum (mit „Zinseszins") wird mit folgender Formel berechnet:

$$K_n = K_0\left(1 + \frac{p}{100}\right)^n$$

Aufgaben dazu siehe Themenbereich „Prozent- und Zinsrechnung" (Seite 117).

Faustregel zur Kapitalverdopplung:

$$n = \frac{70}{p}$$

p: Zinssatz
n: Anzahl der Jahre

## Basiswissen

Beim **radioaktiven Zerfall** spielt die „Halbwertszeit“ (Zeit, in der die Hälfte der ursprünglichen Substanz zerfallen ist) eine große Rolle. Den Quotienten $\frac{t\text{ (Zeit)}}{T\text{ (Halbwertszeit)}}$ kann man „Anzahl der Halbwertszeiten“ nennen.

$$N_t = N_0 \cdot 0{,}5^{\frac{t}{T}}$$

$N_0$: Ausgangsmenge
$N_t$: Endmenge nach Ablauf der Zeit t
t: Zeit
T: Halbwertszeit
$\frac{t}{T}$: Anzahl der Halbwertszeiten
0,5: Abnahmefaktor

Beim Lösen von Wachstums- und Zerfallsaufgaben werden folgende Grundkenntnisse verlangt: Rechnen mit Potenzen und Wurzeln (siehe Themenbereich „Grundlagen“) und Rechnen mit Logarithmen.

$$a = b^n \quad \Leftrightarrow \quad n = \log_b a$$

$$\log_b (u \cdot v) = \log_b u + \log_b v$$

$$\log_b \left(\frac{u}{v}\right) = \log_b u - \log_b v$$

$$\log_b u^n = n \cdot \log_b u$$

Basisumrechnung:

$$\log_c a = \frac{\log_b a}{\log_b c}$$

**Beachte:**
Bei Logarithmen zur Basis 10 wird die Basis nicht geschrieben.

$$\log_{10} = \log \quad \text{bzw.} \quad \log_{10} = \lg$$

## Typische Aufgabenstellung

Auf einem Teich bedecken Seerosen eine Fläche von 3 $m^2$. Sie vermehren sich wöchentlich um 10 %.

**Aufgabe 1**

Stelle dieses Wachstum allgemein als Funktionsgleichung dar.

**Lösung**

$$y = 3 \cdot \left(1 + \frac{10}{100}\right)^x \quad \text{bzw.} \quad y = 3 \cdot 1{,}1^x$$

**Aufgabe 2**

Fertige eine Wertetabelle für $x \in [0; 12]$ mit $\triangle x = 1$.

**Lösung**

| x | 0 | 1 | 2 | 3 | 4 | 5 | 6 | 7 | 8 | 9 | 10 | 11 | 12 |
|---|---|---|---|---|---|---|---|---|---|---|---|---|---|
| y | 3 | 3,3 | 3,6 | 4 | 4,4 | 4,8 | 5,3 | 5,8 | 6,4 | 7,1 | 7,8 | 8,6 | 9,4 |

**Aufgabe 3**

Zeichne den Graphen.

**Lösung**

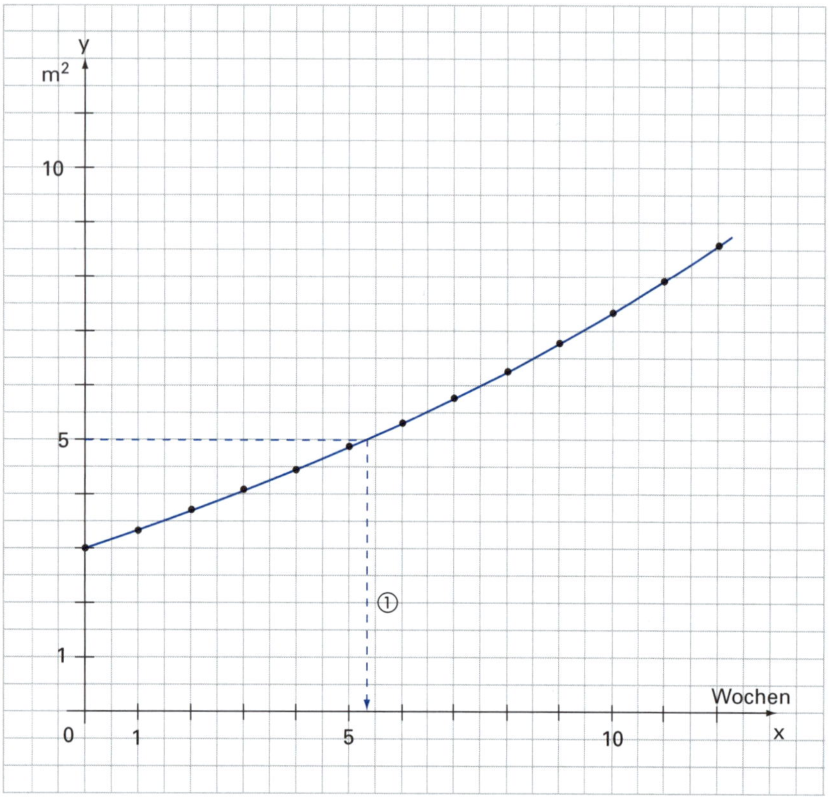


**Aufgabe 4**

Entnimm dem Graphen: Nach wie vielen Wochen bedecken die Seerosen eine Fläche von 5 m²?
Überprüfe das Ergebnis durch Rechnung.

**Lösung**

Aus dem Graphen: ① nach 5,4 Wochen

Rechnung:

$5 = 3 \cdot 1{,}1^x \qquad | :3$

$\frac{5}{3} = 1{,}1^x$

$x = \log_{1,1} \frac{5}{3}$

$b^n = a \Rightarrow n = \log_b a$

$x = \frac{\lg \frac{5}{3}}{\lg 1{,}1}$

$x = 5{,}36$

Nach 5,36 Wochen bedecken die Seerosen eine Fläche von 5 m².

**Aufgabe 5**

Wie groß müsste das prozentuale Wachstum pro Woche sein, wenn die Seerosen nach 12 Wochen eine Fläche von 24 $m^2$ bedecken würden?

**Lösung**

$$24 = 3 \cdot \left(1 + \frac{p}{100}\right)^{12} \qquad | : 3$$

$$8 = \left(1 + \frac{p}{100}\right)^{12} \qquad | \sqrt[12]{\phantom{x}}$$

$\sqrt[n]{a} = a^{\frac{1}{n}}$

$$\sqrt[12]{8} = 1 + \frac{p}{100}$$

$$8^{\frac{1}{12}} = 1 + \frac{p}{100} \qquad | -1$$

$$8^{\frac{1}{12}} - 1 = \frac{p}{100} \qquad | \cdot 100$$

$$p = 100\,(8^{\frac{1}{12}} - 1)$$

$$p = 18{,}92$$

Das prozentuale Wachstum müsste pro Woche 18,92 % betragen.

## Übungsaufgaben

**Aufgabe 1**

Berechne jeweils x.

a) $x^5 = 8$ b) $6^x = 110$ c) $\log_3 x = 5$ d) $2{,}5^{2x} = 20$

**Aufgabe 2**

Die Eltern möchten ihrem Sohn Samuel ab dem 6. Lebensjahr ein wöchentliches Taschengeld geben. Der Vater schlägt vor: „Wir geben ihm pro Woche 5 € und nach jedem weiteren Lebensjahr 2 € mehr." Die Mutter schlägt vor: „Anfangs 5 € sind zu viel. Wir geben ihm 1 € und jedes weitere Lebensjahr das Doppelte vom vorhergehenden Jahr."

a) Stelle beide Vorschläge als Funktionsgleichung dar.

b) Fertige für beide Vorschläge eine Wertetabelle für $x \in [0; 5]$.

c) Zeichne beide Graphen.
x-Achse: 1 cm ≙ 1 Jahr, y-Achse: 1 cm ≙ 4 €.

d) Interpretiere die beiden Graphen.

### Aufgabe 3

Die Grafik zeigt den Verfall von zwei Produkten. Nach wie vielen Wochen ist bei beiden Produkten noch die gleiche Menge vorhanden? Wie groß ist diese Menge?

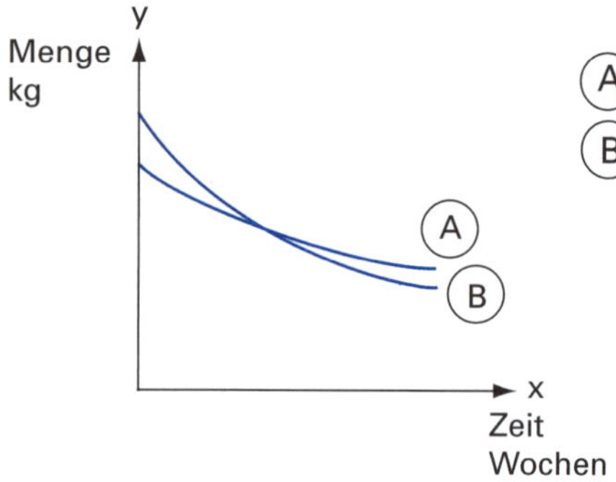


(A) $y = 20 \cdot 0{,}92^x$

(B) $y = 30 \cdot 0{,}90^x$

### Aufgabe 4

Radon 220 hat eine Halbwertszeit von 55,6 Sekunden.
Wie viel Gramm sind von $\frac{1}{8}$ kg nach zwei Minuten noch übrig?

(3)

### Aufgabe 5

Ein Pkw hat heute noch einen Wert von 21 500 €. Seit dem Kauf vor vier Jahren ist er nur noch 55 % des ehemaligen Kaufpreises wert. Berechne den durchschnittlichen jährlichen Wertverlust in %.

### Aufgabe 6

| Bevölkerung eines Landes | |
|---|---|
| **Jahr** | **Einwohnerzahl in 1000** |
| **1966** | |
| **1986** | 79 209 |
| **2006** | 81 912 |
| **2016** | |

a) Die Bevölkerung hat von 1986 bis 2006 durchschnittlich im Jahr um 0,58 % zugenommen.
Berechne die Einwohnerzahl im Jahr 1986. Ergänze den Wert in der Tabelle und runde auf Tausend.

b) Von 2006 bis 2016 hat die Bevölkerung jährlich durchschnittlich um 0,13 % zugenommen.
Berechne die Einwohnerzahl im Jahr 2016. Ergänze den Wert in der Tabelle und runde auf Tausend.

c) Berechne die durchschnittliche prozentuale Zunahme pro Jahr von 2006 bis 2016.

d) Vergleiche die prozentuale Zunahme der Bevölkerung von Aufgabe a) bis c) miteinander.
Zu welcher Schlussfolgerung kommst du?

## 12. Beschreibende Statistik und Wahrscheinlichkeit

### Basiswissen

Präge dir folgende Begriffe gut ein:

<table>
<tr><td colspan="3">Statistische Kenngrößen</td></tr>
<tr><td>Absolute Häufigkeit:</td><td colspan="2">Anzahl, wie oft ein bestimmter Wert auftritt</td></tr>
<tr><td>Relative Häufigkeit:</td><td colspan="2">$\frac{\text{Absolute Häufigkeit}}{\text{Gesamtzahl aller Werte}}$</td></tr>
<tr><td>Rangliste:</td><td colspan="2">Liste mit geordneten Daten</td></tr>
<tr><td>Modalwert:</td><td colspan="2">Wert, der am häufigsten vorkommt</td></tr>
<tr><td>Arithmetisches Mittel:</td><td colspan="2">$\frac{\text{Summe der Einzelwerte}}{\text{Anzahl der Einzelwerte}}$</td></tr>
<tr><td rowspan="3">Zentralwert (Median):</td><td>ungerade Anzahl</td><td>gerade Anzahl</td></tr>
<tr><td colspan="2">von Daten einer Rangliste</td></tr>
<tr><td>Wert, der in der Mitte steht</td><td>arithmetisches Mittel aus den beiden in der Mitte stehenden Werten</td></tr>
<tr><td>Maximalwert und Minimalwert:</td><td colspan="2">größter bzw. kleinster Wert</td></tr>
<tr><td>Spannweite:</td><td colspan="2">Bereich, in dem die Ergebnisse liegen (Differenz zwischen dem größten und kleinsten Wert)</td></tr>
<tr><td>Boxplot:</td><td colspan="2">In einem Boxplot werden die folgenden statistischen Kenngrößen einer Datenmenge veranschaulicht: Minimalwert, unteres Quartil, Zentralwert (Median), oberes Quartil, Maximalwert</td></tr>
<tr><td>Unteres Quartil:</td><td colspan="2">Wert halbiert die untere Hälfte der geordneten Datenmenge</td></tr>
<tr><td>Oberes Quartil:</td><td colspan="2">Wert halbiert die obere Hälfte der geordneten Datenmenge</td></tr>
<tr><td colspan="3">Wahrscheinlichkeit</td></tr>
<tr><td>Ergebnis:</td><td colspan="2">möglicher Ausgang eines Zufallsexperiments</td></tr>
<tr><td>Ergebnismenge, Ergebnisraum $\Omega$:</td><td colspan="2">Menge aller möglichen Ergebnisse eines Zufallsexperiments</td></tr>
<tr><td rowspan="2">Ereignis E:</td><td colspan="2">beliebige Teilmenge der Ergebnismenge</td></tr>
<tr><td colspan="2">Ergebnisse, die eine bestimmte Eigenschaft erfüllen, nennt man Ereignisse.</td></tr>
<tr><td>Gegenereignis $\overline{E}$:</td><td colspan="2">Das Gegenereignis tritt ein, wenn das Ereignis nicht eintritt.</td></tr>
<tr><td>Wahrscheinlichkeit P(E):<br>(Laplace-Experiment)</td><td colspan="2">Haben bei einem Zufallsexperiment alle Ergebnisse die gleiche Wahrscheinlichkeit, dann gilt:<br>$P(E) = \frac{\text{Anzahl der für E günstigen Ergebnisse}}{\text{Anzahl der möglichen Ergebnisse}}$<br>Es gilt stets: $0 \leqq P(E) \leqq 1$</td></tr>
</table>

## Basiswissen

**Mehrstufiges Zufallsexperiment:**
(Darstellung im Baumdiagramm)

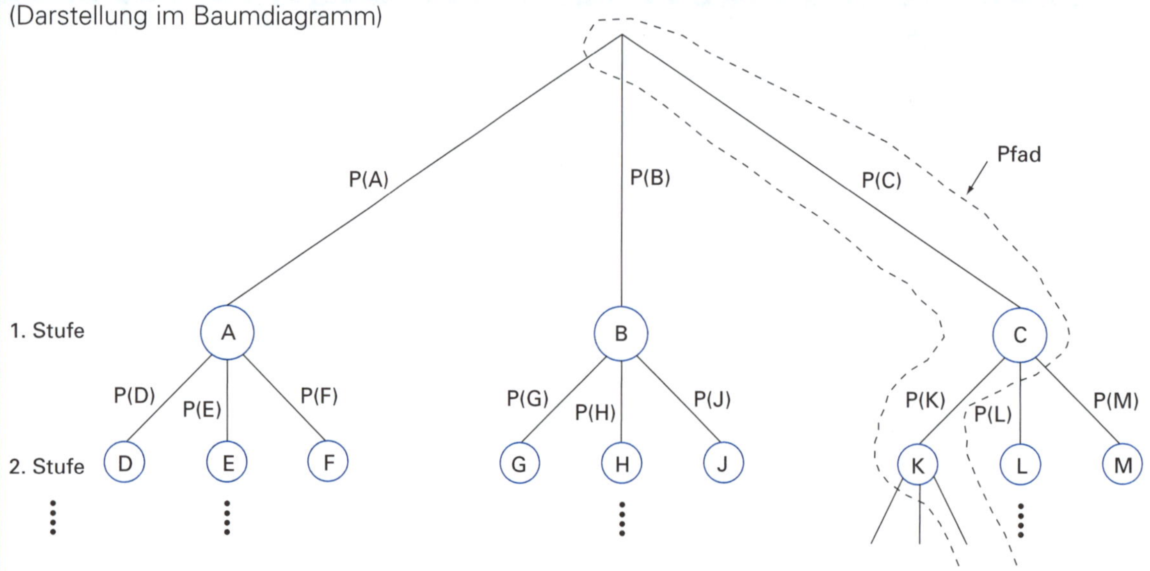


(A), (B), ... (M) nennt man **Knoten.**

| | |
|---|---|
| **Knotenregel:** | Die Summe der Wahrscheinlichkeiten aller Zweige, die von einem Knoten ausgehen, hat stets den Wert 1.<br>Beispiel: P(G) + P(H) + P(J) = 1 |
| **1. Pfadregel:**<br>(Produktregel) | Die Wahrscheinlichkeit eines Ergebnisses ist das Produkt der Wahrscheinlichkeiten entlang eines Pfades.<br>Beispiel: P(CK) = P(C) · P(K) |
| **2. Pfadregel:**<br>(Summenregel) | Die Wahrscheinlichkeit eines Ereignisses ist die Summe der Ergebnisse der Pfade, die zu diesem Ereignis führen.<br>Beispiel: P(AF, BG, CK) = P(AF) + P(BG) + P(CK) |

## Typische Aufgabenstellung

In einer Urne sind 3 rote, 2 blaue und eine gelbe Kugel. In einem zweistufigen Zufallsversuch wird jeweils eine Kugel gezogen und nach dem Ziehen wieder zurückgelegt.

**Aufgabe 1**

Zeichne ein Baumdiagramm für den zweistufigen Versuch.

**Lösung**

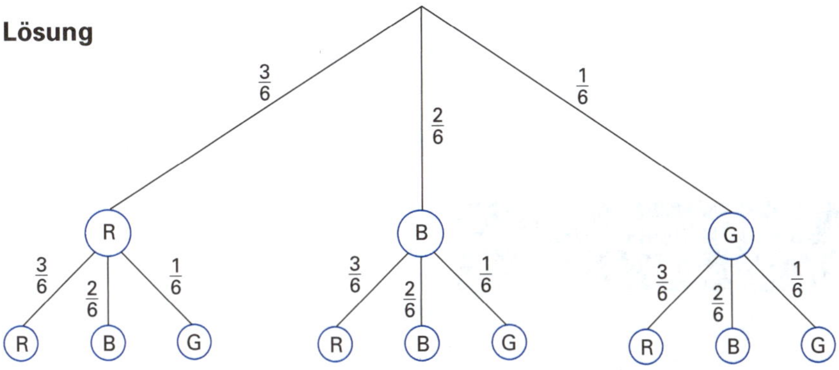


**Aufgabe 2**

Mit welcher Wahrscheinlichkeit erhält man zweimal eine blaue Kugel?

**Lösung**

$P(BB) = \frac{2}{6} \cdot \frac{2}{6} = \frac{4}{36} = \frac{1}{9}$

**Aufgabe 3**

Wie groß ist die Wahrscheinlichkeit, zwei gleichfarbige Kugeln zu ziehen?

**Lösung**

$$\begin{aligned} P(RR, BB, GG) &= P(RR) + P(BB) + P(GG) \\ &= \frac{3}{6} \cdot \frac{3}{6} + \frac{2}{6} \cdot \frac{2}{6} + \frac{1}{6} \cdot \frac{1}{6} \\ &= \frac{9}{36} + \frac{4}{36} + \frac{1}{36} \\ &= \frac{14}{36} = \frac{7}{18} \end{aligned}$$

Die Wahrscheinlichkeit $P = \frac{7}{18}$

$\frac{7}{18} = 0{,}3888\ldots$

$= \frac{39}{100}$ $\Rightarrow$ Die Wahrscheinlichkeit beträgt 39 %.

## Übungsaufgaben

### Aufgabe 1

In der zweiten Klassenarbeit gab es folgende Ergebnisse:

| Note | 1 | 2 | 3 | 4 | 5 | 6 |
|---|---|---|---|---|---|---|
| Anzahl | 5 | 3 | 11 | 10 | 2 | 2 |

Berechne den Notendurchschnitt.

### Aufgabe 2

Nach 15-maligem Würfeln wurden folgende Häufigkeiten notiert:

| | Absolute Häufigkeit | Relative Häufigkeit | | |
|---|---|---|---|---|
| | | Bruch | Dezimalzahl | Prozent |
| ⚀ | | | | 0 |
| ⚁ | | | 0,2 | |
| ⚂ | 2 | | | |
| ⚃ | | $\frac{1}{3}$ | | |
| ⚄ | 4 | | | |
| ⚅ | 1 | | | |
| | | | | |

Berechne die fehlenden Werte in den Kästchen.

### Aufgabe 3

Lotta hat beim Erstellen einer Rangliste einen Wert vergessen.

12 15 ☐ 23 28 30 34 34 40

a) Berechne den Zentralwert.

b) Welche Zahlen könnten im Platzhalter stehen?

c) Bestimme die Spannweite d.

d) Lotta kann den arithmetischen Mittelwert nicht errechnen. Kannst du ihr helfen?

### Aufgabe 4

Clara würfelt, Gianni wirft eine Münze.

Gianni behauptet: „Es ist wahrscheinlicher, mit zweimaligem Werfen einer Münze zweimal ‚Zahl' zu erhalten als mit einem Wurf mit dem Würfel eine ‚Sechs' zu würfeln." Hat Gianni recht? Begründe deine Entscheidung.

### Aufgabe 5

Wie groß ist die Wahrscheinlichkeit, beim einmaligen Entnehmen einer Kugel eine Primzahl zu erhalten?

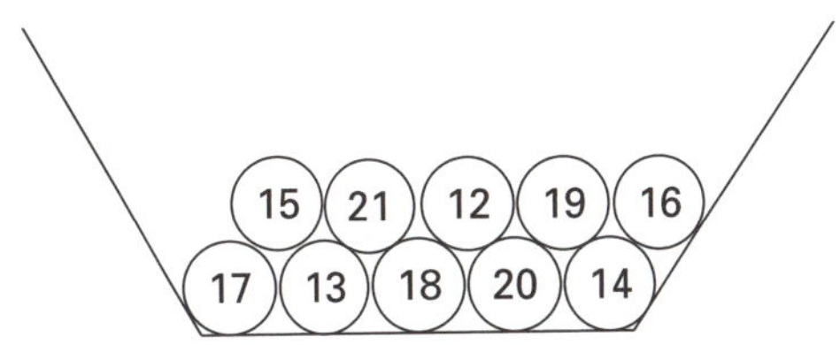


### Aufgabe 6

In einer Lostrommel sind noch 3 Hauptgewinne (H), 2 Trostpreise (T) und 5 Nieten (N). Leonard kauft zwei Lose. Wie groß ist die Wahrscheinlichkeit, dass er einen Hauptgewinn und einen Trostpreis zieht?

### Aufgabe 7

In der 10. Jahrgangsstufe einer Realschule wird am Ende eines Schuljahrs eine anonyme Umfrage durchgeführt. Die Schüler/-innen sollen angeben, wie viele kostenpflichtige Nachhilfestunden sie im zu Ende gehenden Schuljahr in Mathematik insgesamt bekommen haben.
Der Boxplot zeigt die Ergebnisse der Umfrage nur für die Mädchen.

Boxplot:

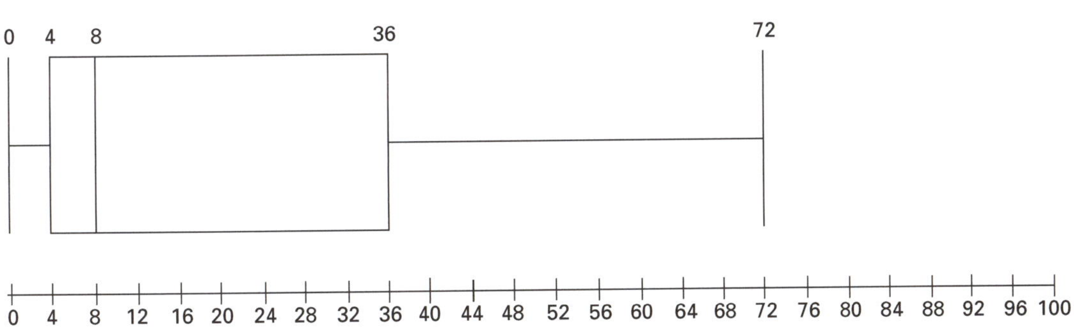


Kreuzen Sie an, welche Aussagen wahr, falsch oder nicht entscheidbar sind.

| | Wahr | Falsch | Nicht entscheidbar |
|---|---|---|---|
| Mindestens ein Viertel der Mädchen hat höchstens 4 Nachhilfestunden bekommen. | | | |
| Mindestens 75 % der Mädchen haben mehr als 12 Nachhilfestunden bekommen. | | | |
| Mindestens drei Viertel der Mädchen hat höchstens 36 Nachhilfestunden bekommen. | | | |

# Pflichtaufgaben

## Aufgabe P1

a) Welche Zahl liegt auf der Zahlengeraden in der Mitte von -4 und 2? **1 P**

b) Finde für jede Ungleichung jeweils eine passende Zahl für x bzw. y.
Notiere dein Ergebnis in der Form x = ... und y = ... auf dein Reinschriftpapier.

1. $3{,}14 < x < 3{,}15$ **1 P**
2. $\frac{1}{10} < y < \frac{2}{5}$ **1 P**

c) 1. Wandle $1\frac{1}{4}$ Minuten in Sekunden um. **1 P**
2. Wandle $\frac{1}{8}$ l in Milliliter um. **1 P**
3. Wandle 65 g in Kilogramm um. **1 P**

## Aufgabe P2

Joghurt kann unterschiedlich viel Zucker enthalten.

a) Ein Becher enthält 400 g Joghurt. Davon sind $\frac{7}{50}$ Zucker.
Wie viel Gramm Zucker enthält dieser Joghurt? **1 P**

b) Ein anderer Becher enthält 500 g Joghurt.
100 g dieses Joghurts enthalten 15 g Zucker.
Ein Stück Würfelzucker wiegt 3 g.
Wie viele Stücke Würfelzucker entsprechen der Masse an Zucker in diesem Becher Joghurt?
Schreibe einen Antwortsatz. **3 P**

c) Ein 250-g-Becher mit Kirsch-Joghurt enthält 30 g Zucker.
Ein 200-g-Becher mit Erdbeer-Joghurt enthält 28 g Zucker.
Berechne, welche der beiden Sorten einen geringeren Anteil an Zucker hat.
Schreibe einen Antwortsatz. **3 P**

## Aufgabe P3

Das Diagramm stellt die Anzahl der Autos mit Hybridantrieb (kurz: Hybridautos) in Deutschland für die Jahre 2015 bis 2017 dar.

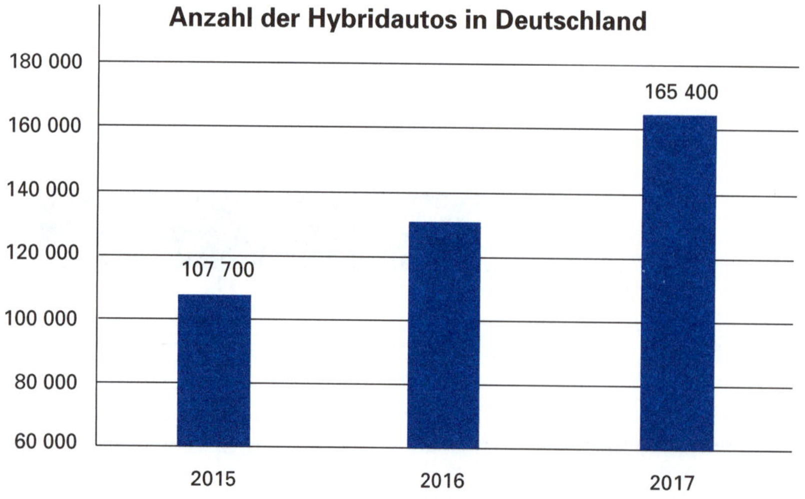

a) Im Jahr 2016 erhöhte sich die Anzahl der Hybridautos um 21% im Vergleich zum Jahr davor.
Berechne die Anzahl der Hybridautos im Jahr 2016. **2 P**

b) Berechne, um wie viel Prozent die Anzahl der Hybridautos von 2015 bis 2017 gestiegen ist.
Runde auf ganze Prozent. **3 P**

## Aufgabe P4

In einem vollen Beutel befinden sich 15 Chips, die sich nur durch ihre Beschriftung unterscheiden. Fünf dieser Chips sind mit der Ziffer 1 beschriftet, die restlichen Chips mit der Ziffer 2.

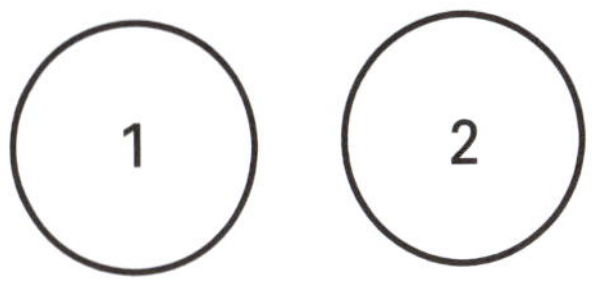


a) Wie groß ist die Wahrscheinlichkeit, aus einem vollen Beutel zufällig einen Chip mit der Ziffer 2 zu ziehen? **1 P**

b) Es werden zufällig zwei Chips aus dem vollen Beutel gezogen und daraus eine zweistellige Zahl gebildet. Die Ziffer des zuerst gezogenen Chips ist der Zehner und die Ziffer des zweiten Chips ist der Einer.

1. Die zwei Chips werden nacheinander ohne Zurücklegen gezogen.
Berechne die Wahrscheinlichkeit, dass sich die Zahl 12 ergibt. **2 P**
2. Die zwei Chips werden nun nacheinander mit Zurücklegen gezogen.
Ist die Wahrscheinlichkeit, dass sich die Zahl 12 ergibt, größer, kleiner oder gleich der Wahrscheinlichkeit des Ziehens ohne Zurücklegen?
Schreibe eine Antwort auf und begründe sie. **3 P**

## Aufgabe P5

a) Im abgebildeten Koordinatensystem sind die Graphen zweier linearer Funktionen eingezeichnet. Die Gerade f ist der Graph der linearen Funktion y = 0,5x + 3.

1. Berechne die Nullstelle der linearen Funktion y = 0,5x + 3. **2 P**
2. Liegt der Punkt P (-12,4 I -2,8) auf der Geraden f?
Schreibe eine Antwort und begründe sie durch eine Rechnung. **2 P**
3. Die Geraden f und g schneiden sich. Schreibe die Koordinaten ihres Schnittpunktes auf. **1 P**
4. Schreibe die Gleichung auf, die zur Geraden g gehört. **2 P**

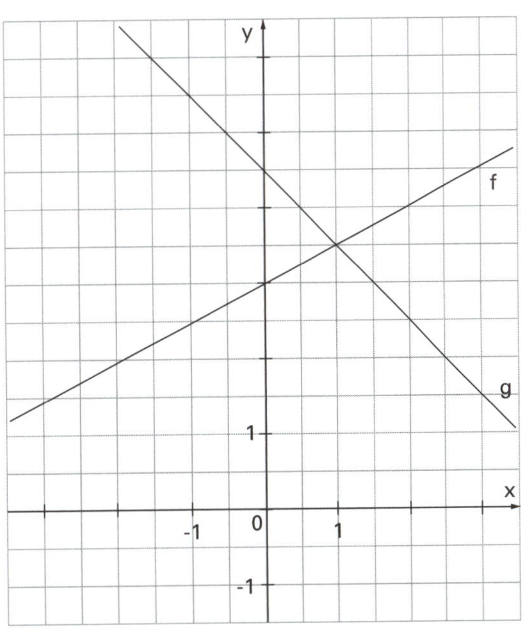


b) Beschreibe, wie sich der Verlauf der Geraden einer beliebigen linearen Funktion y = mx + b mit m ≠ 0 verhält, wenn man die Gerade an der x-Achse spiegelt. **2 P**

## Aufgabe P6

a) Löse das nebenstehende Gleichungssystem. Notiere deine Lösungsschritte.

$$\left| \begin{aligned} 2x - 4y &= -32 \\ x &= y - 4 \end{aligned} \right|$$

**4 P**

b) Bäcker Schmidt verkauft in seiner Bäckerei drei Apfeltaschen und sechs Brezeln für 10,80 €. Kauft man dort zwei Apfeltaschen und drei Brezeln, muss man 5,95 € bezahlen.

Schreibe zu diesen Angaben ein passendes Gleichungssystem auf dein Reinschriftpapier.
Verwende dazu die folgenden Variablen:
Variable a: Preis für eine Apfeltasche
Variable b: Preis für eine Brezel

Du brauchst das Gleichungssystem nicht zu lösen. **2 P**

c) Gib eine Gleichung mit den Variablen x und y an, die als eine Lösung $x = 10$ und $y = 15$ besitzt. **1 P**

## Aufgabe P7

Die Abbildung zeigt das gleichschenklige Dreieck ABC mit seinem Umkreis.

Die Strecke $\overline{AB}$ verläuft durch den Mittelpunkt M und beträgt 32 cm.

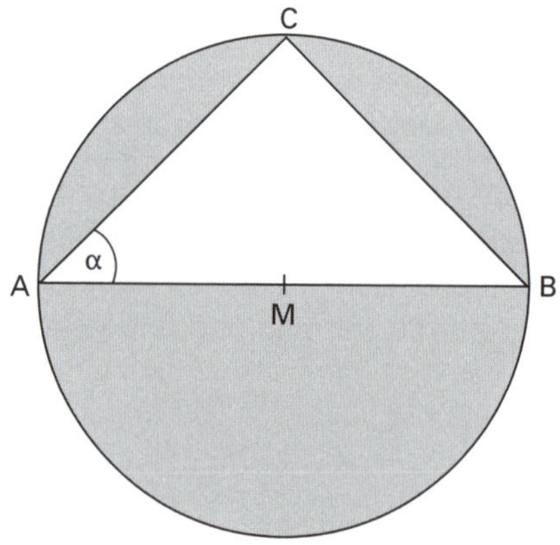


a) Berechne den Flächeninhalt der grau gefärbten Fläche.
Runde auf ganze Quadratzentimeter. **4 P**

b) Berechne die Länge der Strecke $\overline{AC}$. Runde auf Millimeter. **2 P**

c) Begründe, ohne zu messen, warum der Winkel $\alpha = 45°$ sein muss. **2 P**

## Aufgabe P8

Die Abbildung zeigt sechs gleich große Würfel aus Kupfer.
Jede Kante dieser Würfel ist 1,5 cm lang.

a) Ein Kubikzentimeter Kupfer wiegt 8,96 g.
Berechne die Masse eines Würfels. **4 P**

b) Alle sechs Würfel werden eingeschmolzen.
Aus dem gesamten eingeschmolzenen Kupfer wird eine Kugel gegossen. Berechne den Radius dieser Kugel. Runde auf Millimeter. **4 P**

# Wahlaufgaben

## Aufgabe W1

a) Die Zeichnung zeigt ein gleichschenkliges Dreieck ABC mit der Basis $\overline{AB}$.

1. Wie groß ist der Winkel γ? **1 P**
2. Berechne die Höhe h. Runde auf Millimeter. **3 P**

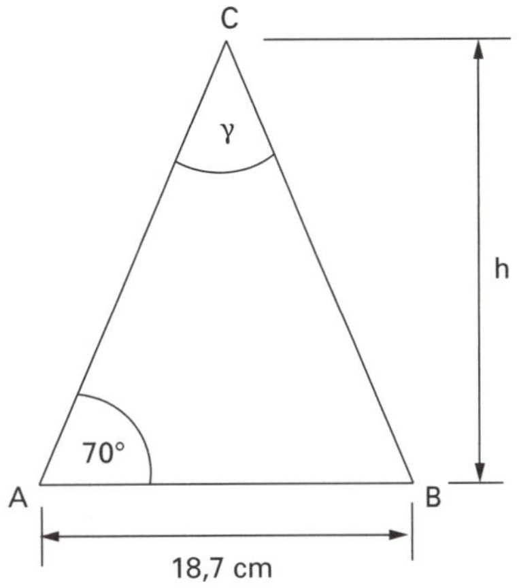


Zeichnung nicht maßstabsgerecht

b) Berechne die Länge der Strecke x.
Runde auf Millimeter.

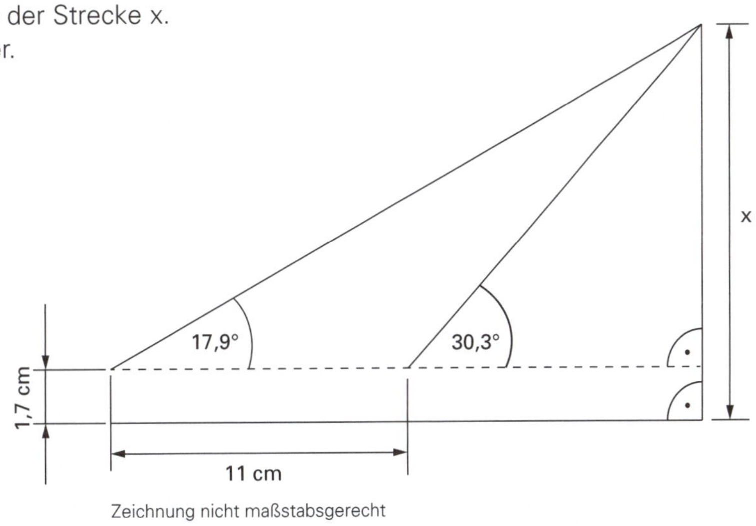


Zeichnung nicht maßstabsgerecht

**8 P**

## Aufgabe W2

Zur Herstellung einer rechteckigen Tischplatte werden zwei verschiedene Holzsorten verwendet. Die innere rechteckige Platte (graue Fläche) besteht aus Nussholz. Sie hat eine Umrandung (weiße Fläche) aus Ahornholz (siehe Zeichnung).

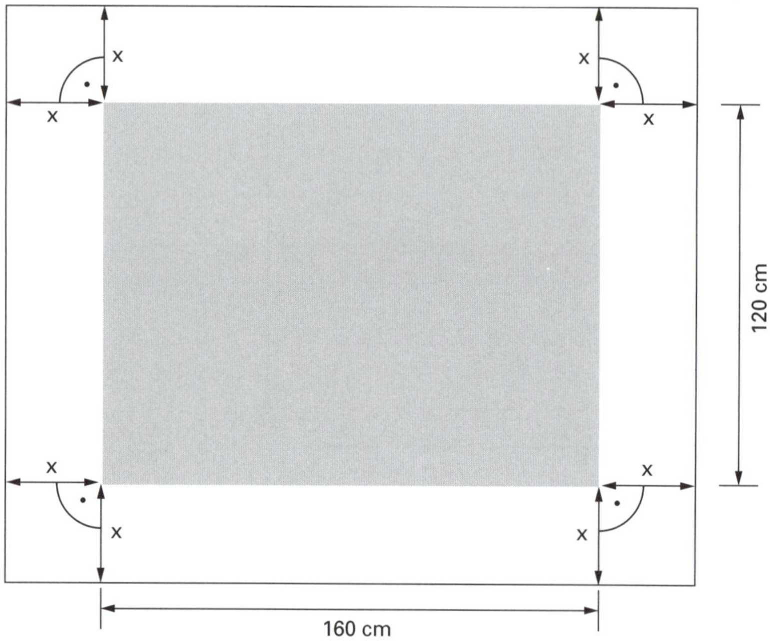


Zeichnung nicht maßstabsgerecht

a) Der Flächeninhalt A der Umrandung aus Ahornholz kann durch die Gleichung
$A = 4 \cdot x^2 + 560\text{ cm} \cdot x$
berechnet werden (x in cm).

1. Berechne den Flächeninhalt A für $x = 12$.
Gib dein Ergebnis in Quadratzentimeter an. **2 P**

2. Beschreibe anhand der Zeichnung, welche Teilflächen durch den Term $4 \cdot x^2$ berechnet werden. **1 P**

3. Zeige durch eine Rechnung, dass für $x = 28{,}5$ die Fläche aus Nussholz etwa genau so groß ist wie die Fläche aus Ahornholz. **2 P**

b) Der Flächeninhalt der gesamten Tischplatte $A_{\text{Gesamtfläche}}$ kann durch die quadratische Gleichung
$A_{\text{Gesamtfläche}} = 4 \cdot x^2 + 560 \cdot x + 19\,200$

berechnet werden (x in cm).
Berechne die Länge x für einen Tisch mit einer Gesamtfläche von
$A_{\text{Gesamtfläche}} = 32\,000\ (\text{cm}^2)$. Schreibe einen Antwortsatz. **5 P**

c) Bei einem zweiten Tisch soll die innere Fläche aus Nussholz quadratisch mit einer Seitenlänge von 160 cm sein. Verändere die Gleichung $A = 4 \cdot x^2 + 560\text{ cm} \cdot x$ so, dass man den Flächeninhalt der Umrandung aus Ahornholz für diesen Tisch berechnen kann. **2 P**

## Aufgabe W3

Eine Software erfasst in einer Statistik die Seitenaufrufe einer Homepage.

a) Die Tabelle zeigt, wie oft die Homepage im Zeitraum von Montag bis Samstag aufgerufen wurde.

| Wochentag | Mo | Di | Mi | Do | Fr | Sa |
|---|---|---|---|---|---|---|
| Anzahl der Seitenaufrufe | 152 | 102 | 207 | 186 | 221 | 164 |

1. Berechne die Spannweite der Anzahl der Seitenaufrufe in diesem Zeitraum. **1 P**
2. Erstelle für die Anzahl der Seitenaufrufe in diesem Zeitraum eine Rangliste und bestimme den Zentralwert $\tilde{x}$ (Median). **3 P**
3. Berechne, wie oft die Seite im Durchschnitt $\bar{x}$ (arithmetisches Mittel) in diesem Zeitraum aufgerufen wurde. **2 P**
4. Berechne, wie viele Seitenaufrufe es am Sonntag geben müsste, damit sich für die sieben Tage dieser Woche ein Durchschnitt von 200 Seitenaufrufen ergibt. **2 P**

b) In einem Boxplot wird die Anzahl der täglichen Seitenaufrufe dieser Homepage im gesamten letzten Jahr dargestellt.

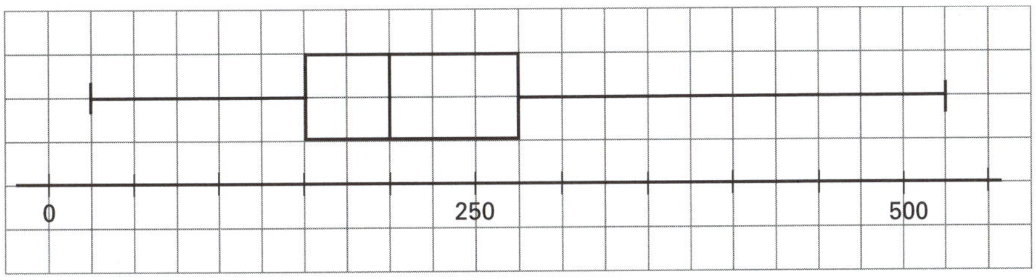


1. Entnimm dem Boxplot das untere und das obere Quartil und notiere diese beiden Werte auf deinem Reinschriftpapier. **2 P**
2. Tom behauptet: „An der Hälfte der Tage des Jahres wurde die Homepage häufiger als 250-mal aufgerufen."
   Hat Tom recht? Begründe deine Antwort mithilfe des Medians. **2 P**

## Aufgabe W4

a) Ein 66 m langes und 5 cm breites Klebeband ist auf einer Papprolle aufgewickelt (siehe Abbildung). Mit diesem Klebeband werden Pakete mit den gleichen Maßen wie in der Zeichnung verschlossen.

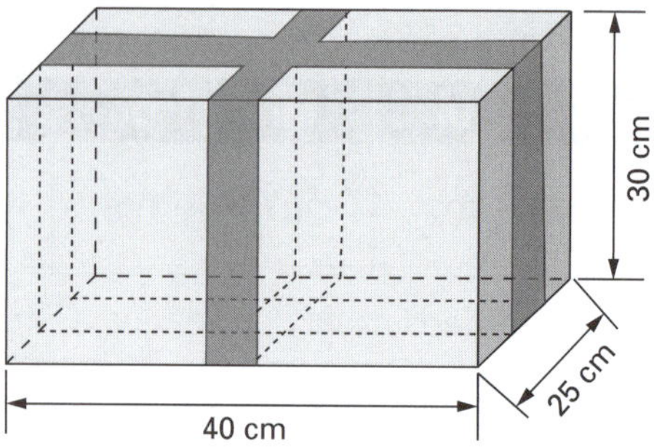


Zeichnung nicht maßstabsgerecht

1. Berechne, wie viele dieser Pakete man höchstens mit einer Rolle Klebeband verschließen kann. Notiere einen Antwortsatz. **4 P**

2. Beim Aufbringen des Klebebands wird immer eine bestimmte Fläche beklebt. Reicht eine volle Rolle dieses Klebebands aus, um eine 4 $m^2$ große Fläche vollständig zu bekleben? Begründe deine Antwort durch eine Rechnung. **3 P**

b) Die untere Abbildung zeigt die Rolle eines anderen Klebebands. Das Klebeband ist in vielen Lagen um eine Papprolle gewickelt. Die Dicke einer Lage beträgt 0,04 mm.

Berechne die Länge dieses Klebebands. Runde auf Meter.

Tipp: Du kannst für deine Berechnung den ungefähren mittleren Durchmesser des Klebebands verwenden. **5 P**

## Aufgabe W5

In einer Lostrommel befinden sich 10 gleichartige Kugeln. Jede Kugel ist mit einem der Buchstaben A, M, O oder T beschriftet.

Betätigt man einen Starter, so setzt sich die Lostrommel in Bewegung.

Nachdem die Lostrommel zum Stehen kommt, fällt zufällig eine Kugel heraus.

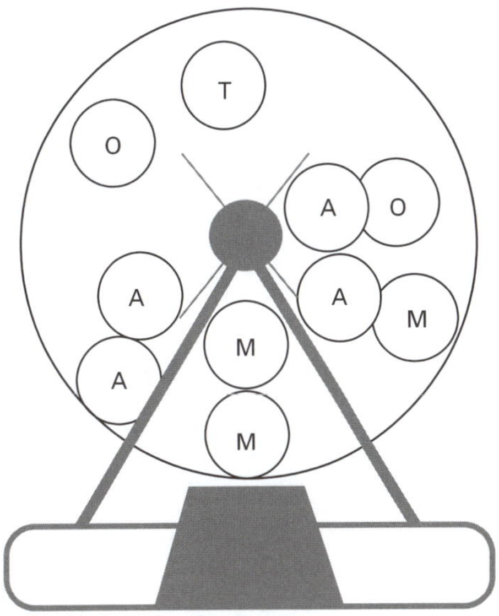


a) Tom betätigt den Starter und setzt die volle Lostrommel in Bewegung.
Berechne die Wahrscheinlichkeit dafür, dass eine Kugel mit dem Buchstaben T herausfällt. **1 P**

b) Tom betätigt den Starter und setzt die volle Lostrommel in Bewegung.
Berechne die Wahrscheinlichkeit dafür, dass eine Kugel, auf der nicht der Buchstabe A steht, herausfällt. **1 P**

c) Tom lässt die volle Lostrommel drehen. Die herausgefallene Kugel legt er nicht wieder zurück. Er lässt die Lostrommel noch einmal drehen. Berechne die Wahrscheinlichkeit, dass auf beiden Kugeln der gleiche Buchstabe steht. **4 P**

d) Tom lässt aus der vollen Lostrommel nacheinander drei Kugeln ohne Zurücklegen herausfallen. Er hofft, damit seinen Namen legen zu können.

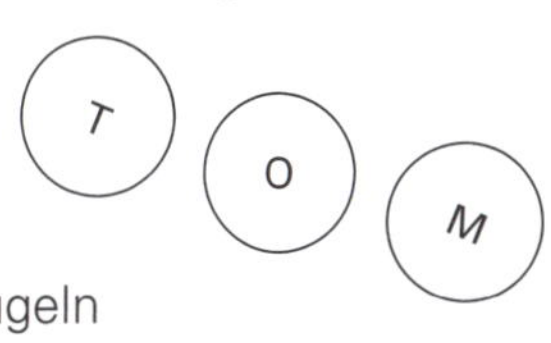


1. Berechne, mit welcher Wahrscheinlichkeit die passenden Kugeln in genau der richtigen Reihenfolge herausfallen. **3 P**
2. Begründe, warum die Wahrscheinlichkeit, dass die passenden Kugeln herausfallen, größer ist, wenn die Reihenfolge beliebig ist. **1 P**

e) Es sind vier Kugeln mit den unterschiedlichen Buchstaben T, M, A und O herausgefallen.
Daraus kann man zum Beispiel die abgebildeten drei Kombinationen legen.

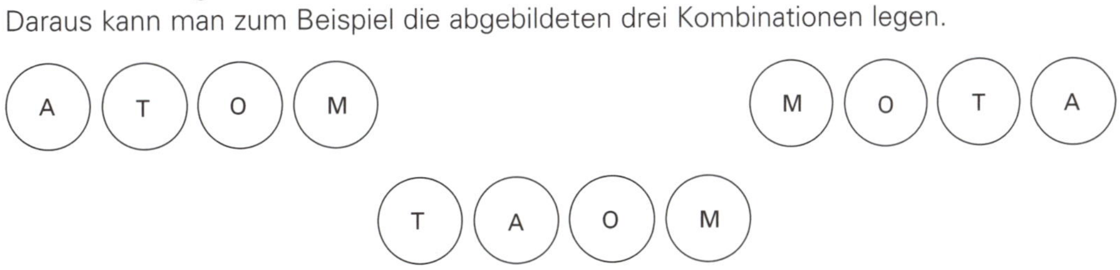


Bestimme die Anzahl aller möglichen Kombinationen aus diesen vier Buchstaben. **2 P**

## Bearbeitungstipps

### Pflichtaufgaben

**P1** a) Verwende z.B. einen Zahlenstrahl.
b) 1. Beachte die Nachkommastellen.
2. Erweitere den Bruch auf den gemeinsamen Nenner.
c) Rechne um.

**P2** a) Beachte die Regeln der Bruchrechnung.
b) Verwende den Dreisatz.
c) Verwende den Dreisatz oder die Prozentformel.

**P3** a) Verwende den Dreisatz oder die Prozentformel.
b) Bilde zuerst die Differenz und berechne die Prozente.

**P4** a) Notiere die Wahrscheinlichkeit als Bruch. Der Nenner entspricht der Anzahl der Chips.
b) 1. Gib die Wahrscheinlichkeit ohne Zurücklegen an. Der Nenner verändert sich dadurch.
2. Gib die Wahrscheinlichkeit mit Zurücklegen an. Der Nenner bleibt gleich. Vergleiche 1. und 2.

**P5** a) 1. Berechnung der Nullstellen → Bedingung: $y = 0$
2. Setze den Punkt in die Geradengleichung ein.
3. Bestimmung durch Ablesen
4. Beachte $y = mx + b$ ($m$ = Steigung; $b$ = y-Achsenabschnitt)
b) Beachte die Vorzeichen.

**P6** a) Verwende ein Lösungsverfahren, z. B. das Gleichsetzungsverfahren.
b) Beachte die Anzahl und kombiniere mit den Variablen.
c) Addiere die Variablen.

**P7** a) Berechne den Flächeninhalt der grauen Fläche mithilfe der Flächeninhaltsformel für Kreis und Dreieck.
b) Verwende den Satz des Pythagoras.
c) Denke an den Satz des Thales.

**P8** a) Verwende die Volumenformel für einen Würfel. Multipliziere dies mit der angegebenen Grammzahl.
b) Berechne das Volumen der Kugel mithilfe der Volumenformel des Würfels. Stelle die Formel (Volumenformel Kugel) nach r um und berechne den Radius.

### Wahlaufgaben

**W1** a) 1. Beachte die Winkelsumme von Dreiecken.
2. Verwende den Tangens. Stelle nach h um.
b) Berechne y mithilfe von ß (Nebenwinkel). Verwende den Sinussatz und stelle nach a um. Berechne mithilfe von a und dem Sinus die Seite y. Nun berechne x.

**W2** a) 1. Setze x in die Gleichung ein.
2. Beachte die Flächeninhaltsformel eines Quadrats.
3. Berechne zunächst den Flächeninhalt vom Nussholz mithilfe der Flächeninhaltsformel eines Rechtecks. Setze das Ergebnis in die Formel für Ahornholz ein. Vergleiche.
b) Berechne die Gesamtfläche. Setze ein, stelle um und verwende die p/q-Formel.
c) Beachte die quadratische Nusshornplatte. Berechne die neue Länge.

**W3** a) 1. Berechne die Spannweite R.
2. Berechne den Median $\tilde{x}$. Erstelle zuerst eine Rangliste.
3. Berechne den Durchschnitt mithilfe des arithmetischen Mittel $\bar{x}$.
4. Berechne zunächst alle Aufrufe.
b) 1. Beachte, was ein Boxplot ist.
2. Beachte den Median.

## Bearbeitungstipps

**W4** a) 1. Beachte die Seitenlängen.
2. Berechne mithilfe der Flächeninhaltsformel für Rechtecke den Flächeninhalt.

b) Berechne zunächst die Anzahl der Lagen. Modelliere als Kreis und berechne den Umfang.

**W5** a) Gib die Wahrscheinlichkeit als Bruch an. Der Nenner ist die Anzahl aller Buchstaben.

b) Gib die Wahrscheinlichkeit als Bruch an. Der Nenner ist die Anzahl aller Buchstaben.

c) Beachte alle drei Pfade.

d) 1. Berechne die Wahrscheinlichkeit für die 3 Buchstaben T; O; M.
2. Beachte die Möglichkeiten.

e) Berechnung der Fakultät.

# Pflichtaufgaben

### Aufgabe P1

Berechne.

a) 3,50 € + 78 ct **1 P**

b) $1\frac{1}{4}$ kg – 750 g **1 P**

c) $\frac{3}{4}$ h + 30 min **1 P**

d) $\frac{3}{5}$ von 17 km **1 P**

### Aufgabe P2

a) Löse die Gleichung.

$6 \cdot (x + 5) = 2x + 18$ **4 P**

b) Bestimme x.

$\sqrt{x} + 0{,}4 = 2{,}4$ **1 P**

c) Löse das nebenstehende Gleichungssystem.
Notiere deine Lösungsschritte.

$$\left| \begin{array}{l} 2x - 8y = -89 \\ 4x + 8y = 110 \end{array} \right|$$ **4 P**

d) Schreibe zur Gleichung $y = 2x + 1$ eine zweite Gleichung auf, sodass ein lineares Gleichungssystem entsteht, das unendlich viele Lösungen besitzt. **2 P**

### Aufgabe P3

In der Klasse 10a sind 25 Jugendliche.

a) 56 % aller Jugendlichen der Klasse 10a sind Mädchen.

1. Berechne, wie viele Mädchen es in dieser Klasse gibt. **2 P**
2. In der Klasse 10b sind nur 28 % aller Jugendlichen Mädchen.
Lara behauptet: „In der Klasse 10a gibt es doppelt so viele Mädchen wie in der Klasse 10b."
Welche Voraussetzung muss erfüllt sein, damit ihre Behauptung stimmt? **1 P**

b) In der Klasse 10a sind 5 % aller Schülerinnen und Schüler der gesamten Schule.
Berechne, wie viele Schülerinnen und Schüler die Schule hat. **2 P**

c) Die Jugendlichen in der Klasse 10a wurden nach der Anzahl ihrer Geschwister befragt.
Die Tabelle stellt das Ergebnis dieser Befragung dar.

| **Anzahl der Geschwister** | null | eins | zwei | drei und mehr |
|---|---|---|---|---|
| **Anzahl der Schüler und Schülerinnen** | 7 | 8 | 4 | 6 |

1. Berechne, wie viel Prozent der Jugendlichen der Klasse 10a genau zwei Geschwister haben. **2 P**
2. Das Ergebnis der Befragung wurde in einem Kreisdiagramm dargestellt. Für das Feld (Kreissektor) „null Geschwister" wurde ein 7° großer Winkel gewählt.
Ist diese Winkelgröße korrekt? Begründe deine Antwort. **2 P**

### Aufgabe P4

Die folgende Tabelle zeigt die Urliste einer Datenmenge.

| | | | | | | | | | |
|---|---|---|---|---|---|---|---|---|---|
| 40 | 39 | 35 | 37 | 41 | 41 | 38 | 47 | 37 | 37 |

a) Gib den Modalwert an. **1 P**

b) Erstelle eine Rangliste und berechne den Zentralwert (Median). **3 P**

c) Berechne das arithmetische Mittel (Durchschnitt). **2 P**

### Aufgabe P5

Im Koordinatensystem ist die Gerade f eingezeichnet.
Die Gerade f ist der Graph der linearen Funktion $y = -0{,}5x + 2{,}5$.

a) Berechne die Nullstelle der linearen Funktion $y = -0{,}5x + 2{,}5$. **2 P**

b) Liegt der Punkt Q (79 I -36) auf der Geraden f?
Begründe deine Antwort durch eine Rechnung. **2 P**

c) Die Gerade g ist der Graph der linearen Funktion $y = 5x - 2{,}5$.
Schneiden sich die Geraden f und g?
Begründe deine Aussage, ohne zu rechnen. **2 P**

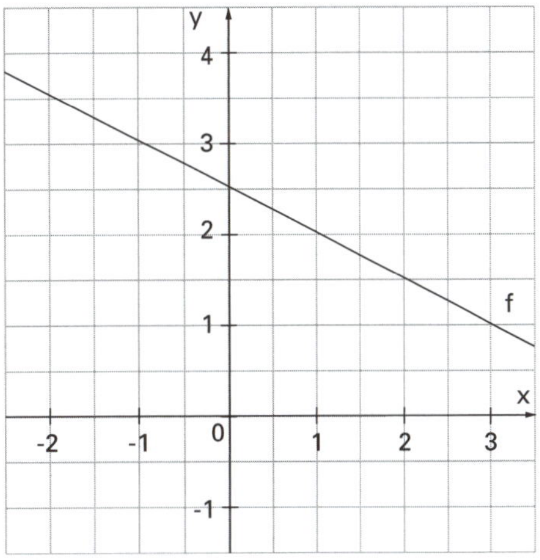


### Aufgabe P6

Zeichne das Viereck ABCD.
Verwende dazu folgende Konstruktionsbeschreibung: **5 P**

(1) Zeichne die Strecke $\overline{AB}$ mit der Länge a = 7,5 cm.
Beschrifte die Endpunkte dieser Strecke.

(2) Trage den Winkel $\alpha = 80°$ an die Strecke $\overline{AB}$ im Punkt A an.

(3) Zeichne auf dem Schenkel die Strecke $\overline{AD}$ mit der Länge d = 5 cm.
Beschrifte den Endpunkt dieser Strecke mit D.

(4) Trage den Winkel $\beta = 100°$ an die Strecke $\overline{AB}$ im Punkt B an.

(5) Zeichne durch den Punkt D eine Parallele zur Strecke $\overline{AB}$.
Diese Parallele schneidet den freien Schenkel des Winkels $\beta$.
Beschrifte diesen Schnittpunkt mit C.

## Aufgabe P7

Die nebenstehende Zeichnung zeigt ein Trapez.

a) Berechne die Größe des Winkels α. **1 P**

b) Berechne den Flächeninhalt des Trapezes. **2 P**

c) Berechne den Umfang des Trapezes. **4 P**

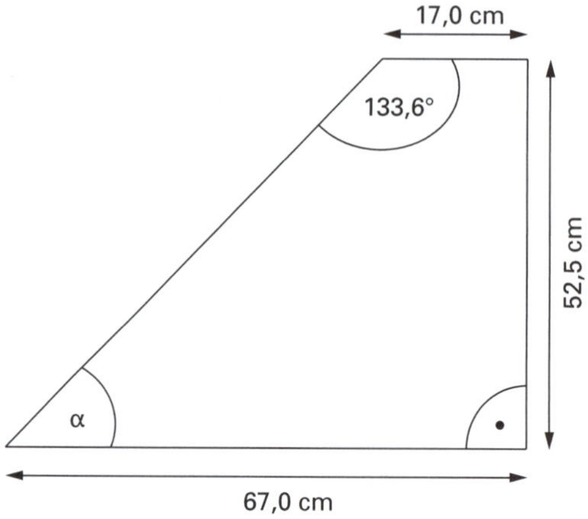

Zeichnung nicht maßstabsgerecht

## Aufgabe P8

Das abgebildete Werkstück entstand aus einem Quader, aus dem ein Dreiecksprisma herausgeschnitten wurde.

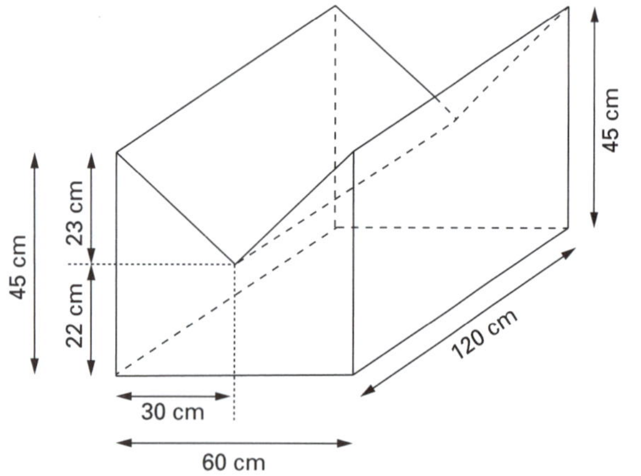

Zeichnung nicht maßstabsgerecht

a) Gib die Anzahl der Flächen f, der Ecken e und der Kanten k des Prismas an.
Schreibe auf dein Reinschriftpapier in der Form:

f =    e =    k = **3 P**

b) Berechne das Volumen des Werkstücks. **5 P**

# Wahlaufgaben

## Aufgabe W1

Die Zeichnung zeigt das Dreieck ABC.
Auf der Strecke $\overline{BC}$ befinden sich die Punkte E und M.
Der Punkt M ist der Mittelpunkt der Strecke $\overline{BE}$.

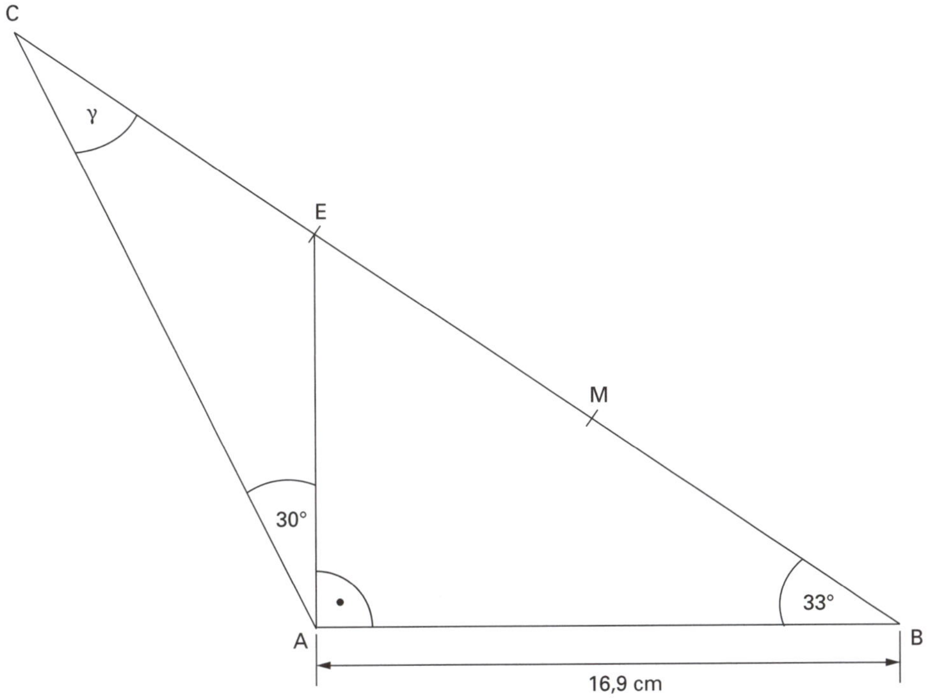


Zeichung nicht maßstabsgerecht und nicht winkeltreu

a) Berechne die Länge der Strecke $\overline{BM}$.
Gib dein Ergebnis in Zentimeter an. Runde auf eine Stelle nach dem Komma. **3 P**

b) Berechne die Länge der Strecke $\overline{CE}$.
Gib dein Ergebnis in Zentimeter an. Runde auf eine Stelle nach dem Komma. **6 P**

c) Auf der Strecke $\overline{BC}$ soll der Punkt E so verschoben werden, dass das Dreieck ABE gleichschenklig ist.

1. Wie groß ist in diesem Dreieck der Winkel im Punkt A, wenn das Dreieck die Basis $\overline{AB}$ besitzt? **1 P**
2. Wie groß ist in diesem Dreieck der Winkel im Punkt A, wenn das Dreieck die Basis $\overline{AE}$ besitzt? **2 P**

## Aufgabe W2

a) Im Koordinatensystem ist der Graph einer quadratischen Funktion eingezeichnet. Die Parabel wird durch die Gleichung $y = x^2 + 3x - 6{,}75$ beschrieben.

1. Lies aus der Zeichnung die Koordinaten des Scheitelpunktes ab und schreibe die Gleichung der Parabel in der Scheitelpunktform auf. **2 P**
2. Der Punkt P (-7 I y) liegt auf der Parabel. Berechne den fehlenden y-Wert. **1 P**
3. Die Punkte A (0,5 I -5) und B (x I -5) sind verschiedene Punkte dieser Parabel. Bestimme den fehlenden x-Wert. Du kannst die Symmetrieeigenschaften der Parabel nutzen. **1 P**
4. Berechne die Nullstellen dieser Funktion. **4 P**

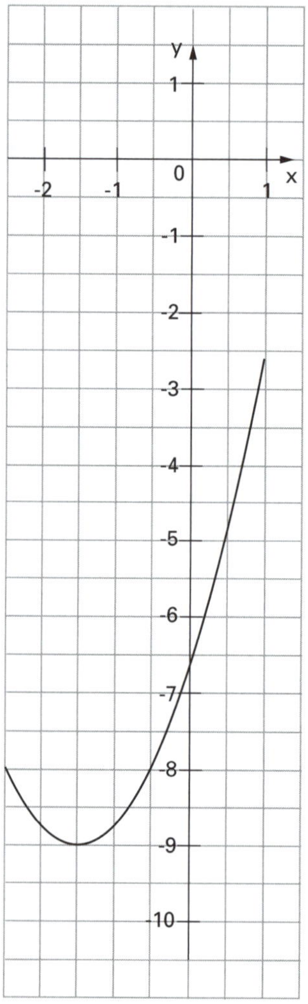


b) Eine andere Parabel wird durch die Gleichung $y = -(x + 2)^2 - 3$ beschrieben.

1. Paul meint: „Ich erkenne an der Gleichung, dass die Funktion keine Nullstellen hat." Erkläre, woran Paul das erkennen kann. **2 P**
2. Diese Parabel wird an der x-Achse gespiegelt. Schreibe die Gleichung der gespiegelten Parabel auf. **2 P**

## Aufgabe W3

Bakterienkulturen vermehren sich unterschiedlich stark.
Oft kann man die Vermehrung der Bakterien innerhalb der ersten Stunden mithilfe einer Exponentialfunktion modellieren.

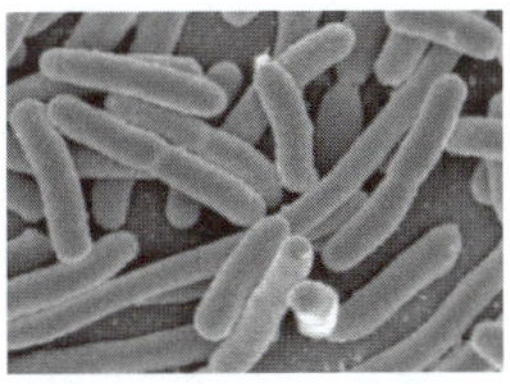

a) In der Tabelle wird das Wachstum der Anzahl der Bakterien in den ersten drei Stunden nach Beginn der Beobachtung beschrieben.

| **x (Zeit in Stunden)** | 0 | 1 | 2 | 3 |
|---|---|---|---|---|
| **y (Anzahl der Bakterien)** | 200 | 300 | 450 | 675 |

1. Um wie viel Prozent wächst stündlich die Anzahl der Bakterien? **2 P**
2. Bestimme die Anzahl der Bakterien nach 5 Stunden. **2 P**
3. Notiere einen Term, mit dem man das Wachstum der Anzahl der Bakterien für jede Stunde berechnen kann. **2 P**
4. Nach wie vielen ganzen Stunden sind erstmalig mehr als 10 000 Bakterien vorhanden? Notiere einen Antwortsatz. **2 P**
5. Welcher Graph beschreibt das Wachstum der Anzahl der Bakterien am besten? Schreibe den entsprechenden Buchstaben auf dein Reinschriftpapier. **1 P**

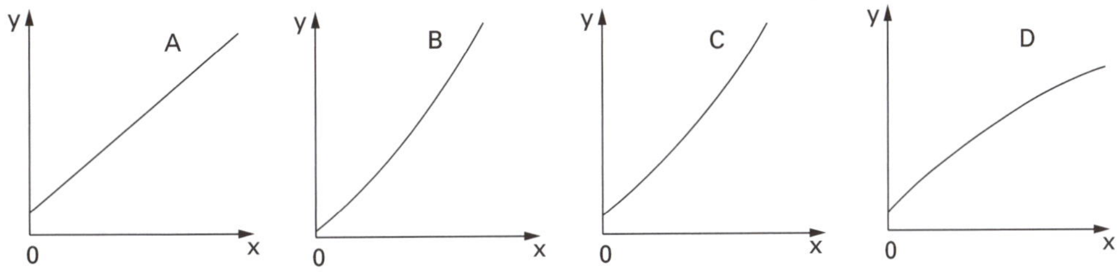


b) Bei einer anderen Bakterienkultur werden um 9:00 Uhr 60 Bakterien gezählt.
Eine Stunde später sind es 120 Bakterien.
Mit diesen Angaben allein kann nicht entschieden werden, ob das Wachstum der Bakterien linear oder exponentiell ist.

1. Bestimme dazu die Anzahl der Bakterien bei linearem Wachstum um 12:00 Uhr des gleichen Tages. **1 P**
2. Bestimme dazu die Anzahl der Bakterien bei exponentiellem Wachstum um 12:00 Uhr des gleichen Tages. **2 P**

## Aufgabe W4

Ein Golfball hat einen Durchmesser von 43 mm.

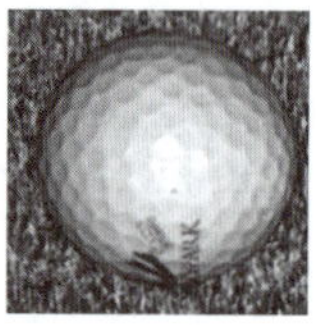

a) Die Oberfläche eines Golfballs ist mit kreisrunden Dimples (Dellen) versehen. Sie bewirken, dass der Ball weiter und genauer geschlagen werden kann.
In einem Prospekt wird behauptet, dass der dort abgebildete Golfball 380 Dimples hat.
Jedes Dimple hat einen Durchmesser von 4,5 mm.

Überprüfe mit einer Rechnung, ob die Behauptung stimmt, dass 380 Dimples auf die Oberfläche des Golfballs passen. Schreibe einen Antwortsatz. **5 P**

b) Im Golfpark Rankweil wurde eine massive Marmorkugel in der Form eines überdimensionalen Golfballs aufgestellt.

1. Ein Kubikzentimeter dieser Marmorkugel wiegt 2,8 Gramm.
   Berechne, wie schwer die Marmorkugel ist.
   Schätze für deine Berechnung eine geeignete Größe.
   Gib dein Ergebnis in ganzen Kilogramm an. **4 P**
2. Stell dir vor, ein 1,80 m großer Golfspieler würde im gleichen Maßstab vergrößert wie dieser Golfball. Wie groß wäre der Golfspieler dann ungefähr?
   Begründe deine Antwort. **3 P**

## Aufgabe W5

a) Zur Neueröffnung des Eiscafés „San Remo" wird ein Glücksrad aufgestellt.
Einmal Drehen kostet 1,00 €. Bleibt ein Feld mit einer „Eistüte" am Pfeil stehen, gewinnt man einen Eisgutschein im Wert von 2,50 €.
Bei allen anderen Feldern gewinnt man nichts.

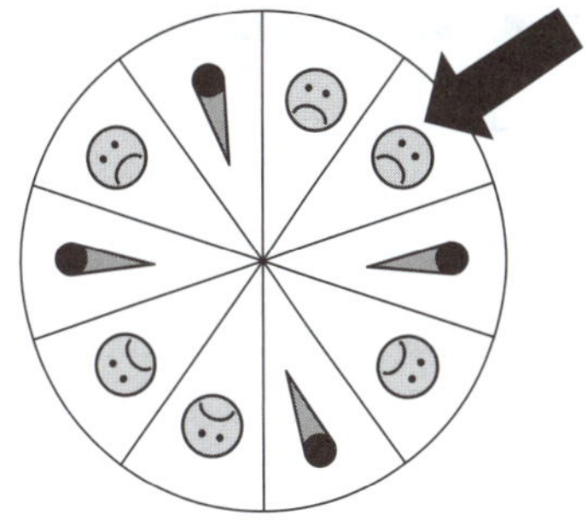

1. Gib an, mit welcher Wahrscheinlichkeit man bei einmaligem Drehen einen Eisgutschein gewinnt. **1 P**
2. Antonia dreht dreimal. Berechne, mit welcher Wahrscheinlichkeit sie dabei keinen Eisgutschein gewinnt. **2 P**
3. Gino dreht zweimal. Berechne, mit welcher Wahrscheinlichkeit er mindestens einen Eisgutschein gewinnt. **3 P**

b) Für das Schulfest leiht sich eine Klasse das Glücksrad für den Eisstand aus.
Die Klasse ersetzt zwei Felder ohne Gewinn durch ein Feld mit „Eisbecher" und ein Feld mit „noch 1x" (siehe Abbildung). Zusätzlich ändert sie den Gewinnplan.

Gewinnplan bei einem Einsatz von 1,00 €:

| | |
|---|---|
|  | Eisgutschein im Wert von 3,00 € |
|  | Eisgutschein im Wert von 1,50 € |
|  | kein Gewinn |
| noch 1x | Es darf noch einmal gedreht werden. |

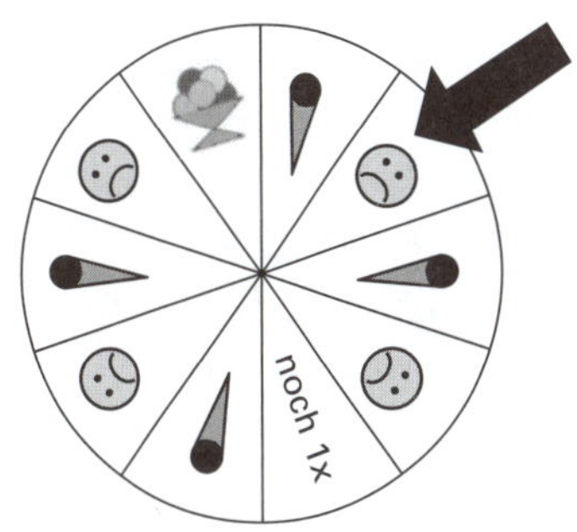


1. Alex behauptet: „Ich habe mehrmals am Glücksrad gedreht. Dabei habe ich Eisgutscheine im Wert des Vierfachen meines Einsatzes gewonnen."
Ist das möglich? Begründe. **2 P**
2. Lea zahlt 1,00 €. Notiere das Ereignis, bei dem sie mit einer Wahrscheinlichkeit von
$P = \frac{1}{10} \cdot \frac{4}{10} = \frac{1}{25}$ etwas gewinnt. **2 P**
3. Herr Lorum behauptet: „Die Wahrscheinlichkeit, einen beliebigen Eisgutschein zu gewinnen, beträgt beim Einsatz von 1,00 € genau 50 %."
Frau Diener widerspricht: „Nein, sie ist sogar größer als 50 %."
Erkläre, warum Frau Diener recht hat. **2 P**

## Bearbeitungstipps

### Pflichtaufgaben

**P1** a) Schreibe die Zahlen ordentlich untereinander.
b) Rechne um.
c) Rechne um.
d) Beachte die Regeln der Bruchrechnung.

**P2** a) Bestimme x.
b) Bestimme x.
c) Verwende ein Lösungsverfahren, z. B. das Additionsverfahren.
d) Bestimme das Vielfache.

**P3** a) Verwende den Dreisatz oder die
1. Formel der Prozentrechnung,
2. Teile die Prozentzahl durch 2.

b) Verwende den Dreisatz oder die Formel der Prozentrechnung.
c) 1. Lies ab und teile durch die Gesamtzahl.
2. Bestimme die Winkelgröße und vergleiche mit der Angabe.

**P4** a) Bestimme den Modalwert (häufigster Wert).
b) Erstelle eine Rangliste und berechne den Median (Mittelwerte geteilt durch 2).
c) Addiere alle Werte und teile durch die Gesamtzahl.

**P5** a) Berechnung der Nullstellen Bdg $y = 0$
b) Setze ein.
c) Betrachte und vergleiche die Steigungen.

**P6** Achte auf saubere und genaue Konstruktion.

**P7** a) Verwende den Tangens.
b) Berechne den Flächeninhalt mithilfe der Flächeninhaltsformel eines Trapezes.
c) Berechne d mithilfe des Pythagoras. Berechne nun den Umfang.

**P8** a) Zähle ab.
b) Erweitere zum Quader. Berechne das Volumen des Quaders mithilfe der Volumenformel. Berechne das Volumen des Prismas mithilfe der Volumenformel. Subtrahiere das $V_{Prisma}$ vom $V_{Quader}$.

### Wahlaufgaben

**W1** a) Verwende den Kosinus. Stelle nach $\overline{BE}$ um. Halbiere die Strecke.
b) Verwende den Tangens. Stelle nach $\overline{AE}$ um. Berechne $\gamma$ mithilfe des Winkelsummensatzes. Verwende den Sinussatz. Stelle nach $\overline{CE}$ um.
c) 1. Beachte die Eigenschaften eines gleichschenkligen Dreiecks.
2. Beachte die Eigenschaften eines gleichschenkligen Dreiecks bei veränderter Basis.

**W2** a) 1. Forme in die Scheitelpunktsform um.
2. Setze in x ein.
3. Beachte die Symmetrie einer Parabel.
4. Berechne die Nullstellen Bdg $y = 0$. Verwende die p/q-Formel.

b) 1. Beachte die Eingenschaften, die man aus der Scheitelpunktsform ablesen kann.
2. Verändere die Vorzeichen.

**W3** a) 1. Berechne das stündliche Wachstum.
2. Verwenden der Wachstumszahl aus 1.
3. Erstelle einen Term. Beachte das Wachstum und die Anfangsbakterien.
4. Verwende den Term aus 3.
5. Beachte das exponentielle Wachstum.

b) 1. Beachte die Eigenschaften eines linearen Wachstums.
2. Beachte die Eigenschaften eines exponentiellen Wachstums.

## Bearbeitungstipps

**W4** a) Berechne die Oberfläche des Golfballs mithilfe der Oberflächenformel einer Kugel.
Berechne den Flächeninhalt mithilfe der Formel eines Kreises.

b) 1. Berechnung des Volumens mithilfe der Formel für eine Kugel. Rechne um.
2. Nehme Bezug auf die Annahme aus 1.

**W5** a) 1. Berechne die Wahrscheinlichkeit mithilfe eines Bruchs. Der Nenner ist die Anzahl aller Felder.
2. Gib die Wahrscheinlichkeit als Bruch an. Beachte die dreimalige Drehung.
3. Gib die Wahrscheilichkeit als Bruch an. Beachte alle drei Möglichkeiten.

b) 1. Beachte den höchsten Gewinn.
2. Beachte das nochmalige Drehen.
3. Berechne die Gewinnchance ohne nochmaliges Drehen.

# Pflichtaufgaben

### Aufgabe P1

Berechne.

a) 55 cm + 7 mm **1 P**

b) 7,8 kg + 225 g **1 P**

c) $1\frac{1}{2}$ h + 3 min **1 P**

d) 1. $\frac{3}{7}$ von 42 l **1 P**

2. $\frac{2}{3}$ einer Strecke sind 600 m. Gib die Länge der gesamten Strecke an. **1 P**

### Aufgabe P2

Waldstadt hatte im Jahr 2021 die höchsten Geburtenzahlen seit dem Jahr 1965. Im Jahr 2021 wurden 4220 Mädchen und Jungen geboren. Davon waren 45 % Mädchen.
Von den im Jahr 2021 geborenen Mädchen und Jungen haben 2276 nur einen einzigen Vornamen erhalten.
Im Jahr 2021 wurden 5,5 % mehr Mädchen und Jungen als im Jahr 2020 geboren.

a) Berechne die Anzahl der Jungen, die 2021 in Waldstadt geboren wurden. **3 P**

b) Berechne, wie viel Prozent der im Jahr 2021 geborenen Mächen und Jungen in Waldstadt nur einen einzigen Vornamen erhalten haben.
Runde dein Ergebnis auf eine Stelle nach dem Komma. **2 P**

c) Berechne, wie viele Mädchen und Jungen im Jahr 2020 in Waldstadt geboren wurden. **3 P**

### Aufgabe P3

a) Löse die Klammer des untenstehenden Terms auf und fasse soweit wie möglich zusammen.

$3 \cdot (x + 5) - 8x$ **2 P**

b) „Ein Rechteck mit den Seitenlängen a und b hat einen Umfang von 20 cm.
Die Seite a ist 4 cm kürzer als die Seite b."

Zwei der folgenden Gleichungen treffen auf dieses Rechteck zu.
Schreibe diese beiden Gleichungen auf dein Reinschriftpapier. **2 P**

| | | |
|---|---|---|
| $a + b = 20$ | $2(a + b) = 20$ | $a \cdot b = 20$ |
| $a = b - 4$ | $a - b = 4$ | $b = a - 4$ |

c) Löse das nebenstehende Gleichungssystem. **4 P**

$$\left| \begin{array}{l} y = 4x + 6 \\ y = 3x - 2 \end{array} \right|$$

d) Gegeben ist das nebenstehende Gleichungssystem.
Wähle m und n so, dass das nebenstehende Gleichungssystem keine Lösung besitzt.
Notiere m und n auf dein Reinschriftpapier. **2 P**

$$\left| \begin{array}{l} y = 4x + 6 \\ y = mx + n \end{array} \right|$$

## Aufgabe P4

In einer Lerngruppe wurden alle Schultaschen der Kinder gewogen. Die Ergebnisse sind in der Tabelle festgehalten. Alle Werte sind in Kilogramm angegeben.

| | | | | | | | | | |
|---|---|---|---|---|---|---|---|---|---|
| 3,9 | 4,0 | 2,9 | 3,3 | 4,3 | 2,7 | 3,9 | 2,8 | 4,2 | 3,4 |

a) Erstelle eine Rangliste. **1 P**

b) Bestimme die Spannweite. **1 P**

c) Berechne das arithmetische Mittel (Durchschnitt). **2 P**

d) 1. Berechne den Zentralwert (Median). **2 P**

2. Zwei Kinder kamen zu spät zum Unterricht. Ihre Schultaschen wogen 2,7 kg und 6,5 kg. Welchen Einfluss haben diese Werte auf den Zentralwert? Notiere den Lösungsbuchstaben auf dein Reinschriftpapier. **1 P**

**A** Der Zentralwert wird größer.
**B** Der Zentralwert wird kleiner.
**C** Der Zentralwert bleibt gleich.

## Aufgabe P5

Die Gerade g ist der Graph der linearen Funktion mit der Gleichung $y = -0{,}5x + 3$.

a) Berechne die Nullstelle dieser Funktion. **2 P**

b) Der Punkt P (12 I y) liegt auf der Geraden g. Bestimme die y-Koordinate dieses Punktes. **1 P**

c) Gib die Gleichung der Geraden h an, die durch den Punkt R (0 I -1,5) und parallel zur Geraden g verläuft. **2 P**

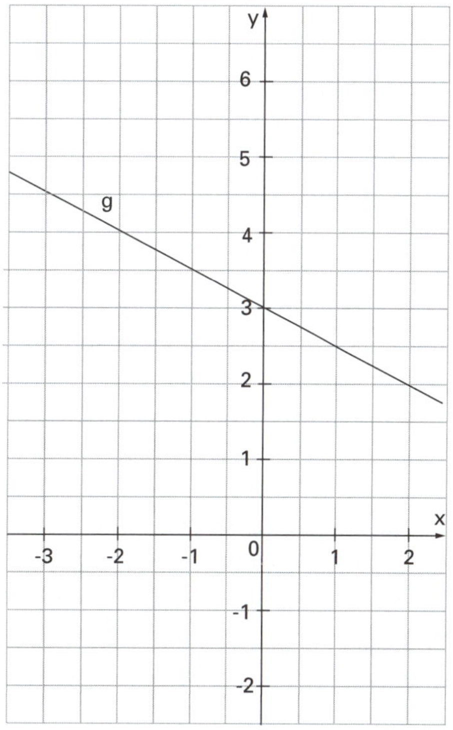


## Aufgabe P6

a) Zeichne das Dreieck ABC nach folgender Konstruktionsbeschreibung. **4 P**

(1) Zeichne die Strecke $\overline{AB}$ = 8 cm.

(2) Zeichne die Mittelsenkrechte der Strecke $\overline{AB}$.

(3) Die Strecke $\overline{AB}$ ist der Durchmesser eines Halbkreises.
Zeichne diesen Halbkreis über der Strecke $\overline{AB}$ ein.
Der Schnittpunkt der Mittelsenkrechten mit dem Halbkreis ist der Punkt C.

(4) Vervollständige deine Zeichnung zum Dreieck ABC. Beschrifte die Eckpunkte.

b) Im abgebildeten Dreieck ABC ist parallel zu $\overline{AB}$ eine Strecke eingezeichnet.
Bestimme $\beta$, $\gamma$ und $\delta$. **3 P**

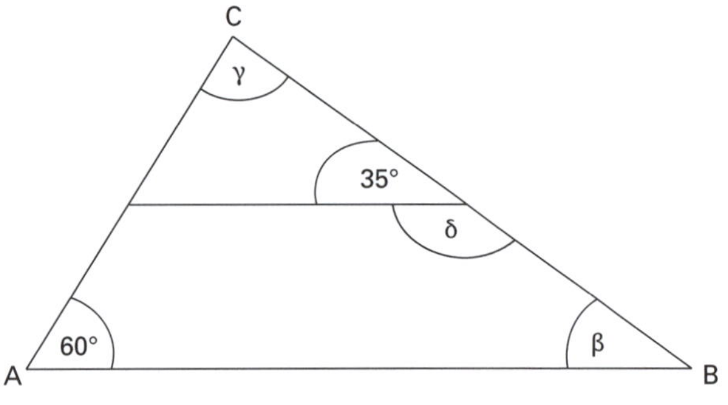


Abbildung nicht maßstabsgerecht

### Aufgabe P7

Die Abbildung zeigt ein Drachenviereck mit seinen Diagonalen.

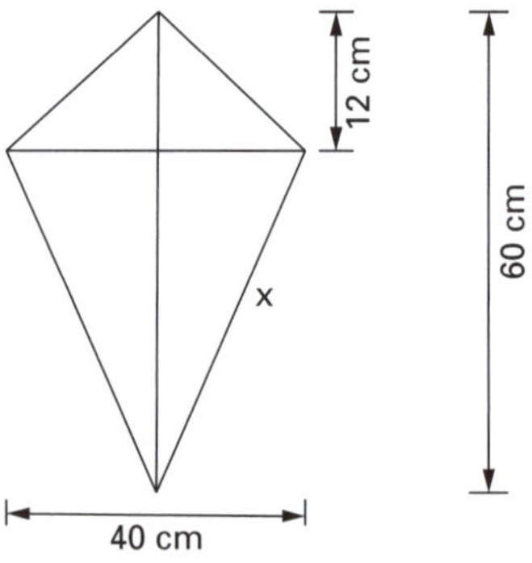


Abbildung nicht maßstabsgerecht

a) Berechne den Flächeninhalt des Drachenvierecks. **2 P**

b) Berechne die Länge der Strecke x. **4 P**

c) Welche zwei Aussagen gelten für das abgebildete Drachenviereck?
Schreibe die passenden Buchstaben auf dein Reinschriftpapier. **2 P**

**A** Die Diagonalen sind senkrecht zueinander.
**B** Das Drachenviereck hat genau zwei Symmetrieachsen.
**C** Die längere Diagonale halbiert die kürzere Diagonale.
**D** Das Drachenviereck ist punktsymmetrisch.
**E** Die Innenwinkel sind gleich groß.

### Aufgabe P8

Ein Würfel aus Kupfer mit der Kantenlänge 8 cm wurde eingeschmolzen.
Das eingeschmolzene Kupfer wurde vollständig zu einem Zylinder und einem kleineren Würfel verarbeitet (siehe Abbildungen). Der Zylinder ist 8 cm hoch und hat einen Durchmesser von ebenfalls 8 cm.

Berechne die Kantenlänge a des kleinen Würfels.
Runde dein Ergebnis auf eine Stelle nach dem Komma. **6 P**

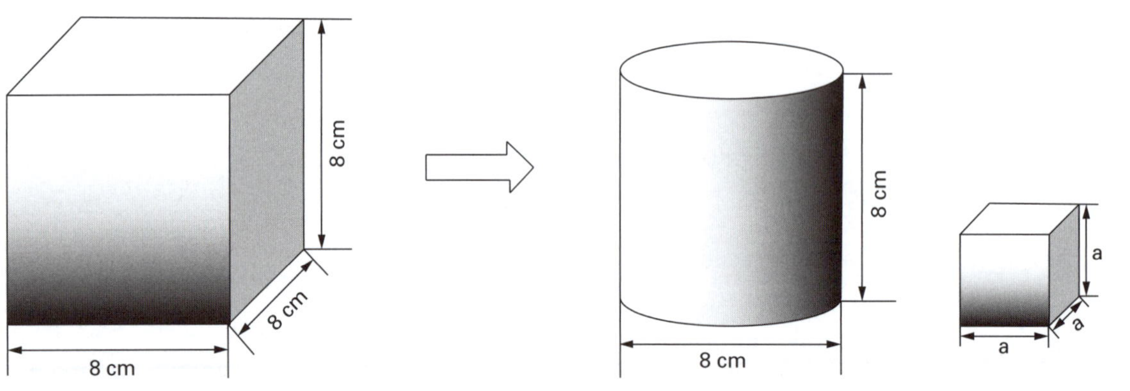


Abbildungen nicht maßstabsgerecht

# Wahlteil A

### Aufgabe W1

Die Abbildung zeigt das Trapez ABCD.
Die Strecke $\overline{AE}$ teilt dieses Trapez in das rechtwinklige Dreieck AED und in das Parallelogramm ABCE.

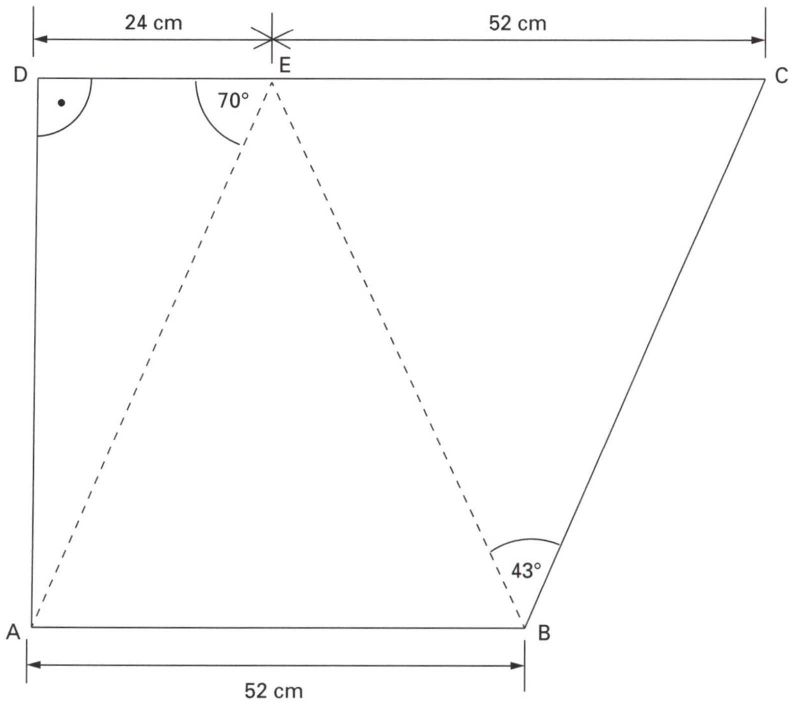


Abbildung nicht maßstabsgerecht und nicht winkeltreu

a) Berechne die Länge der Strecke $\overline{AE}$.
Gib dein Ergebnis in ganzen Zentimetern an. **2 P**

b) Berechne den Flächeninhalt des Trapezes ABCD.
Gib dein Ergebnis in ganzen Quadratzentimetern an. **5 P**

Tipp: Berechne zuerst die Höhe $\overline{AD}$ des Trapezes.

c) Berechne die Länge der Diagonalen $\overline{BE}$ des Parallelogramms ABCE.
Runde dein Ergebnis auf eine Stelle nach dem Komma. **4 P**

d) Begründe, warum das Dreieck BCE nicht gleichschenklig ist. **1 P**

### Aufgabe W2

a) Die abgebildete Parabel ist der Graph einer quadratischen Funktion, die durch die Gleichung $y = x^2 + 4x$ beschrieben wird.

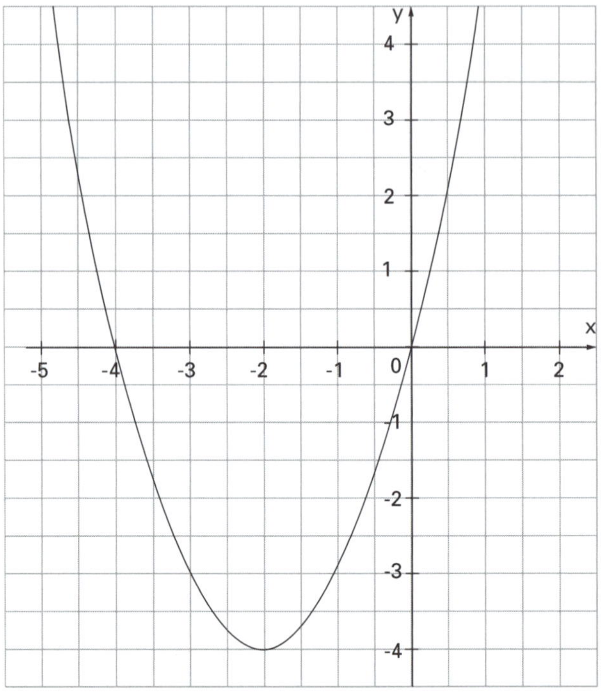


1. Lies die Nullstellen dieser Funktion ab und schreibe sie auf dein Reinschriftpapier. **2 P**
2. Bestimme die Scheitelpunktform dieser Funktion. **2 P**
3. Die Gerade mit der Gleichung $y = 2x + 15$ schneidet diese Parabel in zwei Punkten. Berechne die x-Koordinaten der beiden Punkte. **5 P**

b) Von einer anderen quadratischen Funktion sind folgende Informationen bekannt: **3 P**

> Der Graph der Funktion ist eine verschobene Normalparabel.
> Die Normalparabel ist nach unten geöffnet.
> Die Funktion hat die Nullstellen $x_1 = -5$ und $x_2 = -3$.

Bestimme die Gleichung dieser Funktion und gib diese in der Scheitelpunktform an.

### Aufgabe W3

In einer vollen Lostrommel befinden sich 200 Lose.
Es gibt 20 Lose mit Gewinnen, alle anderen Lose sind Nieten.

Gewinne:
10 Kugelschreiber, 6 Tassen, 3 Fußballtrikots, 1 Eintrittskarte für ein Fußballspiel

a) Aus der vollen Lostrommel wird einmal gezogen. Gib die Wahrscheinlichkeit dafür an, die Eintrittskarte für ein Fußballspiel zu gewinnen. **1 P**

b) Die Lostrommel ist voll. Fabian zieht nacheinander zwei Lose.

1. Berechne die Wahrscheinlichkeit dafür, dass er nur Nieten zieht. **2 P**
2. Berechne die Wahrscheinlichkeit dafür, dass er genau ein Los mit einem Gewinn zieht. **3 P**

c) Wie viele Lose muss man mindestens kaufen, damit man mit Sicherheit einen Gewinn hat? **2 P**

d) Formuliere ein Ereignis zu dieser vollen Lostrommel, dessen Wahrscheinlichkeit man mit dem Term $\frac{3}{200} \cdot \frac{180}{199}$ berechnen kann. **2 P**

e) In die volle Lostrommel wird ein weiteres Gewinnlos dazugegeben. Wie viele Lose mit Nieten müssten in die Lostrommel gegeben werden, damit sich die Wahrscheinlichkeit für ein Los mit Gewinn nicht ändert? **2 P**

## Aufgabe W4

Im Labor wurde untersucht, wie das Volumen von Milchschaum nach jeweils einer bestimmten Zeit abnimmt.
Die Tabelle zeigt, wie das Volumen V von Milchschaum (gerundet auf eine Stelle nach dem Komma) in Abhängigkeit von der Zeit t abnimmt.
Zu Beginn des Tests waren $V_0 = 60\ cm^3$ Milchschaum vorhanden.

| **Zeit t in min** | 0 | 1 | … | 3 | … | **b** |
|---|---|---|---|---|---|---|
| **Volumen V in $cm^3$** | 60,0 | 48,0 | … | **a** | … | 19,7 |

a) Zeige rechnerisch, dass das Volumen des Milchschaums nach einer Minute um 20 % abgenommen hat. **2 P**

Gehe bei der Berechnung der nachfolgenden Aufgaben von einer Abnahme von jeweils 20 % pro Minute aus.

b) Bestimme die fehlenden Werte a und b in der Tabelle. **2 P**

c) Das Milchschaumvolumen V nach t Minuten kann mit der Gleichung $V = V_0 \cdot q^t$ berechnet werden.

1. Bestimme die Werte für $V_0$ und q in der Gleichung. **2 P**
2. Berechne das Milchschaumvolumen nach 7 Minuten.
   Runde dein Ergebnis auf eine Stelle nach dem Komma. **2 P**
3. Bestimme, nach wie vielen Minuten erstmals weniger als $2\ cm^3$ Milchschaum vorhanden sind. **2 P**

d) Welche der folgenden Abbildungen stellt diese Abnahme des Milchschaumvolumens am besten dar? Schreibe den Lösungsbuchstaben auf dein Reinschriftpapier. **2 P**

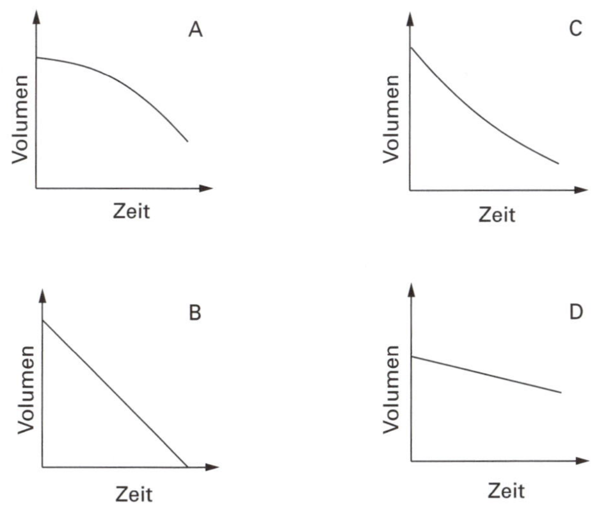

## Aufgabe W5

Die Abbildung zeigt die trapezförmige Grundfläche eines Prismas.
Dieses Prisma hat eine Körperhöhe von 10 cm.

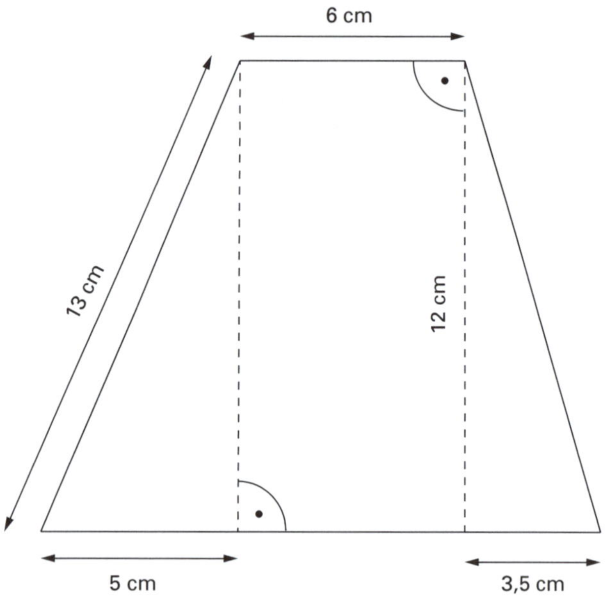


Abbildung nicht maßstabsgerecht

a) Berechne das Volumen des Prismas. **3 P**

b) Gib die Anzahl der Ecken e, der Kanten k und der Flächen f des Prismas an.
Schreibe auf dein Reinschriftpapier in der Form:

e = k = f = **3 P**

c) Die Mantelfläche besteht aus vier Rechtecken.

1. Berechne den Flächeninhalt des Mantels. **4 P**
2. Nimm an, dass in diesem Prisma alle Seiten der Grundfläche und die Körperhöhe verdoppelt werden. Wievielmal größer ist nun die Mantelfläche? **2 P**

# Wahlteil B

### Aufgaben W1, W2 und W3 siehe Wahlteil A

### Aufgabe W4

a) Bestimme die Werte für a, b und c in den folgenden drei Gleichungen.

1. $11^{-8} \cdot 11^{12} = 11^{a}$ **1 P**
2. $(7{,}5^{4})^{b} = 7{,}5^{8}$ **1 P**
3. $x^{c} : x^{9} = x^{-6}$ **1 P**

b) 1. Schreibe die Zahl 8 als Potenz. **1 P**

2. Schreibe $\frac{1}{25}$ als Potenz mit negativem Exponenten. **1 P**

c) Es soll gelten: $x^2 > x^3$ $(x > 0)$
Gib eine Zahl für x an, damit die Aussage wahr ist. **1 P**

Bei der *wissenschaftlichen Schreibweise* werden die Zahlen als Produkt einer Dezimalzahl mit genau einer Ziffer (ungleich Null) vor dem Komma und einer Zehnerpotenz geschrieben.

d) 1. Berechne und gib dein Ergebnis in wissenschaftlicher Schreibweise an. **1 P**

$7{,}5 \cdot 10^{25} \cdot 1{,}2 \cdot 10^{-17}$

2. Schreibe die Zahl in der wissenschaftlichen Schreibweise. **1 P**

14,3 Milliarden

e) Nimm an, die Sonne ist eine Kugel mit einem Radius von $7 \cdot 10^{8}$ m.
1 $m^3$ der Sonne wiegt 1408 kg. Berechne die Masse der Sonne.
Gib dein Ergebnis in der wissenschaftlichen Schreibweise an.
Runde die Dezimalzahl vor der Zehnerpotenz auf zwei Stellen nach dem Komma. **4 P**

## Aufgabe W5

Bei einer Kerze aus Paraffin verbrennen in jeder Stunde etwa 7,5 g.
Ein Kubikzentimeter Paraffin wiegt 0,9 g.

a) Peter hat sich die abgebildete Kerze aus Paraffin gekauft. Berechne die ungefähre Brenndauer dieser Kerze.
Runde dein Ergebnis auf ganze Stunden.

Schätze geeignete Längen in der Abbildung und rechne damit. **5 P**

b) Um welchen Faktor erhöht sich die Brenndauer einer zylinderförmigen Kerze aus Paraffin, wenn der Radius verdoppelt wird? **2 P**

c) Peter möchte selbst eine kugelförmige Kerze aus Paraffin herstellen. Diese Kerze soll eine Brenndauer von 100 Stunden haben. Berechne den Radius dieser Kerze. Runde dein Ergebnis auf ganze Zentimeter. **5 P**

## Bearbeitungstipps

### Pflichtaufgaben

**P1** a) Rechne um.
b) Rechne um.
c) Rechne um.
d) Berechne die Anteile.

**P2** Verwende jeweils den Dreisatz oder die Formel.

**P3** a) Fasse zusammen.
b) Denk an die Umfangsformel eines Rechtecks.
c) Verwende ein Lösungsverfahren, z. B. das Gleichsetzungsverfahren.
d) Wähle die gleiche Steigung und $n \neq 6$.

**P4** a) Erstelle eine Rangliste, sortiere dazu der Größe nach.
b) Berechne die Spannweite.
c) Berechne den Durchschnitt.
d) Berechne den Median. Verwende a)

**P5** a) Berechne die Nullstellen Bdg $y = 0$.
b) Setze den Punkt ein.
c) Die Steigung bleibt gleich.

**P6** a) Achte auf saubere und genaue Konstruktion.
b) Denke an den Stufenwinkel und den Winkelsummensatz.

**P7** a) Verwende die Flächeninhaltsformel eines Drachen.
b) Verwende den Pythagoras.
c) Denke an die Eigenschaften eines Drachen.

**P8** Verwende die Volumenformel eines Quaders und Zylinders.

### Wahlteil A

**W1** a) Verwende den Kosinus.
b) Verwende die Flächeninhaltsformel eines Trapezes. Verwende hierfür den Tangens.
c) Verwende den Sinussatz, oder zeichne eine Hilfslinie ein.
d) Denke an die Innenwinkel.

**W2** a) 1. Lies genau ab.
2. Mach eine quadratische Ergänzung und forme in die Scheitelpunktform.
3. Gleichsetzen und p/q-Formel anwenden.
b) Scheitelpunktform $y = a(x - d)^2 + e$. Überlege welche Vereinfachung sich ergibt, weil es eine Normalparabel ist.

**W3** a) Gib die Wahrscheinlichkeit in einem Bruch an.
b) Gib die Wahrscheinlichkeit in einem Bruch an.
c) Wie viele Nieten und Gewinne gibt es?
d) Gehe von den 3 Fußballtrikot-Losen aus.
e) Berechne zuerst die Gewinnchance.

**W4** a) Berechne 20 % von $V_0$.
b) Rechne proportional weiter.
c) 1. $V_0$ = Anfangswert, q = prozentuale Veränderung
2. Setze in die Formel ein.
3. Setze verschiedene Zahlen ein. Probiere aus.
d) Gehe von einer proportionalen Veränderung aus.

**W5** a) Verwende die Volumenformel eines Prismas. Berechne zuerst den Flächeninalt eines Trapezes.
b) Bestimmung durch genaues Abzählen.
c) 1. Verwende den Pythagoras. Verwende dann die Formel für den Mantel.
2. Schau dir die Veränderung an.

## Bearbeitungstipps

### Wahlteil B

**W1, W2 und W3 siehe Wahlteil A**

**W4** a) Wende die Potenzgesetze an.

b) Schreibe um.

c) $0 < x < 1$

d) Denk an die wissenschaftliche Schreibweise.

e) Verwende die Volumenformel einer Kugel. Berechne anschließend die Masse.

**W5** a) Modellierung als Zylinder. Verwendung der Volumenformel eines Zylinders.

b) Der Radius wird verdoppelt.

c) Verwendung der Volumenformel einer Kugel. Stelle nach r um.

# Formelsammlung

## Erläuterungen für Abkürzungen

A: Flächeninhalt
V: Volumen
O: Oberflächeninhalt
M: Mantelflächeninhalt
M: Kreismitte
e, f: Länge der Flächendiagonalen
d: Länge der Raumdiagonale
s: Länge der Mantellinie
G: Grundfläche
h: Höhe
r: Radius
u: Umfang

## n-Ecke

### Dreieck

$A = \frac{g \cdot h}{2}$

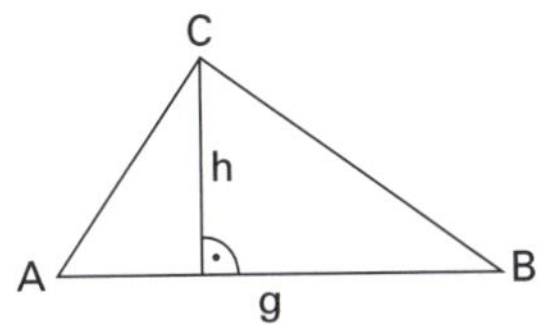


### Parallelogramm

$A = g \cdot h$

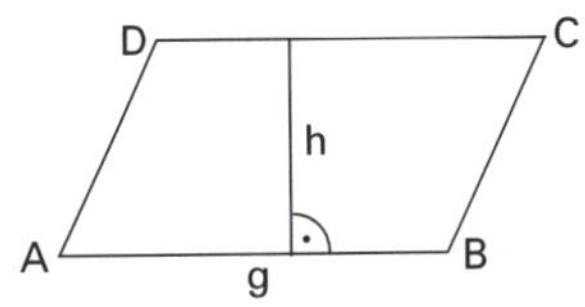


### Trapez

$A = \frac{a + c}{2} \cdot h$

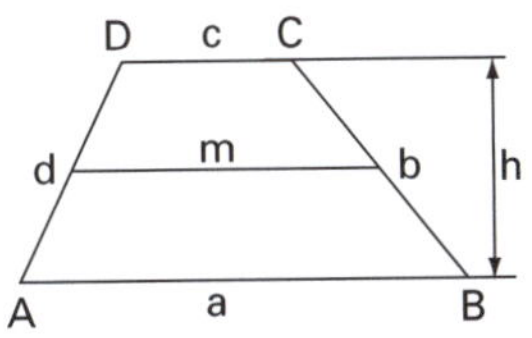


### Drachen

$A = \frac{e \cdot f}{2}$

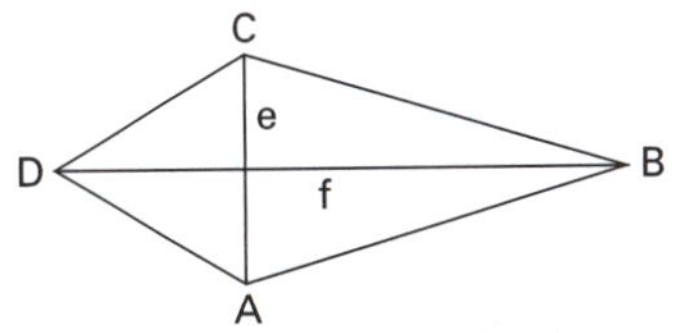


## Kreis

### Kreisfläche

$A = \pi \cdot r^2$

Kreisumfang

$u = 2 \cdot \pi \cdot r$

oder $u = d \cdot \pi$

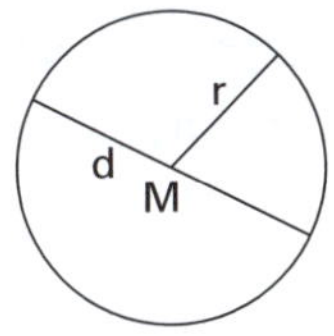


### Kreissektor

$A = \frac{\pi \cdot r^2 \cdot \alpha}{360°}$

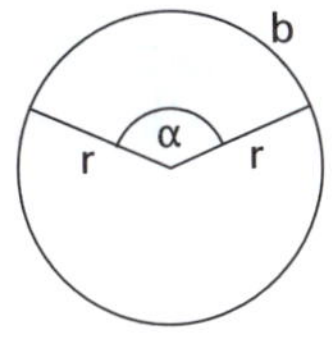


### Kreisring

$A = \pi (r_1^2 - r_2^2)$

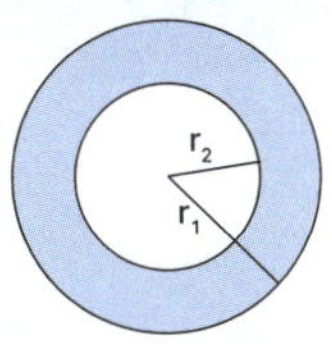


## Körper

### Würfel

$V = a^3$

$O = 6 \cdot a^2$

$d = a\sqrt{3}$

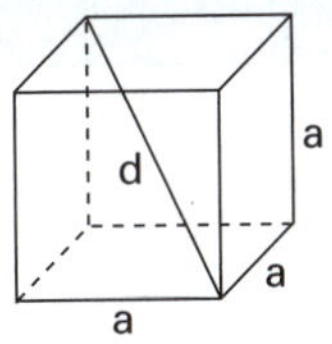


### Quader

$V = a \cdot b \cdot c$

$O = 2(ab + ac + bc)$

$d = \sqrt{a^2 + b^2 + c^2}$

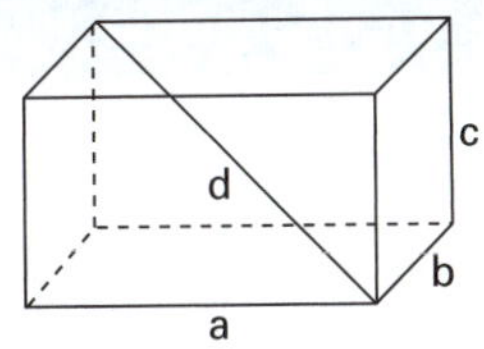

# Körper

## Prisma

$V = G \cdot h_k$
$O = 2 \cdot G + M$
(G: Grundfläche
M: Mantelfläche)

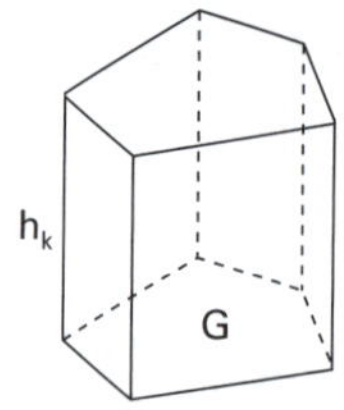


## Zylinder

$V = \pi \cdot r^2 \cdot h_k$
$O = 2 \cdot \pi \cdot r(r + h_k)$
$O = 2 \cdot \pi \cdot r^2 + 2 \cdot \pi \cdot r \cdot h_k$

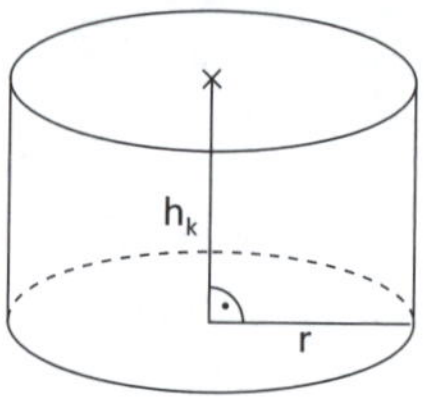


## Pyramide

(quadratische)
$V = \frac{1}{3}a^2 \cdot h_k$
$O = a^2 + 2 \cdot a \cdot h_s$

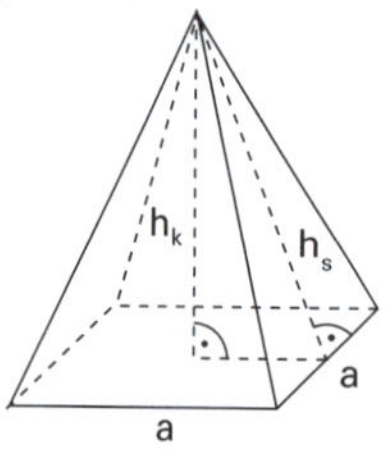


## Kegel

$V = \frac{1}{3} \cdot \pi \cdot r^2 \cdot h_k$
$O = \pi \cdot r(r + s)$
$O = \pi r^2 + \pi rs$

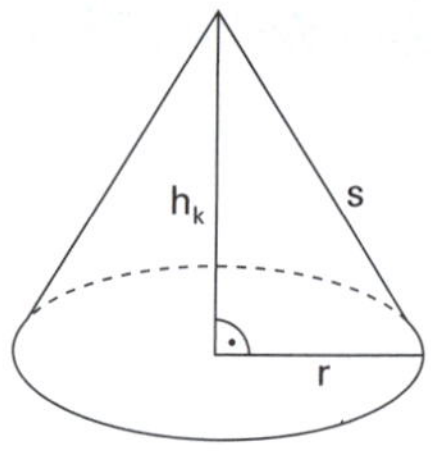


## Kugel

$V = \frac{4}{3} \cdot \pi \cdot r^3$
$O = 4 \cdot \pi \cdot r^2$

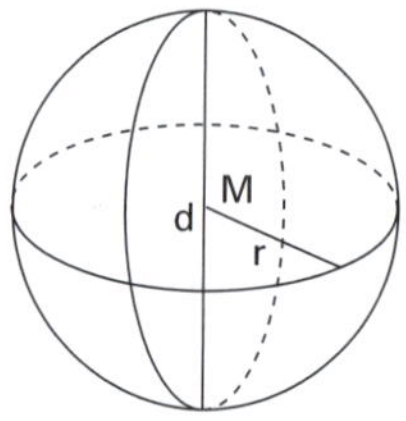


# Quadratische Gleichungen

Normalform: $x^2 + px + q = 0$ pq-Formel: $x_{1/2} = -\frac{p}{2} \pm\sqrt{\left(\frac{p}{2}\right)^2 - q}$

# Pythagoras

Im rechtwinkligen Dreieck gilt:
$a^2 + b^2 = c^2$

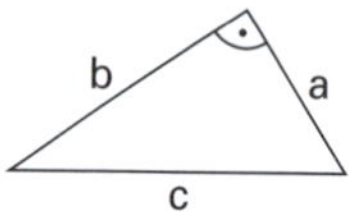


# Binomische Formeln

I. $(a + b)^2 = a^2 + 2ab + b^2$
II. $(a - b)^2 = a^2 - 2ab + b^2$
III. $(a + b) \cdot (a - b) = a^2 - b^2$

# Prozent- und Zinsrechnung

$P_w$: Prozentwert
G: Grundwert
p%: Prozentsatz (Zinssatz)
K: Kapital
Z: Zinsen
i: Zeit (in Jahren)

$P_w = \frac{G \cdot p}{100}$

$Z = \frac{K \cdot p}{100} \cdot i$

Zinseszinsrechnung:
$K_n = K_0 \cdot \left(1 + \frac{p}{100}\right)^n$
$K_n$: Kapital nach n Jahren
$K_0$: Grundkapital
n: Jahre

# Trigonometrie

Im rechtwinkligen Dreieck gilt:

$\sin \alpha = \frac{\text{Gegenkathete}}{\text{Hypotenuse}}$ $\cos \alpha = \frac{\text{Ankathete}}{\text{Hypotenuse}}$ $\tan \alpha = \frac{\text{Gegenkathete}}{\text{Ankathete}}$

## Trigonometrie

Im allgemeinen Dreieck gilt:

Kosinussatz: $a^2 = b^2 + c^2 - 2 \cdot b \cdot c \cdot \cos\alpha$
$b^2 = a^2 + c^2 - 2 \cdot a \cdot c \cdot \cos\beta$
$c^2 = a^2 + b^2 - 2 \cdot a \cdot b \cdot \cos\gamma$

Sinussatz: $\frac{a}{\sin\alpha} = \frac{b}{\sin\beta} = \frac{c}{\sin\gamma}$

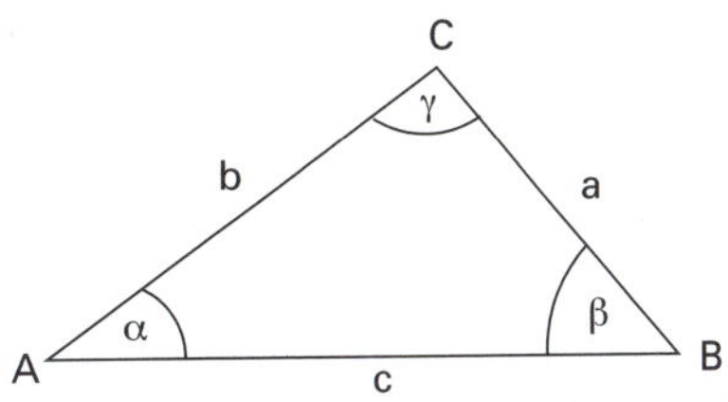


## Wahrscheinlichkeit

| | |
|---|---|
| **Ergebnis:** | möglicher Ausgang eines Zufallsexperiments |
| **Ergebnismenge, Ergebnisraum V:** | Menge aller möglichen Ergebnisse eines Zufallsexperiments |
| **Ereignis E:** | beliebige Teilmenge der Ergebnismenge |
| | Ergebnisse, die eine bestimmte Eigenschaft erfüllen, nennt man Ereignisse. |
| **Gegenereignis $\bar{E}$:** | Das Gegenereignis tritt ein, wenn das Ereignis nicht eintritt. |
| **Wahrscheinlichkeit P(E):** (Laplace-Experiment) | Haben bei einem Zufallsexperiment alle Ergebnisse die gleiche Wahrscheinlichkeit, dann gilt: $P(E) = \frac{\text{Anzahl der für E günstigen Ergebnisse}}{\text{Anzahl der möglichen Ergebnisse}}$ Es gilt stets: $0 \leqq P(E) \leqq 1$ |

### Mehrstufiges Zufallsexperiment

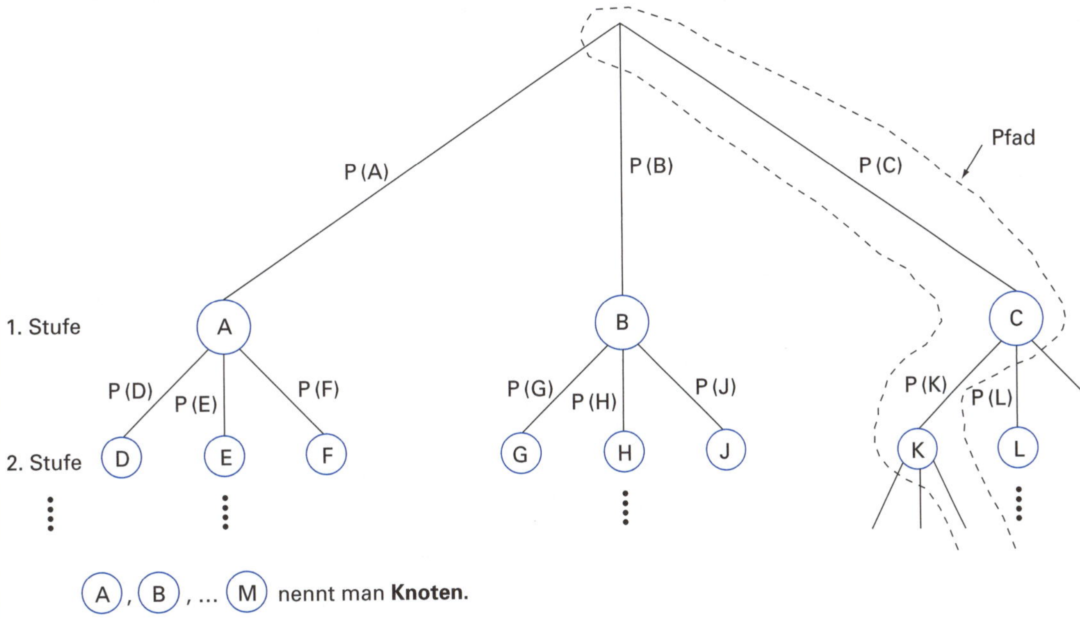


(A), (B), ... (M) nennt man **Knoten.**

| | |
|---|---|
| **Knotenregel:** | Die Summe der Wahrscheinlichkeiten aller Zweige, die von einem Knoten ausgehen, hat stets den Wert 1. Beispiel: P(G) + P(H) + P(J) = 1 |
| **1. Pfadregel:** (Produktregel) | Die Wahrscheinlichkeit eines Ergebnisses ist das Produkt der Wahrscheinlichkeiten entlang eines Pfades. Beispiel: $P(CK) = P(C) \cdot P(K)$ |
| **2. Pfadregel:** (Summenregel) | Die Wahrscheinlichkeit eines Ereignisses ist die Summe der Ergebnisse der Pfade, die zu diesem Ereignis führen. Beispiel: P(AF, BG, CK) = P(AF) + P(BG) + P(CK) |

# Die Abschlussprüfung

Die schriftliche Abschlussprüfung in Englisch ist stets ähnlich aufgebaut. Folgende Teile sind Bestandteil der Prüfung:

**A. Listening Comprehension**
Im Teil Listening Comprehension wird dein Hörverstehen getestet. Hier sollst du zeigen, dass du gesprochene Texte verstehst und gezielt Fragen dazu beantworten kannst.

**B. Reading Comprehension**
Hier sollst du zeigen, dass du einen unbekannten Text verstehst und inhaltliche Fragen beantworten kannst.

**C. Use of Language**
Dieser Teil ist wiederum in die folgenden Teile unterteilt:

- 1. Mediation

Hier geht es um Sprachmittlung. Du sollst Texte vom Englischen ins Deutsche und vom Deutschen ins Englische übertragen.

- 2. Words and structures

In diesem Teil werden deine Grammatik- und Wortschatzkenntnisse anhand von Einsetzübungen mit Wortvorgaben oder mit Multiple-Choice-Aufgaben überprüft.

**D. Text Production**
Du musst selbst einen kleinen Text verfassen und kannst hierfür zwischen verschiedenen Aufgabenvorschlägen wählen.

Für deine Vorbereitung ist es wichtig, dass du dich mit den typischen Aufgabenarten der einzelnen Prüfungsteile vertraut machst und immer wieder übst. In unserem Trainingsteil findest du hierzu viele Aufgaben.

# A. Listening Comprehension

## Erklärung

**Die Vorbereitung**
Am besten bereitest du dich auf diesen Teil der Prüfung durch intensives und wiederholtes Hören von englischen Texten vor. Du kannst dir zum Beispiel englische Fernsehprogramme ansehen oder beim Anhören englischer Musik versuchen, die Texte zu verstehen. Sieh dir den nächsten Film doch einfach mal im Originalton auf Englisch an – mithilfe der Untertitel lässt sich das Gehörte einfach nachvollziehen.

**In der Prüfung**
Die Hörtexte der Prüfung variieren in Länge und Art, meist sind es kurze Gespräche, Interviews oder Durchsagen. Die Fragen darfst du dir vorab schon durchlesen. Hierbei solltest du darauf achten, dass du auch die Fragestellung genau liest, damit du weißt, worauf du achten musst. Keine Angst, wenn du beim ersten Hören nicht jedes Wort verstehst – es sind nicht alle Details des Hörtextes für die Aufgaben wichtig. Wenn du sicher bist, dass deine Antworten richtig sind, kannst du sie schon nach dem ersten Hören eintragen. Beim zweiten Hören kannst du dich dann auf die Aufgaben konzentrieren, die du noch nicht gelöst hast. Du kannst dir auch während des Hörens auf einem Extrablatt Notizen machen: Wer? Was? Wann? Wo? Wie? Versuche auf jeden Fall, alle Aufgaben zu lösen, auch wenn du dir nicht ganz sicher bist. Teile dir deine Zeit so ein, dass du am Schluss nochmals alle Antworten in Ruhe durchlesen kannst.

## Typische Aufgabenstellung

**You will hear a phone call. Listen carefully and tick right or wrong.**

**Hörtext**

Mark: Hi, this is Mark. Is that Ted?
Ted's dad: His dad speaking. Hi, Mark. Ted isn't here. Can I give him a message?
Mark: Oh yes, thanks. Well, can you tell him football training is an hour later on Saturday?
Ted's dad: Football, one hour later. You mean at 3pm, not at 2pm?
Mark: That's right. Thanks. I'll see him there. Bye.

**Erläuterung**

Bei diesem Aufgabentyp musst du entscheiden, ob eine Aussage richtig oder falsch ist. Da du vorab die Fragen durchlesen darfst, weißt du bereits, welche Informationen für die Antwort wichtig sind.

| | right | wrong |
|---|---|---|
| a) Mark is talking to Ted's brother. | | x |
| b) Ted is not at home. | x | |
| c) Mark and Ted are in the same football training. | x | |
| d) The training usually starts at 3 o'clock. | | x |

## Übungsaufgaben

**1. Announcements 1 – 4**

(Audiotrack: QR-Code rechts / Hörtext S. 216)

**You will hear four short announcements. There are two tasks for each announcement.**
**Tick the right statement.**

### Announcement 1: At the department store

a) Anna is wearing
- ☐ black trousers and a pink T-shirt.
- ☐ white jeans and a blue sweater.
- ☐ blue jeans and a green sweater.

b) Anna is waiting for her mother
- ☐ at the restroom.
- ☐ at the information desk.
- ☐ at the entrance.

### Announcement 2: At the airport

a) The flight number is
- ☐ 658.
- ☐ 612.
- ☐ 685.

b) The flight will be delayed because of
- ☐ heavy snowfall.
- ☐ a thunderstorm.
- ☐ birds.

### Announcement 3: At the swimming pool

a) There will be a course for
- ☐ water handball.
- ☐ aqua aerobic.
- ☐ baby swimming.

b) The pool open to everybody else is
- ☐ in the next building.
- ☐ much smaller.
- ☐ outdoors.

### Announcement 4: Answering machine

a) Saturdays the library is open till

- ☐ lunchtime.
- ☐ late in the evening.
- ☐ early in the morning.

b) The website for the library is

- ☐ www.library.com.
- ☐ www.publiclibrary.org.
- ☐ www.publiclibrary.com.

## 2. Telephone Conversation

(Audiotrack: QR-Code S. 192 / Hörtext S. 216)

**You will hear a conversation.**
**Decide which information is correct then tick the right statement.**

a) What is the basic topping on every pizza?

- ☐ cheese and onions
- ☐ tomatoes and onions
- ☐ tomatoes and cheese

b) Which topping is not mentioned by the delivery service?

- ☐ ham
- ☐ Italian sausage
- ☐ bacon

c) What pizza does Maya order?

- ☐ a salami and mushroom pizza with onions
- ☐ a salami and bacon pizza with extra cheese
- ☐ an extra-large pizza with salami, mushrooms, onions and cheese

d) What else does Maya order with her pizza?

- ☐ a diet coke and a tomato salad
- ☐ just a coke
- ☐ a tomato salad and a coke

e) How much does Maya have to pay?

- ☐ £12.50
- ☐ £15.50
- ☐ £15

f) How long will it take to deliver?

- ☐ twenty minutes
- ☐ forty minutes
- ☐ half an hour

### 3. Interview

(Audiotrack: QR-Code S. 192 / Hörtext S. 217)

**You will hear an interview between Patrick, an expert at diet and fitness, and a radio moderator. Match the sentence parts. Be careful – there is one ending more than you need.**

| | | | |
|---|---|---|---|
| 1 | It's unhealthy for children | a | you should eat them every morning. |
| 2 | If someone is overweight, | b | have got lots of fat and salt in them. |
| 3 | If you eat too much chocolate | c | to be overweight. |
| 4 | Hamburgers and fries | d | do much sport. |
| 5 | Vitamins are really healthy | e | they really need to change their eating habits. |
| 6 | Bread and muesli | f | to school or work. |
| 7 | Children don't | g | give us energy. |
| 8 | One should walk or cycle | h | can make your muesli healthier. |
| | | i | you put on weight. |

**Put the letters into the correct boxes.**

| 1 | 2 | 3 | 4 | 5 | 6 | 7 | 8 |
|---|---|---|---|---|---|---|---|
| | | | | | | | |

## B. Reading Comprehension

### Erklärung

**Die Vorbereitung**

Um das Lesen englischer Texte zu trainieren, kannst du Zeitschriften wie zum Beispiel „Spotlight", „Newsweek" oder „Read On" lesen. Diese sind zum Üben gut geeignet, da sie viele Artikel enthalten und für einzelne schwierige Wörter auch gleich die Übersetzung anbieten. Du findest diese am Kiosk oder in einer gut sortierten Bücherei.

**In der Prüfung**

Beim ersten Lesen wirkt ein unbekannter Text manchmal schwer. Um zu erkennen, worum es in einem Text geht, muss man nicht jedes einzelne Wort verstehen. Unbekannte Wörter und Redewendungen können meist aus dem Zusammenhang erschlossen werden. Vielleicht kennst du einen Teil des Wortes oder ein Wort aus derselben Wortfamilie. Gibt es vielleicht ein ähnliches deutsches Wort? Am besten liest du dir den Text immer mindestens zweimal durch. Achte genau auf die Arbeitsanweisungen. Beim ersten Lesen geht es um das Grobverständnis. Nimm einen Stift zur Hand, unterstreiche wichtige Textstellen oder mache dir Notizen auf einem Extrablatt. Versuche auf jeden Fall, alle Aufgaben zu lösen, auch wenn du dir nicht ganz sicher bist. Teile dir deine Zeit so ein, dass du am Schluss nochmals alle Antworten in Ruhe durchlesen kannst. Achte hierbei auch auf deine Rechtschreibung und ob du die richtigen Zeiten verwendet hast.

## Typische Aufgabenstellung

**Erläuterung**
Du bekommst einen längeren Text und dazugehörige Fragen. Es geht darum, zu zeigen, dass du den Inhalt auch im Detail verstehst. Du hast zum Beispiel eine Aufgabenstellung, in der du Fragen zum Text beantworten sollst. Es werden verschiedene Antwortmöglichkeiten vorgegeben, suche die Richtige heraus und kreuze an.

**Read the text and tick the right statement.**

### Accident or human failure?

The Titanic set sail from Southampton, England, on April 10$^{th}$, 1912, with more than 2,200 passengers and crew. On the passenger list were prominent names such as John Jacob Astor, Isidor Straus, Mrs. J. "Molly" Brown and Benjamin Guggenheim. The Titanic was the greatest ocean liner ever constructed and at the time the largest moveable object in the world. There were conveniences on board many guests didn't even have in their homes, such as electric lights and heat in every room. The ship featured four restaurants, a fully stocked gymnasium, a swimming pool, a Turkish bath and two separate musical ensembles to entertain guests. However, late in the evening on April 14$^{th}$, all came to an abrupt and tragic end. At 11:40 pm, an iceberg was spotted 500 yards before the Titanic. While the officer on deck made immediate efforts to steer clear of the iceberg the Titanic still struck it, tearing a 300-feet-long hole into the ship. Most of the passengers on the ship didn't notice the impact, yet the effected compartments were immediately flooded. The events of the next three hours led to the greatest maritime disaster in history.

With information from: https://en.wikipedia.org/wiki/Titanic

(1)

**1.** What is the article about?
- ☐ It is about the construction of the Titanic.
- ☒ It is about the tragic sinking of the Titanic.
- ☐ It is about a film called "Titanic".

**2.** How many people were on board when the Titanic set sail?
- ☐ There were exactly 2,500 people on board.
- ☐ There were about 2,000 people on board.
- ☒ There were more than 2,200 people on board.

**3.** Which services were provided on the ship?
- ☒ There were electric lights and heat in every room.
- ☐ There were electric lights and hot water in every room.
- ☐ There was hot water and heat in every room.

**4.** What could the passengers do for entertainment?
- ☐ They could go to the cinema and enjoy a film.
- ☒ They could go to the gym or take a Turkish bath.
- ☐ They could watch the cooks preparing their meals.

**5.** Why did the Titanic sink?
- ☒ The ship hit an iceberg.
- ☐ The ship was hit by another ship.
- ☐ There was a constructional error.

# Übungsaufgaben

## Text 1

From: harry@compuserve.com
Sent: Mo, July 9th 2018 12.47
To: Muhammad@yahoo.com
Re: Subject: computer addiction

Dear Muhammad

…

…

So as you can see, I think I really might have a big problem with the amount of time I use the computer. What should I do?

---

Dear Harry

I think you are a computer addict. As you described it, you turn on your computer as soon as you wake up and it's also the last thing you do at night. Also the fact that you replaced your former hobbies like football and reading by playing computer games as well as the fact that lately even your school grades changed for the worse, seems to be a clear indication of a quite serious addiction.
It is very good that you've already realized you might have a problem and that you want to solve it. This is a very important requirement to find help.
Talk to someone you trust, whether your parents, a teacher, a relative, a close friend, or a school social worker. You're probably even going to need professional help.
What can you do yourself? As a first step, you should remove the computer from your bedroom and place it somewhere else. Thus, you cannot secretly play games all day. As a second step, you should try to go to bed earlier in order to reduce the playing time. At the same time, you should begin to replace your computer time by other activities and things like sport, homework, meeting friends etc. Especially the last point is significant. Friends are important in life, they stabilise you, give you true feedback when they think you're wrong and you will just have a lot of fun with them!
Do not get discouraged by potential failures or difficulties. It won't be easy to start a new life but if you really want it you will succeed!
I truly hope you talk to someone about your problem and that you will overcome your addiction soon. Good luck!

**1. Read the text. Tick the correct box.**

| | true | false | not in the text |
|---|---|---|---|
| a) You can do nothing yourself. | | | |
| b) About 10 % of all teens are computer-addicted. | | | |
| c) You definitely suffer from computer addiction. | | | |
| d) Also his brother excessively plays computer games. | | | |
| e) Friends are very important for solving the problem. | | | |
| f) The best way to deal with it is to ignore it and not to tell anyone. | | | |

## Text 2

**Look at each sign. What does it mean? Mark the correct answer with a cross.**

1. **Under 18? We ID for tobacco sales. Thank you for your patience.**
   - (A) If you are under 18, you can buy cigarettes but no cigars.
   - (B) We check every customer's ID, so please be patient.
   - (C) You are not allowed to buy cigarettes if you are under 18.

2. **These seats must be vacated for seniors and disabled persons.**
   - (A) You can only sit here if you are in senior high school.
   - (B) These seats are reserved for old and handicapped people.
   - (C) These seats are rented out to seniors and handicapped people.

3. **Reserved parking by permit only. Violators will be fined $25.00.**
   - (A) To park here you need to have a permission or pay a fine.
   - (B) Only residents are allowed to park here.
   - (C) Residents are fined if they park on public parking lots.

4. **Do not distract the operator while the train is moving.**
   - (A) You should not walk around while the train is moving.
   - (B) You mustn't talk to the train driver during the ride.
   - (C) You are not allowed to operate the brakes on the train.

## Text 3

1. **The people below are all looking for a job. Decide which job (A – H) would be the most suitable for each person (1 – 5). Write the correct letters behind the numbers.**

| | | |
|---|---|---|
| **1.** | **Harry,** 54, farm machinery mechanic, looking for light work for reasons of health. Prefer outdoor work. Knowledge of general care and maintenance of horses. | |
| **2.** | **William,** 29, Bachelor of Science in Computer Science, solid understanding of the Software Development Lifecycle, single, independent, looking for an appropriate job worldwide. | |
| **3.** | **Lucy,** 32, experienced former personal secretary, won't stay at home any longer, now that the kids are in school all day, I'm looking to get back in the swing of things. Very sociable and responsible. | |
| **4.** | **Edward,** 22, apprentice cook, currently working in factory canteen, not under notice, wants to change job, no driving license, no computer skills. | |
| **5.** | **Nelly,** 30, cosmetician, eight years experience in beauty salon, including hairstyling and hair dyeing, agreeable manners, perfect looks, preferably full-time. | |

## Job Advertisements

**A Dog Groomers**

Furs and Feathers, a new pet boutique on Philadelphia's east side is looking for freelanced experienced dog groomers for working at the shop on Maryland Avenue on Saturdays. You must have extensive experience and verifiable references. Minimum wage base to start and benefits after 60 days.

**B Receptionist**

We are looking for a receptionist who is a self-starter, able to multi-task in fast paced work environment. The tasks are varied and include phone contact and in person contact with clients and coordination of tasks and workload with other employees. We need a "people person". This position is full-time, 40 hours a week with benefits.

**C Web Moderator**

As a web moderator you will monitor the website as a user. You will have access to both standard user account and admin user account for this reason. You will be required to pass a background check which may include financial check. This position will be a telecommuting position with weekly meetings by webcam.

**D Cook**

Experienced cook wanted for breakfast and early part of lunch service for fine dining restaurant. Must be able to work Sundays. Have basic knowledge of egg cookery and basic cooking skills. Looking for a positive team player to add to the kitchen staff.

**E Hairstylist**

Hairstylist needed for exclusive hair salon. Experienced colourist, stylist preferably on a full time basis. We service both men and women, and are looking for a stylist with a good following, since most of our clients are by appointment only. Although walk-ins are welcome. Serious inquiries only.

**F Dental Manager**

Private practice is looking for friendly, professional and responsible desk staff. Prior dental experience and proficiency with computer/dental software is a must. Exceptional customer service and telephone skills required. Full-time position, great salary.

**G Barn Help**

Barn help for horse stable wanted. Clean and pick stalls on Mon., Wed., Fri., then on Sat. clean the stalls with owner. Not a hard job. Occasional participation in racing events. We need someone dependable.

**H Project Manager**

Fast growing global IT Consulting Services and Solutions firm is looking for a project manager for our Dubai 4 project. Although this opportunity is considered a "full-time" position W 2 opportunity, the project will last up to 6 months but could be longer, depending on the employer's needs after the 6 months time frame.

## Text 4

### The Tower of London

Her Majesty's Royal Palace and Fortress, more commonly known as the Tower of London, was originally built by William the Conqueror, following his successful invasion of England in 1066. In the centre of it is the famous White Tower. It is the oldest part of the fortress.

The Tower of London is perhaps better known as a prison. The prisoners were brought, via the river, from Westminster where they had been convicted. Crowds would wait on the river bank to find out the verdict and see if they would be treated to the spectacle of a public execution. The executioner, with his long sharp axe would stand behind the accused on the boat and would point his axe towards the victim if yes and away from him if not. People knew that if found guilty there would be a public execution 48 hours later.

Many people have been locked in the Tower, for religious beliefs or suspected treason. Famous prisoners have included Anne Boleyn, Sir Walter Raleigh and Elizabeth I.

The responsibility for looking after the prisoners was given to the Yeomen Warders or Beefeaters. They originate from twelve Yeoman of the Guards, who were once the private bodyguards of Henry VIII.

As well as being a palace, a fortress, and a prison the Tower of London has also served as:

- the first Royal Armoury
- Royal Mint (where money is made)
- Royal Observatory
- Royal Zoo

Two World Wars saw the Tower back in use as a prison and a place of execution. Between 1914 and 1916 several spies were held and subsequently executed there, including Franz Buschmann – an accomplished violinist and German spy for Kaiser Wilhelm II. The last execution of the German Josef Jakobs took place in 1941, the same year that Hitler's Deputy Führer, Rudolf Hess, was held there briefly, one of the last state prisoners at the Tower.

Today the Tower of London houses the Crown Jewels and is open to the public as a museum.

With information from: https://en.wikipedia.org/wiki/Tower_of_London

**1. Mark the correct ending with a cross.**

a) The Tower of London was built after William the Conqueror

- ☐ lost the war.
- ☐ invaded England successfully.
- ☐ left England in 1066.

b) If a prisoner had been found guilty the axe

- ☐ would be pointed at him.
- ☐ would be pointed away from him.
- ☐ would be pointed to the floor.

c) The life guards of Henry VIII are the origin

- ☐ of the wardens.
- ☐ of the prisoners.
- ☐ of the gardeners.

**2. Complete the sentences using information from the text.**

a) Centre point of the fortress is ____________________

b) The crowd knew that after two days ____________________

c) The Tower became a prison once more due ____________________

# C. Use of Language

## 1. Mediation

### Erklärung

**Die Vorbereitung**
Suche dir authentische Materialien, um für diesen Teil der Prüfung zu lernen. Gut geeignet sind zum Beispiel Internetseiten, Veranstaltungsflyer, Klappentexte oder Gebrauchsanweisungen. Vielleicht hast du die Möglichkeit, mit jemandem Englisch sprechen zu üben: Mitschüler/-innen, Freunde oder ältere Geschwister. Versuche, ihnen den Inhalt der Texte wiederzugeben.

**In der Prüfung**
Denke daran, dass du nicht alles wortwörtlich übersetzen musst. Es geht vielmehr darum, die wichtigsten Informationen herauszufiltern und mit deinen eigenen Worten wiederzugeben. Nimm einen Stift zur Hand und unterstreiche Schlüsselwörter im Text. Notiere dir Stichpunkte. Versuche unbekannte Wörter zu umschreiben – manchmal kann dir der Zusammenhang den notwendigen Hinweis auf ein neues Wort geben. Falls es für den Inhalt nicht relevant ist, kannst du es auch ignorieren.

### Typische Aufgabenstellung

**Erläuterung**
In diesem Teil der Prüfung gilt es zu zeigen, dass du den Sinn und die wesentlichen Informationen eines Textes verstanden hast und den Situations- sowie den Adressatenbezug herstellen kannst. Es geht bei den Aufgaben darum, dass du zusammenhängende Aussagen und Texte sinngemäß von der Zielsprache in die Ausgangssprache übertragen kannst. Ebenso solltest du die wesentlichen Inhalte mündlicher und/oder schriftlicher Äußerungen sinngemäß von der Ausgangssprache in die Zielsprache übertragen können.

**You are in Washington with your parents and you want to go on a sightseeing tour. On the Internet you read about guided tours. So you ask at the reception desk for more information. As your parents' English is not very good you do the interpreting.**

Du [E]: Hello sir, can we ask you some questions?

Receptionist: Yes, of course.

Your father: Sag ihm, wir wollen eine geführte Bustour machen.

Du [E]: a) ______________________________

Receptionist: I could recommend the "Open Top Big Bus Tour" then.

Du [D]: b) ______________________________

Your mother: Was sehen wir denn da zum Beispiel?

Du [E]: c) ______________________________

Receptionist: On the "Red Loop Tour", for example, you will see The White House, U.S. Capitol and Washington Monument.

Du [D]: d) ______________________________

Your mother: Wie oft findet die Tour statt?

Du [E]: e) ______________________________

Receptionist: This is a daily tour, taking place throughout the year. Departure is every 15 or 30 minutes.

Du [D]: f) ______________________________

Your father: Was kosten die Tickets?

Du [E] g) ______________________________

Receptionist: You can book a timeframe of 24 or 48 hours. The 24-hours-tickets cost $40 per person, the 48-hours-tickets $50 per person.

Du [D] h) ______________________________

**Lösung**

a) We would like to go on a guided bus tour.
b) Er könnte uns die „Open Top Big Bus Tour" empfehlen.
c) What are we going to see there, for example?
d) Auf der „Red Loop Tour" zum Beispiel würden wir das Weiße Haus, das Kapitol und das Washington Monument sehen.
e) How often does the tour take place?
f) Das ist eine tägliche Tour, die das ganze Jahr stattfindet. Abfahrt ist alle 15 oder 30 Minuten.
g) How much are the tickets?
h) Wir können für eine Zeitspanne von 24 oder 48 Stunden buchen. Die Tickets für 24 Stunden kosten $40 pro Person, die für 48 Stunden kosten $50 pro Person.

## Übungsaufgaben

### 1. Getting to Straßburg

**Im Reisezentrum der DB in Kassel möchte eine Dame nach Straßburg reisen. Leider spricht sie nur Englisch. Du wartest in der Schlange hinter ihr und bietest deine Hilfe an.**
**Vermittle zwischen dem Servicemitarbeiter und der Dame. Ergänze den folgenden Dialog mit den wichtigen Informationen auf Deutsch [D] und Englisch [E].**

Frau: I'd like to get to Straßburg today. What would be the best connection?

Du [D]: **Sie möchte heute ...** ______________________________

Servicemitarbeiter: Einfach oder hin und zurück?

Du [E]: ______________________________

Frau: Single, please. I don't know yet when I'll be coming back.

Du [D]: ______________________________

Servicemitarbeiter: Also, sie kann zwischen zwei Optionen wählen: Es gibt eine Verbindung, bei der sie nur einmal umsteigen muss, aber eine Stunde länger unterwegs ist und 98 Euro bezahlen muss. Bei der anderen Verbindung muss sie dreimal umsteigen, ist aber trotzdem früher da und zahlt nur 85 Euro.

Du [E]: ______________________________
______________________________
______________________________

Frau: Well, changing three times with luggage might be a bit much.

Du [D]: ______________________________

Servicemitarbeiter: Das stimmt natürlich. Wie viel Gepäck hat sie denn dabei?

Du [E]: ______________________________

Frau: I have a middle-sized suitcase and my backpack. Hmmm ... oh well, I am on vacation after all so an hour more doesn't bother me and in the end it's only 13 Euro more, so I'll take the train with one change.

| | |
|---|---|
| Du [D]: | ______________________________ |
| | ______________________________ |
| | ______________________________ |
| Servicemitarbeiter: | Alles klar, das sind dann 98 Euro. |
| Du [E]: | ______________________________ |
| Frau: | Here you are. What time does the train leave? |
| Du [D]: | ______________________________ |
| Servicemitarbeiter: | Der Zug fährt in 30 Minuten von Gleis 3 ab. Hier ist das Ticket und das Wechselgeld. |
| Du [E]: | ______________________________ |
| Frau: | Great, that was good timing then. Thank you both very much for your help. Have a good day. |

(2)

## 2. Volunteering

**Deine Freundin möchte in den Sommerferien an einem „Volunteer Programme" teilnehmen und hat sich über eine deutschsprachige Internetseite bei einem Programm in London angemeldet. Nun hat sie von dem Leiter des Programms eine E-Mail bekommen, die sie nicht ganz versteht. Sie kommt mit der ausgedruckten E-Mail zu dir und bittet dich um Hilfe.**

> Von: davidcross@youthvolunteer.co.uk
> Gesendet: Dienstag, 29. September 2020 13:35
> An: marlene.fischer@kulutz.de
> Betreff: Your registration with our volunteer programme
>
> Dear Marlene,
>
> Thank you for choosing our programme to partake in as a volunteer.
>
> Unfortunately, we have to inform you that the programme you booked in London is completely full and we are unable to place you there.
>
> But we do still have a place free on a sheep farm in Scotland. Your duties there would be the feeding and caring for sheep, goats and cows. A bit of garden work and small repair projects around the farm would be required, too.
>
> You would live with the family in the farmhouse and would be provided with food, a bicycle and the needed tools.
>
> Please let us know in a timely manner, if you would like to stay in Scotland so that we can arrange everything for you.
>
> Yours sincerely
> David Cross
> [manager youthvolunteer]

**a) Deine Freundin bittet dich, ihr zu erklären, was genau in der E-Mail steht. Nenne ihr stichwortartig die fünf wichtigsten Informationen auf Deutsch.**

▶ ____________________

▶ ____________________

▶ ____________________

▶ ____________________

▶ ____________________

**Nachdem du deiner Freundin die wichtigsten Informationen erklärt hast, kommentiert sie diese wie folgt:**

„Ach nö, also das ist ja unglaublich. Ich wollte doch nach London, in die Großstadt, und nicht auf irgendeine Schaffarm in Schottland. Und da soll ich dann auch noch Stall- und Gartenarbeit verrichten, das will ich nicht. Ich wollte mit Kindern arbeiten und was erleben. Und ich wollte auch gerne andere Freiwillige aus anderen Ländern treffen und nicht nur mit einer Familie zusammenleben. Nein, also wenn das in London oder einer anderen größeren Stadt nicht möglich ist, dann möchte ich das alles wieder stornieren."

**b) Deine Freundin bittet dich, den Manager anzurufen und ihm ihre Kritikpunkte mitzuteilen. Du bereitest dich auf dieses Gespräch vor, indem du dir eine Liste auf Englisch anlegst. Notiere dir stichwortartig auf Englisch die wichtigsten sechs Dinge, die du sagen sollst.**

▶ ____________________

▶ ____________________

▶ ____________________

▶ ____________________

▶ ____________________

▶ ____________________

## 3. Malala – the youngest Nobel Peace Prize Winner

Malala Yousafzai, born on July 12, 1997, is only 18, but she has been fighting for girls' education for years. She has two younger brothers. Her father ran a local school and education has always been very important to the family.

When she was 11, she started blogging about the Taliban takeover of her hometown in northwestern Pakistan using the pseudonym of a heroine in a folk tale. Taliban members follow an extreme version of their religion. They believe girls should not go to school. So they banned education for women and destroyed hundreds of schools in the district. One of them was Malala's.

Malala spoke about her desire to go to school and wrote in her blog about her experience as a girl going to school under the Taliban. She also wrote about the fear she and the other girls at school felt, about the classrooms that became emptier as frightened girls stayed away from school, and how girls no longer wore school uniforms because they did not want to attract the attention of the Taliban. But Malala's blogger identity did not remain secret. Radio and TV stations broadcast documentaries about her and her fight for girls' education.

She became well-known for her views on education. On October 9, 2012, the Taliban tried to silence her. Some gunmen boarded her school bus and asked for Malala. No one answered, but the frightened girls' looks told them who Malala was. One of them shot her on the left side of her forehead. Malala survived. She was flown to the UK for treatment at the Queen Elizabeth Hospital in Birmingham. During her long recovery she showed great courage and optimism and became a symbol of the struggle for girls' rights all over the world.

News of the Taliban's attack on Malala spread around the world, and she and her campaign for girls' education became internationally famous. She has used her fame to carry on speaking out for her cause[1]. On her 16th birthday, she even spoke to the General Assembly of the UN in New York: "The extremists were, and they are, afraid of books and pens. They are afraid of women. Let us pick up our books and pens. They are our most powerful weapons." The UN made July 12 *Malala Day* to support the campaign for the right of children to get an education.

In that year, she also released her book *I am Malala*, which tells the story of her life before and after the gunshot that nearly killed her. Her book even inspired a course about the importance of education for girls at an American university. But the greatest event happened on December 10, 2014, when Malala got the Nobel Peace Prize and became the youngest winner of this award. She shares it with the Indian activist Kailash Satyarthi, who also campaigns for children's rights.

Malala is now a student in Birmingham, England. She continues to give a voice to the millions of children around the world who do not have the opportunity to go to school.

[1] cause – Anliegen, Sache

Adapted from: Adapted from: Read On Dezember 2014, Carl Ed. Schünemann KG
Bildquelle: www.flickr.com/photos/dfid/14714344864/,RussellWatkins/DepartmentforInternationalDevelopment, lizenziert unter CC BY 2.0

a) Was erfährt man über ihre Familie?

b) Worüber schrieb Malala in ihrem Blog?

c) Was passierte im Oktober 2012?

d) Wie ging Malala mit ihrer neuen Berühmtheit um?

e) Was passierte im Dezember 2014?

## 4. The exchange student

**In deine Familie kommt für 6 Monate ein Austauschschüler aus England. Nach Liams Ankunft bei euch zu Hause zeigst du ihm erst mal das Haus und sein Zimmer und nimmst ihn dann mit zu deiner Mutter ins Wohnzimmer.**
**Da Liams Deutsch noch nicht so gut ist, vermittelst du zwischen ihm und deiner Mutter, die kaum Englisch spricht.**
**Ergänze den folgenden Dialog mit den wichtigen Informationen auf Deutsch [D] und Englisch [E].**

Liam: Hi Mrs Rath, ich bin Liam.

Mutter: Hallo Liam, schön dich kennenzulernen. Du kannst gerne Claudia zu mir sagen.

Du [E]: ______________________________

Liam: Oh, gladly. So Claudia, first of all I would like to thank you for having me and then I would like to know if you have any house rules.

Du [D]: ______________________________

______________________________

Mutter: Das ist aber nett, dass er fragt. Erkläre ihm doch bitte die folgenden Regeln: Es werden keine Straßenschuhe im Haus getragen, jeder räumt hinter sich selbst auf, es wird nachmittags kein Fernsehen geschaut, Hausaufgaben werden vor den Freizeitaktivitäten gemacht, unter der Woche ist spätestens ab 22 Uhr Nachtruhe und am Wochenende ab Mitternacht.

Du [E]: ______________________________

______________________________

______________________________

______________________________

**Liam:** Well, that all sounds a lot like my mom's house rules, apart from the being in bed at midnight on the weekend, that sounds a bit tough.

**Du [D]:** ______________________________

______________________________

______________________________

**Mutter:** Dachte ich mir schon, dass ihm das nicht so sehr gefallen wird. Aber du weißt ja, dass wir da auch Ausnahmen machen – er muss nur früh genug mit uns reden und die anderen Regeln einhalten.

**Du [E]:** ______________________________

______________________________

______________________________

**Liam:** Okay, that I can live with. I'm not much of a partygoer anyway, but never say never, right?!

**Du [D]:** ______________________________

______________________________

**Mutter:** Ja natürlich. Oh, fast hätte ich es vergessen: Sag ihm bitte, dass wir immer mittwochs Waschtag haben. Und dann zeig ihm später bitte noch den Waschraum, wo er seine Schmutzwäsche hinbringen soll.

**Du [E]:** ______________________________

______________________________

______________________________

**Liam:** Sure, no problem. What about my towels and bed sheets, should I take those and bring them to the room as well?

**Du [D]:** ______________________________

______________________________

**Mutter:** Nein, nein, das gehört zum Zimmerservice … haha.

**Du [E]:** ______________________________

______________________________

**Liam:** Haha, very good.

**Mutter:** Okay, ich denke, das wäre alles soweit. Außer vielleicht, hmm ja, frag ihn, ob er bezüglich Essen irgendwelche Abneigungen hat.

**Du [E]:** ______________________________

**Liam:** Hmm, not really, I eat whatever is on the table. The only thing that I am not very fond of is cabbage.

**Du [D]:** ______________________________

______________________________

**Mutter:** Super, ich denke, dass wir jetzt erst mal alles besprochen haben. Dann könnt ihr nun los und euer Ding machen.

**Du [E]:** ______________________________

**Liam:** Cool. Thank you again for having me, Claudia, see you later.

**Du [D]:** ______________________________

**Mutter:** Bis später.

## 5. Wedding in England

**Deine Mutter hat eine E-Mail von der englischen Freundin ihres Cousins Jürgen bekommen. Da ihr Englisch nicht so gut ist, hat sie die E-Mail ausgedruckt und bittet dich um Hilfe.**

Von: gwenbuds@guugle.co.uk
Gesendet: Samstag, 06. August 2022 10:05
An: silvia_k@mail.de
Betreff: wedding invitation

My dear Silvia,

After being together for quite a few years now, Jürgen finally asked me to marry him – and of course I said yes ☺. So on the 10th of June 2023 we will say "I do".
You will still receive a formal invitation via post, but I thought I'd already give you the basics now, so that you can plan accordingly.

The ceremony and celebrations will be held in Portwrinkle, Cornwall, and we will have a contingent of rooms pre-reserved at the Whitsand Bay Hotel and the Friary Manor Hotel. Please let me know if you and your family want to stay at one of these, I will then arrange for your rooms.
Oh, and please let me know if one of you has special dietary requirements, so that I can give consideration to that as well.

I'm very much looking forward to hearing from you
Hugs Gwen

**a) Deine Mutter bittet dich, ihr zu erklären, was genau in der E-Mail steht. Nenne ihr stichwortartig die fünf wichtigsten Informationen auf Deutsch.**

- ▶ ______________________________
- ▶ ______________________________
- ▶ ______________________________
- ▶ ______________________________
- ▶ ______________________________

Training

**Nachdem du deiner Mutter die wichtigsten Informationen erklärt hast, kommentiert sie diese wie folgt:**

„Oh, ist das toll, das freut mich aber, dass der Jürgen doch noch unter die Haube kommt. Das Datum passt auch ganz hervorragend, denn da sind wir ja sowieso gerade in England – und es ist sogar die Woche, in der wir in Plymouth sind, also ganz in der Nähe von Portwrinkle. Das heißt, sie muss für uns kein Hotelzimmer reservieren und da wir einen Mietwagen haben, ist auch die Anfahrt kein Problem. Hmm, von der Ernährung her bin ja nur ich etwas speziell, da ich kein Fleisch esse, das sollte aber einfach zu lösen sein, denn vegetarisch gibt's eigentlich immer."

b) **Deine Mutter bittet dich, Gwen telefonisch zu antworten.**
**Du bereitest dich auf dieses Gespräch vor, indem du dir eine Liste auf Englisch anlegst. Notiere dir stichwortartig auf Englisch die wichtigsten fünf Dinge, die du sagen sollst.**

- ▶ ______
- ▶ ______
- ▶ ______
- ▶ ______
- ▶ ______

## 6. Volunteering at the local food bank

**Carol, die bei der städtischen Essensausgabe arbeitet, wurde in deine Schule eingeladen, um Fragen zur ehrenamtlichen Mitarbeit in ihrer Organisation zu beantworten. Nicht alle Schüler sprechen und verstehen Englisch so gut, weshalb du aushilfst.**

Schüler: Kann man einfach so zum Helfen kommen oder muss man sich vorher anmelden?

Du [E]: ______

Carol: All volunteers need to register ahead of time so that we can ensure enough work is available to be done.

Du [D]: ______

Schüler: Kann ich mich auch als Einzelperson anmelden?

Du [E]: ______

Carol: Absolutely, though we encourage young people to bring a friend or two with them. It is more fun when done with friends!

Du [D]: ______

Schüler: Was soll man anziehen?

Du [E]: ______

Carol: For safety reasons, we require all volunteers to wear closed-toe shoes. Casual clothing like shorts or jeans and T-shirts in the summer or sweatshirts in the winter is recommended.

Du [D]: ______

Rektor: Carol, vielen Dank für Ihr Kommen und diese Informationen.

Du [E]: ______________________________

Carol: You're very welcome.

## 2. Words and structures

### Erklärung

**Grammatik- und Wortschatzübungen**
In diesem Teil sollst du zeigen, dass du dir viel Wissen in der Grammatik und im Wortschatz angeeignet hast und dieses auch richtig anwenden kannst. Das wird anhand von Einsetzübungen mit Wortvorgaben oder mit Multiple-Choice-Aufgaben überprüft.

**In der Prüfung**
Am besten fängst du immer mit den Aufgaben an, die dir leicht fallen. Lese die Arbeitsanweisungen sorgfältig durch, danach lies erst einmal den ganzen Text, sodass du weißt, worum es geht. Danach fällt es dir dann auch leichter, das entsprechende Wort einzusetzen.

### Typische Aufgabenstellung

**Read the sentences, then choose the correct words from the box to fill in the gaps. Be careful – there is one more word than needed. Use each correct word only once.**

back up • click on • close • enter • goes down • have • open • run • type

1. Please ____________ your user name and password.
2. You don't have to ____________ it all again – just copy and paste it from the other document.
3. If you forget to ____________ your work and your system ____________, you may lose everything.
4. If you want to open the program, just ____________ the icon.
5. Do you ____________ trouble downloading files?
6. Your computer will ______________ faster if you ____________ the programs you're not using.

**Lösung**

**1.** enter **2.** type **3.** back up – goes down
**4.** click on **5.** have **6.** run – close

## Übungsaufgaben

**1. Read the text, then choose the correct words from the box to fill in the gaps. Be careful – there are more words than you need. Use each correct word only once.**

| |
|---|
| Are • bad • become • builds • change • good • helps • is • life • meet • opportunity • playing • self-esteem • Sometimes • where • who • younger |

### Volunteering

❶ ________________ you a young person who's thinking about volunteering? There are many ❷ ________________ reasons to get involved in volunteer and service learning opportunities. Here are a few to consider:

*Volunteering can help you to explore your interests*

Volunteering can be an ❸ ________________ to learn more about something you enjoy doing. If you like working with kids, get involved at a summer camp or help ❹ ________________ students with their schoolwork. If you like to cook, make dinner for the families at a soup kitchen or help out at a homeless shelter. Or if you enjoy ❺ ________________ sports, play games with the kids at a neighbourhood centre. Look for opportunities that allow you to really explore areas that already interest you.

*Meet people you might not ordinarily meet*

By volunteering in a group, you'll ❻ ________________ other people with the same interests you have. If your grandparents have passed away or live far away and you don't get to see them often, you can ❼ ________________ friends with a senior adult and adopt them as your 'grandma' or 'grandpa'. By volunteering with an agency that ❽ ________________ refugees, you can meet people who have come here from other countries. You'll learn about their culture and help them adapt to ❾ ________________ here.

*It's fun*

People ❿ ________________ volunteer, often say that they get more out of the experience than they give. Giving of your time and energy makes you feel good about yourself and raises your ⓫ ________________. Working with other volunteers ⓬ ________________ friendships.

*You're advancing the common good*

⓭ ________________ we look at the way the world is and think, "This isn't the way things are supposed to be." By volunteering, you can help make a positive ⓮ ________________ in the world. Each of us wants to live in a community where families are healthy and strong, where children are given the help they need to succeed in school, where people with disabilities and the elderly are able to live as independently as possible, and where people live in safe, supportive neighbourhoods.

By volunteering, you help make your community a better place to live, and you become part of the solution.

Adapted from: http://www.unitedwayww.org/content/youth-united

**2. Read the text, then tick the correct words in the box below.**

## Renting an apartment

The procedures for renting an apartment in different countries or cities can differ widely, and ❶ knowing what to expect can help you in your apartment search. ❷ decide on the type of apartment you want to rent. How big ❸ it be? How much money are you willing to spend? Figure out the exact costs for renting an apartment and determine your budget. Is ❹ transportation available nearby? ❺ apartments are advertised in the local newspaper. These listings generally describe the size and location, and amenities of the place. Looking over these ads will give you a general idea of the ❻ of apartments available. Also ask people you know, if they can recommend any specific place to live. Be sure to carefully read and understand the terms of the rental agreement. Because once you sign you ❼ bound to uphold the terms of the contract. Ignorance is no excuse. Can you keep pets in the apartment? Is smoking allowed? How much notice do you need to give the ❽ before you move out? Better ask questions, if you aren't sure.

| | A | B | C | D |
|---|---|---|---|---|
| ❶ | but | although | therefore | even |
| ❷ | Secondly | First of all | Finally | At last |
| ❸ | should | shall | does | shouldn't |
| ❹ | open | official | pedestrian | public |
| ❺ | Many | Lot | Much | Amount of |
| ❻ | types | races | species | models |
| ❼ | would be | will be | should be | were |
| ❽ | lord | housekeeper | landlord | maid |

**3. Read the text, then choose the correct words from the box to fill in the gaps. Be careful – there are more words than you need. Use each correct word only once.**

and • coastline • diversity • fly • have • knowing • melting • monarchy • nearly • Ocean • of • poisonous • sand • unique • which • who

## New Zealand

Located in the South Pacific ❶ ________________, New Zealand might look small on a world map, but it's as diverse as several continents rolled into one. And with a patchwork history of Maori, European, Pacific Island and Asian cultures, New Zealand has become a ❷ ________________ pot – the mixture there is ❸ ________________ in the world.

Today, of the 4.4 million New Zealanders (informally known as Kiwis), approximately 69 % are of European descent, 14.6 % are indigenous Maori, 9.2 % Asian and 6.9 % non-Maori Pacific Islanders. It is a constitutional ❹ ________________ with the Queen of the United Kingdom as head of state.

But not just its people are an exceptional mixture, in New Zealand you will find nearly every type (5) _______________ landscape: spectacular glaciers, pretty fiords, rough mountains, huge plains, rolling hillsides, subtropical forest, volcanic plateau, miles of (6) _______________ with gorgeous sandy beaches.

And even though it is close to Australia, the country was lucky with its native animal life, too: there are no (7) _______________ animals; and many of the native bird species can't even (8) _______________, because they had no natural enemies.

New Zealand is one of only three countries – the others being Canada and Denmark – that (9) _______________ two official national anthems. The first is *God Save the Queen* (the English national anthem) and the other is *God Defend New Zealand*. And it is a country which has three official languages: English, Maori and sign language.

It largely embraces all its (10) _______________, but especially of course its Maori heritage, (11) _______________ is a fundamental part of Kiwi life. With "Maori language week", cultural offerings all over the country, an official bicultural existence, the diverse wealth of Maori culture is valued and often even worshipped.

And now (12) _______________ all these facts, it should come as no surprise that New Zealand has won the title of 'Favourite Country', at the Telegraph Travel Awards, twice now.

Adapted and simplified from:https://en.wikipedia.org/wiki/New_Zealand

**4. Read the text, then tick the correct words in the box below.**

(3)

### Urban Agriculture

Urban agriculture or gardening is the practice of cultivating, processing, and (1) food in or around a village, town, or city.

There are many social benefits that have emerged from urban agricultural practices, such as improved overall social and emotional well-being, improved health and nutrition, increased income, employment, food security (2) the household, and community social life. Urban agriculture can have a large impact on the social and emotional well-being of individuals. Individuals report to have decreased levels of stress and better overall mental health when they (3) opportunities to interact with nature through a garden. Urban gardens are thought to be relaxing and calming, and offer a space of retreat in densely populated urban areas.

Many gardens assist the improvement of social networks within the communities that they are located at. When individuals (4) together around their garden, physical activity levels are often increased. Everything that is involved in starting and maintaining a garden, from turning the soil to digging holes, contributes to an individual's physical activity. Many state that working in agriculture is much more interesting and fulfilling (5) going to the gym, and that it makes getting exercise "fun." In addition to the exercise that individuals receive while actually working in gardens, many people say that the majority of the exercise they receive through urban agriculture is actually getting to the gardens – many people either walk or ride their bike to the sites, which (6) many physical benefits.

Something else worth mentioning is that urban agriculture is associated with increased consumption of fruits and vegetables which decreases risk for chronic diseases including diabetes, heart disease and cancer and can be a cost-effective way to provide citizens with quality, fresh produce in urban settings.

Adapted from: https://en.wikipedia.org/wiki/Urban_agriculture

| | A | B | C | D |
|---|---|---|---|---|
| 1 | being distributed | distributing | distribute | distributed |
| 2 | within | from | by | at |
| 3 | are | were | have | has |
| 4 | come | have come | has come | came |
| 5 | then | as | like | than |
| 6 | provided | provides | provide | has provided |

5. **Read the letters, then choose the correct words from the box to fill in the gaps. Be careful – there are more words than you need. Use each correct word only once.**

| |
|---|
| time • call/ring • have • How • experience • when • pick • am • looked • are • Before • to • have • often • need • much • kind • work • school |

**Letter 1**

Dear Mrs Green,

I 1 ________________ read your advertisement for a job as a babysitter. I 2 ________________ 16 years old and would like to earn some extra pocket money. First, I 3 ________________ a few questions. 4 ________________ old are your children, how 5 ________________ do you need a babysitter, 6 ________________ could I start and how 7 ________________ money do you pay per hour? I have a younger brother who is five years old. In the last three years I have often 8 ________________ after him, which is why I have a lot of 9 ________________ as a babysitter.

I am looking forward to hearing from you.

Best regards,
Sarah Petersen

1 Green Bow Road
Harlow, Essex
CM19 6EA

**Letter 2**

Dear Sarah,

Thank you for your letter. My children 10 ________________ three and five years old. So your babysitting experience with your younger brother would suit me just fine. In the morning I take my children 11 ________________ kindergarten at 8 o'clock every day from Monday to Friday. They have lunch in kindergarten at 12:30, and I always 12 ________________ them up from there at 1 pm. Since I work

Tuesday and Thursday afternoons, I would ⑬ ________________ a sitter for those times. Would you have ⑭ ________________ on Tuesday and Thursday afternoons from 1pm to about 4pm? Of course, you would need to collect my children from kindergarten at 1pm on those two days. In your letter you ask about how much money you would receive per hour. ⑮ ________________ we discuss money, I would like to meet you, so please ⑯ ________________ me on 0123-456789 so that we can fix a date for a meeting.

Regards,
Ann Green

## D. Text Production

### Erklärung

**Die Vorbereitung**
Es ist ein Gerücht, dass man das Schreiben von Texten nicht erlernen kann. Zwar kann man es nicht so einfach üben wie Vokabeln oder Grammatik, aber eine langfristige Vorbereitung ist durchaus sinnvoll. In der Prüfung können verschiedene Textsorten auftauchen, mit denen du dich zuvor vertraut machen solltest. Zusätzlich hilft es, wenn du englische Bücher oder Zeitschriften liest oder dir einen Kinofilm auch mal auf Englisch ansiehst.

**In der Prüfung**
Lies dir zunächst die Arbeitsanweisung genau durch. Hier wird dir in der Regel genau vorgegeben, was du tun musst und wie viele Wörter du schreiben sollst. Überlege dir, was du schreiben möchtest und mache Notizen. Achte beim Schreiben nicht nur auf den Inhalt, sondern auch auf deine Sprache: Rechtschreibung, Grammatik und Stil sind auch wichtige Elemente eines Textes. Wenn du ein Wort nicht weißt, umschreibe es oder benutze zur Sicherheit ein anderes, das dir vertraut ist. Bei manchen Textformen gibt es bestimmte Redewendungen, die du dir im Vorfeld einprägen kannst, zum Beispiel Anrede- und Schlussformeln in E-Mails oder Briefen. Plane genug Zeit ein, um deine Texte am Schluss noch einmal in Ruhe durchzulesen.

## Typische Aufgabenstellung

**You're at a camp for the summer vacations and receive a letter from your mother. She asks how you're doing and what you're up to at camp. You write her back. Write about 150 words.**

Write about:
- ▶ why you like the camp
- ▶ what you're doing during the day
- ▶ if you've found some friends
- ▶ what you think about the food

**Lösung**

Dear Ma,

I received your letter today. The camp is really great; I'm truly enjoying myself here. During the day we often play football, swim in the nearby lake or go for a walk on the surrounding hills. Sometimes we take the bikes and cycle to the nearest town, where we look at the shops or sit down in a café.
Yesterday evening we went to the cinema and watched the newest blockbuster. Tonight we plan to play cards together. The people here are very nice; we all get along quite well. I made some really good friends here who I'm sure I'll meet again when we're back home. As for your question about food: the meals we prepare ourselves are pretty good. In fact you'd be impressed what a good cook I've become. So you needn't worry, I'm not starving!
Give my regards to everybody.

Yours
Kevin

## Übungsaufgaben

1. **You are on a summer camp with some friends. Write an e-mail to your English e-pal and tell him/her about your stay. Write about 150 words.**

   Write about:
   - ▶ where you are staying
   - ▶ what you can do
   - ▶ what the weather is like
   - ▶ any special events
   - ▶ etc.

   **Don't forget**
   From:
   To:
   Subject:

2. **Write a story. Write about 150 words.**

   You can start like this: It was the first time that I went to a live show ...
   ...
   And end like this: ... I'll never forget that evening.

**3. Continue the story. Write about 150 words.**

Let me tell you a story about our last school outing. After having arrived at our destination in Gstadt am Chiemsee we were all told that we should under no circumstances walk off alone, we had to keep in small groups. So on our first free afternoon Peter, Anna, Tobias, Marie and I went to town. Once there, we wondered what to do. Suddenly Anna said "Where's Peter? Has anyone seen Peter?" …

**4. Tell the story behind this picture from the Football World Championship.**

**5. Write an e-mail.**
**You want to spend your holidays in Italy. On the Internet you found a hotel you like. Write an e-mail to them. Write about 150 words.**

Write about:
- how long and when you want to go
- ask, if they have vacancies in this period of time
- ask for special prices
- ask for advice how to get there

**6. Write a letter.**
**During your last holidays you rented a scooter to discover the countryside. You send a letter to your American friend and tell her/him everything about the trip. Write about 150 words.**

**My last vacation**

…

**7. Keyword story**
**Look at the keywords. Use at least six of the words and write a story. Don't forget to give your story a good title. Write about 150 words.**

exchange student – school – family – hobbies – dancing – homework – weekend – disco – language course – afternoon

## LCT-Texte

### 1. Announcements

(Audiotrack: QR-Code rechts / Aufgaben S. 192)

#### Announcement 1: At the department store

May we have your attention please. Five-year-old Anna Smith is looking for her mother. She is wearing blue jeans and a green sweater. Would Anna's mother please go to the information desk on the ground floor where Anna is waiting for her. Thank you.

#### Announcement 2: At the airport

To all passengers of flight 685 to Paris. The departure gate has been changed to 30B. Also there will be a slight departure delay due to heavy snow fall. The ground crew is deicing the wings in preparation for departure. We should be boarding in about 40 minutes. Thank you for your patience.

#### Announcement 3: At the swimming pool

Attention, please! The next aqua aerobic course will start in a few minutes. The course is for registered members only. All other visitors are kindly asked to leave the pool. The outdoor pool will be open for everyone during the time of the course. Please leave the pool if you don't want to take part in the course.

#### Announcement 4: Answering machine

Thank you for calling the public library. This is a recorded message. We are open weekdays from 8 to 12.30, and from 2.30 to 5.30. On Saturdays we are open from 9 to 12 o'clock. If you need any further information please check out our website at www.publiclibrary.com. You can also leave a message after the tone.

### 2. Telephone Conversation

(Audiotrack: QR-Code oben / Aufgaben S. 193)

| | |
|---|---|
| Pizza service: | Hello. Can I take your order? |
| Maya: | Yes. I'd like an extra-large pizza with …, hm, what toppings do you have? |
| Pizza service: | We have salami, bacon, ham, pepperoni, mushrooms, onions, olives, aubergines, green or red peppers and shrimp. Tomatoes and cheese are always included as basic toppings. |
| Maya: | Do you have different kinds of cheese? |
| Pizza service: | Sure. You can have cheddar cheese or mozzarella on top. |
| Maya: | Well, I think I'll take a salami and mushroom pizza with onions then. Oh, and could I get extra cheddar cheese on that pizza? |
| Pizza service: | Of course. Would you like anything else? |
| Maya: | Yes, I'd like a small tomato salad with my pizza. |
| Pizza service: | Anything to drink? |
| Maya: | A coke, please. |
| Pizza service: | Actually, we have a Friday night special going on right now and if you order any large pizza and drink, you'll get free bread sticks plus a two pounds coupon for use with your next pizza order. |
| Maya: | That sounds great. |
| Pizza service: | Okay. Your total comes to fifteen fifty. And could I have your address and telephone number? |
| Maya: | Maya Jenkins, 3749 Hancock Road 16, and the phone number is 490-1447. |
| Pizza service: | Okay. Let me repeat your order. An extra-large pizza with salami, mushrooms, onions and extra cheddar cheese. A tomato salad and a coke. |
| Maya: | Right. |
| Pizza service: | Thanks for your order. It should take around 30 minutes. |
| Maya: | Great. Bye. |

## 3. Interview

(Audiotrack: QR-Code S. 216 / Aufgaben S. 194)

**Moderator:** Good evening and welcome to "You and your health". Now, since 2003 there has been a sharp rise in obesity rates among young people in the United States. Children in this country are now fatter than they were five years ago. In the studio with me, I have Patrick Hoji, who is an expert in diet and fitness.Welcome to the programme, Patrick.

**Patrick:** Thank you.

**Moderator:** We often hear that it's unhealthy for children to be overweight. So, how can they lose weight?

**Patrick:** Well first of all, if someone is overweight they really need to change the way they eat. They need to eat less unhealthy food and more healthy food.

**Moderator:** Okay. But which foods are unhealthy and which foods are healthy?

**Patrick:** Well, unhealthy foods usually have lots of fat and sugar in them. But they often taste great, too. For example, chocolate.

**Moderator:** Oh, I love chocolate.

**Patrick:** Yes, everyone loves chocolate. But it has lots of fat and sugar in it. And so if you eat too much of it, you put on weight. Of course, you can eat some chocolate without getting fat. So it is okay to eat a small amount once a week. But don't eat chocolate every day.

**Moderator:** Hmm, that's okay, I guess. What other foods are unhealthy?

**Patrick:** Well, fast foods like hamburgers and fries are also not very good for you. They have lots of fat and salt in them. And salt is bad for your heart.

**Moderator:** Okay, so what foods are healthy, then?

**Patrick:** Well, fruit is low in fat and has lots of vitamins in it. Vitamins are really good for your body. I tell children to eat fruit every morning for breakfast. It doesn't matter what fruit you choose.

**Moderator:** I usually have a bread roll for breakfast or a bowl of muesli. Is that healthy?

**Patrick:** Yes, it is. Bread and muesli are part of a group of foods called carbohydrates. Carbohydrates give us energy. And when we don't have enough energy we feel very tired. It's important to eat carbohydrates in the morning, so that we have enough energy for the day ahead. And you can make your muesli even healthier by adding some fruit to it.

**Moderator:** Great. What else can obese children do to lose weight?

**Patrick:** Well, sport is very important. In the modern world we don't move as much as we did fifty years ago, because many people have cars and so they don't walk very much. Children often don't do much sport, either. They watch television or play computer games, instead.

**Moderator:** So, how can we add more sport into our lives?

**Patrick:** Well, an easy way is to walk or cycle everywhere. Walk to school, walk to the shops. Or take up a sport you enjoy, like dancing. It can be fun to learn something new.

**Moderator:** Great, thanks Patrick. Those are really useful tips. Now, over to you, what do you think about diet and exercise? Send us an e-mail to …

## A. Listening Comprehension

### Part One

(Audiotrack: QR-Code rechts / Hörtext S. 248)

**Listen to the news items and tick (✓) the right statements.**
**There is only one possible answer per statement.**

**News Item 1: Rapunzel** **4 p**

a) Natasha's hair is
- [ ] longer than she is.
- [x] shorter than she is.
- [ ] the same length as she is.

b) Natasha
- [ ] washes her hair every day.
- [ ] brushes her hair for one and a half hours every week.
- [x] has to hold her hair when walking.

c) Her family
- [ ] call her Rapunzel.
- [ ] love her hair.
- [x] suffer because of her hair.

d) Natasha can't go swimming because
- [ ] her hair gets in the way.
- [x] the saltwater ruins her hair.
- [ ] it takes hours to dry her hair.

**News Item 2: Big Ben marathon runner** **4 p**

a) The fastest time for a runner dressed as a landmark is
- [ ] 3 hours 54 minutes.
- [x] 3 hours 34 minutes.
- [ ] 2 hours 59 minutes.

b) Marathon runner Lukas Bates could not finish the race because
- [x] of his costume.
- [ ] of Big Ben.
- [ ] of a volunteer.

c) In the end, Lukas
- [ ] ran across the finishing line.
- [ ] was helped by a race volunteer.
- [x] crawled over the line.

d) The world record for the fastest marathon time dressed as a landmark was set in
- [x] Berlin.
- [ ] Lübeck.
- [ ] London.

## Part Two

(Audiotrack: QR-Code S. 218 / Hörtext S. 248)

### Survey: Eating insects

**7 p**

**Listen to these people talking about eating insects.**
**Who thinks what? Write the correct letters in the chart.**

**Be careful – there is one statement more than you need.**

**A** Farming insects produces more protein than cattle.

**B** Farming insects is easier than traditional farming.

**C** Having insects in your diet is perfectly normal in other parts of the world.

**D** Don't say you'll never eat insects because you probably already have!

**E** There are certain health risks if you eat insects.

**G** Farming insects speeds up global warming faster than traditional farming.

**F** Eating insects slows down climate change.

**H** Insects are very nutritious!

| Julie | David | Mia | Archie | Katy | Dora | Jenna |
|---|---|---|---|---|---|---|
| C | H | F | E D | B | A | D |

## Part Three

(Audiotrack: QR-Code S. 218 / Hörtext S. 249)

### Interview: Ross Edgley's Great British swim

**10 p**

**Listen to the interview and write down the information needed.**
**Fill in only <u>one</u> detail per box.**

| | |
|---|---|
| how far Ross swam | 2885 Km |
| one of Ross' other world records | rope world climb mountain |
| when Ross started his swim | 107 days later south east, 1 jelly |
| one reason why the swim took longer | the weather was not so good |
| swimming routine | he swim for 6 hours and than sleep for 6 hours |
| where Ross slept | support boat |
| one difficulty Ross experienced | a jelly fish |
| what food he ate to get energy (one detail) | pizza, pasta |
| how he felt when he arrived back in Margate | really emotional |
| current plans (one detail) | he will enjoy the moment |

And the his foods for walking old routine

## B. Reading Comprehension

### 1. Influence of social media on teens

1 Dr Drew Pate is an expert on the emotional health of teenagers. Whenever he speaks to unhappy teens or their parents, one thing always comes up, he says. People are worried about sites like *Instagram*, *Facebook* or *Snapchat*. They wonder if such social media sites could be bad for teens. Parents ask if their children's constant use of social media is healthy. Doctors are hearing more and more about the damage done by social media, says Dr Pate. Most teens have probably been harmed by it in some way.

2 Scientists are still trying to figure out how social media affect young people. So far, the evidence is mixed. Studies have shown that social media use can have a bad effect on some young people. Social media can also be helpful, however. They can help teens find support when they are struggling with life issues. They can provide them with a place to express themselves. Some teens are able to build real friendships with people they only know through social media.

3 However, one recent study found major dangers. The more time teens spend on social media, the more likely they are to experience certain problems. Teens who use social media heavily are more likely to feel depressed. This is more serious than being sad. It is when you are unable to feel happy for a long period of time. Often, it is caused by imbalances of chemicals in the brain. In addition, social media could also affect your mood negatively.

4 Scientists have also found a link between social media use and poor body image. People with a poor body image are convinced they are ugly or too fat. They worry about how they look all the time. Their condition can lead to eating disorders. A recent survey found that *Instagram* and *Snapchat* are the most likely to cause body-image problems. In particular, young women are at risk. They see endless photos of perfect bodies posted on those sites. Many of the photos are digitally edited to cover up people's imperfections. Teen girls can feel ugly when they measure themselves against these images.

5 However, some experts point to studies that have found useful effects. One study found that social media help teenagers who play video games excessively. Heavy gamers who have a network of friends on social media seem to do better than those who play games a lot and don't have similar social networks. Those who have a network seem less likely to experience feelings of depression and worry, said researcher Michelle Colder Carras.

Adapted from: https://newsela.com/read/teen-emotional-health-social-media/id/31749/ (abgerufen am 21.10.2019, adaptiert).

**Match the five correct headings to each part of the text (1 – 5).**
**Be careful – there are two headings more than you need.** 5 p

| | |
|---|---|
| **A** | CONTRADICTING DATA |
| **B** | BANNING PHOTOSHOP |
| **C** | PARENTAL CONTROL |
| **D** | COMPARISON TRAP |
| **E** | POSITIVE EFFECTS OF GAMING |
| **F** | PARENTAL WORRY |
| **G** | TENDENCY TO DEPRESSION |

| part of the text | 1 | 2 | 3 | 4 | 5 |
|---|---|---|---|---|---|
| heading | F | A | G | B | E |

## 2. Why Scotland loves haggis

Haggis is Scotland's most famous dish and was first made many hundred years ago. In those days it was essential for poorer people to use as much of an animal as possible. Some meat could be salted and dried for preservation. But if not eaten right away, internal organs quickly became unusable. Haggis made use of these organs by putting them into a useful natural bag – the animal's stomach – which could then be cooked immediately.

Traditionally, haggis takes the heart, liver and lungs of a sheep and mixes it with oatmeal, fat, spices, salt, pepper and meat juices. This mixture is then stuffed into a bag – today sometimes synthetic rather than a stomach, and no longer eaten as part of the dish – and cooked slowly for two to three hours at a low temperature. The result when placed on a plate looks a little like a balloon full of dark meat. It gives off a wonderful aroma when the bag is cut open to show the hot meat within.

In its early days, haggis served as a hearty meal for those on the move across Scotland: whisky-makers transporting liquid gold across majestic Highland hills, traders shipping their goods across the rough sea to the islands of Orkney and the Hebrides, shepherds driving their animals across the moors to feed hungry cities.

Though shepherds and whisky-makers no longer walk across modern-day Scotland, haggis is still eaten year-round – you can even buy it in tins or from fast food shops. But the one day all Scots turn to their beloved dish is Burns Night – a meal held every year on 25th January to celebrate the life and works of Scotland's national poet, Robert Burns, born in 1759.

The first Burns Night was celebrated in 1801, though held on 21st July when a group of his friends came together at Burns' childhood home in Ayrshire to celebrate his life and achievements on the fifth anniversary of the poet's death, rather than the birthday we celebrate today. These annual haggis suppers now range from informal parties of friends and family to large formal feasts.

A traditional menu will start with soup. This is followed by the haggis, which is the centrepiece of the evening. It is traditionally served with "neeps and tatties" – turnip[1] and potato – which can be simply boiled or mashed into a smooth puree that is perfect with the rough oaty texture of the haggis.

Along with the distinctive food, there will be whisky. Cooks can make a whisky-based sauce to serve with the haggis, as well as serving the guests glasses of whisky to accompany the meal. It is up to the guests whether they want to sip the whisky or pour some of it over the haggis on their plate for a bit of extra traditional Scottish kick.

Burns Night celebrates other aspects of Scotland's history and culture, as well as its national dish. The feast traditionally begins with a bagpiper playing while the haggis is carried to the table. There are also readings of classic texts such as a prayer in gratitude for the food.

The host closes the evening by inviting guests to stand and sing "Auld Lang Syne", based on a Burns' poem and recognised by the Guinness Book of World Records as one of the most frequently sung songs in the English language.

[1] turnip: a root vegetable

Adapted from: http://www.bbc.com/travel/story/20190123-why-scotland-loves-haggis (abgerufen am 24.01.2019, adaptiert).

**Tick (✓) the right statement. There is only one possible answer per statement.** **10 p**

a) In the past, especially poorer people needed to
- ☐ preserve their internal organs.
- ☐ eat their haggis at once.
- ☐ salt and dry their haggis.
- ☒ use almost all parts of an animal.

b) Haggis is cooked
- ☐ with whisky.
- ☒ gently.
- ☐ in a balloon.
- ☐ in a dish.

c) Originally, haggis was eaten
- ☒ by travellers.
- ☐ out of tins.
- ☐ by Robert Burns.
- ☐ in restaurants.

d) Today, you can buy this traditional dish
- ☐ only on Burns Night.
- ☒ at any time.
- ☐ only in tins.
- ☐ only in fast-food shops.

e) Robert Burns was a Scottish
- [ ] whisky-maker.
- [x] writer.
- [ ] trader.
- [ ] cook.

f) Burns Night was first celebrated
- [ ] five years after Burns had died.
- [x] on January 25th.
- [ ] in 1759.
- [ ] on Robert Burns' birthday.

g) On Burns Night, haggis is normally served with
- [x] soup.
- [ ] meat.
- [ ] vegetables.
- [ ] oats.

h) Cooks sometimes pour whisky
- [ ] into the soup.
- [ ] over the haggis.
- [x] into the sauce.
- [ ] onto the plates.

i) Burns Night traditionally starts with
- [x] Scottish music.
- [ ] a glass of whisky.
- [ ] Scottish history.
- [ ] a reading of the recipe.

k) "Auld Lang Syne" is usually sung
- [ ] at the beginning of the evening.
- [ ] when the haggis arrives.
- [x] at the end of the evening.
- [ ] before reading a poem.

## 3. Take your seats, everyone

*August "Auggie" Pullman is a 10-year-old boy who has just completed his first year at a new school. In the following extract, he and his friend Jack are attending the graduation ceremony.*

Jack and I walked right behind a couple of sixth graders into the building, and then followed them to the auditorium. Mrs. G was at the entrance, handing out the programs and telling kids where to go. […]

The auditorium was huge inside. Big sparkly chandeliers. Red velvet walls. Rows and rows and rows of cushioned seats leading up to the giant stage. We walked down the wide aisle and followed the signs to the fifth-grade staging area, […] where Ms. Rubin was standing, waving us in as soon as we walked in the room. "Okay, kids, take your seats. Take your seats," she was saying, pointing to the rows of chairs. "Don't forget, you're sitting alphabetically. Come on, everybody, take your seats. " Not too many kids had arrived yet, though, and the ones who had weren't listening to her. Me and Jack were sword-fighting with our rolled-up programs.

"Hey, guys." It was Summer walking over to us. She was wearing a light pink dress and, I think, a little makeup. "Wow, Summer, you look awesome," I told her, because she really did. "Really? Thanks, you do, too, Auggie." "Yeah, you look okay, Summer," said Jack, kind of matter-of-factly. And for the first time, I realized that Jack had a crush on her.

"This is so exciting, isn't it?" said Summer. "Yeah, kind of," I answered, nodding.

"Oh man, look at this program," said Jack, scratching his forehead. "We're going to be here all freakin' day. "[…] "Why do you think that?" I asked.

"Because Mr. Jansen's speeches go on forever, " said Jack. "He's even worse than Tushman!"

"My mom said she actually dozed off when he spoke last year," Summer added.

"What's the awards presentation?" I asked. "That's where they give medals to the biggest brainiacs," Jack answered. […]

"Maybe *you'll* win this year," I joked. "Not unless they give awards for the most Cs[1] !" he laughed.

"Everybody, take your seats!" Ms. Rubin started yelling louder now, like she was getting annoyed that nobody was listening. "We have a lot to get through, so take your seats. Don't forget you're sitting in alphabetical order! A through G is the first row! […] Let's go, people."

"We should go sit down," said Summer, walking toward the front section. "You guys are definitely coming over my house after this, right?" I called out after her. "Definitely!" she said, taking her seat next to Ximena Chin. "When did Summer get so hot?" Jack muttered in my ear. "Shut up, dude[2]," I said, laughing as we headed toward the third row.

"Seriously, when did that happen?" he whispered, taking the seat next to mine. "Mr. Will!" Ms. Rubin shouted. "Last time I checked, *W* came between *R* and *Z*, yes?"
Jack looked at her blankly. "Dude, you're in the wrong row!" I said.
"I am?" And the face he made as he got up to leave, which was a mixture of looking completely confused and looking like he's just played a joke on someone, totally cracked me up.

[1] C: an average school mark
[2] dude: US slang for a man or a boy

Adapted from: Raquel J. Palacio: Wonder, Alfred A. Knopf 2012, S. 294 –297, adaptiert.

**Answer the questions.**

a) Describe the auditorium. (two details)

______________________________

______________________________ **2 p**

b) In which grade are August, Jack and Summer?

______________________________ **1 p**

c) In what kind of order should the students sit?

______________________________ **1 p**

d) What does August say about Summer's appearance?

______________________________ **1 p**

e) Why do the kids think the ceremony will last a long time?

______________________________ **1 p**

f) Why does Ms. Rubin start shouting?

______________________________ **1 p**

g) How does Jack react when he is told he is in the wrong row?

______________________________ **1 p**

**You cannot find the answers to the following questions directly in the text:**

h) Why does Jack speak "kind of matter-of-factly" when he says that "Summer looks okay"?

______________________________

______________________________ **1 p**

i) Which students is Jack referring to when he talks about the"biggest brainiacs"?

______________________________

______________________________ **1 p**

# C. Use of Language

## 1. Mediation

### The switched RV

**Dein Onkel möchte seinen Urlaub im Dezember in Florida verbringen. Dazu hat er dort ein Wohnmobil (RV) für sich und seine Familie gebucht. Jetzt hat er eine E-Mail vom Vermieter erhalten. Da er nicht so gut Englisch spricht, leitet er dir die E-Mail weiter.**

To: ralf.klein@yuhuu.com
From: JJKellyRVrental@Kelly.com
Subject: Your RV Rental from 22nd to 31st December
Sent: Friday, 13th October 2019, 8:18 pm

Dear Mr Klein,

Thank you for choosing Cruise America and reserving an RV with us.
You reserved the Standard RV for three people. We are very sorry, but this vehicle is no longer available. December is a very busy time for us and unfortunately we overbooked this RV.

As a result we are willing to make the following offer: The Compact RV also sleeps three people comfortably with the table converting into a bed and the space over the driver's cabin extending into a double bed. Although this camper was not your first choice, we believe there are several reasons why this RV can be a better choice for you. If you are a first time renter, you will probably appreciate the narrower 2.3 meter width, which makes driving on narrow roads safer and easier and makes parking in any lot a breeze.

We are also prepared to offer 300 free miles and a free kitchen kit, which would normally cost $110 and includes all the utensils that you need to cook and eat in your camper.

We hope that you will consider our offer. If you have any questions, you can either call or send us an e-mail. Please let us know what you decide as soon as possible, as we have many requests for our vehicles for that time period.

Best regards
Joe Brown (Manager)

**a) Dein Onkel bittet dich, ihm zu erklären, worum es in der E-Mail geht. Schreibe auf Deutsch die zwei Hauptanliegen auf, warum die Wohnmobilvermietung die E-Mail geschrieben hat:**

________________________________

________________________________ **2 p**

**Nenne ihm nun stichwortartig fünf weitere wichtige Informationen auf Deutsch:**

- ____________________________ **1 p**
- ____________________________ **1 p**
- ____________________________ **1 p**
- ____________________________ **1 p**
- ____________________________ **1 p**

**Nachdem du deinem Onkel die Informationen erklärt hast, schaut ihr euch im Internet die verschiedenen Wohnmobile an. Dein Onkel reagiert wie folgt:**

„Das Compact RV sieht ja viel kleiner aus – das ärgert mich dann doch ein bisschen. Wir müssen jetzt jeden Abend beide Betten umbauen und haben dann weniger Platz im Fahrzeug. Ich frage mich, wie viel Aufwand das jedes Mal bedeutet. Ich möchte jetzt auch gerne wissen, wie hoch der Innenraum ist und ob ich mit meinen 1,95 Metern aufrecht stehen kann. Das Badezimmer sieht auch kleiner aus. Ob ich da einigermaßen bequem duschen kann?
Andererseits habe ich tatsächlich wenig Erfahrung mit Wohnmobilen und da ist das kleinere Fahrzeug vielleicht gar nicht so schlecht … Verbraucht der dann auch weniger Treibstoff?
Auf jeden Fall ist mir klar, dass im Dezember Hochsaison ist und die Chancen, bei einem anderen Anbieter etwas zu finden, eher klein sind. Ich werde also auf jeden Fall das Angebot annehmen!"

**b) Dein Onkel bittet dich, den Vermieter anzurufen und ihm seine Fragen und seine Entscheidung mitzuteilen. Du bereitest dich auf das Gespräch vor, indem du dir eine Liste auf Englisch anlegst.**
**Notiere dir zunächst auf Englisch das Hauptanliegen, warum dein Onkel dich bittet, dort anzurufen:**

______________________________ **1 p**

**Notiere dann auf Englisch vier weitere wichtige Informationen, die du weitergeben sollst, oder Fragen, die du für deinen Onkel stellen wirst:**

- ______________________________ **1 p**
- ______________________________ **1 p**
- ______________________________ **1 p**
- ______________________________ **1 p**

## 2. Words and structures

### Police Museum

**Read the text, then choose the correct words from the box to fill in the gaps. Use each word once only. There are more words than you need.** **13 p**

| |
|---|
| about • are trained • at • crime • criminal • displays • how • in • minutes • participants' • quickly • residents • senses • sins • their • they're • training • used • who • whose |

Police shows on TV are filled with high-speed car chases and crimes solved quickly – within a few ❶ ______________. But that is not a typical day for a real-life police officer. At the new National Law Enforcement Museum in Washington, interactive ❷ ______________ invite visitors to use their ❸ ______________ of sight, hearing, touch and smell.
In that way, they can learn about the way police officers, detectives and forensic scientists do ❹ ______________ work.
Visitors can discover how footprints and DNA help solve crimes. They can also sit in a real police car that officers ❺ ______________ on the streets. There, the visitors can learn ❻ ______________ the meaning of different emergency light patterns and sirens.
Visitors will ❼ ______________ learn that crime-solving is a team effort, not only within one police department, but among many law enforcement agencies across the country. For example, six agencies worked together on a national park graffiti case.

There is also a video of how dogs ❽ ______________________ before they join the so-called K-9 units, where dogs are partners of police officers. Visitors learn which dogs are good for tracking the bad guys and which dogs are better ❾ ______________________ sniffing out drugs.

Visitors ❿ ______________________ are at least twelve years old can try the same training scenarios and equipment used in professional law enforcement classes. Short videos test the ⓫ ______________________ abilities to observe accurately and think quickly before reacting. The exercises give an understanding of what officers face on a daily basis.

Because every community is different, the museum shows ⓬ ______________________ the needs and challenges of different communities are being addressed. There are programs to minimize problems and reduce ⓭ ______________________, while increasing trust between residents and police.

Adapted from: https://www.washingtonpost.com/lifestyle/kidspost/a-look-into-the-new-national-law-enforcement-museum/2018/11/27/f4928072-f1ae-11e8-aeea-b85fd44449f5_story.html?utm_term=1294045bf4ff (abgerufen am 17.01.2019, adaptiert).

## D. Text Production

**Choose one of the following tasks and write about 150 words.** **25 p**
**Count your words and write the number at the end of the text.**

**What is the story behind the picture?**

**Imagine you see the boys sitting near you.**

**Write a text and include at least four of the following aspects:**

- Who are they?
- Where are they?
- What are the boys doing?
- What will happen next?
- What are the boys' thoughts?

Bildquelle: https://teachingkidsnews.com/2018/02/25/the-truth-about-tech/ (abgerufen am 23.05.19, adaptiert).

**or**

### The importance of travelling

**On the Internet you come across an English writing competition.**
**The topic is "The importance of travelling". You decide to enter this competition.**

**Write a text and include at least four of the following aspects:**

- Which countries or places have you visited / would you like to visit?
- What is important when travelling?
- Why is travelling good for you?
- What was the most exciting thing that happened to you?
- Are there any negative aspects of travelling?

## A. Listening Comprehension

### Part One
(Audiotrack: QR-Code rechts / Hörtext S. 250)

**Listen to the news items and tick (✓) the right statements.**
**There is only one possible answer per statement.**

**News Item 1: Pancake race** **4 p**

a) The pancake race takes place _______ Lent.
- ☐ before
- ☐ during
- ☐ after

b) In 1948, the race was held again after the vicar
- ☐ had cleaned all the cupboards.
- ☐ had discovered some old photographs.
- ☐ came running with a frying pan.

c) To take part in the race, you must
- ☐ carry a skirt.
- ☐ be male and over 18.
- ☐ wear something on your head.

d) The race
- ☐ finishes at the church.
- ☐ is about 400 metres long.
- ☐ is about 365 yards long.

**News Item 2: Missing black cat** **4 p**

a) Clyde went missing after his owners had moved
- ☐ away from Bradford-on-Avon.
- ☐ at Halloween.
- ☐ to a new house.

b) Clyde originally came from a rescue centre
- ☐ 6 years ago.
- ☐ 15 years ago.
- ☐ in 2013.

c) The black cat had been
- ☐ found inside an old people's home.
- ☐ fed by someone called George.
- ☐ looked after at an old people's home.

d) The owner Mrs Sargeant said she saw it was Clyde because
- ☐ he has shiny eyes.
- ☐ he looks like his sister.
- ☐ he has a microchip.

## Part Two

(Audiotrack: QR-Code S. 227 / Hörtext S. 250)

### Survey: Video gaming

7 p

**Listen to these people talking about video gaming.**
**Who thinks what? Write the correct letters in the chart.**
**Be careful – there is one statement more than you need.**

**A** Video games can affect your school performance.

**B** Gamers are sometimes isolated from their families.

**C** Playing video games lets me forget my problems in the real world.

**D** I've learned a lot of interesting historical facts through video games.

**E** Video games have a bad effect on your career.

**G** Computer games improve decision – making speed.

**F** You need the same sort of people skills for some online games that you need at work.

**H** I think some people are definitely angrier after playing a "shoot-em-up" game.

| Kieran | Helena | Nina | Jordan | Mrs Townsend | Annie | Macaulay |
|---|---|---|---|---|---|---|
| | | | | | | |

## Part Three

(Audiotrack: QR-Code S. 227 / Hörtext S. 251)

### Interview: Night rider

10 p

**Listen to the interview and write down the information about Sunny.**
**Fill in only <u>one</u> detail per box.**

| | |
|---|---|
| Sunny's age | |
| year he came to Britain | |
| why he had to leave Nigeria | |
| why he spent the night on buses | |
| best place to sleep on a double-decker bus | |
| why it was difficult to sleep on a bus (two details) | |
| why Sunny did not have the right to stay in the UK | |
| what a bus driver did to help | |
| how he feels today | |

# B. Reading Comprehension

## 1. Banksy

1 Banksy is an anonymous English street and graffiti artist as well as a political artist. His provocative work was first discovered around the south of England, including in London, Brighton and Bristol. Banksy's works are known for their criticism of society and its conditions. Banksy is well-known for painting large graffiti murals in cities without any official permission.

2 It is widely accepted that Banksy's street career began in the early 1990s in Bristol. Like many street artists, he adopted common repeated motifs such as apes, policemen, soldiers, children or elderly people to show his special influence in public spaces. However, his favourite subjects are rats. In his work, these nocturnal creatures can be understood as a sort of self-portrait because he also completes his masterpieces under the cover of darkness.

3 In August 2004, Banksy produced tons of fake British £10 notes, worth £1,000,000. On the notes, he replaced the picture of the Queen's head with that of Diana, Princess of Wales, and changed the text "Bank of England " into "Banksy of England". Then someone threw several of these notes into a crowd at the Notting Hill Carnival. Some people even tried to spend the fake money in local shops. He then felt compelled to stop the distribution. The individual notes have since been selling on the Internet for about £200 each.

4 Throughout the 2000s, Banksy held many exhibitions in the UK and US and became prominent after celebrities had begun to buy his pieces. Suddenly, Banksy's works were fetching tens of thousands of pounds at auction houses and the mysterious street artist was world-famous. Creating an air of mystery around himself helped him to become one of the most successful artists of his generation. When an American magazine estimated Banksy's wealth at around £14 million ($26 million), he showed regret, saying he wished his works were worthless.

5 Banksy continues to keep his true identity a secret and the reason for this might be that he wants to avoid prosecution for creating illegal graffiti. Little is known of his youth. He is believed to have been born in Bristol, in around 1974. Scientists at Queen Mary University of London claim to have found out who Banksy is by using geographic profiling. This technique is normally used for catching serial criminals. Like others before, they believe a former student of the Bristol Cathedral School, Robin Gunningham, is the artist. But the man himself denies it. There has also been speculation that rather than being a single person, Banksy is a team of seven artists.

Adapted from: https://www.theartstory.org/artist/banksy/life-and-legacy/ (abgerufen am 13.05.2020, adaptiert).
https://www.thesun.co.uk/news/3309415/who-banksy-how-make-money/ (abgerufen am 13.05.2020, adaptiert).
https://www.telegraph.co.uk/art/what-to-see/who-is-banksy-and-what-is-his-real-name-the-man-behind-the-myths/ (abgerufen am 13.05.2020, adaptiert).
https://www.thesun.co.uk/news/7437564/banksy-reveals-how-he-installed-self-destruct-device-into-girl-with-balloon-artwork-years-before-1m-artwork-was-shredded-at-auction/ (abgerufen am 13.05.2020, adaptiert).
https://www.biography.com/artist/banksy (abgerufen am 13.05.2020, adaptiert).
https://web.archive.org/web/20090215230943/http://briansewell.com/artist/b-artist/banksy/banksy-biography.html (abgerufen am 13.05.2020, adaptiert).
https://www.news.com.au/lifestyle/real-life/who-is-banksy-worldfamous-but-mysterious-street-artist-reignites-search-for-his-true-identity/news-story/38a3a03793de86e473f2cbc757ab652f (abgerufen am 13.05.2020, adaptiert).

**Match the five correct headings to each part of the text (1–5).**
**Be careful – there are two headings more than you need.** **5 p**

| | |
|---|---|
| **A** | SUCCESS DESPITE ANONYMITY |
| **B** | CREATING LEGAL GRAFFITI |
| **C** | IDENTITY REMAINS UNCLEAR |
| **D** | REGRETTING HIS WORKS |
| **E** | POLITICAL MESSAGES |
| **F** | ANIMALS AS SYMBOLS |
| **G** | COOL FORGERIES |

| part of the text | 1 | 2 | 3 | 4 | 5 |
|---|---|---|---|---|---|
| heading | | | | | |

## 2. Young people and working attitudes

The number of teenagers working in Saturday jobs has almost halved in the past 20 years. Activities such as sitting at cash desks, stacking shelves and delivering newspapers have gone out of fashion and more and more people are now going online to earn cash.

Only one in four 16- and 17-year-olds takes up paid traditional work, compared with 48% in 1999. According to the think-tank *Resolution Foundation*, the number of adults – now 3.4 million – who have never had a paid job is also increasing.

Some young people go online to make money, with 2 million young adults signed up to the fashion trading site *Depop*. It claims its most successful sellers earn £2,000 a month – far more than the £250 a typical teenager would earn monthly working Saturdays.

Researchers also believe many young people are delaying the start of traditional work because they face longer working lives and want to focus more strongly on studies. But employers warn that the decrease in teenage part-time work is leaving many of them unprepared for the realities of working life.

"This lack of work experience can create longer-term problems, particularly if they hit other life milestones, such as getting married or having a baby, or ill-health before their careers have started," said Laura Gardiner, the *Resolution Foundation's* research director.

Many of the UK's most successful people have spoken publicly about their Saturday jobs: the London mayor Sadiq Khan worked on a building site, the business woman Karen Brady worked in a hair salon and the journalist Robert Peston cleaned freezers in a frozen food shop. The jobs that 16- and 17-year-olds are most likely to do include waiting tables, helping in restaurant and hotel kitchens and working as shop assistants.

"School leavers and university graduates coming into the workplace often lack the key skills they need. They are not tough enough, have no team spirit and do not know how to behave in a working environment," said Amy Leonard, the chief executive of the *Transformation Trust*, which helps disadvantaged teenagers get into work. "It's not just about developing the right skills. It's also about explaining the world of work and helping young adults to develop the confidence to take that next step from education into work."

According to a recent survey, almost half of the employers believe that young people leaving school, college or university are not ready for work.

Last year, another study found out that 11% of young people bought and sold clothes and products online because they found this line of work more flexible and also because there were simply no traditional jobs in their area.

The general rise in the number of people who have never worked means that a third of people who are currently out of work have never been employed, compared to a fifth in the late 1990s.

This trend is not the result of people deciding to live on welfare benefits, the *Resolution Foundation* said, but due to the fact that university and college students worked less, had a longer break between leaving full-time education and getting paid work and the decline of the teenage Saturday job.

https://www.theguardian.com/society/2020/jan/04/proportion-of-young-people-in-saturday-jobs-halves-in-20-years (abgerufen am 02.02.2020, adaptiert).

**Tick (✓) the right statement. There is only one possible answer per statement.** **10 p**

a) The number of teenagers working on Saturdays has __________ in the last 20 years.
- ☐ grown
- ☐ doubled
- ☐ increased
- ☐ decreased

b) One in four 16- and 17-year-olds
- ☐ works online.
- ☐ has never worked.
- ☐ has a traditional job.
- ☐ stacks shelves.

c) A typical Saturday job will bring in about __________ a month.
- ☐ £20
- ☐ £48
- ☐ £250
- ☐ £2,000

d) Many teenagers do not want to start working too soon because they
- ☐ want to postpone their studies.
- ☐ want to concentrate on their education.
- ☐ will not be prepared for working life.
- ☐ will not work for long enough.

e) Not having a Saturday job can create problems because teenagers
- ☐ have no work experience.
- ☐ have no money.
- ☐ are not prepared for online work.
- ☐ struggle with long-term milestones.

f) As a teenager, the London mayor worked
- ☐ in a food shop.
- ☐ in a restaurant.
- ☐ at a construction site.
- ☐ at a hairdresser's.

g) According to Amy Leonard, young people starting work
- ☐ know how to behave in a working environment.
- ☐ can work in a team at the workplace.
- ☐ can explain the world of work.
- ☐ need help to adjust to the workplace.

h) Many __________ think school leavers are not prepared properly for work.
- ☐ executives
- ☐ employers
- ☐ researchers
- ☐ entrepreneurs

i) Online work allows young people to
- ☐ be more flexible.
- ☐ try a traditional job.
- ☐ work locally.
- ☐ develop key skills.

k) A third of all unemployed people
- ☐ are socially disadvantaged.
- ☐ have always worked.
- ☐ have bought and sold clothes online.
- ☐ have never had a job.

## 3. Molly's first day at work

So, this is probably my own fault [...], but I'm actually a little nervous about starting work.
Even though this isn't a brain surgery residency. I'm very glad this isn't a brain surgery residency. I don't think anyone wants me operating on their brain right now, or ever.
Especially because my hands are shaking – just a little – on the door handle.
The store looks the same as it always does – which is to say, it looks like Zooey Deschanel[1] exploded into five thousand tablecloths and painted plates and letterpress notecards. It's called Bissel. […] Like the Yiddish word, meaning "a little bit". As in, good luck only spending a bissel of money when you walk into Bissel. Good luck not spending your entire paycheck on a bissel of handcrafted artisan jewelry.
I can't believe I'm walking into Bissel as an employee. I'm an *employee.*
Deborah and Ari Wertheim, the owners, are behind the counter, and I feel this wave of shyness. "Hi", I say and my voice comes out comically high. Squeaky Molly. Super professional. Deborah looks up from the register[2]. "Molly – hi! Oh great you're here." She presses both palms against the counter, beaming. "We are so, so glad you're joining us."
She's intensely nice. They both are. That's the main thing I remember about the Wertheims from my interview. They're nice in the way therapists are – like, you get the impression they'd be up for hearing your thoughts about life and humanity.
They're married, and they're a perfect matched set: tall and big-boned, with thick-framed glasses. Ari's bald, and Deborah has this kind of wild black hair she wears knotted into a messy bun. Or sometimes two meatball Sailor Moon buns, even though she's probably in her forties. I really love that. Also, they both have these brightly colored, amazingly intricate tattoos all up and down their arms. Literally, they are the two coolest adult humans on the planet, or at least in Maryland.
"Hmm, so I guess we probably went over most of this stuff at the interview. You remember how to use the register?" I nod, even though I definitely don't remember how to use the register.
"Cool. Though the register is being an asshole today, so I'll probably stick you in the back room with Reid. And he can kind of show you around. You've met Reid?" "I don't think so." "Oh, I'll introduce you." […] Deborah comes back a minute later with a guy I've actually seen here before. He's tall and kind of big, in that way people describe as *husky*. His shirt has a map of Middle Earth on it. And his sneakers are so electric white, they're either brand-new, or he puts them in the laundry.
"Molly, this is Reid. Reid, Molly." "Hi," he says, smiling shyly. "Hi." I smile back.
Deborah turns to me. "Molly, you're going to be a senior, right?" I nod.
"Perfect! You guys are the same age. I bet you have a lot in common."
Classic adult logic. Reid and I are vaguely the same age, so of course we're basically soul mates. […] "You've been working here for years, right?" I say. "I've seen you before." […]
"Yeah, I'm here all the time. Kind of unavoidable." He shrugs. "My parents."
"Your parents?" "Ari and Deborah."

I clap a hand over my mouth. “Ari and Deborah are your parents?” “You didn’t know that?” He looks amused. I shake my head slowly. “Okay. You just blew my mind.“

“Really?” He laughs. “Why?”

“Because! I don’t know. Deborah and Ari just seem so ...“ Punk rock and badass and not into Lord of the Rings. “They have tattoos,” I say finally.

He nods. “They do.“

I just gape for a minute. He laughs again. “You seem so surprised.“ […]

[1] Zooey Deschanel – an American actress and singer known for her creative outfits
[2] register – the machine in a shop that holds the money

Adapted from: Becky Albertalli: The Upside of Unrequited, New York, 1. Auflage 2017, S. 24–28, adaptiert.

**Answer the questions.**

a) What happens to Molly when she is nervous?

________________________________________ **1 p**

b) What can you buy in the store Bissel?

________________________________________ **1 p**

c) What happens to Molly when she feels shy?

________________________________________ **1 p**

d) Name two details that illustrate that the Wertheims are a "perfect matched set".

________________________________________

________________________________________ **2 p**

e) Why does Deborah think that Molly and Reid have a lot in common?

________________________________________ **1 p**

f) Why is Molly surprised to discover that Ari and Deborah are Reid’s parents? (Name two details.)

________________________________________

________________________________________ **2 p**

**You cannot find the answers to the following questions directly in the text:**

g) Molly says that the Wertheims are "nice in the way therapists are". What does she mean by that?

________________________________________

________________________________________ **1 p**

h) Why does Molly claim to be able to use the register even though she can’t?

________________________________________

________________________________________ **1 p**

## C. Use of Language

### 1. Mediation

**Interview with a YouTuber**

**Sabine, eine Mitschülerin aus deinem Jahrgang, soll für die Schülerzeitung eine YouTuberin aus den USA interviewen. Da sie nicht so gut Englisch spricht und sich nicht recht traut, bittet sie dich, sie zu begleiten.**

**Vermittle zwischen Sabine und der YouTuberin. Ergänze den folgenden Dialog mit den wichtigsten Informationen in der jeweils geforderten Sprache.**

Sabine: Nochmals danke, dass du mir hilfst! Ich bin ganz aufgeregt. OK, frag doch bitte als Erstes, wie lange sie schon Videos macht und warum sie damit überhaupt angefangen hat.

Du [Englisch]: ______________________________ 2 p

______________________________

______________________________

YouTuberin: Ah, for quite a while now. I started my YouTube channel about four years ago. And I didn't think of money or fame, as people sometimes think. I did it because I've always loved to entertain. I guess it is just the right thing for me to do.

Du [Deutsch]: ______________________________ 3 p

______________________________

______________________________

______________________________

Sabine: Ah, so lange schon! Das hätte ich jetzt nicht erwartet. Kann sie denn davon leben?

Du [Englisch]: ______________________________ 1 p

______________________________

YouTuberin: Haha, I can only dream of that. I do it in addition to my regular job.

Du [Deutsch]: ______________________________ 1 p

______________________________

Sabine: Oh, das wundert mich, dass sie das zeitlich hinbekommt. Ich habe gelesen, dass die Produktion von Videos sehr zeitaufwendig ist. Was motiviert sie denn dann, immer neue Inhalte zu produzieren?

Du [Englisch]: ______________________________ 1 p

______________________________

YouTuberin: What drives me? That's really easy to explain! I do it because it is great fun. For example, I really enjoy the process of coming up with ideas, filming, and editing. Seeing the responses from my viewers is what really keeps me going.

Du [Deutsch]: ______________________________ 3 p

______________________________

______________________________

______________________________

Sabine: Toll! Das klingt sehr überzeugend! Ich kann ihre Begeisterung spüren. Frage sie doch mal nach typischen Reaktionen ihrer Fans. Ich finde das sehr interessant.

**Du** [Englisch]: ______________________________ **1 p**

______________________________

**YouTuberin:** I love communicating with my viewers. Some people have sent me pictures of drawings they've made for me. Many send me fanmail telling me how much my videos have inspired them to try something new. It's times like those that make my efforts worthwhile.

**Du** [Deutsch]: ______________________________ **2 p**

______________________________

______________________________

**Sabine:** Faszinierend. Das zeigt, wie wichtig ihre Videos für sie sind. Das war ein sehr informatives Gespräch. Danke ihr bitte dafür und sage ihr, dass sie heute einen neuen Fan gewonnen hat.

**Du** [Englisch]: ______________________________ **1 p**

______________________________

**YouTuberin:** No problem, that was fun! Great to hear – see you on YouTube then. Bye and take care.

## 2. Words and structures

**Read the text, then tick (✓) the correct words.** **10 p**

### How Garfield telephones ended up on French beaches

A thirty-year-old environmental mystery has finally been solved.

❶ ____Since____ the 1980s, pieces of plastic telephones that look like Garfield – the lazy cartoon cat – have been washing up on beaches in France. ❷ ____People____ living in Brittany, in the northwest of France, have picked up hundreds of pieces of the bright orange phones from beaches along the Atlantic coast. But for three decades, no one knew where the phones ❸ ____were coming____ from. ❹ ____On____ March 22nd , a group of volunteers from *Ar Viltansoù*, a coastal clean-up organization, along with two journalists from *#AlertePollution*, finally detected the source of the phones. They discovered a broken shipping container and parts of several Garfield phones inside a rocky sea cave. The cave is hard to find and can only be reached when the sea is low.

Shipping containers are used to move things ❺ ____like____ food, clothing and other items across the sea. Cargo ships carry hundreds of the huge steel containers from the countries where the goods are made or grown to the countries where they will be sold.

❻ ____Nobody____ knows for sure how the shipping container full of Garfield phones ended up in the cave.

People who live in the area say that the phones first showed up on beaches after a big storm in the early 1980s. The container probably fell ❼ ____off____ a ship during the storm, but nobody ever reported that it was missing.

The Garfield phones have become a symbol of the problem of ocean ❽ ____pollution____. Fabien Boileau is the director of *Iroise Marine Natural Park*, ❾ ____where____ the cave with the phones is located. He said the Garfield phones help people to understand that plastic trash ❿ ____doesn't____ break down in the ocean. Some of the colourful plastic pieces still look almost new, even though they washed overboard more than 30 years ago.

Adapted from: https://teachingkidsnews.com/2019/04/14/how-garfield-phones-ended-up-on-french-beaches/ (abgerufen am 25.05.2019, adaptiert).

1.
- [ ] When
- [ ] For
- [ ] Since
- [ ] Because

2.
- [ ] People
- [ ] Peoples
- [ ] People's
- [ ] Peoples'

3.
- [ ] was coming
- [ ] were coming
- [ ] are coming
- [ ] will be coming

4.
- [ ] Of
- [ ] At
- [ ] In
- [ ] On

5.
- [ ] as
- [ ] unlike
- [ ] like
- [ ] similar

6.
- [ ] They
- [ ] Anybody
- [ ] Everybody
- [ ] Nobody

7.
- [ ] out
- [ ] of
- [ ] off
- [ ] over

8.
- [ ] polluted
- [ ] pollutant
- [ ] pollution
- [ ] polluting

9.
- [ ] where
- [ ] were
- [ ] while
- [ ] who

10.
- [ ] doesn't
- [ ] don't
- [ ] hadn't
- [ ] haven't

## D. Text Production

**Choose one of the following tasks and write about 150 words.**
**Count your words and write the number at the end of the text.** **25 p**

**What is the story behind the picture?**

**Imagine you see this couple.**

**Write a text and include at least four of the following aspects:**

- ▶ Who are they?
- ▶ Where are they?
- ▶ What happened before?
- ▶ How do they feel?
- ▶ What will happen next?

Bildquelle: despositphotos – photography33

---

**or**

---

**Digital detox**

**You make a bet with your best friend:**
**Live without the Internet and your telephone for two weeks.**

**Write a text and include at least four of the following aspects:**

- ▶ What do you miss most?
- ▶ How do you feel?
- ▶ How do you spend your days?
- ▶ Will you change something after the two weeks?
- ▶ What must you do if you lose the bet?

## A. Listening Comprehension

### Part One

(Audiotrack: QR-Code rechts / Hörtext S. 252)

**Listen to the news items and tick (✓) the right statements.**
**There is only one possible answer per statement.**

**News Item 1: Famous auctions** **4 p**

a) MGM Studios started selling famous items from films
- ☐ in 2014.
- ☐ to save money.
- ☐ to Hollywood stars.

b) At one sale, a weapon from *The Lord of the Rings* made
- ☐ $510,000.
- ☐ $660,000.
- ☐ $256,000.

c) In the book *The Wizard of Oz*, Dorothy's shoes were originally
- ☐ silver.
- ☐ yellow.
- ☐ red.

d) In 2020, a gun used by James Bond was purchased by
- ☐ Sean Connery.
- ☐ Dr. P. Walther.
- ☐ an unknown buyer.

**News Item 2: Cicadas** **4 p**

a) The cicadas have been underground for _______ years.
- ☐ 10
- ☐ 17
- ☐ 64

b) These insects will appear
- ☐ when the air temperature is 17°C.
- ☐ at night-time.
- ☐ when it is rainy and windy.

c) The female cicadas lay their eggs
- ☐ on trees.
- ☐ underground.
- ☐ at the end of the summer.

d) At the end of their lives, cicadas
- ☐ feed on plant roots.
- ☐ burrow into the soil.
- ☐ are eaten by other animals.

## Part Two

(Audiotrack: QR-Code S. 237 / Hörtext S. 252)

### Survey: The royal family

7 p

**Listen to these people talking about the British royal family.**
**Who thinks what? Write the correct letters in the chart.**
**Be careful – there is one statement more than you need.**

**A** Britain benefits from tourism thanks to the royal family.

**B** The royals are financed by the government. I don't think they deserve it.

**C** The Queen's dogs are always in the news. She does great charity work for the Battersea Dogs and Cats Home.

**D** The charity work the royals do is so important.

**E** They're a part of our culture and identity.

**F** It's true that the Queen is head of state, but she doesn't exactly rule the country.

**G** To the man in the street, it makes no financial difference if the state finances the royal family or not.

**H** The royal family distracts us from the sad things in life.

| Jeanette | Irene | Dominic | Leo | Alice | Henry | Dave |
|---|---|---|---|---|---|---|
| | | | | | | |

**Part Three**
(Audiotrack: QR-Code S. 237 / Hörtext S. 253)

**Interview: Food waste** **10 p**

**Listen to the interview and write down the information needed.**
**Fill in only one detail per box.**

| | |
|---|---|
| who Julian works for | |
| amount of water needed to grow one apple | |
| what food waste produces | |
| where the majority of UK food waste comes from | |
| positive effect of food waste if properly recycled | |
| what you can do with the energy generated from one banana skin | |
| one tip to reduce food waste at home | |
| what a 'use-by' date means | |
| how you freeze eggs | |
| what some supermarkets do with unsold food | |

## B. Reading Comprehension

### 1. "Go, Captain Tom!"

1 It was a rare piece of good news for a country gripped by a deadly disease which had claimed the lives of thousands of people. Encouraged by his daughter Hannah, Thomas Moore raised nearly £40 million for Britain's National Health Service (NHS) *Charities Together*. His challenge of walking 100 laps around his 25-metre garden started in April 2020 during the Covid-19 pandemic. At that time, he was 99 years old and wanted to complete 100 laps of his garden by Thursday, April 16$^{th}$ – a fortnight before his 100$^{th}$ birthday on April 30$^{th}$. Captain Thomas Moore had dreamed of collecting £1,000. Instead, he raised tens of millions of pounds at the beginning of the pandemic.

2 Thomas Moore had an eventful life. As early as 1940, aged just 20 years old, he wanted to serve the British army to fight in World War Two. So, he signed up as an officer in a regiment and was sent to Cornwall to defend the coast from a German invasion. After being selected for officer training, Tom quickly rose through the ranks to captain. He later said about the war, "I don't consider myself a hero, and at the end of the war I had survived virtually unharmed and realised I'd been one of the lucky ones. I hope we don't have any more wars because they are fruitless things."

3 Thomas Moore was born in West Yorkshire and grew up with his father, who built houses, and his mother, a head teacher. He was educated at Keighley Grammar School before training as a civil engineer. In 1969, he married his wife Pamela and they had two daughters. After his wife had died in 2006, he moved to Bedfordshire and lived with his daughter Hannah and her family. "Tom's tale is one full of twists, turns and monumental moments in our British history", his daughter said, explaining why he simply could not sit back and do nothing when the nation was put under lockdown.

4 When Captain Moore moved to Bedfordshire, he continued to lead a full life. Then, he had various medical problems and received intensive care and treatment in hospital. Inspired by that, he wanted to give something back to the NHS in its fight against the coronavirus. It was important for him to keep the attention focused solely on the charities which needed support. So he said, "When you think of who it is all for – all those brave and super doctors and nurses we have got – I think they deserve every penny."

5 Captain Tom's story made international headlines across the globe. He also released a charity single, "You'll never walk alone". It reached number one in the charts, making him the oldest artist ever to have a UK number one single. In May 2020, at the age of 100, Captain Tom Moore was given a knighthood by Queen Elizabeth II. But in January 2021, he was diagnosed with pneumonia and treated in hospital. Later, he tested positive for the coronavirus and died on February 2nd, 2021. One day after his death, church bells and fireworks went off to honour the man who captured hearts around the world. People across the United Kingdom paid their respects to him by clapping Sir Captain Thomas Moore at the same time.

Adapted from: https://people.com/human-interest/uk-honors-captain-sir-tom-moore-after-his-death-by-clapping-across-the-nation/;
https://www.bbc.co.uk/newsround/52277760;
https://abcnews.go.com/International/100-year-veteran-captain-tom-knightedfundraising-heroics/story?id=70784142;
https://www.telegraph.co.uk/news/2020/05/19/sir-tom-moore-100-year-old-fundraising-veteran-given-knighthood/;
https://www.cbsnews.com/news/captain-tom-moore-knighted-queen-elizabeth/;
https://www.dailymail.co.uk/news/article-8225119/How-Captain-Tom-Moore-global-superstar.html;
https://www.thesun.com/news/1758477/captain-tom-moore-remembrance-day/;
https://www.optimistdaily.com/2020/05/captain-tom-mooreknighted-for-his-inspiring-fundraising-campaign/;
https://metro.co.uk/2020/04/16/tom-moore-story-behind-14000000-nhslegend-12565964/;
https://www.army.mod.uk/people/leave-well/service-Jeavers-veterans/army-skills/captain-sir-tom-moore/;
https://abcnews.go.com/Entertainment/wireStory/queen-makes-veteran-knight-100-kneeling-required-71841800;
https://www.smoothradio.com/news/entertainment/where-does-captain-tom-moore-live-daughter (alle abgerufen am 12.07.2021, adaptiert).

**Match the five correct headings to each part of the text (1 – 5).** **5 p**
**Be careful – there are two headings more than you need.**

| | |
|---|---|
| **A** | GRIPPED BY THE PANDEMIC |
| **B** | GRATITUDE TOWARDS MEDICAL STAFF |
| **C** | GETTING FAME AND HONOUR |
| **D** | MILITARY CAREER |
| **E** | FIGHTING ABROAD |
| **F** | CHALLENGE TO RAISE MONEY |
| **G** | FAMILY LIFE |

| part of the text | 1 | 2 | 3 | 4 | 5 |
|---|---|---|---|---|---|
| heading | | | | | |

## 2. Soccer

Evidence of organized football games in Greece, Rome and China goes back more than 2,000 years, but historians have no idea how these games were played. However, the birthplace of modern soccer is Britain, both England and Scotland. All modern forms of the game have their roots in the "folk football" which was played as early as in the 14th and 15th centuries. The sport of folk football, in former times also called "mob football", developed from other games. They were usually played around Easter and may have had their origins in pre-Christian customs to celebrate the return of spring. The games were played with a minimum of rules and were far more violent, more related to rugby in many respects. Images discovered from this period also seem to suggest that there was a huge number of players who could move the ball by any means necessary, including with their hands.

Villages competed against villages, kicking, throwing, and carrying a wooden or leather ball across fields and over streams, through narrow gateways and narrower streets. Everyone was involved – men and women, adults and children, rich and poor. These games involved full body contact and often turned bloody. The chaotic contest ended when a particularly robust or skillful villager managed to get the ball into the opposing village's goal.

In Ashbourne in Derbyshire, this kind of rough game has survived virtually non-stop. In 1878, the police attempted to forbid the game, but that only led to violent clashes. This form of the game is still popular and is a tourist attraction in Ashbourne today.

In medieval times in England, the game was so much loved by the common people that it was very often banned. Kings and Queens wanted their men to improve their fighting skills instead of playing ball.

At the beginning of the 19th century, football was played in prestigious schools like Eton or other public schools. When the privileged graduates of these schools went on to Oxford and Cambridge, none of them was ready to play by the rules of someone else's school because each school had its own variations. To unify the game, the original Cambridge Rules

were written down by students in 1848. This was the first attempt to distance football from its shared roots with rugby and to form a distinct identity as soccer.
Modern football originated during the second half of the 19th century in Britain. Industrial workers increasingly had Saturday afternoons off, which was new for the people who worked. So many began to watch and play the exciting game of football.
Later in 1863, the Football Association (FA) was formed and its rules dominated the game from now on. Professionalism came to soccer as early as 1885, although players could only expect a wage of around one pound per week, which is a world away from today's fabulous fees. In 1869, touching the ball with your hands was forbidden. In the 1880s, students at Oxford University created a slang word for the word "association". They shortened it to 'SOC' and added 'ER', so the word "soccer" was finally created.

Adapted from: https://www.bbc.eo.uk/bitesize/guides/zqvf39q/revision/1;
https://www.britannica.com/sports/football-the-games#ref885261;
https://myworldsoccer.com/a-broad-history-of-english-football/;
https://www.informationbritain.eo.uk/sporthistory/entry/Football/;
http://www.nads.org.uk/football-history/history-of-football-in-england/;
https://www.football-stadiums.eo.uk/articles/folk-football/;
http://www.homeoffootball.net/wpcontent/uploads/2020/03/SHOF-final_compressed.pdf;
https://www.englisch-hilfen.de/en/words/football_soccer1.htm;
http://www.sportingsheffield.com/home-of-football/ (alle abgerufen am 12.07.2021, adaptiert).

**Tick (✓) the right statement. There is only one possible answer per statement.** **10 p**

a) The birthplace of soccer as we know it today is
- ☐ Britain.
- ☐ China.
- ☐ Rome.
- ☐ Greece.

b) In former times, folk football was played to
- ☐ develop ball games.
- ☐ develop ball rules.
- ☐ celebrate special customs.
- ☐ celebrate the new season.

c) Images suggest that the games were played
- ☐ exactly like rugby.
- ☐ with the hands only.
- ☐ with all needed means.
- ☐ by only a small number of players.

d) During the competition, many people
- ☐ scored goals for their villages.
- ☐ left the chaotic contest.
- ☐ were injured.
- ☐ managed to be clever.

e) ______________________ attempted to abolish the game in Ashbourne.
- ☐ Derbyshire
- ☐ The police
- ☐ Fierce clashes
- ☐ Some tourists

f) Monarchs wanted to ________________ their men's fighting techniques.
- ☐ increase
- ☐ prove
- ☐ show
- ☐ decrease

g) At respected schools, students played football according to ________________ rules.
- ☐ ordinary
- ☐ varying
- ☐ noble
- ☐ privileged

h) With the Cambridge Rules, football became ________________ rugby.
- ☐ connected to
- ☐ similar to
- ☐ different from
- ☐ equal to

i) Many factory workers could
- ☐ play football all Saturday.
- ☐ attend matches every afternoon.
- ☐ be kept from work by playing the exciting game.
- ☐ play football in the afternoon at weekends.

k) The word soccer was formed by
- ☐ adding one letter to a word.
- ☐ shortening two words.
- ☐ using a shortened form of a letter.
- ☐ shortening letters of a word and adding others.

## 3. Preparing for a date

*In the following extract, Trevor, a young black South African, is trying to improve his looks because he has a date for the school dance. His friend Bongani is helping him.*

Bongani […] found out I had a date, and he made it his mission to give me a makeover. "You need to up your game," he said. "You cannot go to the dance looking the way you look – for her sake, not yours. Let's go shopping."

I went to my mom and begged her to give me money to buy something to wear for the dance. She finally relented and gave me 2,000 rand[1] for one outfit. It was the most money she'd ever given me for anything in my life. I told Bongani how much I had to spend, and he said we'd make it work. The trick to looking rich, he told me, is to have one expensive item, and for the rest of the things you get basic, good-looking quality stuff. […] He took me shopping and we bought a calf-length black leather jacket which would look ridiculous today but at the time […] was very cool. That alone cost 1,200 rand. Then we finished the outfit with a pair of simple black pants, suede square-toed shoes, and a cream-white knitted sweater.

Once we had the outfit, Bongani took a long look at my enormous Afro. […] "We need to fix that fucking hair," Bongani said.

"What do you mean?" I said. "This is just my hair."

"No, we *have* to do something."

Bongani lived in Alexandra. He dragged me there, and we went to talk to some girls from his street who were hanging out on the corner. "What would you do with this guy's hair?" he asked them.

The girls looked me over.

"He has so much," one of them said. "Why doesn't he cornrow[2] it? "

"Shit, yeah," they said. "That's great!"

I said, "What? Cornrows? No!"

"No, no," they said. "Do it."

Bongani dragged me to a hair salon down the street. We went in and sat down. The woman touched my hair, shook her head, and turned to Bongani.

"I can't work with this sheep," she said. "You have to do something about this."

"What do we need to do?"

"You have to relax it. I don't do that here."

"Okay."

Bongani dragged me to a second salon. I sat down in the chair, and the woman took my hair and started painting this creamy white stuff in it. She was wearing rubber gloves to keep this chemical relaxer off her own skin, which should have been my first clue that maybe this wasn't such a great idea. […] What I didn't know is that the chemical doesn't really start to burn until it's being rinsed out. I felt like someone was pouring liquid fire onto my head. When I was done I had patches of acid bums all over my scalp. I was the only man in the salon; it was all women. It was a window into what women experience to look good on a regular basis. *Why would they ever do this?*, I thought. *This is horrible.* But it worked. My hair was completely straight. […]

Bongani then dragged me back to the first salon, and the woman agreed to cornrow my hair. She worked slowly. It took six hours. Finally she said, "Okay, you can look in the mirror." She turned me around in the chair and I looked in the mirror and ... I had never seen myself like that before. […]

Everyone in my family loved it. They all thought it looked great. My mom did tease […] me, though.

"It's very well done," she said, "but it is way too pretty. You do look like a girl."

[1] rand – currency in South Africa

[2] cornrow – *here:* a special hairstyle

Adapted from: Trevor Noah: Born a crime, New York 2016, S. 170 – 173, adaptiert.

**Answer the questions.**

a) Why does Trevor need a makeover?

______________________________ **1 p**

b) How does Trevor's mum help him with the makeover?

______________________________ **1 p**

c) What is Bongani's tip to make yourself look rich?

______________________________ **1 p**

d) What special clothing do Trevor and Bongani buy? (Name two details.)

______________________________

______________________________ **2 p**

e) Who does Bongani talk to first about Trevor's hair?

______________________________ **1 p**

f) Why can't the woman in the first salon work with Trevor's hair?

______________________________ **1 p**

g) How does Trevor's mum tease him?

______________________________ **1 p**

**You cannot find the answers to the following questions directly in the text:**

h) Why does Trevor's mum give him more money than ever before?

______________________________ **1 p**

i) After his experience in the second salon, Trevor makes a discovery about women. What is it?

______________________________ **1 p**

## C. Use of Language

### 1. Mediation

**Hitchhiking USA**

**Du bist mit deinen Eltern auf einer Autoreise in den Vereinigten Staaten unterwegs. Ihr nehmt einen Anhalter mit.**

**Vermittle zwischen Jason, dem Anhalter, und deinen Eltern. Ergänze den folgenden Dialog mit den wichtigsten Informationen in der jeweils geforderten Sprache.**

Jason: Thanks a lot for giving me a lift. I really appreciate it. It's pretty hot out there today and I had been waiting for about two hours already.

Du [Deutsch]: ______________________________ **2 p**

Mutter: Keine Ursache! Ich bin, als ich jünger war, auch per Anhalter durch halb Europa gefahren. Allerdings dachte ich immer, dass das in den USA illegal ist. Frag ihn doch bitte mal danach.

Du [Englisch]: ______________________________ **1 p**

Jason: Yes and no. It's illegal to stand on the side of a major highway and stop cars because it is a danger to other drivers on the road. However, standing at the entrance before a highway is legal in most states.

Du [Deutsch]: ______________________________ **2 p**

Vater: Also, ich würde das niemals machen. Man liest so viel über die Gefahren und man weiß nie, wer einen da mitnimmt. Denkt er nicht, dass es gefährlich ist?

Du [Englisch]: ______________________________ **1 p**

Jason: Before I started, I was told numerous times that I would have to be careful. Based on my own experience, I can say that you don't have to worry too much. Most of the people I met were friendly, fascinating and full of entertaining stories.

Du [Deutsch]: ______________________________ **2 p**

**Vater:** Na, das klingt jetzt aber fast zu schön, um wahr zu sein. Er muss doch sicher einiges beachten, damit er sicher unterwegs ist. Frag ihn doch mal nach den wichtigsten Sicherheitsregeln, die er beachtet.

**Du** [Englisch]: ______________________________ **1 p**

______________________________

**Jason:** Well, you have to be prepared for everything, really. I think it's important to look confident, so I always look drivers in the eye and smile as they pass.
Also, I don't get into every car that stops for me – I trust my instincts. Most importantly, I always snap a quick photo of the back of the car and send it to my twitter account.

**Du** [Deutsch]: ______________________________ **2 p**

______________________________

______________________________

**Mutter:** Das ist mir gerade alles viel zu ernst hier! Ich habe damals auch nur tolle Menschen getroffen und die lustigsten Sachen erlebt. Frage ihn bitte, was bisher sein lustigstes Erlebnis war.

**Du** [Englisch]: ______________________________ **1 p**

______________________________

**Jason:** Oh my gosh, that was only two days ago. There was the cutest puppy ever, which I got to hold on my lap for the ride. There was, however, a catch to its cuteness. It was the first car trip for the puppy and she was feeling car sick: after a few bends on the road, the car filled with a disgusting smell. We stopped and checked her fur, but fortunately, they were just farts. We had to ride the rest of the way with the windows down …

**Du** [Deutsch]: ______________________________ **2 p**

______________________________

______________________________

**Alle:** Ha, ha, ha …

## 2. Words and structures

**Read the text, then tick (✓) the correct words.** **11 p**

### Record trip to Mount Everest summit

Many have already successfully climbed Mount Everest, the highest mountain on our planet. One of them has recently set a new record: Kami Rita, a Sherpa guide, ❶ ______________ the summit for the 25th time, setting a new record for the most ascents of the ❷ ______________ highest peak. He was part of the first group of climbers to reach the summit this year. They ❸ ______________ fixing the ropes on the icy route, so that hundreds of other climbers could attempt to reach the peak later this month. Kami, 51, first climbed Everest ❹ ______________ 1994 and has been making the trip nearly every year since then. He is one of many Sherpa guides ❺ ______________ experience and skills are essential ❻ ______________ the safety on the mountain. Each year, hundreds of climbers ❼ ______________ to Nepal seeking to successfully stand on top of the 8848-metre mountain. Forty-three teams have permission to climb Everest during this year's spring climbing season and will be ❽ ______________ by about 400 Nepalese guides.
Each May, there are usually only a ❾ ______________ periods of good weather at the summit during which climbers can try to reach the peak.

Sherpas are a native people from the Himalayas. Traditionally, they believe that the summits of mountains are where gods live and they should be admired ⑩ ________________ far away rather than conquered. Before summiting a mountain, Sherpas perform a prayer and flag ceremony called Puja, which is a ⑪ ________________ of paying respect to the gods of the mountain.

Adapted from: https://www.kidsnews.com.au/humanities/sherpa-kami-summits-everest-for-record-25th-time/newsstory/3318e5eb7e963056558912b4aad361a0 (abgerufen am 20.05.2021, adaptiert).

❶
- ☐ reaches
- ☐ has reached
- ☐ will reach
- ☐ didn't reach

❷
- ☐ worlds
- ☐ world
- ☐ worlds'
- ☐ world's

❸
- ☐ were
- ☐ was
- ☐ will
- ☐ want

❹
- ☐ on
- ☐ at
- ☐ in
- ☐ for

❺
- ☐ whose
- ☐ who
- ☐ who's
- ☐ what

❻
- ☐ at
- ☐ with
- ☐ for
- ☐ about

❼
- ☐ head
- ☐ tail
- ☐ arm
- ☐ leg

❽
- ☐ assist
- ☐ assists
- ☐ assisting
- ☐ assisted

❾
- ☐ rarely
- ☐ few
- ☐ little
- ☐ small

❿
- ☐ from
- ☐ by
- ☐ at
- ☐ with

⓫
- ☐ street
- ☐ path
- ☐ alley
- ☐ way

## D. Text Production

**Choose one of the following tasks and write about 150 words.**
**Count your words and write the number at the end of the text.** **25 p**

1. **What is the story behind the picture?**

   **Imagine this photo is the object of a creative writing competition and you decide to enter.**

   **Write a text and include at least four of the following aspects:**
   - ▶ Who are they?
   - ▶ Where are they?
   - ▶ What happened before?
   - ▶ How do they feel?
   - ▶ What will happen next?

Bildquelle: https://de.freepik.com/fotos/geburtstag, freepik.com

**or**

**2. What is the story behind the picture?**

**Imagine this photo is the object of a creative writing competition and you decide to enter.**

**Write a text and include at least four of the following aspects:**

- Who are they?
- Where are they?
- What happened before?
- How do they feel?
- What will happen next?

Bildquelle: https://www.theguardian.com/education/2017/jun/22/teenage-boys-wear-skirts-to-school-protest-no-shorts-uniform-policy; Photograph: BBC/Apex

**or**

**3. The school of the future**

**In a project, a university is asking pupils to submit ideas for the school of the future. You decide to take part.**

**Write a text and include at least four of the following aspects:**

- What does the school of the future look like?
- How do the pupils learn?
- Where do the pupils learn?
- Who does the teaching?
- What makes the school of the future better than today's school?

## LCT 2020

### Part One

(Audiotrack: QR-Code rechts / Aufgaben S. 218)

#### News Item 1: Rapunzel

A twelve-year-old girl, who is known in her neighbourhood as Rapunzel, is finally going to have her first haircut next week and plans to sell her hair for around £3500. Natasha Moraes de Andrade, who lives in Rio de Janeiro, Brazil, has never had a haircut. At one metre sixty, she is just two centimetres taller than the length of her beautiful, thick brown hair. Natasha spends four hours per week washing her hair and up to an hour-and-a-half brushing it daily. She has to carry it when she walks and folds it up when she sits down. Despite temperatures of over 40 degrees in Rio, Natasha's family cannot switch on the fan because her hair gets caught in it. The heat in the house is a real problem for them all. Children often stand outside her house and shout "Rapunzel, Rapunzel, let down your hair!" Her life is impossible – she can't do sport in school because her hair gets in the way and, although she lives close to the beach, she can't go swimming because the seawater damages her hair and it takes hours to wash the salt out. With the money for her hair, Natasha wants to redo her bedroom and start a new life as a normal girl.

Adapted from: https://www.dailymail.co.uk/femail/article-2117592/Natasha-Moraes-Andrade-Real-life-Rapunzel-12-cuts-hair-time.html (last accessed on 28.03.2019)

#### News Item 2: Big Ben marathon runner

A London Marathon runner dressed as Big Ben got stuck at the finish line after he tried to break a world record. Lukas Bates, from Maidstone in Kent, tried to get into the Guinness World Record Book for the fastest time dressed as a landmark. The current record stands at three hours and 34 minutes. Lukas finished with a time of three hours and 54 minutes. However, even with the help of a race volunteer, the 30-year-old was unable to fit under the race clock at the finishing line because the top of his Big Ben costume was too tall. In the end, after two full minutes of trying to cross the line, and with the help of another runner, Lukas finally crossed over the line on his hands and knees.
Speaking after the marathon, Lukas said that he had a personal best time of two hours and 59 minutes – when not dressed as a clock. The record for the fastest marathon time dressed as a landmark, such as a building or a place, was set by Richard Mietz at the Berlin Marathon in September last year, when he ran dressed as the Lübeck Holstentor city gate.

Adapted from: https://www.bbc.com/news/uk-england-london-48084878 (last accessed on 06.06.2019)

### Part Two

(Audiotrack: QR-Code oben / Aufgabe S. 219)

#### Survey: Eating insects

Reporter: Last week I drove past a "pestaurant", a pop-up stand offering dry roasted worms and chocolate covered ants. Is this really the food of the future? Is eating insects really good for you? Last Tuesday, I asked shoppers in Churchill Square shopping centre in Brighton what they knew about this topic. Here is a selection of their answers.

Julie: Hi, my name is Julie. Eating insects may seem like a really disgusting thing for us here in Europe, but it really isn't a new thing. Insects are a regular part of the diet in many countries in Central and South America, Africa and Asia. When I went to Australia, I discovered that the Aborigines have eaten larvae like wichetty grubs for thousands of years.

David: Good morning. I'm David. Even though they look horrible, you may be surprised to learn that insects are really good for you. For example, a 100-gramme portion of red ants contains about 14 grammes of protein as well as a lot of iron. Many other insects are a great source of nutrients as well.

Mia: Good morning, my name is Mia. I read recently that worldwide, farming animals produces up to 18% of all greenhouse gases produced by human activity, which in turn speeds up global warming. Farming insects, however, produces between 10 and 80 times less methane gas than farming other animals. I think this is good news for all of us.

Archie: Hi, Archie here. I wouldn't eat an insect if you gave me a million pounds! Let's be honest, there are good reasons why we try to keep bugs away from our food instead of eating them. Many insects feed on rotting food, dead animals and human waste, which is full of bacteria and unfortunately, many insect farms in Asia don't follow high hygienic standards and this results in illness.

Katy: Hi, everyone, my name is Katy. Did you know that insect farms are not as difficult to operate as cattle farms? There is less chance that insects will catch diseases which will cross over to humans and the best thing is that insects are easy to harvest. Even if we don't eat insects ourselves, they could replace the expensive and often environmentally unfriendly products which are fed to chicken and fish which we do eat.

Dora: Morning, I'm Dora. It's funny you've asked me about eating insects. I've just done a project on this topic in school. A kilogramme of feed given to a cricket will produce twelve times more protein than the same amount given to cattle, so this means that the farming of insects requires less water and feed than any other farmed animals.

Jenna: Hi, Jenna here. You might not find the idea of scoffing insects particularly attractive, but we actually already eat more insects than you think. Do you eat any red-coloured foods? Yogurts, juices, sausages? Well that's likely the natural food colouring cochineal, which is so popular, it even has its own E-number, E120. This natural colouring, which is also used in lipsticks and blushes, comes from a small bug found in North and South America.

Reporter: As you can see, there may well be good reasons for eating insects; but not all people are convinced that it is the food of the future. Back to the studio in London.

Adapted from: https://www.eatcrickster.com/blog/pros-and-cons-of-eating-insects (last accessed on 11.05.2019)

## Part Three

(Audiotrack: QR-Code S. 248 / Aufgabe S. 219)

### Interview: Ross Edgley's Great British swim

Reporter: Our guest in the studio today is Ross Edgley who has just become the first person to swim around Great Britain. Thank you for coming in today, Ross.

Ross: Thank you. It's great to be here.

Reporter: Ross, you swam 2,885 kilometres around the coast of Great Britain. That is amazing! First question, Ross – why? Why would anyone want to do that?

Ross: I guess I wasn't made for a nine-to-five job. I think I need the adventure.

Reporter: You have two other world records. You hold the record for the longest rope climb. You climbed 8,800 metres in 19 hours. You have also run a marathon pulling a small car. How did swimming around Great Britain compare to these other challenges?

Ross: Well, it took longer, obviously and really tested my physical and mental strength.

Reporter: That doesn't surprise me. Let's talk about the swim itself. When and where did you start?

Ross: I left Margate on the south-east coast of England on the 1st of June and arrived back in Margate 157 days later.

Reporter: I read that you were hoping to complete the swim in 100 days. What went wrong?

Ross: Well, the weather was unpredictable. There were days when the waves were really high. There were strong currents and to be honest, the cold slowed me down too.

Reporter: What sort of routine did you have?

Ross: I swam for six hours and then slept for six hours. You have to swim when the tides are right, of course.

Reporter: So at the end of each day you swam back to the shore and slept in a hotel bed and then went out the next day and did the same thing again?

Ross: No, I didn't touch land for 23 weeks. I slept on the support boat. If I had gone into shore, I would not have broken the record for the longest sea swim.

Reporter: There must have been some dark moments when you thought you would not make it.

Ross: Well, all in all I was stung 37 times by jellyfish. I also had open wounds on my body where my wetsuit rubbed me and I damaged the muscles in my shoulder.

Reporter: What did you eat to give you enough energy?

Ross: I ate between 10,000 and 15,000 calories every day, that's up to six times the male average. Pizza, pasta, rice pudding. 610 bananas and 314 cans of energy drinks. I did miss my mum's cheesecake though.

Reporter: And how did it feel when you left the boat for the last swim on the last day?

Ross: I was really emotional. I was accompanied by 300 swimmers for the last kilometre and when I saw all the spectators, my friends and family on the beach in Margate, I had to put my goggles back on because I was starting to cry.

Reporter: And what are you planning on doing next?

Ross: I just want to stay warm and dry at the moment and I have to learn to use my feet again for walking. I basically just need to adapt to normal life again. I'm sure the next adventure will come along soon, though.

Reporter: It has been great talking to you, Ross. Thank you for coming in today.

Ross: Thank you too.

Adapted from: Josh Halliday, The Guardian, https://www.theguardian.com/uk-news/2018/nov/04/it-was-brutal-ross-edgley-completes-157-day-swim-around-britain (last accessed on 15.06.2019)

# LCT 2021

## Part One

(Audiotrack: QR-Code rechts / Aufgaben S. 227)

### News Item 1: Pancake race

No one is quite certain how the pancake race in Olney, Buckinghamshire, started, but six hundred years later, the tradition is still going strong. The race, which takes place on the day before the beginning of Lent, began in 1445 after a stressed housewife had to run to church because she was late for the service.
After a break during the Second World War, the race was revived again in 1948 by the vicar of Olney. When he was cleaning out a cupboard, he came across some old photos, which had been taken in the 1920s and 1930s, of women running with frying pans. He decided to hold the race once again and called for volunteers. In response, 13 runners appeared that year and the people of Olney enjoyed this traditional and colourful festivity once again.
The rules are simple. Only women who are over 18 and have lived in Olney for over three months can enter. Participants must wear a skirt, a headscarf and carry a frying pan. The race is about 400 yards, or about 365 metres, from the marketplace to the church door. Amy Butler won the race last year in seventy seconds.

Adapted from: https://www.bbc.com/news/av/uk-england-beds-bucks-herts-47456655/pancake-day-world-s-oldest-race-still-going-in-olney (last accessed on 15.04.2020).

### News Item 2: Missing black cat

A black cat which went missing six years ago has been reunited with his shocked owners in time for Halloween. Clyde escaped and disappeared days after his owners moved to a new home in Bradford-on-Avon in Wiltshire in 2013. But on Wednesday, the homeless, micro-chipped cat was brought into the veterinary centre in the town and identified as Clyde.
Owner Mel Sargeant, who still lives locally, said that he was still in total shock. He and his wife, however, were overjoyed to get their black cat back on Halloween. Mrs Sargeant said they had got Clyde and his sister Bonnie from a rescue centre 15 years ago. When he went missing, the couple searched the streets. They looked everywhere, put photos up, but there was nothing until 24 hours ago, when the vet phoned up to say that a cat had been handed in. They rushed down to the vet's and got the surprise of their lives.
Mr Harris, the vet, said the cat had been brought into them after having been seen hanging around outside an old people's home. It is thought Clyde had been there for the last four years. He was fed by staff and people called him George. Mrs Sargeant recognised him straight away by his bright eyes.
However, Clyde and Bonnie haven't met each other yet and Mrs Sargeant hopes that Bonnie will be happy to meet her long-lost brother again.

Adapted from: https://www.bbc.com/news/uk-england-wiltshire-50245849 (last accessed on 31.11.19)

## Part Two

(Audiotrack: QR-Code oben / Aufgabe S. 228)

### Survey: Video gaming

| | |
|---|---|
| Reporter: | Today's topic is video gaming. Video games are not only popular among kids, adults also play video games regularly. This morning, I spoke to students and teachers from Huntington School in York. I asked them what they thought of video gaming. Here is a selection of their answers. |
| Kieran: | Hi, my name is Kieran. I just love video games! At the moment, I'm playing *Legend of Zelda*. It's just great! For me, video games allow me to relax. I can forget about school stress or any other problems I might have and just slip into a fantasy world where I can be someone else. That's so cool! |
| Helena: | Good morning. It's Helena here. I also have a games console, I've got an Xbox One. I like the sort of games where you must make decisions and solve problems. You have to act fast and multitask. I think this helps me in daily life too. I can analyse problems faster and make decisions more quickly. |
| Nina: | Hello, I'm Nina. There may be some positive effects of gaming, but when I think of the gamers in my class, they are the ones whose grades suffer. They spend all their free time on their PS4, or whatever it's called, playing through the night sometimes, and then they forget their homework or are half-dead in the lessons. |
| Jordan: | My name is Jordan. Hi. I like the game *Battlefield*. Yeah, it might be a bit violent, but it's also a really fascinating game based on real historic events. I've learned loads about World War 2 and how terrible it was. It really has improved my knowledge of history. |

Mrs Townsend: My name is Mrs Townsend and I am sure it's not just kids who are at risk because of computer games. I'm thinking of my brother-in-law, who has a regular job, a wife and three children. Every evening he's online playing *World of Warcraft*. He plays for hours and hours. If you ask me, he's losing touch with his children. They hardly talk to each other anymore and when they do, they always argue. His relationship to my sister has got worse too. It worries me.

Annie: Hi, my name is Annie and I think some video games can improve your social skills. Take the game *Destiny 2*, for example. To be successful at this game, you have to build online social networks to help you complete goals together. I think that this is the same skill that young people need to build career networks so that their careers can advance well.

Macaulay: My name is Macaulay and video games are incredibly realistic nowadays and a lot of them are really violent. There are studies that show that first person shooter games can increase aggressive behaviour. This isn't true for everyone, but some people find it hard to act normally after playing violent video games.

Reporter: Thank you for your contributions. Keep calling with your opinions, we'll have an update later.

## Part Three

(Audiotrack: QR-Code S. 250 / Aufgabe S. 228)

### Interview: Night rider

Reporter: Our guest in the studio today is Sunny, a fifty-five-year-old Nigerian who has spent almost 21 years riding London buses at night. Good morning, Sunny.

Sunny: Good morning.

Reporter: Sunny, tell us, please: Why have you spent so much time aboard London buses?

Sunny: I came to Britain in 1998. In my home country Nigeria, I was a political prisoner because I had campaigned for democracy. I bad been given the death sentence, but my family and my friends helped me to escape to the UK. However, when I arrived in London, I wasn't allowed to stay.

Reporter: What did you do?

Sunny: I couldn't go back to Nigeria, so I became an illegal immigrant. And that is why I was homeless for over twenty years.

Reporter: But why did you spend the nights on buses? Why didn't you go to a centre for homeless people?

Sunny: I discovered that the London night buses were safer and warmer than the streets and the centres were often overcrowded.

Reporter: So you took to the buses. Tell us how you did it, Sunny.

Sunny: At no later than 9 pm, I would get on the first of three or four buses and travel through the night. I soon discovered which buses were the best for a good rest.

Reporter: You make it sound so easy but sleeping on different buses at night – every night – must be very challenging.

Sunny: It is, but I soon worked out that the best place to sleep was downstairs at the back of the bus. Most families stay downstairs on a double-decker bus and there is less trouble near the bus driver. It is still not easy to sleep, though – the constant movement of the bus, the neon lights, the noisy travellers and the humming sound of the engine all make sleeping quite difficult.

Reporter: And you did this for twenty years. Now you are allowed to stay in Britain. What changed?

Sunny: Well, as a rule, after living in the UK continuously for twenty years, you have the right to stay. The problem was that I didn't have any proof that I had lived in the UK for over twenty years. There was no record of me living anywhere.

Reporter: What did you do?

Sunny: I asked one of the friendliest bus drivers to write a letter of support for me and the church where I had volunteered over the years also helped me. They found some old photos which showed me at some charity events.

Reporter: Ah, so then you could prove that you had been in the UK for twenty years.

Sunny: That's correct and I now have the right to a home and I am allowed to work in the UK. I live in a flat in the south of London. I have been very lucky.

Reporter: Sunny, thank you for sharing your story with us today.

Adapted from: https://www.bbc.com/news/stories-50459821 (last accessed on 06.06.2020)

## LCT 2022

### Part One

(Audiotrack: QR-Code rechts / Aufgaben S. 237)

#### News Item 1: Famous auctions

Many people would like to have a Hollywood souvenir in their homes and what better way to do that than by owning a piece of equipment used in a movie? The craze started in the 1970s, when the president of MGM Studios decided to auction off thousands of items from past films in order to save some money. Here is a selection of the most popular objects. In 2014, Aragorn's sword from *The Lord of the Rings* was put up for auction. It sold for an amazing $510,000, almost double the estimated price. Clothes and shoes worn in famous films also do well at auctions. Dorothy's shoes from *The Wizard of Oz* sold for an incredible $660,000 in the year 2000. In the book, which came first, the shoes were actually silver but the colour was changed to ruby red for the film so they would stand out better against the yellow brick road. In 2020, a gun used by James Bond actor Sean Connery sold for a record $256,000 in Los Angeles. The semi-automatic pistol, a Walther PP, was used by Sean Connery in his first Bond film *Dr. No* in 1962. The buyer wishes to remain anonymous, but he has been described as an American who has seen every Bond movie with his children.

Adapted from: https://www.catawiki.com/stories/4415-top-10-most-memorable-movie-props-at-auction (last accessed on 18.02.2021)
https://variety.com/2020/artisans/news/sean-connery-james-bond-dr-no-pistol-auction-1234845489/ (last accessed on 09.09.2021)

#### News Item 2: Cicadas

You recognize that sound, don't you? Yes, it's the buzzing of cicadas. Fifteen US states are about to be invaded by billions or even trillions of these insects, including New York, Illinois, Georgia and New Jersey. The noisy, red-eyed members of Brood X, which have been underground for the past 17 years, will come out as soon as the conditions are right. The ground temperatures must be 64 degrees Fahrenheit, or 17 degrees Celsius, and it must be a humid night, but free of rain and wind.

Though they don't bite or sting, the clouds of insects are pretty impressive. Male cicadas together can sing at 105 decibels, which is louder than a lawn-mower. They sing to attract a partner and once they have mated, the female cicadas will then lay their eggs in the branches of young trees. The next generation of young cicadas drop down to the ground ·at the end of the summer and burrow into the soil, where they will spend the next 17 years feeding on plant roots. Once their work is completed, their parents die and become a tasty treat for cats, dogs, birds, and even for some people. This phenomenon is unique to the US, so if cicadas sing in your backyard, enjoy it while it lasts.

Adapted from: https://www.dogonews.com/2021/3/16/15-us-states-are-about-to-get-inundated-with-billions-of-noisy-cicadas (last accessed on 21.04.2021)

### Part Two

(Audiotrack: QR-Code oben / Aufgabe S. 238)

#### Survey: The royal family

**Reporter:** Good morning and welcome to today's phone-in. My name is Mark Dennison and you're listening to BBC Radio Kent. Our subject this morning is the British royal family. We're looking forward to hearing what you think about the Queen and other royal family members. Ah, here's our first caller.

**Jeanette:** Good morning, my name is Jeanette. I'm very critical of the royal family. I don't think they do enough for the money they get from the government. They live for free in fancy palaces and some members of the royal family are given their flashy clothes by designers. I also think that too much news time is taken up with trivial royal stories, about the Queen's dogs for example, when there is more important news.

**Irene:** My name is Irene and I disagree. I think the royal family does a lot of good. Let's face it, there are a lot of depressing things going on in the world right now and I think the royals bring some glamour and sparkle into our lives. Did you not see that photo last week of Prince George and Princess Charlotte in their school uniforms? They looked so cute!

**Dominic:** Hi, it's Dominic here. It doesn't matter whether you love or hate the royal family, they're here to stay. They are a part of our history and define us as a nation. Any seven-year-old in Britain can tell you that Henry VIII had six wives! The royal family represents stability and gives us a sense of identity. Just think of the Queen's speeches during the Corona pandemic.

**Leo:** Good morning, my name is Leo. You may be surprised to know that the members of the royal family work very hard. Prince Charles, for example, attended 146 events last year on 141 working days. And the Queen, who is 95, attended 130 events. The work they do for charities is essential. Prince Charles is president of the British Red Cross Society, for example. This is just one of the 500 charities or organizations the Prince supports.

**Alice:** Hello there, my name is Alice. The British tax payers pay for the royal family. Last year they got 82 million pounds. This is obviously a lot of money, but at the end of the day, it was £1.24 per person in the UK. So, not giving them this money anymore doesn't make the ordinary man any richer.

Henry: My name is Henry and believe me, the rest of Europe would love to have a royal family like ours. A royal wedding or the birth of a baby prince or princess makes the best news. This interest in the royal family generates a lot of money and jobs. Over 2.7 million tourists visited Buckingham Palace and Windsor Castle last year, bringing in more than 550 million pounds.

Dave: Alright? It's Dave here. I think the royals are pretty harmless and they don't have any power. Although the Queen is the head of state, she does not run the country, she is not even allowed to say publicly what she thinks about the political decisions the government makes. They are allowed to support football teams, though. The Queen is an Arsenal fan and Prince William supports Aston Villa.

Reporter: What's your opinion on the royal family? Keep your calls coming!

## Part Three

(Audiotrack: QR-Code S. 252 / Aufgabe S. 239)

### Interview: Food waste

Reporter: Today on the programme *Cleaner, greener planet*, our topic is food waste. Do you know that food waste causes just as much damage worldwide as plastic waste? Joining me in the studio is Julian Musgrove, who works for the UK Food Group. Good morning, Julian.

Julian: Good morning.

Reporter: Tell me, Julian. Why is throwing away food such a problem for the planet?

Julian: Well, it's not just the food we waste when we throw it away, but also the energy that has been used to produce it, process it and transport it. For example, the amount of water needed to produce one orange is 80 litres. One apple needs an average of 125 litres of water. The numbers with meat are even more shocking. For just one kilogramme of beef, you need 15,400 litres of water.

Reporter: Wow, that is surprising!

Julian: Yes, and it's not just a question of the energy needed to produce food. Food waste also produces the dangerous greenhouse gas methane. This gas is responsible for warming the planet. In the UK alone, the food we throw away creates 20 million tonnes of greenhouse gas, which is the same as the pollution from 3.5 million cars.

Reporter: But where does all the food waste come from?

Julian: In the UK, most food waste comes from our homes. Of the 10.2 million tonnes of food wasted, 7.1 million tonnes is from household. What is most worrying, is that 5 million tonnes of this food is still edible.

Reporter: But some food waste is unavoidable. What about potato peelings, old teabags and egg shells? We can't eat those.

Julian: No, of course not. But we can use this food waste to create energy. For example, if your food waste is recycled properly, it is put into a tank without oxygen and then it is broken down by micro-organisms. This process produces a biogas which can generate electricity. The energy created by recycling one banana skin can fully charge a smartphone twice!

Reporter: Wow! So how can we reduce our food waste at home?

Julian: I recommend that you write a meal plan for the week and only buy what you need. People also need to understand the difference between 'use-by' dates and 'best-before' dates. 'Use-by' is about safety and food isn't safe to eat after this date. 'Best-before' is about quality. Foods are safe to eat after this date.

Reporter: When I cook at home, we often cook too much and then you end up throwing the rest away. What can we do about this?

Julian: Either eat it the following day or freeze it for a future meal. Most foods can be frozen – bread, if you slice it first, cheese and even eggs if you crack and beat them first.

Reporter: I often ask myself what happens to the food that is not sold in supermarkets. Is that thrown away too?

Julian: Not always. Some supermarkets donate unsold food to charities. The supermarket Tesco for example works with local charities which then pick up the surplus food and distribute it at food banks. In France, it is actually illegal for supermarkets to throw away unused food. They have to donate it.

Reporter: That is a very sensible law! Julian, thank you for coming on *Cleaner, greener planet* today and talking to us about this important topic.

Julian: It's a pleasure.

Adapted from: https://www.which.co.uk/news/2019/06/three-food-waste-facts-everyone-needs-to-know/ (last accessed on 25.02.2021)

## Notizen

# Schule – und dann?

## Tipps und Infos zum Start in den Beruf

- **Bewerbungsunterlagen**
- **Anschreiben**
- **Lebenslauf**
- **Einstellungstests + Lösungen**
- **Assessment-Center**
- **Online-Tipps**
- **Bildungswege**

## Bewerbungsunterlagen

Auch, wenn die klassische Bewerbung per Post von vielen Firmen noch akzeptiert wird, so bevorzugen die meisten Betriebe inzwischen eine Online-Bewerbung. Dabei bieten große Unternehmen oft eigene Bewerbungsportale auf ihren Firmenwebseiten, in denen die Bewerber/-innen ein Onlineformular ausfüllen und ihre Unterlagen (Lebenslauf, Zeugnisse, ggf. weitere Nachweise und Bewerbungsfoto) hochladen können. Hat die Firma kein Bewerbungsportal, so verschickt der/die Bewerber/-in seine/ihre Bewerbung per E-Mail mit entsprechendem Anhang. Dabei empfiehlt es sich, die oben genannten Unterlagen in ein einziges Dokument zu packen, damit der/die Personalzuständige nicht lange suchen und nur eine Datei öffnen muss. Wichtig bei einer Online-Bewerbung (egal ob Bewerberportal oder E-Mail) ist jedoch immer eine seriöse E-Mail-Adresse, die Qualität der eingescannten Dokumente, das richtige Format (meist PDF) und die Dateigröße (max. 2 – 3 MB).

Für die Onlinebewerbung gelten die gleichen Maßstäbe wie für die klassische Bewerbungsmappe. Insbesondere das Anschreiben sollte die herkömmlichen Kriterien erfüllen (Briefkopf, Betreffzeile mit der ausgeschriebenen Stelle, die persönliche Anrede, das direkte Eingehen auf den angestrebten Ausbildungsplatz, korrekte Rechtschreibung und Zeichensetzung sowie einheitliches Layout, Grußformel und Unterschrift etc.) und dabei eine DIN-A4-Seite nicht überschreiten. Wird das Anschreiben als Anhang versendet, so sollte eine Kurzversion im Textfenster der E-Mail enthalten sein. Das Anschreiben kann aber auch Teil der E-Mail selbst sein.

Die folgende Liste gibt Ihnen einen wichtigen Überblick über die Unterlagen, die Ihre Bewerbung enthalten sollte:

### Deckblatt (optional)

- Titel: Bewerbung für (Ausildungsplatz/Stelle)
- Kontaktdaten (Name, Adresse, Telefonnummer, E-Mail)

### Bewerbungsfoto

- professionelles Bewerbungsfoto (bei Papierfoto: Name und Adresse auf Rückseite schreiben)
- Standard: Foto oben rechts im Lebenslauf oder auf dem Deckblatt

### Anschreiben

- persönliche Kontaktdaten im Briefkopf aktuell und richtig
- Name und Adresse des Ansprechpartners richtig schreiben
- korrekte Betreffzeile, z. B. Bewerbung für/als (Ausbildungsplatz)
- Grund für Bewerbung angeben
- Bezug zwischen Anforderungen und eigenen Fähigkeiten formulieren
- nicht länger als eine DIN-A4-Seite
- fehlerfreie Rechtschreibung und Zeichensetzung; einheitliches Layout
- Grußformel und Unterschrift

### Lebenslauf

- persönliche Angaben (Name, Anschrift, Telefonnummer und E-Mail-Adresse, Geburtsdatum, Staatsangehörigkeit)
- Schulbildung (besuchte Schultypen) und voraussichtlicher Schulabschluss
- Berufserfahrung: Praktika, Aushilfs- oder Nebenjobs, etc.
- außerschulisches Engagement (z. B. Ehrenamt)
- besondere Kenntnisse oder Fähigkeiten
- nicht länger als zwei DIN-A4-Seiten
- lückenlos, korrekte Zeitangaben
- Unterschrift

### Anlagen

- Kopien von Zeugnissen, Referenzen, Zertifikaten

## Anschreiben

Bevor Sie sich bei einer Firma bewerben, sollten Sie sich bei der dortigen Personalabteilung nach dem Namen der zuständigen Person erkundigen. Das Anschreiben sollte, so weit möglich, immer eine personalisierte Anrede enthalten; Formulierungen wie „Sehr geehrte Damen und Herren" sollten vermieden werden. Es macht auch einen guten Eindruck, wenn Sie sich vorher schon einmal über das Berufsbild informiert haben und in Ihrem Anschreiben darstellen können, warum gerade Sie sich für diesen Beruf eignen.
Außerdem ist es wichtig, dass Sie sich über das Unternehmen informieren, bei dem Sie sich bewerben. Vermeiden Sie dabei Schreib- und Kommafehler und vergessen Sie Ihre Unterschrift nicht.

**Beispiel für ein klassisches Anschreiben**

Marc Schmidt
Bahnhofstraße 158
35889 Krielinghausen
Telefon 06456 445932
E-Mail marc.schmidt@mail.de

Bäckerei Herrlinger
Herrn Fritz Herrlinger
Backgasse 15
33886 Wieshain

Krielinghausen, 15. Oktober 2021

**Bewerbung um einen Ausbildungsplatz zum Bäcker**

Sehr geehrter Herr Herrlinger,

durch Ihre Mitarbeiterin, Frau Fischer, habe ich erfahren, dass Sie ab dem 1. September 2022 einen Ausbildungsplatz zum Bäcker anbieten. Dafür möchte ich mich bei Ihnen bewerben.

Der Beruf des Bäckers ist bereits seit Langem mein Traumberuf. Die handwerkliche Arbeit in einer Backstube und der Umgang mit Lebensmitteln haben mich schon immer interessiert. Als Kind habe ich mit meiner Mutter oft Kuchen und Plätzchen gebacken, inzwischen backe ich alleine und probiere auch gerne neue Rezepte aus. In einem örtlichen Gasthof habe ich bereits erste Erfahrungen gesammelt.

Im Juni beende ich die Schule mit dem Hauptschulabschluss. Danach würde ich gerne bei Ihnen ein Praktikum machen, damit Sie mich vorab besser kennenlernen können.

Über die Einladung zu einem Vorstellungsgespräch freue ich mich.

Mit freundlichen Grüßen

M. Schmidt

Marc Schmidt

Anlagen: Lebenslauf mit Foto, Zertifikat Praktikum, Schulzeugnis

## Lebenslauf

Ein in Aufsatzform formulierter Lebenslauf ist heutzutage nicht mehr üblich. Arbeitgeber und Arbeitgeberinnen erwarten stattdessen einen Lebenslauf in Tabellenform – und zwar:

- chronologisch geordnet (die in Deutschland üblichere, traditionelle Variante)
- umgekehrt chronologisch geordnet mit den neuesten Daten am Anfang (die moderne internationale/ EU-Variante)

**Beispiel für einen chronologischen Lebenslauf**

**Lebenslauf**
**Marc Schmidt**

Bahnhofstraße 158
35889 Krielinghausen
Telefon 06456 445932
E-Mail marc.schmidt@mail.de

**Persönliche Daten**

| | |
|---|---|
| Geburtstag und -ort | 23. April 2007 in Krielinghausen |
| Staatsangehörigkeit | deutsch |
| **Schulischer Werdegang** | |
| 09/2013 bis 07/2017 | Grundschule Krielinghausen |
| 09/2017 bis 06/2022 | Gesamtschule Krielinghausen<br>• voraussichtlicher Schulabschluss: Hauptschulabschluss<br>• Lieblingsfächer: Mathematik, Werken Teilnahme an der Koch-AG |
| **Betriebspraktikum** | |
| 02/2021 bis 03/2021 | Frischmarkt AG, Winterhain<br>Dreiwöchiges Schülerpraktikum<br>• Einräumen der angelieferten Waren<br>• Mitarbeit an der Kasse<br>• Mitarbeit an der Brottheke |
| **Aushilfstätigkeiten** | |
| 08/2021 bis 09/2021 | Gasthof „Sonne“, Krielinghausen<br>Vierwöchiger Ferienjob<br>• Tätigkeit als Küchenhilfe<br>• Mitarbeit im Service |
| **Hobbys** | Backen, Kochen, Musik |
| Seit 10/2017 | Mitglied im Musikverein (Posaune) |

Krielinghausen, 15. Oktober 2021

## Einstellungstests

Viele Schüler/-innen kennen die Angst vor Prüfungen. In der Schule hat man wenigstens den Vorteil, dass man ungefähr weiß, was drankommen kann. Berufseinstellungstests sind den meisten jedoch fremd und der Druck, sich gegen andere Bewerber/-innen durchzusetzen, verstärkt die Prüfungsangst meist noch.

Wir wollen Sie auf diese Situation vorbereiten und Ihnen die Angst vor dem Unbekannten nehmen. Dafür haben wir auf den nächsten Seiten einige Musteraufgaben zusammengestellt, wie sie in solchen Tests vorkommen können.

Es geht den Prüfer/-innen nicht nur darum, dass Sie alle Aufgaben korrekt lösen, sondern auch darum, wie Sie sich in einer solchen Situation verhalten und wo Ihre Stärken liegen.

Die Lösungen zu den Tests finden Sie auf Seite A14.

## 1. Logisches Denken

### Zahlenreihen

**Welche Zahl ergänzt die Zahlenreihe sinnvoll?**

**1.** 2 6 12 20 30 ?

**2.** 16 23 28 38 49 62 ?

TIPP

Notieren Sie den Rechenschritt zur jeweils nächsten Zahl, dann kommen Sie meist schnell auf die Lösung.

### Wortanalogien

**1. <u>Mehl</u> verhält sich zu <u>Kuchen</u> wie <u>Zement</u> zu …?**

a) Bäcker b) Maurer
c) Haus d) Hefe

**2. <u>Schnecke</u> verhält sich zu <u>Ohr</u> wie <u>Knöchel</u> zu …?**

a) Oberschenkel b) Fuß
c) Gartenhaus d) Pflanze

TIPP

Untersuchen Sie das vorgegebene Wortpaar und suchen Sie die bestehende Beziehung zwischen den Wörtern.

### Beziehungen

**1. Morgen ist Mittwoch. Welcher Tag war vorgestern?**

a) Montag b) Dienstag c) Mittwoch d) Donnerstag
e) Freitag f) Samstag g) Sonntag

**2. Es ist die Tochter deiner Großmutter, aber nicht deine Tante. Wer ist es?**

a) Großmutter b) Nichte c) Cousine d) Tochter
e) Mutter f) Schwester g) Tante

### Grafikanalogien

**Bestimmen Sie aus den vier möglichen Grafiken diejenige, die die Bildgleichung sinnvoll ergänzt.**

**1.**

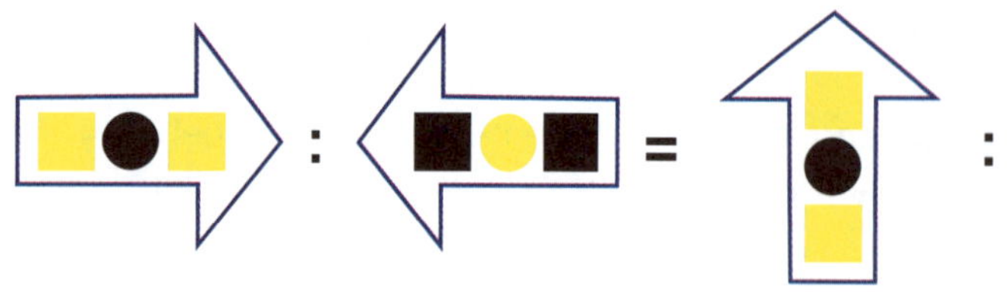

a) 

b) 

c) 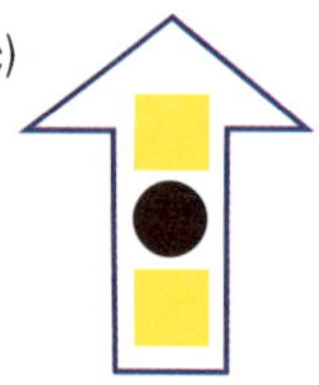

d) 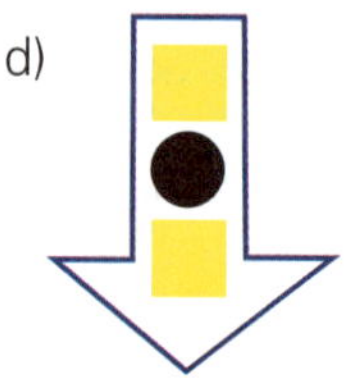

**2.**

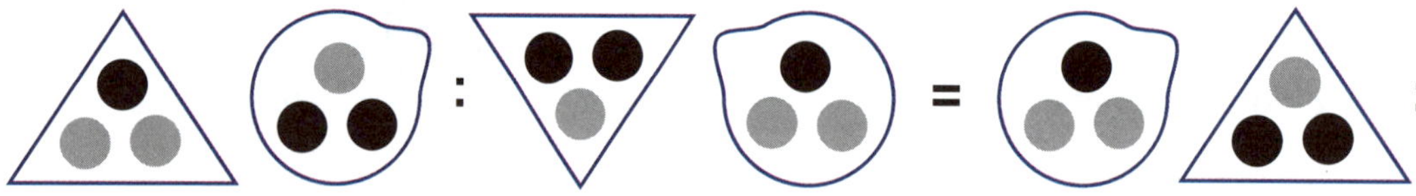

a) 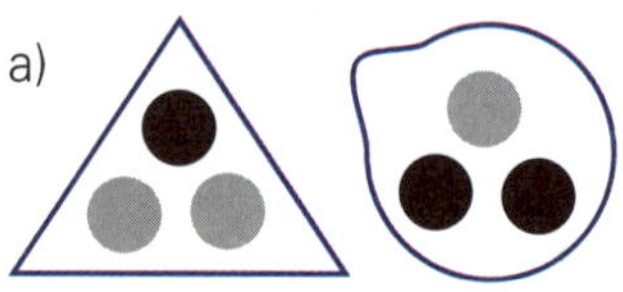

b) 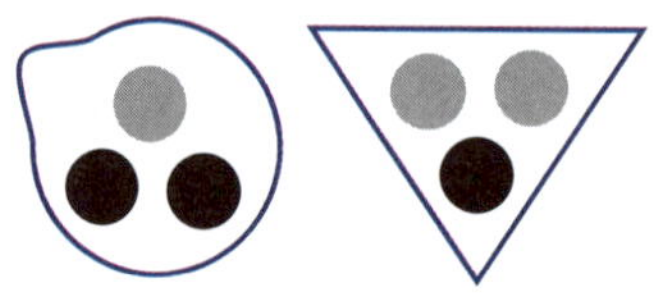

c) 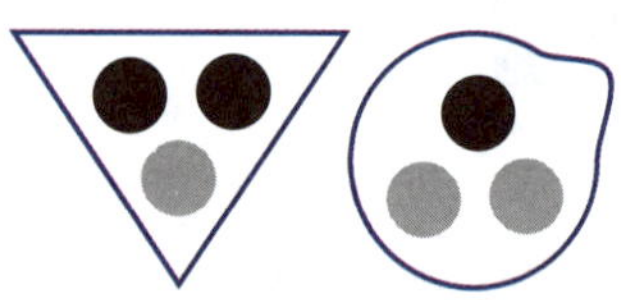

d) 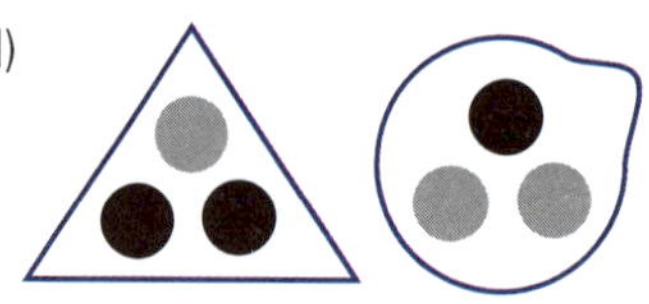

## 2. Konzentration

### Die alphabetische Reihenfolge

**Erkennen Sie die korrekten alphabetischen Buchstabenabfolgen von 3 bis 5 Buchstaben und unterstreichen Sie diese.**

1. dhabanejdhenahjbekjabcdfgejndnansmjodnbdjwxyzjbdnrnmalmüppkdknshdkjklndhadnenduenduendopqrhzfunrucmchdtebnsmnaüskendhabezefghnmkelodhbezshynmnbabsebdnmeidjnantzbszxtgbsnxhzsstuvwb
2. hnsndnadhendnsjuvwxhdndnbdnmejdkalehijkdnmadnsomemaödefgnbdbanskjneksoxnaknbsjxonbshzebaisbelmanslmnopzehbaisjbajsnenakmslxpklmhjdamsidjendhijdnsmalsneisxnmamsrstudbansmensuaylxvn

### Kopfrechnen

**Geben Sie das Ergebnis folgender Rechnung an. Rechnen Sie Schritt für Schritt, die Rechenregel „Punkt vor Strich" gilt hier nicht.**

1. $6 + 6 - 3 + 7 - 5 \cdot 2 + 8 - 20 \cdot 2 + 7 =$
2. $81 : 9 + 7 + 5 + 3 : 2 + 13 \cdot 2 - 20 : 2 - 15 + 7 \cdot 2 - 6 \cdot 3 =$

## Mosaik

**1. In welchem Feld ist ein Mosaikbaustein falsch? Geben Sie an, ob A, B, C oder D richtig ist.**

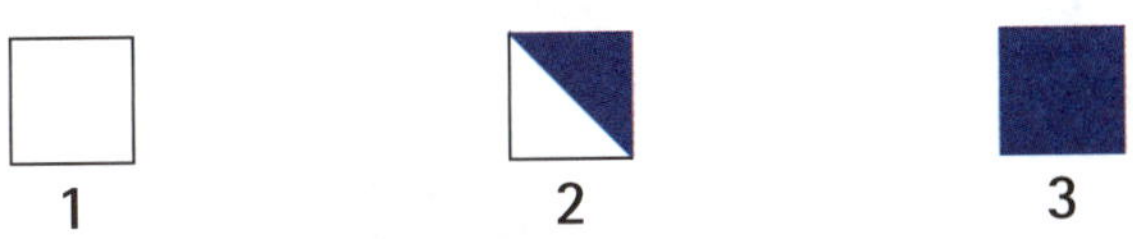

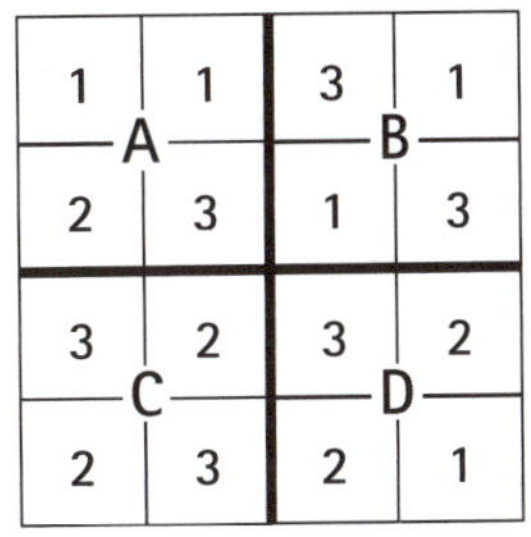


**TIPP**

Kreuzen Sie im Zweifelsfall die Antwort an, die Ihnen richtig erscheint.

**2. In welchem Feld ist ein Mosaikbaustein falsch? Geben Sie an, ob A, B, C, D oder E richtig ist.**

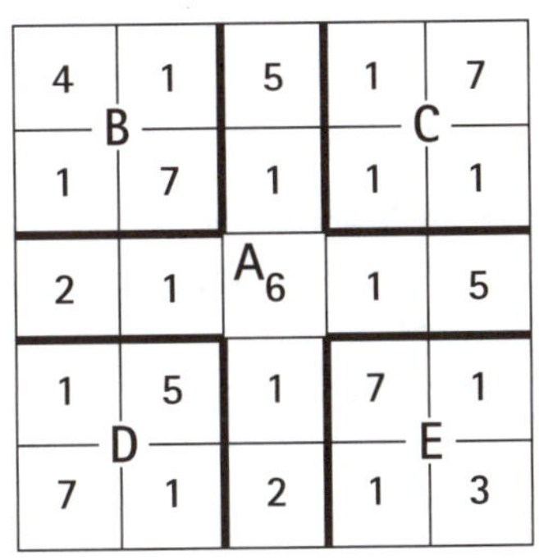


## Additions-/Subtraktionsaufgaben

**Rechnen Sie zuerst die obere und dann die untere Zeile aus. Ist das zweite Ergebnis kleiner als das erste, ziehen Sie es vom ersten ab und schreiben diese Differenz auf. Ist das Ergebnis der zweiten Zeile größer, müssen Sie beide Ergebnisse addieren.**

**1.** 2 + 4 – 5
5 + 4 + 4

**2.** 7 + 8 – 3
4 + 5 – 2

**3.** 4 + 4 – 3
7 + 6 + 4

**4.** 4 + 5 + 4
9 – 8 + 7

**5.** 8 – 4 – 1
3 + 4 + 6

**6.** 3 + 8 – 3
4 + 3 + 2

**7.** 4 + 9 – 7
5 + 6 – 3

**8.** 9 – 2 + 7
3 + 2 + 4

**9.** 7 + 3 – 4
4 + 7 – 3

**TIPP**

Rechnen Sie jede Reihe für sich und schreiben Sie das Ergebnis auf. So verlieren Sie nicht die Übersicht.

## 3. Allgemeinwissen

**1. Wie viel Liter Blut fließen durchschnittlich durch den menschlichen Körper?**

a) 5 bis 6 Liter
b) 12 bis 14 Liter
c) 8 bis 10 Liter
d) 3 bis 4 Liter

**TIPP**

Wenn Sie sich nicht ganz sicher sind, gehen Sie nach dem Ausschlussverfahren vor und kreuzen Sie auf jeden Fall eine Antwort an.

**2. Wie lautet das chemische Gegenstück zur Säure?**

a) Salz
b) Oxid
c) Zucker
d) Base

**3. Welche Einheit bezeichnet elektrischen Strom?**

a) Hertz
b) Ampere
c) Watt
d) Pascal

**4. Wie viele Seitenflächen hat ein Tetraeder?**

a) 4
b) 6
c) 8
d) gar keine, es ist eine Kugel

**5. Wie nennt man in der Informatik die kleinste Informationseinheit?**

a) Chip
b) Unix
c) Link
d) Bit

**6. Welches Wirtschaftssystem hat Deutschland?**

a) Zentrale Marktwirtschaft
b) Soziale Marktwirtschaft
c) Kapitalistische Marktwirtschaft
d) Sozialistische Marktwirtschaft

**7. An wie viele Länder grenzt Deutschland?**

a) 6
b) 7
c) 8
d) 9

**8. Wessen Interessen werden in der Kommunalpolitik vertreten?**

a) Bundesländer
b) Bund
c) Landkreis und Gemeinde
d) Europäische Gemeinschaft

**9. Wer war der erste Bundeskanzler der Bundesrepublik Deutschland?**

a) Gerhard Schröder
b) Konrad Adenauer
c) Helmut Kohl
d) Ludwig Erhard

**10. Unter welchem Namen schrieb der erste römische Kaiser Octavian Geschichte?**

a) Caesar
b) Augustus
c) Romulus
d) Herkules

**11. In welchem Drama Goethes wird die „Gretchenfrage" gestellt?**

a) Götz von Berlichingen
b) Faust I
c) Torquato Tasso
d) Egmont

**12. Wer schrieb das Stück „Die Räuber"?**

a) Johann Wolfgang von Goethe
b) Friedrich Schiller
c) Gotthold Ephraim Lessing
d) Wilhelm Hauff

**13. Welcher Künstler malte die „Mona Lisa"?**

a) Pablo Picasso
b) Michelangelo Buonarroti
c) Salvador Dali
d) Leonardo da Vinci

**14. Wie heißen die Stimmlagen der Männerstimmen, absteigend nach der Höhe sortiert?**

a) Sopran, Bass, Tenor
b) Tenor, Bariton, Bass
c) Bariton, Tenor, Bass
d) Alt, Tenor, Bass

**15. Woraus besteht eine Nordische Kombination?**

a) Skisprung und Skilanglauf
b) Skilanglauf und Schießen
c) Slalom und Abfahrt
d) Skiflug und Slalom

## 4. Sprachgefühl

### Abkürzungen

**Wofür stehen folgende Abkürzungen? Kreuzen Sie alle richtigen Antworten an.**

**1.** a) Mofa = Montagefabrik
b) ABS = Autobahnschnee
c) FAZ = Frankfurter Allgemeine Zeitung
d) DIN = Deutsches Institut für Normung

**2.** a) IHK = Industrie- und Handelskammer
b) AGB = Angestelltengesetzbuch
c) USA = United States of America
d) EU = Europäische Universität

**3.** a) BASF = Badische Anilin- und Soda-Fabrik
b) PS = Pendelstrom
c) BVerfG = Bundesverfassungsgericht
d) VW = Volkswagen

### Wortbedeutungen

**Welches der vier Wörter passt nicht zu den anderen?**

**1.**

| |
|---|
| a) Deutsch |
| b) Französisch |
| c) Schwäbisch |
| d) Englisch |

**2.**

| |
|---|
| a) Fußball |
| b) Tennis |
| c) Basketball |
| d) Schwimmen |

**3.**

| |
|---|
| a) Buchstabe |
| b) Zahl |
| c) Vokal |
| d) Konsonant |

### Fremdwörter

**1. Was bedeutet das Fremdwort „heterogen"?**

a) fremd
b) ungleichartig
c) stark erhitzt
d) keimfrei

**2. Was bedeutet das Fremdwort „relativ"?**

a) verhältnismäßig
b) sehr klein
c) sehr groß
d) verändert

### Satzergänzungen

**1. Das menschliche Verhalten wird von der … untersucht.**

a) Biologie
b) Zoologie
c) Chemie
d) Psychologie

**2. Im Straßenverkehr muss man besonders … sein?**

a) aggressiv
b) mutig
c) schnell
d) aufmerksam

TIPP

Führen Sie zuerst die Aufgaben und Antworten zusammen, bei denen Sie sich sicher sind.

**3. Der Stundenzeiger einer Uhr ist immer ... als der Minutenzeiger.**

a) länger
b) kürzer
c) dicker
d) dünner

## Sinnverwandte Sprichwörter

**Welches Sprichwort hat eine ähnliche Bedeutung wie das vorgegebene?**

**1. „Jeder kehre vor seiner eigenen Türe."**

a) Wer anderen eine Grube gräbt, fällt selbst hinein.
b) Wer im Glashaus sitzt, soll nicht mit Steinen werfen.
c) Der Lauscher an der Wand hört seine eigene Schand.
d) Reden ist Silber, Schweigen ist Gold.

**2. „Das Glück ist mit den Dummen."**

a) Die dümmsten Bauern haben die größten Kartoffeln.
b) Den Tüchtigen hilft das Glück.
c) Scherben bringen Glück.
d) Wer nicht wagt, der nicht gewinnt.

## Groß- und Kleinschreibung

**Welcher Satz ist richtig geschrieben?**

**1.** a) Aber heute Früh habe ich wieder einen Arzttermin.
b) Aber Heute früh habe ich wieder einen Arzttermin.
c) Aber heute früh habe ich wieder einen Arzttermin.

**2.** a) Sie hatte fünf einsen im Zeugnis und war zweite im Weitsprung.
b) Sie hatte fünf einsen im Zeugnis und war Zweite im Weitsprung.
c) Sie hatte fünf Einsen im Zeugnis und war zweite im Weitsprung.
d) Sie hatte fünf Einsen im Zeugnis und war Zweite im Weitsprung.

**3.** a) Als die englische Königin abends in ihr Schloss kam, war das Licht schon aus.
b) Als die Englische Königin abends in ihr Schloss kam, war das Licht schon aus.
c) Als die Englische Königin Abends in ihr Schloss kam, war das Licht schon aus.
d) Als die englische Königin Abends in ihr Schloss kam, war das Licht schon aus.

## Rechtschreibung

**Welches Wort ist richtig geschrieben?**

**1.** a) Dampflockomotive
b) Dampflockomotife
c) Dampflokomottife
d) Damflockomotive
e) Dampflokomotive

**2.** a) Renaissanse
b) Renaissance
c) Rennaissance
d) Rennaisance
e) Renaisance

**TIPP**
Stellen Sie sich die Wörter ausgesprochen vor und überlegen Sie, welches richtig klingt.

**Bilden Sie den Plural folgender Wörter.**

**3.** Visum
**4.** Globus
**5.** Pizza

# 5. Mathematisches Denken

## Dreisatz

1. **Ein Motorrad benötigt für eine 125 km lange Strecke 22,50 Liter Benzin.**
   **Welchen Verbrauch hat das Motorrad auf 100 km?**

2. **In einem Betrieb kommen 60 % der Männer und 50 % der Frauen mit dem Auto zur Arbeit.**
   **Wie viel Prozent kommen insgesamt mit dem Auto, wenn dort 60 % Männer arbeiten?**

3. **Vier Personen haben ein durchschnittliches Gewicht von 69 kg. Die erste Person wiegt 76 kg, die zweite 61 kg, die dritte 65 kg. Wie viel wiegt die vierte Person?**

## Maßeinheiten

1. **Wie viele Stunden und Minuten sind 7200 Sekunden?**

   a) 120 Stunden
   b) 2 Stunden
   c) 5 Stunden
   d) 1 Stunde 20 Minuten

2. **Wie viele Hektar sind 55 000 Quadratmeter?**

   a) 5,5
   b) 550
   c) 55
   d) 5550

3. **Wie viele Kubikmeter sind 300 Liter?**

   a) 0,3
   b) 30
   c) 3
   d) 300

## Prozent- und Zinsrechnung

1. **Die Mehrwertsteuer (19 %) beim Kauf eines Fahrrads beträgt 57 Euro.**
   **Wie teuer ist das Fahrrad inklusive Mehrwertsteuer?**

   a) 243 Euro
   b) 357 Euro
   c) 300 Euro
   d) 414 Euro

2. **Nach welcher Zeit sind 15 000 Euro auf 20 000 Euro angewachsen, bei einer jährlichen Verzinsung von 5 %?**

   a) 6 Jahre und 216 Tage
   b) 6 Jahre und 260 Tage
   c) 6 Jahre und 220 Tage
   d) 6 Jahre und 8 Monate

## Gleichungen

**Ergänzen Sie die fehlenden Rechenzeichen bei den Gleichungen, um auf die vorgegebene Lösung zu kommen. Die Rechenregel „Punkt vor Strich" gilt hier.**

**1.** 8 … 4 … 1 = 31
**2.** 2 … 60 … 12 = -3
**3.** 11 … 20 … 5 … 12 = 99

# 6. Räumliche Vorstellung

## Drehungen im Raum

**In welcher Position befindet sich der Buchstabe nach der Drehung, wie es die Pfeile der Reihe nach vorgeben? Die Drehungen sind jeweils 90 Grad um die Raumachsen.**

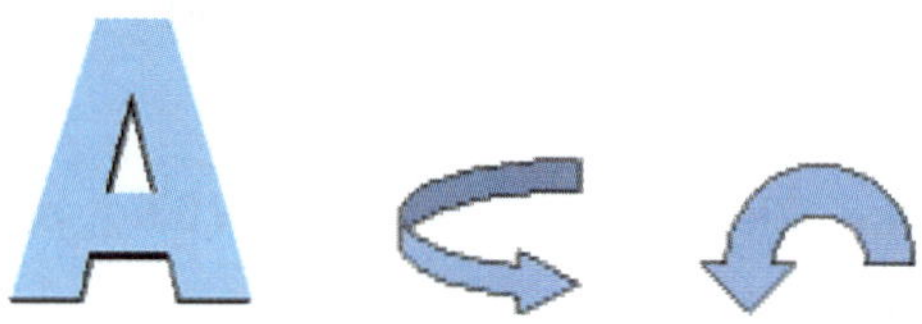

a) ☐ 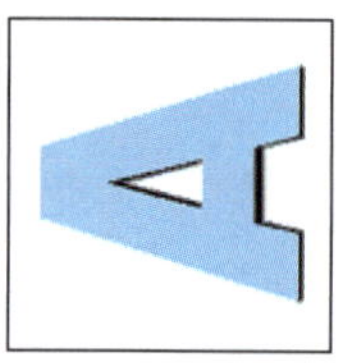

b) ☐ 

c) ☐ 

d) ☐ 

e) ☐ 

## Flächen eines Körpers

**Bestimmen Sie die Gesamtzahl an Flächen der vorgegebenen Körper.**

**1.** 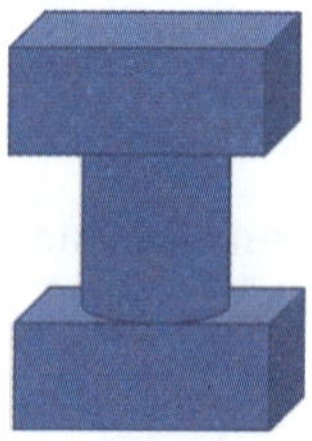

a) 15 b) 12 c) 14 d) 17

**2.** 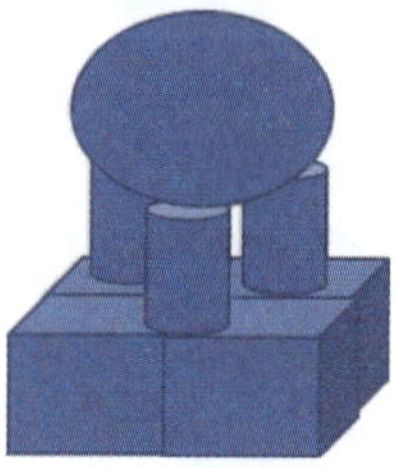

a) 32 b) 33 c) 34 d) 30

**3.** 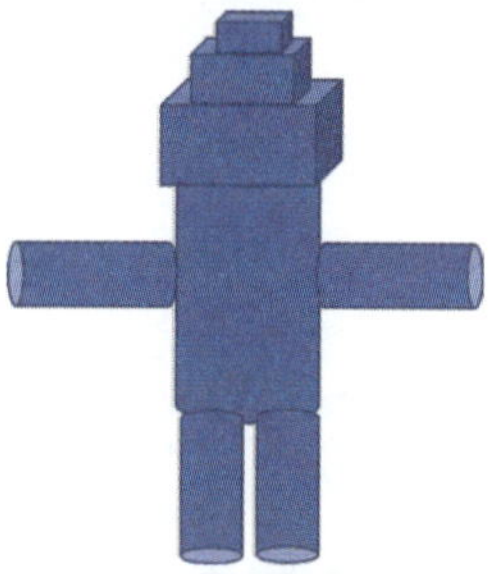

a) 31 b) 30 c) 29 d) 32

## Spiegelbilder

**Welche Figur passt nicht zu den anderen?**

**1.** a) ☐  b) ☐  c) ☐ 

d) ☐  e) ☐  f) ☐ 

**2.** a) ☐  b) ☐  c) ☐ 

d) ☐  e) ☐  f) ☐ 

## Würfelfaltung

**1. Welcher Würfel lässt sich aus dieser Vorlage falten?**

a) ☐ 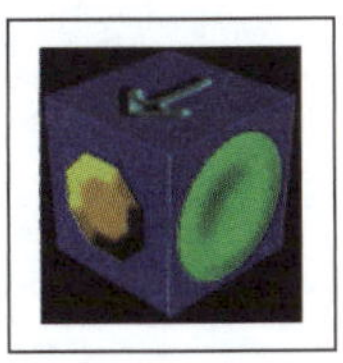 b) ☐  c) ☐  d) ☐ 

**2. Aus welcher Faltvorlage lässt sich dieser Würfel falten?**

a) ☐ 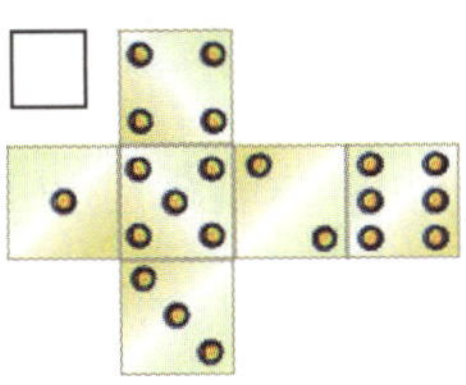 b) ☐ 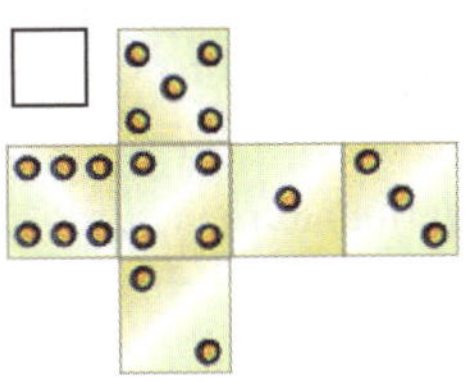 c) ☐ 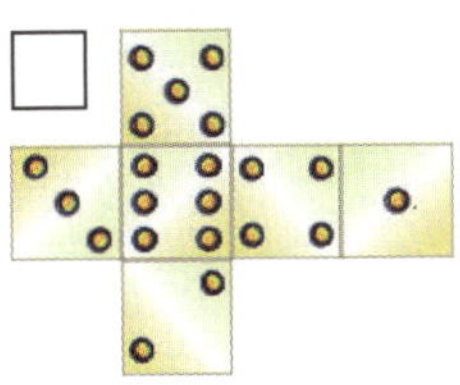 d) ☐ 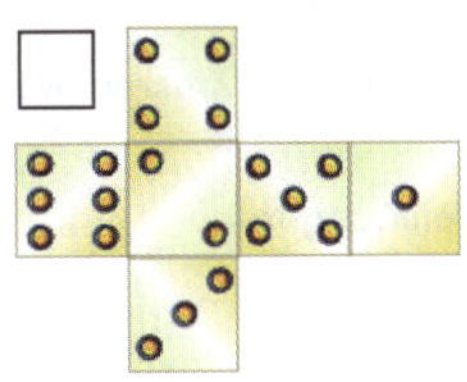

# Lösungen Einstellungstests

## 1. Logisches Denken

### Zahlenreihen

**1.** $2^{+4}\ 6^{+6}\ 12^{+8}\ 20^{+10}\ 30^{+12}$ **42**
**2.** $16^{+7}\ 23^{+5}\ 28^{+10}\ 38^{+11}\ 49^{+13}\ 62^{+8}$ **70**
(Quersumme addieren)

### Wortanalogien

**1.** c) Haus **2.** b) Fuß

### Beziehungen

**1.** g) Sonntag **2.** a) Mutter

### Grafikanalogien

**1.** a)  **2.** b) 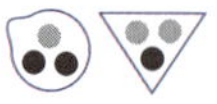

## 2. Konzentration

### Alphabetische Reihenfolge

**1.** dhabanejdhenahjbekjabcdfgejndnansmjodnbdjwxyzjbdnrnmalmüppkdknshdkjklndhadnenduenduendopqrhzfunrucmchdtebnsmnaüskendhabezefghnmkelodhbezshynmnbabsebdnmeidjnantzbszxtgbsnxhzsstuvwb
**2.** hnsndnadhendnsjuvwxhdndnbdnmejdkalehijkdnmadnsomemaödefgnbdbanskjneksoxnaknbsjxonbshzebaisbelmanslmnopzehbaisjbajsnenakmslxpklmhjdamsidjendhijdnsmalsneisxnmamsrstudbansmensuaylxvn

### Kopfrechnen

**1.** 27 **2.** 24

### Mosaik

**1.** D **2.** C

### Additions-/Subtraktionsaufgaben

**1.** 14 **2.** 5 **3.** 22
**4.** 5 **5.** 16 **6.** 17
**7.** 14 **8.** 5 **9.** 14

## 3. Allgemeinwissen

**1.** a) 5 bis 6 Liter **2.** d) Base **3.** b) Ampere **4.** a) 4
**5.** d) Bit **6.** b) Soziale Marktwirtschaft **7.** d) 9 **8.** c) Landkreis und Gemeinde
**9.** b) Konrad Adenauer **10.** b) Augustus **11.** b) Faust I **12.** b) Friedrich Schiller
**13.** d) Leonardo da Vinci **14.** b) Tenor, Bariton, Bass **15.** a) Skisprung und Skilanglauf

## 4. Sprachgefühl

### Abkürzungen

**1.** c) FAZ = Frankfurter Allgemeine Zeitung
d) DIN = Deutsches Institut für Normung
**2.** a) IHK = Industrie- und Handelskammer
c) USA = United States of America
**3.** a) BASF = Badische Anilin- und Soda-Fabrik
c) BVerfG = Bundesverfassungsgericht
d) VW = Volkswagen

### Wortbedeutungen

**1.** c) Schwäbisch **2.** d) Schwimmen **3.** c) Zahl

### Fremdwörter

**1.** b) ungleichartig **2.** a) verhältnismäßig

### Satzergänzungen

**1.** d) Psychologie **2.** d) aufmerksam **3.** b) kürzer

### Sinnverwandte Sprichwörter

**1.** b) Wer im Glashaus sitzt, soll nicht mit Steinen werfen. **2.** a) Die dümmsten Bauern haben die größten Kartoffeln.

### Groß- und Kleinschreibung

**1.** c) Aber heute früh habe ich wieder einen Arzttermin.
**2.** d) Sie hatte fünf Einsen im Zeugnis und war Zweite im Weitsprung.
**3.** a) Als die englische Königin abends in ihr Schloss kam, war das Licht schon aus.

### Rechtschreibung

**1.** e) Dampflokomotive **2.** b) Renaissance
**3.** Visa oder Visen **4.** Globen oder Globusse **5.** Pizzas oder Pizzen

## 5. Mathematisches Denken

### Dreisatz

**1.** 18 Liter **2.** 56 Prozent **3.** 74 kg

### Maßeinheiten

**1.** b) 2 Stunden **2.** a) 5,5 **3.** a) 0,3

### Prozent- und Zinsrechnung

**1.** b) 357 Euro **2.** d) 6 Jahre und 8 Monate

### Gleichungen

**1.** $8 \times 4 - 1 = 31$
**2.** $2 - 60 : 12 = -3$
**3.** $11 + 20 \times 5 - 12 = 99$

## 6. Räumliche Vorstellung

### Drehungen im Raum

**1.** c)

### Flächen eines Körpers

**1.** a) 15 **2.** c) 34 **3.** b) 31

### Spiegelbilder

**1.** a) **2.** c)

### Würfelfaltung

**1.** a) **2.** b)

## Assessment-Center (AC)

Ein weiterer gängiger Test für die Auswahl von Azubis ist das sogenannte Assessment-Center (AC). Der Begriff kommt aus dem Englischen („to assess" = bewerten, beurteilen). Grundidee ist es, die Kandidaten und Kandidatinnen in vorgegebenen Situationen zu beobachten, welche den künftigen Aufgaben entsprechen. Hierbei zählt eher die persönliche Eignung als die fachliche Qualifikation.

Bestandteile eines Assessment-Centers sind in der Regel Rollenspiele, Planspiele, Gruppendiskussionen, Einzelvorträge, Fallstudien und psychologische Testverfahren. Üblich sind diese AC mittlerweile bei Großunternehmen wie Banken und Versicherungen, aber auch bei der Polizei oder im öffentlichen Dienst.

### Tipps für ein AC-Auswahlverfahren

- ▶ freundlich und offen sein
- ▶ Blickkontakt mit den Gesprächspartnern halten
- ▶ Interesse zeigen und Fragen stellen
- ▶ seine eigene Meinung selbstbewusst vertreten
- ▶ die Meinung anderer respektieren
- ▶ sich aktiv an Diskussionen beteiligen
- ▶ ehrlich sein, kein falsches Wissen vorgeben
- ▶ kühlen Kopf und Ruhe bewahren

## Onlinetipps

Es gibt im Internet viele Möglichkeiten, Eignungstests zu machen und so noch intensiver zu üben.
Auch zum Thema Bewerbung kann man im Internet hilfreiche Tipps finden. Hier einige Links:

- ▶ www.planet-beruf.de
- ▶ www.azubiworld.com
- ▶ www.ausbildung.info
- ▶ www.ausbildungspark.com
- ▶ www.bewerbung.de
- ▶ www.bewerbungsdschungel.com
- ▶ www.berufswahl-tipps.de
- ▶ www.azubi-azubine.de
- ▶ www.jobinspektor.com
- ▶ www.azubot.de
- ▶ www.stuzubi.de
- ▶ www.azubiyo.de

Für die Inhalte der aufgeführten Websites übernehmen wir keine Haftung. Das gilt auch für alle auf diesen Websites angebrachten Links.

**Anmerkungen:**
Schematisierte Darstellung des Bildungswesens. Die Verteilung der Schülerzahlen in der Jahrgangsstufe 8 für das Jahr 2016 stellt sich im Bundesdurchschnitt wie folgt dar: Hauptschule 10,8 %, Realschule 18,9 %, Gymnasium 36,2 %, integrierte Gesamtschule 16,8 %, Schularten mit mehreren Bildungsgängen 12,2 %, sonderpädagogische Bildungseinrichtungen 4,2 %.
Die Durchlässigkeit zwischen den Schularten und die Anerkennung der Schulabschlüsse sind bei Erfüllung der zwischen den Ländern vereinbarten Voraussetzungen gewährleistet.
Die Dauer der Vollzeitschulpflicht (allgemeine Schulpflicht) beträgt neun Jahre, in fünf Ländern zehn Jahre, und die anschließende Teilzeitschulpflicht (Berufsschulpflicht) drei Jahre.

1 In einigen Ländern bestehen besondere Formen des Übergangs von der Kindertagesstätte oder der Kindertagespflege in die Grundschule (Vorklassen, Schulkindergärten). In Berlin und Brandenburg umfasst die Grundschule sechs Jahrgangsstufen.

2 Beschulung von Schülerinnen und Schülern mit sonderpädagogischem Förderbedarf in inklusivem Unterricht an allgemeinen Schulen oder an sonderpädagogischen Bildungseinrichtungen mit entsprechenden Förderschwerpunkten. Schulbezeichnung nach Landesrecht unterschiedlich. Sonderpädagogische Bildungseinrichtungen mit dem Förderschwerpunkt „Lernen" und sonderpädagogische Bildungseinrichtungen mit dem Förderschwerpunkt „Geistige Entwicklung" haben schulspezifische Abschlüsse.

3 Die Jahrgangsstufen 5 und 6 bilden eine Phase besonderer Förderung, Beobachtung und Orientierung über den weiteren Bildungsgang mit seinen fachlichen Schwerpunkten.

4 Haupt- und Realschulen existieren in nennenswerter Zahl nur noch in fünf Ländern (Baden-Württemberg, Bayern, Hessen, Niedersachsen, Nordrhein-Westfalen). In Bayern trägt die mit der Hauptschule vergleichbare Schulart die Bezeichnung Mittelschule. Die Bildungsgänge der Hauptschule und der Realschule werden auch an Schularten mit mehreren Bildungsgängen mit nach Ländern unterschiedlichen Bezeichnungen angeboten.

5 Die folgenden Schularten mit zwei Bildungsgängen fassen die Bildungsgänge der Haupt- und der Realschule pädagogisch und organisatorisch zusammen: Regelschule (Thüringen), Sekundarschule (Bremen, Sachsen-Anhalt), Verbundene Haupt- und Realschule (Hessen), Regionale Schule (Mecklenburg-Vorpommern), Realschule plus (Rheinland-Pfalz), Regionalschule (Schleswig-Holstein), Oberschule (Brandenburg, Sachsen), Mittelstufenschule (Hessen). Der Bildungsgang des Gymnasiums wird auch an Schularten mit drei Bildungsgängen angeboten. Die folgenden Schularten umfassen die drei Bildungsgänge der Hauptschule, der Realschule und des Gymnasiums: Integrierte Gesamtschule, Kooperative Gesamtschule, Integrierte Sekundarschule (Berlin), Oberschule (Bremen, Niedersachsen), Stadtteilschule (Hamburg), Gemeinschaftsschule (Baden-Württemberg, Saarland, Sachsen-Anhalt, Schleswig-Holstein, Thüringen), Sekundarschule (Nordrhein-Westfalen).

6 Die allgemeinbildenden Schulabschlüsse nach Jahrgangsstufe 9 und 10 tragen in einzelnen Ländern besondere Bezeichnungen. Der nachträgliche Erwerb dieser Abschlüsse an Schulen des zweiten Bildungsweges und beruflichen Schulen oder durch eine Externenprüfung ist möglich.

7 Zugangsvoraussetzung ist die formelle Berechtigung zum Besuch der gymnasialen Oberstufe, die nach Jahrgangsstufe 9 oder 10 erworben wird. Der Erwerb der Allgemeinen Hochschulreife erfolgt seit 2012 in der Mehrzahl der Länder nach Jahrgangsstufe 12 (achtjähriges Gymnasium). An Schularten mit drei Bildungsgängen wird der gymnasiale Bildungsgang in der Regel nicht auf acht Jahre verkürzt.

8 Die Berufsoberschule besteht bisher nur in einigen Ländern und bietet Absolventen mit Mittlerem Schulabschluss und abgeschlossener Berufsausbildung bzw. fünfjähriger Berufstätigkeit die Möglichkeit zum Erwerb der Fachgebundenen Hochschulreife. Bei Nachweis von Kenntnissen in einer zweiten Fremdsprache ist der Erwerb der Allgemeinen Hochschulreife möglich.

9 Die Fachoberschule ist eine zweijährige Schulart, die aufbauend auf dem Mittleren Schulabschluss mit Jahrgangsstufe 11 und 12 zur Fachhochschulreife führt. Für Absolventen mit Mittlerem Schulabschluss und einer beruflichen Erstausbildung ist in den meisten Ländern der unmittelbare Eintritt in Jahrgangsstufe 12 der Fachoberschule möglich. Die Länder können auch eine Jahrgangsstufe 13 einrichten. Der Besuch der Jahrgangsstufe 13 führt zur Fachgebundenen Hochschulreife und unter bestimmten Voraussetzungen zur Allgemeinen Hochschulreife.

10 Berufsfachschulen sind berufliche Vollzeitschulen verschiedener Ausprägung im Hinblick auf Zugangsvoraussetzungen, Dauer und Abschlüsse. In ein- oder zweijährigen Bildungsgängen wird eine berufliche Grundausbildung, in zwei- oder dreijährigen Bildungsgängen eine Berufsausbildung vermittelt. In Verbindung mit dem Abschluss eines mindestens zweijährigen Bildungsgangs kann unter bestimmten Voraussetzungen die Fachhochschulreife erworben werden.

11 Zusätzlich zum berufsqualifizierenden Abschluss ggf. Erwerb des Hauptschulabschlusses oder des Mittleren Schulabschlusses. Unter bestimmten Voraussetzungen ist zusätzlich der Erwerb der Fachhochschulreife möglich.

12 Fachschulen dienen der beruflichen Weiterbildung (Dauer 1–3 Jahre) und setzen grundsätzlich den Abschluss einer einschlägigen Berufsausbildung in einem anerkannten Ausbildungsberuf und eine entsprechende Berufstätigkeit voraus. Unter bestimmten Voraussetzungen ist zusätzlich der Erwerb der Fachhochschulreife möglich.

13 Einschließlich Hochschulen mit einzelnen universitären Studiengängen (z. B. Theologie, Philosophie, Medizin, Verwaltungswissenschaften, Sport).

14 An Pädagogischen Hochschulen (nur in Baden Württemberg) wird für verschiedene Lehrämter ausgebildet. Im Einzelfall ist auch ein Studium für Berufe im außerschulischen Bildungs- und Erziehungsbereich möglich.

15 Die Berufsakademie ist eine Einrichtung des tertiären Bereichs in einigen Ländern, die eine wissenschaftsbezogene und zugleich praxisorientierte berufliche Bildung durch die Ausbildung an einer Studienakademie und in einem Betrieb im Sinne des dualen Systems vermittelt.

16 Die Studienstrukturreform mit der Umstellung auf Bachelor- und Masterabschlüsse an deutschen Hochschulen ist weitgehend abgeschlossen. Nur eine geringe Zahl von Studiengängen führt zu einem Diplomabschluss.

Stand: Juni 2018

# Grundstruktur des Bildungswesens in der Bundesrepublik Deutschland

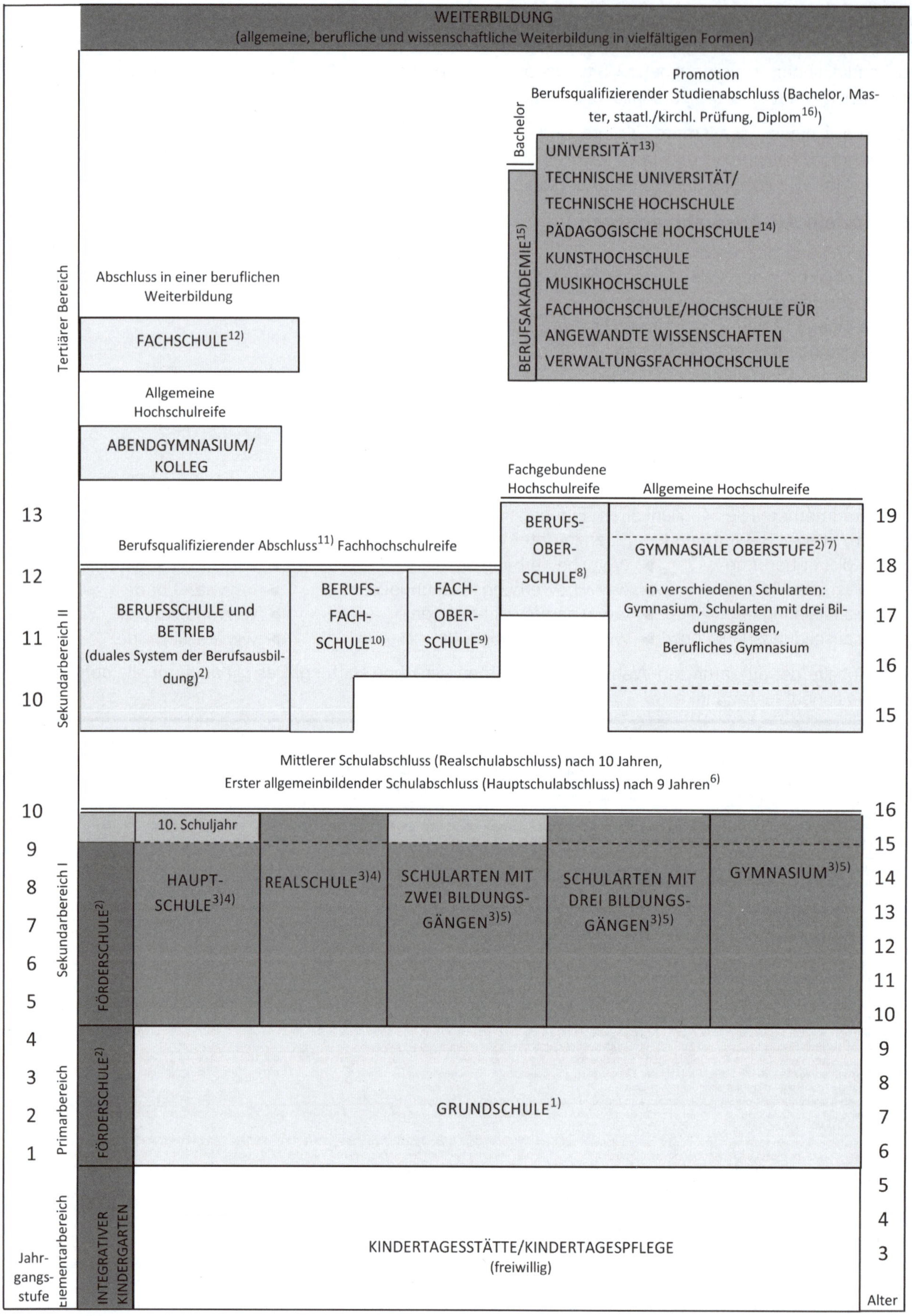


Herausgeber: Sekretariat der Ständigen Konferenz der Kultusminister der Länder in der Bundesrepublik Deutschland, Deutsche EURYDICE-Informationsstelle der Länder, Taubenstr. 10, 10117 Berlin, Tel. 030 25418-499. 